AF726795

Max Weber

Wirtschaft und Gesellschaft

Die Wirtschaft und die gesellschaftlichen Ordnungen und Mächte. Nachlaß

Teilband 1:

Gemeinschaften

Studienausgabe
der Max Weber-Gesamtausgabe
Band I/22-1

herausgegeben von

Wolfgang J. Mommsen †

in Zusammenarbeit mit

Michael Meyer

J. C. B. Mohr (Paul Siebeck) Tübingen

Zitiervorschlag:
Max Weber, Gemeinschaften, MWS I/22-1. S. 1

ISBN 978-3-16-148516-9

Die Deutsche Nationalbibliothek verzeichnet diese Publikation in der Deutschen Nationalbibliographie; detaillierte bibliographische Daten sind im Internet über *http://dnb.d-nb.de* abrufbar.

© 2009 Mohr Siebeck Tübingen.

Das Werk einschließlich aller seiner Teile ist urheberrechtlich geschützt. Jede Verwertung außerhalb der engen Grenzen des Urheberrechtsgesetzes ist ohne Zustimmung des Verlags unzulässig und strafbar. Das gilt insbesondere für Vervielfältigungen, Übersetzungen, Mikroverfilmungen und die Einspeicherung und Verarbeitung in elektronischen Systemen.

Das Buch wurde gesetzt und gedruckt von Gulde-Druck in Tübingen auf alterungsbeständiges Werkdruckpapier und von der Buchbinderei Held in Rottenburg gebunden.

Zu dieser Ausgabe

Die *Max Weber-Studienausgabe* (MWS) will die Schriften und Reden Max Webers auf der gesicherten Textgrundlage der *Max Weber-Gesamtausgabe* (MWG) allgemein zugänglich machen, unter Verzicht auf den editorischen Apparat. Doch ist sie so angelegt, daß dem Benutzer der Rückgriff auf die MWG jederzeit möglich ist. Deshalb folgt die Studienausgabe in Textkonstitution und Anordnung der Texte durchgängig der MWG. Um dem Leser darüber hinaus das Aufsuchen von Fundstellen zu erleichtern, sind am Fuß jeder Seite die entsprechenden Seitenzahlen der MWG angegeben. Außerdem wird auf die gängigen Ausgaben verwiesen, die bisher in der Sekundärliteratur gebräuchlich sind. Dabei werden in diesem Band die folgenden Abkürzungen verwendet:

MWG I/22-1 = *Max Weber-Gesamtausgabe,* Abt. I: Schriften und Reden, Bd. 22: Wirtschaft und Gesellschaft. Die Wirtschaft und die gesellschaftlichen Ordnungen und Mächte. Nachlaß. Teilband 1: Gemeinschaften, hrsg. von Wolfgang J. Mommsen in Zusammenarbeit mit Michael Meyer, Tübingen 2001.

WuG = *Wirtschaft und Gesellschaft* (Grundriß der Sozialökonomik, Abteilung III), Tübingen 1922.

Im Anschluß an den Text Max Webers enthält diese Ausgabe in zusammengefaßter Form Verständnis- und Erschließungshilfen auf der Grundlage der MWG.

Der Herausgeber informiert in einem *Nachwort* über den wissenschaftlichen Hintergrund der Texte über die „Gemeinschaften", deren Entstehung und Anordnung im Zusammenhang der nachgelassenen Manuskripte. Er gibt ferner Einblick in die begriffliche und inhaltliche Diskussion um die „großen Gemeinschaftsformen" und erläutert die Edition der Manuskripte, vor allem die Titelgestaltung.

Der *Anhang* bietet ausführliche Informationen über die Textgrundlage dieser Ausgabe und über die Entstehung der Schriften. In dem Abschnitt *Zur Textkonstitution* werden die editorischen Grundsätze der MWG dargelegt und ihre für die Studienausgabe notwendigen Ergänzungen. Insbesondere wird mitgeteilt, wann und in welcher Weise Emendationen an den Texten vorgenommen wurden. Unter der Überschrift *Zur Entstehung und Überlieferung der Texte* berichtet der Herausgeber eingehend über die Genese und den wahrscheinlichen Entstehungszeitraum der Arbeiten sowie den ungewissen Status der nachgelassenen Texte. Schließlich folgen Verzeichnisse und Register, die dem Leser die Benutzung des Bandes erleichtern sollen.

Inhalt

Schriften

Wirtschaftliche Beziehungen der Gemeinschaften im allgemeinen ... 1
Hausgemeinschaften ... 16
Ethnische Gemeinschaften ... 41
Marktgemeinschaft ... 54
Politische Gemeinschaften ... 58
Machtprestige und Nationalgefühl ... 65
„Klassen", „Stände" und „Parteien" ... 78

Anhang

Kriegerstände ... 89
Hausverband, Sippe und Nachbarschaft ... 91

Nachwort des Herausgebers ... 113

I. Der wissenschaftliche Hintergrund – 113
II. Zur Entstehung und Anordnung der Texte über die „Gemeinschaften" im Zusammenhang der nachgelassenen Manuskripte – 122
III. Die „großen Gemeinschaftsformen" – 134
IV. Zu dieser Edition und insbesondere zur Frage der Titelgestaltung der Manuskripte aus dem Nachlaß – 149

Anhang ... 155

Zur Textkonstitution – 156
Zur Entstehung und Überlieferung der Texte – 157
Personenverzeichnis – 177
Glossar – 181
Verzeichnis der von Max Weber zitierten Literatur – 184
Siglen, Zeichen, Abkürzungen – 185
Personenregister – 187
Sachregister – 188
Übersicht über die Bände der Max-Weber-Gesamtausgabe (MWG) – 216

Schriften

[Wirtschaftliche Beziehungen der Gemeinschaften im allgemeinen]

Die Vergemeinschaftungen haben ihrer ganz überwiegenden Mehrzahl nach irgendwelche Beziehungen zur Wirtschaft. Unter Wirtschaft soll hier nicht, wie ein unzweckmäßiger Sprachgebrauch will, jedes zweckrational angelegte Handeln verstanden werden. Ein nach den Lehren irgendeiner Religion zweckmäßig eingerichtetes Gebet um ein inneres „Gut" ist für uns kein Akt des Wirtschaftens. Auch nicht jedes Handeln oder Schaffen, welches dem Prinzip der Sparsamkeit folgt. Nicht nur ist eine, noch so bewußt bei einer Begriffsbildung geübte, Denkökonomie gewiß kein Wirtschaften, sondern auch etwa die Durchführung des künstlerischen Prinzips der „Ökonomie der Mittel" hat mit Wirtschaften nichts zu tun und ist, an Rentabilitätsmaßstäben gemessen, ein oft höchst unökonomisches Produkt immer erneuter vereinfachender Umschaffensarbeit. Und ebenso ist die Befolgung der universellen technischen Maxime des „Optimum": relativ größter Erfolg mit geringstem Aufwand, rein an sich noch nicht Wirtschaften, sondern: zweckrational orientierte *Technik*. Von Wirtschaft wollen wenigstens wir hier vielmehr nur reden, wo einem Bedürfnis oder einem Komplex solcher, ein, im Vergleich dazu, nach der Schätzung des Handelnden, *knapper* Vorrat von Mitteln und möglichen Handlungen zu seiner Deckung gegenübersteht und dieser Sachverhalt Ursache eines spezifisch mit ihm rechnenden Verhaltens wird. Entscheidend ist dabei für zweckrationales Handeln selbstverständlich: daß diese Knappheit *subjektiv* vorausgesetzt und das Handeln daran orientiert ist. Alle nähere Kasuistik und Terminologie bleiben hier außer Erörterung. Man kann unter zwei verschiedenen Gesichtspunkten wirtschaften. Einmal zur Deckung eines gegebenen eigenen Bedarfs. Dieser kann Bedarf für alle denkbaren Zwecke, von der Nahrung bis zur religiösen Erbauung sein, wenn dafür im Verhältnis zum Bedarf knappe Güter oder mögliche Handlungen erforderlich werden. Es ist an sich konventionell, daß man allerdings in spezifisch betontem Sinn an die Deckung der Alltagsbedürfnisse, an den sog. materiellen Bedarf denkt, wenn von Wirtschaft die Rede ist. Gebete und Seelenmessen *können* in der Tat ebensogut Gegenstände der Wirtschaft werden, wenn die für ihre Veranstaltung qualifizierten Personen und deren Handeln knapp und daher nur ebenso gegen Entgelt zu beschaffen sind, wie das tägliche Brot. Die künstlerisch meist hoch gewerteten Zeichnungen der Buschmänner sind nicht Objekte der Wirtschaft, überhaupt nicht Produkte von Arbeiten im ökonomischen Sinn. Wohl aber werden Produkte künstlerischen Schaffens, die meist weit niedriger gewertet zu werden pflegen, Gegenstände wirtschaftlichen Handelns, wenn der spezifisch ökonomische Sachverhalt: Knappheit im Verhältnis zum Begehr, sich einstellt. Gegenüber der Wirtschaft zur Deckung des eigenen Bedarfs ist die zweite Art des Wirtschaftens Wirtschaft zum Erwerb: die Ausnutzung des spezifisch ökonomischen Sachverhalts: Knappheit begehrter Güter, zur Erzielung eigenen Gewinns an Verfügung über diese Güter.

Das soziale Handeln kann nun zur Wirtschaft in verschiedenartige Beziehung treten.

Gesellschaftshandeln kann, seinem von den Beteiligten subjektiv irgendwie erfaßten Sinne nach, ausgerichtet sein auf rein wirtschaftliche Erfolge: Bedarfsdeckung oder Erwerb. Dann begründet es Wirtschaftsgemeinschaft. Oder es kann sich des eigenen Wirtschaftens als Mittel für die anderweiten Erfolge, auf die es ausgerichtet ist, bedienen: wirtschaftende Gemeinschaften. Oder es finden sich wirtschaftliche mit außerwirtschaftlichen Erfolgen in der Ausgerichtetheit eines Gemeinschaftshandelns kombiniert. Oder endlich: es ist keins von alledem der Fall. Die Grenze der beiden erstgenannten Kategorien ist flüssig. Ganz streng genommen ist der erstgenannte Tatbestand ja nur bei solchen Gemeinschaften vorhanden, welche durch Ausnutzung des spezifisch ökonomischen Sachverhalts Gewinn zu erzielen streben. Also bei den Erwerbswirtschaftsgemeinschaften. Denn alle auf Bedarfsdeckung, gleichviel welcher Art, gerichteten Gemeinschaften bedienen sich des Wirtschaftens nur soweit, als dies nach Lage der Relation von Bedarf und Gütern unumgänglich ist. Die Wirtschaft einer Familie, einer milden Stiftung oder Militärverwaltung, einer Vergesellschaftung zur gemeinsamen Rodung von Wald oder zu einem gemeinsamen Jagdzuge stehen darin einander gleich. Gewiß scheint ein Unterschied zu bestehen: ob ein Gemeinschaftshandeln wesentlich deshalb überhaupt zur Existenz gelangt, um dem spezifisch ökonomischen Sachverhalt bei der Bedarfsdeckung gerecht zu werden, wie dies unter den Beispielen z. B. bei der Rodungsvergesellschaftung der Fall ist, oder ob primär andere Zwecke (Abrichtung für den Kriegsdienst) verfolgt werden, die nur, weil sie eben faktisch auf den ökonomischen Sachverhalt stoßen, das Wirtschaften erzwingen. Tatsächlich ist das aber eine sehr flüssige und nur so weit deutlich vollziehbare Scheidung, als das Gemeinschaftshandeln Züge aufweist, die auch beim Fortdenken des ökonomischen Sachverhalts, bei Unterstellung also einer Verfügung über praktisch unbeschränkte Vorräte von Gütern und möglichen Handlungen der möglichen Art, die gleichen bleiben müßten.

Auch ein weder wirtschaftliche noch wirtschaftende Gemeinschaften darstellendes Gemeinschaftshandeln aber kann in seiner Entstehung, seinem Fortbestand, der Art seiner Struktur und seines Ablaufs durch wirtschaftliche Ursachen, welche auf den ökonomischen Sachverhalt zurückgehen, mitbestimmt sein und ist insoweit ökonomisch determiniert. Umgekehrt kann es seinerseits für die Art und den Verlauf eines Wirtschaftens ein ins Gewicht fallendes ursächliches Moment bilden: ökonomisch relevant sein. Meist wird beides zusammentreffen. Gemeinschaftshandeln, welches weder eine Wirtschaftsgemeinschaft noch eine wirtschaftende Gemeinschaft darstellt, ist nichts Ungewöhnliches. Jeder gemeinsame Spaziergang kann ein solches konstituieren. Gemeinschaften, die nicht ökonomisch relevant sind, sind ebenfalls recht häufig. Einen Sonderfall innerhalb der wirtschaftlich relevanten Gemeinschaften bilden solche, welche zwar ihrerseits keine „Wirtschaftsgemeinschaften" sind, d. h.: deren Organe nicht durch eigene Mitarbeit oder durch konkrete Anordnungen, Gebote und Verbote, den Verlauf einer Wirtschaft kontinuierlich bestimmen, deren Ordnungen aber das wirtschaftliche Verhalten der Beteiligten regulieren: „wirtschaftsregulierende Gemeinschaften", wie alle Arten politischer, viele religiöse und zahlreiche andere Gemeinschaften, darunter solche, welche eigens zu dem Zweck der Wirtschaftsregulierung vergesellschaftet sind (Fischerei- und Markgenossenschaften u. dgl.). Gemeinschaften, die nicht irgendwie ökonomisch determiniert sind, sind wie gesagt[,] höchst selten. Dagegen ist der Grad, in dem dies der Fall ist, sehr verschieden, und vor allem fehlt – entgegen der Annahme der sog. materialistischen Geschichtsauffassung – die Eindeutigkeit der ökonomischen Determiniertheit des Gemeinschaftshandelns durch ökonomische Momente. Erscheinungen, welche die Analyse der Wirtschaft als „gleich" beurteilen muß, sind sehr häufig mit einer, für die soziologische Betrachtung sehr stark verschiedenen Struktur der sie umschließenden oder mit ihnen koexistierenden Gemeinschaften aller Art, auch der Wirtschafts- und wirtschaftenden Gemeinschaften, vereinbar. Auch die Formulierung: daß ein „funktioneller" Zusammenhang der Wirtschaft mit den sozialen Gebilden bestehe, ist ein historisch nicht allgemein begründbares Vorurteil, wenn darunter eine eindeutige gegenseitige Bedingtheit verstanden wird. Denn die Strukturformen des Gemeinschaftshandelns haben, wie wir immer wieder sehen werden, ihre „Eigengesetzlichkeit" und können auch davon abgesehen im Einzelfall stets durch andere als wirtschaftliche Ursachen in ihrer Gestaltung mitbestimmt sein. Dagegen pflegt allerdings an irgendeinem Punkt für die Struktur fast aller, und jedenfalls aller „kulturbedeutsamen" Gemeinschaften der Zustand der Wirtschaft ursächlich bedeutsam, oft ausschlaggebend wichtig, zu werden. Umgekehrt pflegt aber auch die Wirtschaft irgendwie durch die eigengesetzlich bedingte Struktur des Gemeinschaftshandelns, innerhalb dessen sie sich vollzieht, beeinflußt zu sein. Darüber, wann und wie dies der Fall sei, läßt sich etwas ganz Allgemeines von Belang nicht aussagen. Wohl aber läßt sich Allgemeines über den Grad der Wahlverwandtschaft konkreter Strukturformen des Gemeinschaftshandelns mit konkreten Wirtschaftsformen aussagen, d. h. darüber: ob und wie stark sie sich gegenseitig in ihrem Bestande begünstigen oder umgekehrt einander hemmen oder ausschließen: einander „adäquat" oder „inadäquat" sind. Solche Adäquanzbeziehungen werden wir immer wieder zu besprechen haben. Und ferner lassen sich wenigstens einige allgemeine Sätze über die Art, wie ökonomische Interessen überhaupt zu Gemeinschaftshandeln bestimmten Charakters zu führen pflegen, aufstellen. Eine bei allen Formen von Gemeinschaften sehr häufig vorkommende Art von wirtschaftlicher Bedingtheit wird durch den Wettbewerb um ökonomische Chancen: Amtsstellungen, Kundschaft, Gelegenheit zu okkupatorischem oder Arbeitsgewinn und dergleichen, geschaffen. Mit wachsender Zahl der Konkurrenten im Verhältnis zum Erwerbsspielraum wächst hier das Interesse der an der Konkurrenz Beteiligten, diese irgendwie einzuschränken. Die Form, in der dies zu geschehen pflegt, ist die: daß irgendein äußerlich feststellbares Merkmal eines Teils der (aktuell oder potenziell) Mitkonkurrierenden: Rasse, Sprache, Konfession, örtliche oder soziale Herkunft, Abstammung, Wohnsitz usw. von den anderen zum Anlaß genommen wird, ihren Ausschluß vom Mitbewerb zu erstreben. Welches im Einzelfall dies Merkmal ist, bleibt gleichgültig: es wird jeweils an das nächste sich darbietende angeknüpft. Das so entstandene Gemeinschaftshandeln der einen kann dann ein entsprechendes der anderen, gegen die es sich wendet, hervorrufen. – Die gemeinsam handelnden Konkurrenten sind nun unbeschadet ihrer fortdauernden Konkurrenz untereinander doch nach außen eine „Interessentengemeinschaft“ geworden, die Tendenz, eine irgendwie geartete „Vergesellschaftung“ mit rationaler Ordnung entstehen zu lassen, wächst, und bei Fortbestand des monopolistischen Interesses kommt der Zeitpunkt, wo sie selbst oder eine andere Gemeinschaft, deren Handeln die Interessenten beeinflussen können (z.B. die politische Gemeinschaft), eine Ordnung setzen, welche Monopole zugunsten der Begrenzung des Wettbewerbs schafft, und fortan zu deren Durchführung, eventuell mit Gewalt, sich bestimmte Personen ein für allemal als „Organe“ bereithalten. Dann ist aus der Interessentengemeinschaft eine „Rechtsgemeinschaft“ geworden: die Betreffenden sind „Rechtsgenossen“. Dieser Prozeß der „Schließung“ einer Gemeinschaft, wie wir ihn nennen wollen, ist ein typisch sich wiederholender Vorgang, die Quelle des „Eigentums“ am Boden ebenso wie aller zünftigen und anderen Gruppenmonopole. Handle es sich um die „genossenschaftliche Organisation“, und das heißt stets: um den nach außen geschlossenen, monopolistischen Zusammenschluß von z. B. ihrer örtlichen Provenienz nach bezeichneten Fischereiinteressenten eines bestimmten Gewässers, oder etwa um die Bildung eines „Verbandes der Diplomingenieure“, welcher das rechtliche oder faktische Monopol auf bestimmte Stellen für seine Mitglieder gegen die Nichtdiplomierten zu erzwingen sucht, oder um die Schließung der Teilnahme an den Äckern, Weide- und Allmendnutzungen eines Dorfs gegen Außenstehende, oder um „nationale“ Handlungsgehilfen, oder um landes- oder ortsgebürtige Ministerialen, Ritter, Universitätsgraduierte, Handwerker, oder um Militäranwärter oder was sie sonst seien, die zunächst ein Gemeinschaftshandeln, dann eventuell eine Vergesellschaftung entwickeln, – stets ist dabei als treibende Kraft die Tendenz zum Monopolisieren bestimmter, und zwar der Regel nach ökonomischer Chancen beteiligt. Eine Tendenz, die sich gegen andere Mitbewerber, welche durch ein gemeinsames positives oder negatives Merkmal gekennzeichnet sind, richtet. Und das Ziel ist: in irgendeinem Umfang stets *Schließung* der betreffenden (sozialen und ökonomischen) Chancen gegen Außenstehende. Diese Schließung kann, wenn erreicht, in ihrem Erfolg sehr verschieden weit gehen. Namentlich insofern, als die Zuteilung monopolistischer Chancen an die *einzelnen* Beteiligten dabei in verschiedenem Maße definitiv sein kann. Jene Chancen können dabei *innerhalb* des Kreises der monopolistisch Privilegierten entweder ganz „offen“ bleiben, so daß diese unter sich frei darum weiter konkurrieren. So z.B. bei den auf Bildungspatentbesitzer bestimmter Art: geprüfte Anwärter auf irgendwelche Anstellungen bezüglich dieser, oder z.B. Handwerker mit Meisterprüfung bezüglich des Kundenwettbewerbs oder der Lehrlingshaltung, in ihrer Zugänglichkeit beschränkten Chancen. Oder sie können irgendwie *auch nach innen* „geschlossen“ werden. Entweder so, daß ein „Turnus“ stattfindet: die kurzfristige Ernennung mancher Amtspfründeninhaber gehörte dem Zweck nach dahin. Oder so, daß die einzelnen Chancen nur auf Widerruf an Einzelne vergeben werden. So bei den in der „strengen“ Flurgemeinschaft z. B. des russischen Mir an die Einzelnen vergebenen Verfügungsgewalten über Äcker. Oder so, daß sie lebenslänglich vergeben werden – die Regel bei allen Präbenden, Ämtern, Monopolen von Handwerksmeistern, Allmendackerrechten, namentlich auch ursprünglich bei den Ackerzuteilungen innerhalb der meisten flurgemeinschaftlichen Dorfverbände u. dgl. Oder so, daß sie endgültig an den Einzelnen und seine Erben vergeben werden und nur eine Verfügungsgewalt des einzelnen Prätendenten im Wege der Abtretung an andere nicht zugelassen wird oder doch die Abtretung auf den Kreis der Gemeinschaftsgenossen beschränkt ist: der κλῆρος, die Kriegerpräbende des Altertums, die Dienstlehen der Ministerialen, Erbämter- und Erbhandwerkermonopole gehören dahin. Oder schließlich so, daß nur die Zahl der Chancen geschlossen bleibt, der Erwerb jeder einzelnen aber auch ohne Wissen und Willen der anderen Gemeinschafter durch jeden Dritten vom jeweiligen Inhaber möglich ist, so wie bei den Inhaberaktien. Wir wollen diese verschiedenen Stadien der mehr oder minder definitiven inneren Schließung der Gemeinschaft Stadien der *Appropriation* der von der Gemeinschaft monopolisierten sozialen und ökonomischen Chancen nennen. Die völlige Freigabe der appropriierten Monopolchancen zum Austausch auch nach außen: ihre Verwandlung in völlig „freies" *Eigentum*, bedeutet natürlich die Sprengung der alten monopolisierten Vergemeinschaftung, als deren caput mortuum nun sich appropriierte Verfügungsgewalten als „erworbene Rechte" in der Hand der Einzelnen im Güterverkehr befinden. Denn ausnahmslos alles „Eigentum" an Naturgütern ist historisch aus der allmählichen Appropriation monopolistischer Genossenanteile entstanden, und Objekt der Appropriation waren, anders als heute, nicht nur konkrete Sachgüter, sondern ganz ebenso soziale und ökonomische Chancen aller denkbaren Art. Selbstverständlich ist Grad und Art der Appropriation und ebenso die Leichtigkeit, mit der sich der Appropriationsprozeß im Innern der Gemeinschaft überhaupt vollzieht, sehr verschieden je nach der technischen Natur der Objekte und der Chancen, um die es sich handelt und welche die Appropriation in sehr verschiedenem Grade nahelegen können. Die Chance z. B. aus einem bestimmten Ackerstück durch dessen Bearbeitung Unterhalts- oder Erwerbsgüter zu gewinnen, ist an ein sinnfälliges und eindeutig abgrenzbares sachliches Objekt: eben das konkrete unvermehrbare Ackerstück gebunden, was in dieser Art etwa bei einer „Kundschaft" nicht der Fall ist. Daß das Objekt selbst erst durch Meliorierung Ertrag bringt, also in gewissem Sinn selbst „Arbeitsprodukt" der Nutzenden wird, motiviert dagegen die Appropriation nicht. Denn das pflegt bei einer acquirierten „Kundschaft" zwar in anderer Art, aber in noch weit höherem Maß zuzutreffen. Sondern rein technisch ist eine „Kundschaft" nicht so leicht – sozusagen – „einzutragen" wie ein Stück Grund und Boden. Es ist naturgemäß, daß auch das Maß der Appropriation darnach verschieden weit zu gehen pflegt. Aber hier kommt es darauf an, festzuhalten: daß prinzipiell die Appropriation in einem wie im andern Fall der gleiche, nur verschieden leicht durchführbare Vorgang ist: die „Schließung" der monopolisierten, sozialen oder ökonomischen, Chancen auch nach Innen, den Genossen gegenüber. Die Gemeinschaften sind darnach in verschiedenem Grade nach außen und innen „offen" oder „geschlossen".

Diese monopolistische Tendenz nimmt nun spezifische Formen an, wo es sich um Gemeinschaftsbildungen von Menschen handelt, welche andern gegenüber durch eine gleiche, vermittelst Erziehung, Lehre, Übung *zu erwerbende* periodische Qualität ausgezeichnet sind: durch ökonomische Qualifikationen irgendwelcher Art, durch gleiche oder ähnliche Amtsstellung, durch ritterliche oder asketische oder sonst irgendwie spezifizierte Richtung der Lebensführung und ähnliches. Hier pflegt das Gemeinschaftshandeln, wenn es eine Vergesellschaftung aus sich hervortreibt, dieser die Formen der „*Zunft*" zu geben. Ein Kreis von Vollberechtigten monopolisiert die Verfügung über die betreffenden ideellen, sozialen und ökonomischen Güter, Pflichten und Lebensstellungen als „Beruf". Er läßt nur den zur vollen Ausübung des gleichen Berufs zu, der 1. ein Noviziat zwecks geregelter Vorbildung durchgemacht, 2. seine Qualifikation dargetan, 3. eventuell noch weitere Karenzzeiten und Leistungen hinter sich hat. In ganz typischer Art wiederholt sich das von den pennalistischen Vergesellschaftungen des Studententums bis zu den Rittereinungen einerseits, den Zünften der Handwerker andererseits und den Qualifikationserfordernissen der modernen Beamten und Angestellten. Dabei kann zwar überall auch das Interesse an der Sicherung der guten Leistung mitspielen, an welcher alle Beteiligten unbeschadet ihrer eventuell fortbestehenden Konkurrenz untereinander ideell und materiell mitinteressiert sein können: die örtlichen Handwerker im Interesse des guten Rufs ihrer Waren, Ministerialen und Ritter einer bestimmten Einung im Interesse des Rufs ihrer Tüchtigkeit und auch direkt im eigensten Interesse ihrer militärischen Sicherheit, Asketengemeinschaften aus dem Interesse heraus, daß die Götter und Dämonen nicht durch falsche Manipulationen gegen alle Beteiligten erzürnt werden (wer z. B. bei einem rituellen Singtanz falsch singt, wird ursprünglich bei fast allen „Naturvölkern" alsbald zur Sühne erschlagen). Normalerweise aber steht voran das Interesse an der Einschränkung des Angebots von Anwärtern auf die Pfründen und Ehren der betreffenden Berufsstellung. Die Noviziate und Karenzzeiten ebenso wie die „Meisterstücke" und was sonst gefordert wird (namentlich: ausgiebige Regalierung der Genossen) stellen oft mehr ökonomische als eigentliche Qualifikationsansprüche an die Anwärter.

Solche monopolistischen Tendenzen und ihnen verwandte ökonomische Erwägungen haben historisch oft eine bedeutende Rolle bei der *Hemmung* der Ausbreitung von Gemeinschaften gespielt. Die attische Bürgerrechtspolitik der Demokratie z. B., welche den Kreis der an den Vorteilen des Bürgerrechts Teilnehmenden zunehmend zu schließen trachtete, hat der politischen Machtexpansion Schranken gesetzt. Eine ökonomische Interessenkonstellation anderer, aber letztlich doch ähnlicher Art brachte die Propaganda des Quäkertums zum Stillstand. Das ursprüngliche religiös gebotene Bekehrungsinteresse des Islam fand seine Schranken an dem Interesse der erobernden Kriegerschicht: daß eine nicht islamische und daher minderberechtigte Bevölkerung dabliebe, welcher die für den Unterhalt der vollberechtigten Gläubigen erforderlichen Abgaben und Lasten auferlegt werden konnten – ein Sachverhalt, welcher den Typus abgibt für sehr viele ähnliche Erscheinungen.

Typisch ist auf der andern Seite der Fall, daß Menschen „von" der Übernahme der Interessenvertretung oder in anderer Art von der Existenz einer Gemeinschaft ideell oder auch ökonomisch ihre Existenz fristen und daß infolgedessen das Gemeinschaftshandeln propagiert wird, fortbesteht und sich zur Vergesellschaftung entwickelt in Fällen, wo dies sonst vielleicht nicht eingetreten wäre. Ideell kann ein solches Interesse in der verschiedensten Art begründet sein: die Ideologen der Romantik und ihre Nachzügler z. B. haben im 19. Jahrhundert zahlreiche verfallende Sprachgemeinschaften „interessanter" Völkerschaften erst zu bewußter Pflege ihres Sprachbesitzes erweckt. Deutsche Gymnasiallehrer und Professoren haben kleine slawische Sprachgemeinschaften, mit denen sie sich beschäftigten und über die sie Bücher zu schreiben das ideelle Bedürfnis fühlten, vor dem Untergang bewahren helfen. Immerhin ist dieses rein ideologische „Leben" einer Gemeinschaft ein nicht so tragfähiger Hebel[,] wie ihn die ökonomische Interessiertheit abgibt. Wenn insbesondre eine Gruppe von Menschen jemanden dafür bezahlt, daß er zu planvoller Wahrnehmung der allen gemeinsamen Interessen sich ständig (als „Organ") bereit hält und handelt, oder wenn eine solche Interessenvertretung sich sonstwie direkt oder indirekt „bezahlt" macht, so ist damit eine Vergesellschaftung geschaffen, die unter allen Umständen eine starke Garantie für den Fortbestand des Gemeinschaftshandelns darstellt. Mag es sich etwa um die entgeltliche Propaganda von (verhüllten oder unverhüllten) Sexualinteressen oder von anderen „ideellen" oder endlich von ökonomischen Interessen (Gewerkschaften, Arbeitgeberverbänden und ähnlichen Organisationen) handeln, sei es in Gestalt von in Stücklohn bezahlten Vortragsrednern oder von in Gehalt entlohnten „Sekretären" und dergleichen, immer sind nun Personen da, welche „berufsmäßig" an der Erhaltung der vorhandenen und der Gewinnung neuer Mitglieder interessiert sind. Ein planmäßiger rationaler „Betrieb" ist an die Stelle des intermittierenden und irrationalen Gelegenheitshandelns getreten und funktioniert weiter, auch wenn der ursprüngliche Enthusiasmus der Beteiligten selbst für ihre Ideale längst verflogen ist.

Eigentlich „kapitalistische" Interessen können in der allerverschiedensten Art an der Propaganda eines bestimmten Gemeinschaftshandelns interessiert sein. So z. B. wie die Besitzer von Vorräten deutschen Frakturdruckmaterials an der fortdauernden Verwendung dieser „nationalen" Schriftform. Oder so, wie diejenigen Gastwirte, welche trotz des Militärboykotts ihre Räume für sozialdemokratische Versammlungen zur Verfügung halten, an der Mitgliederzahl der Partei. Ungezählte Beispiele dieses Typus liegen für jede Art von Gemeinschaftshandeln jedermann nahe.

Das allen Fällen derartiger ökonomischer Interessiertheit, sei es seitens der Angestellten oder seitens kapitalistischer Mächte, Gemeinsame ist: daß das Interesse am „Inhalt" der gemeinsamen Ideale der Mitglieder notwendig hinter dem Interesse an dem Fortbestand oder der Propaganda der Gemeinschaft rein als solchem, gleichviel welches der Inhalt ihres Handelns ist, zurücktritt. Ein großartiges Beispiel dieser Art ist die vollkommene Entleerung der amerikanischen Parteien von festen sachlichen Idealen. Das größte ist aber natürlich die typische Verknüpfung kapitalistischer Interessen mit der Expansion politischer Gemeinschaften, wie es von jeher bestanden hat. Einerseits ist die Möglichkeit der Beeinflussung des Wirtschaftslebens durch diese Gemeinschaften außerordentlich groß, und andererseits können sie sich zwangsweise ungeheure Einkünfte verschaffen und darüber disponieren, so daß sich an ihnen, direkt und indirekt, am meisten verdienen läßt; direkt durch entgeltliche Übernahme von Leistungen oder durch Bevorschussung von Einkünften, indirekt durch Ausbeutung von Objekten, welche sie politisch okkupieren. Das Schwergewicht des kapitalistischen Erwerbs lag in der Antike und in der beginnenden Neuzeit in solchen durch Beziehungen zur politischen Gewalt rein als solcher zu erzielenden „imperialistischen" Gewinnen, und es verschiebt sich heute wieder zunehmend nach dieser Richtung hin. Jede Ausdehnung des Machtgebiets einer solchen Gemeinschaft vermehrt dann die Gewinnchancen der betreffenden Interessenten.

Diesen ökonomischen Interessen, welche in der Richtung der Propagierung einer Gemeinschaft wirken, treten nun, außer den schon besprochenen monopolistischen Tendenzen, unter Umständen andere Interessen entgegen, welche gerade umgekehrt durch die Geschlossenheit und Exklusivität einer Gemeinschaft gespeist werden. Wir stellten schon früher allgemein fest, daß fast jeder auf rein freiwilligem Beitritt ruhende Zweckverband über den primären Erfolg hinaus, auf den das vergesellschaftete Handeln ausgerichtet ist, Beziehungen zwischen den Beteiligten zu stiften pflegt, welche Grundlage eines unter Umständen auf ganz heterogene Erfolge ausgerichteten Gemeinschaftshandelns werden können: an die Vergesellschaftung knüpft sich regelmäßig eine „übergreifende" Vergemeinschaftung. Natürlich nur bei einem Teil der Vergesellschaftungen, denjenigen nämlich, deren Gemeinschaftshandeln eine irgendwelche, nicht rein geschäftliche, „persönliche" gesellschaftliche Berührung voraussetzt. Die Qualität eines „Aktionärs" zum Beispiel erwirbt man ohne alle Rücksicht auf persönlich-menschliche Eigenschaften und regelmäßig ohne Wissen und Willen der Mitbeteiligten rein kraft eines ökonomischen Tauschakts über die Aktie. Ähnliches gilt für alle diejenigen Vergesellschaftungen, welche den Beitritt von einer rein formalen Bedingung oder Leistung abhängig machen und auf die Prüfung der Person des Einzelnen verzichten. Dies ist besonders häufig bei gewissen Arten von reinen Wirtschaftsgemeinschaften, ebenso bei manchen Vereinen mit rein politischem Zweck der Fall und wird im allgemeinen überall um so mehr zur Regel, je rationaler und spezialisierter der Zweck der Vereinigung ist. Immerhin gibt es der Vergesellschaftungen sehr viele, bei denen einerseits die Zulassung, ausdrücklich oder stillschweigend, gewisse spezifische Qualifikationen voraussetzt und bei denen andererseits, im Zusammenhang damit, jene übergreifende Vergemeinschaftung regelmäßig stattfindet. Dies ist natürlich besonders dann der Fall, wenn die Gemeinschaften die Zulassung jedes neuen Beteiligten an eine Prüfung und Zustimmung zur Aufnahme seiner Person knüpfen. Der einzelne Beteiligte wird dann, normalerweise wenigstens, nicht nur nach seinen Funktionen und nach seiner für den ausdrücklichen Zweck des Verbandes wesentlichen Leistungsfähigkeit, sondern auch nach seinem „Sein", nach der Wertschätzung seiner Gesamtpersönlichkeit von seiten der anderen Mitbeteiligten geprüft. Es ist hier nicht der Ort, die einzelnen Vergesellschaftungen darnach zu klassifizieren, wie stark oder wie schwach dieses Auslesemoment bei ihnen wirkt. Genug, daß es bei den allerverschiedensten Arten tatsächlich existiert. Eine religiöse Sekte nicht nur, sondern ebenso ein geselliger Verein, etwa ein Kriegerverein, selbst ein Kegelklub läßt im allgemeinen niemanden zur Beteiligung zu, dessen Gesamtpersönlichkeit von den anderen Beteiligten verworfen wird. Eben dies nun „legitimiert" den Zugelassenen nach außen, Dritten gegenüber, weit über seine für den Zweck des Verbandes wichtigen Qualitäten hinaus. Die Beteiligung am Gemeinschaftshandeln ferner schafft ihm Beziehungen („Konnexionen"), welche zu seinen Gunsten ebenfalls weit über den Kreis der speziellen Verbandszwecke wirksam werden. Es ist daher etwas Alltägliches, daß Leute einem religiösen oder studentischen oder politischen oder anderen Verband angehören, obwohl ihnen die dort gepflegten Interessen an sich durchaus gleichgültig sind, lediglich um jener wirtschaftlich nutzbaren „Legitimationen" und „Konnexionen" willen, welche diese Zugehörigkeit mit sich bringt. Während nun diese Motive an sich einen starken Anreiz zur Beteiligung an der Gemeinschaft zu enthalten und also ihre Propagierung zu fördern scheinen, wirkt in gerade entgegengesetztem Sinn das Interesse der Beteiligten daran, jene Vorteile zu monopolisieren und auch in ihrem ökonomischen Nutzwert dadurch zu steigern, daß sie auf einen möglichst kleinen und exklusiven Kreis beschränkt bleiben. Und je kleiner und exklusiver er ist, desto höher steht neben dem direkten Nutzwert überdies auch das soziale Prestige, welches die Zugehörigkeit verleiht.

Endlich ist noch eine häufige Beziehung zwischen Wirtschaft und Gemeinschaftshandeln kurz zu streifen: die bewußte Inaussichtstellung konkreter wirtschaftlicher Vorteile im Interesse der Propagierung und Erhaltung einer primär außerwirtschaftlichen Gemeinschaft. Sie pflegt naturgemäß besonders da aufzutreten, wo mehrere Gemeinschaften ähnlicher Art miteinander um Mitglieder konkurrieren. So namentlich politische Parteien und religiöse Gemeinschaften. Die amerikanischen Sekten konkurrieren durch Arrangement von künstlerischen und anderen Darbietungen und Unterhaltungen aller Art einschließlich des Sports, durch Unterbietung in den Bedingungen der Zulassung geschiedener Gatten zur Einsegnung neuer Ehen (das schrankenlose Unterbieten auf diesem Gebiet ist neuestens durch eine reguläre „Kartell"bildung eingeschränkt worden). Die religiösen und politischen Parteien veranstalten neben Landpartien und ähnlichem noch allerhand Gründungen von „Jugendverbänden", „Frauengruppen" u. dgl., und überall beteiligen sie sich eifrig an rein kommunalen oder andern an sich unpolitischen Angelegenheiten, die ihnen Gelegenheit geben, in Konkurrenz miteinander lokalen Privatinteressenten ökonomische Gefälligkeiten zu erweisen. Die Invasion kommunaler oder genossenschaftlicher oder anderer Gemeinschaften durch solche politische, religiöse und andere Gruppen ist in sehr starkem Maße ganz direkt dadurch ökonomisch bedingt, daß sie Gelegenheit gibt, Funktionäre der Gemeinschaft direkt durch Amtspfründen und soziales Prestige zu versorgen und damit zugleich die Kosten des eignen Betriebs auf andre Gemeinschaften zu überwälzen. Kommunale oder genossenschaftliche oder Konsumvereinsämter, Ämter in Krankenkassen und Gewerkschaften und Ähnliches sind Objekte, die sich dazu eignen. Und in größtem Maßstab selbstverständlich politische Ämter und Pfründen oder andre, von der politischen Gewalt zu vergebende, soziale oder als Versorgungsgelegenheiten geschätzte Stellungen, die Universitätsprofessuren eingeschlossen. Das „parlamentarische" System bietet Gemeinschaften aller Art, wenn sie hinlänglich stark an Zahl sind, die Möglichkeit, sich ähnlich den politischen Parteien selbst – zu deren normalem Wesen gerade dies gehört – derartige Versorgungsmittel für ihre Führer und Mitglieder zu verschaffen. In unserem Zusammenhang ist speziell nur die allgemeine Tatsache festzustellen: daß auch die direkte Schaffung ökonomischer Organisationen, namentlich zu propagandistischen Zwecken, seitens außerökonomischer Gemeinschaften verwendet wird. Ein beträchtlicher Teil des modernen karitativen Betriebs der religiösen Gemeinschaften dient ihm. Erst recht die Gründung von „christlichen", „liberalen", „sozialistischen", „nationalen" Gewerkschaften und Hilfskassen, die Gewährung von Gelegenheit zum Sparen und zur Versicherung. In sehr großem Maßstabe ferner die Konsumvereins- und Genossenschaftsgründung: bei manchen italienischen Genossenschaften mußte der Beichtzettel vorgelegt werden, um Arbeit zu erhalten. Für die Polen in Deutschland ist die Organisation des Kredits, der Entschuldung, der Ansiedlung in ungewöhnlich großartiger Weise entwickelt, und die russischen Parteien aller Richtungen beschritten in der Revolutionszeit sofort systematisch ähnliche höchst moderne Wege. Gründung von Erwerbsbetrieben: Banken, Hotels (wie die sozialistische „Hotellerie du Peuple" in Ostende) und schließlich auch von gewerblichen Produktionsbetrieben (auch in Belgien) kommen ebenfalls vor. Die im Besitz der Macht innerhalb einer politischen Gemeinschaft befindlichen Gruppen, namentlich also das Beamtentum, pflegen dann zur Erhaltung ihrer eigenen Machtstellung ähnliche Wege zu beschreiten, von der Züchtung „patriotischer" Vereine und Veranstaltungen aller Art mit Gewährung ökonomischer Vorteile angefangen bis zur Schaffung von bürokratisch kontrollierten Kreditfonds („Preußenkasse") und ähnlichem. Die technischen Einzelheiten aller dieser Mittel der Propaganda gehören nicht hierher.

Das Mit- und Gegeneinanderwirken von einerseits propagandistisch, andererseits monopolistisch wirkenden ökonomischen Interessen innerhalb aller möglichen Arten von Gemeinschaften war hier nur im allgemeinen festzustellen und durch einige besonders typische Beispiele zu illustrieren. Es weiter ins Einzelne zu verfolgen[,] müssen wir uns versagen, da dies eine Spezialuntersuchung aller einzelnen Arten von Vergesellschaftungen bedingen würde.

Wir haben vielmehr nur noch in Kürze der allernächst liegenden Art der Verknüpfung von Gemeinschaftshandeln mit „Wirtschaft" zu gedenken: des Umstandes, daß außerordentlich viele Gemeinschaften „wirtschaftende" Gemeinschaften sind. Damit sie dies sein können, ist allerdings normalerweise ein gewisses Maß von rationaler Vergesellschaftung erforderlich. Nicht unentbehrlich: den aus der Hausgemeinschaft emporwachsenden, später zu erörternden Gebilden fehlt sie. Aber sie ist das durchaus Normale.

Ein zur rationalen „Vergesellschaftung" entwickeltes Gemeinschaftshandeln besitzt, wenn es ökonomischer Güter und Leistungen für das Gesellschaftshandeln bedarf, eine gesatzte Regel, nach der jene aufgebracht werden. Prinzipiell kann dies geschehen in folgenden „reinen" Typen (deren Beispiele wir möglichst dem politischen Gemeinschaftsleben entlehnen, weil dieses die entwickeltsten Systeme für ihre Aufbringung besitzt): 1. „oikenmäßig", d. h. rein gemeinwirtschaftlich und rein naturalwirtschaftlich: Auferlegung direkter persönlicher Naturalleistungen der Gemeinschafter nach festen Regeln, gleich für alle oder spezifiziert („allgemeine" Wehrpflicht der Kriegstauglichen und spezifizierte Militärdienstpflicht als „Ökonomiehandwerker") und Umlegung der sachlichen Bedarfsgegenstände (z. B. für die fürstliche Tafel oder für die Heeresverwaltung) in Form von festen pflichtmäßigen Naturalabgaben. Ihre Verwendung erfolgt in Form einer nicht für den Absatz arbeitenden Gemeinwirtschaft, welche einen Teil des Gemeinschaftshandelns bildet (z. B.: ein rein eigenwirtschaftlicher[,] grundherrschaftlicher oder fürstlicher Haushalt, (der reine Typus des „Oikos") oder z. B. im speziellen eine ganz auf Naturaldienst und Naturalabgaben ruhende Ordnung der Heeresverwaltung, wie – annähernd – in Altägypten). – 2. *Abgaben* und (marktmäßig): als Pflicht auferlegte Steuern, (regelmäßige) Beiträge oder an bestimmte Vorgänge geknüpfte Gelegenheitsabgaben in Geldform seitens der Gemeinschafter nach bestimmten Regeln, geben die Möglichkeit zur Beschaffung der Mittel für die Bedarfsdeckung auf dem Markt, also durch Ankauf von sachlichen Betriebsmitteln, Miete von Arbeitern, Beamten, Söldnern. – Die Abgaben können daher auch Kontributionscharakter haben. So die Belastung aller Personen, auch der am Gemeinschaftshandeln sonst nicht beteiligten, welche entweder a) an gewissen Vorteilen und Chancen, welche die Gemeinschaft darbietet, namentlich an Leistungen eines durch die Gemeinschaft geschaffenen gesellschaftlichen Gebildes (z.B. einer Grundbuch- oder anderen „Behörde") oder wirtschaftlichen Guts (z.B. einer von ihr gebauten Chaussee) teilnehmen, nach dem Prinzip eines speziellen Leistungsentgelts (Gebühren im technischen Wortsinn) – oder welche b) einfach rein physisch in die faktische Machtsphäre der Gemeinschaft geraten (Abgaben von bloßen Gebietsinsassen, Zölle von Personen und Gütern beim Passieren des beherrschten Gebiets). – 3. *Erwerbswirtschaftlich*: durch Marktabsatz von Produkten oder Dienstleistungen eines eigenen Betriebs, der einen Teilbestandteil des Gemeinschaftshandelns darstellt und dessen Gewinne für die Gesellschaftszwecke verwendet werden. Dieser kann ein „freier" Betrieb ohne formelle Monopolgarantie sein (Preußische Seehandlung, Grande Chartreuse) oder ein monopolistischer Betrieb, wie sie in der Vergangenheit und auch in der Gegenwart (Post) zahlreich vorhanden waren und sind. Es liegt auf der Hand, daß zwischen diesen drei rein begrifflich konsequentesten Typen jede Art von Kombination möglich ist. Naturalleistungen können in Geld „abgelöst", Naturalien auf dem Markt in Geld verwandelt werden, die Sachgüter des Erwerbsbetriebs können direkt durch Naturalabgaben oder auf dem Markt aus den durch Geldabgaben aufgebrachten Mitteln beschafft, überhaupt die Bestandteile dieser einzelnen „Typen" miteinander kombiniert werden, wie dies tatsächlich die Regel ist. – 4. *Mäzenatisch*: durch rein freiwillige Beiträge ökonomisch dazu Befähigter und irgendwie am Gesellschaftszweck materiell oder ideell Interessierter, seien sie nun im übrigen Teilnehmer der Gemeinschaft oder nicht (typische Form der Bedarfsdeckung von religiösen und Parteigemeinschaften: Stiftungen für religiöse Zwecke, Subventionierung von Parteien durch Großgeldgeber; ebenso aber: Bettelorden und die freiwilligen „Geschenke" an die Fürsten der Frühzeit). Es fehlt die feste Regel und Verpflichtung und der Zusammenhang von Leistung und sonstiger Beteiligung am Gemeinschaftshandeln: der Mäzen kann ganz außerhalb des Kreises der Beteiligten stehen. – 5. Durch *privilegierende Belastung* – und zwar positiv oder negativ privilegierend. a) Die positiv privilegierende Belastung findet nicht nur, aber hauptsächlich statt gegen Garantie eines bestimmten ökonomischen oder sozialen Monopols und umgekehrt: bestimmte privilegierte Stände oder monopolisierte Gruppen sind ganz oder teilweise abgabenfrei. Die Abgaben und Leistungen werden also nicht nach allgemeinen Regeln der einzelnen Vermögens- und Einkommensstufen oder den (prinzipiell wenigstens) frei zugänglichen Besitz- und Erwerbsarten auferlegt, sondern sie werden gefordert je nach der Art der bestimmten, Einzelnen oder Gruppen durch die Gemeinschaft garantierten, spezifisch ökonomischen oder politischen oder anderen Machtstellungen und Monopole (Rittergutsbesitz, zünftige und ständische Steuerprivilegien oder Spezialabgaben). Und zwar als „Korrelat" oder als „Entgelt" dieser privilegierenden Garantie oder Appropriation. Die Art der Bedarfsdeckung schafft oder fixiert dann also eine monopolistische Gliederung der Gemeinschaftsbeteiligten auf der Grundlage der „Schließung" der sozialen und ökonomischen Chancen der einzelnen Schichten. Zu dieser Form der Bedarfsdeckung gehören begrifflich auch, als wichtiger Sonderfall, alle unter sich höchst verschiedenen Formen der „feudalen" oder „patrimonialen" Deckung des Bedarfs an politischen Machtmitteln, welche mit appropriierten Machtstellungen für die Leistung des vergesellschafteten Handelns selbst verknüpft sind (der Fürst als solcher hat im ständischen Gemeinwesen prinzipiell die Lasten des politischen Gemeinschaftshandelns aus seinem patrimonialen Besitz zu bestreiten, die feudalen Teilhaber an der politischen oder patrimonialen Gewalt und sozialen Ehre: Vasallen, Ministerialen usw. bringen die Kriegs- und Amtsbedürfnisse aus eignen Mitteln auf). Bei dieser Art der Bedarfsdeckung handelt es sich meist um Abgaben und Leistungen in natura (ständisch-naturale privilegierende Bedarfsdeckung). Es können aber, auf dem Boden des Kapitalismus, ganz analoge Vorgänge privilegierender Bedarfsdeckung auftreten: die politische Gewalt garantiert z. B. einer Gruppe von Unternehmern ausdrücklich oder indirekt ein Monopol und legt ihnen dafür direkt oder in Abgabenform Kontributionen auf. Diese in der „merkantilistischen" Epoche verbreitete Form der privilegierenden Belastung hat in der Gegenwart wieder eine zunehmende Rolle zu spielen begonnen (Branntweinsteuer in Deutschland). – b) Die *negativ* privilegierende Bedarfsdeckung ist die *leiturgische*: es werden ökonomisch kostspielige Leistungen spezifizierter Art an eine bestimmte Höhe des nackten[,] nicht monopolistisch privilegierten Vermögensbesitzes rein als solchen, eventuell unter den Qualifizierten im Turnus umgehend, geknüpft (Trierarchen und Choregen in Athen, Zwangssteuerpächter in den hellenistischen Staaten): *Klassenleiturgie*; – oder sie werden mit bestimmten Monopolgemeinschaften derart verbunden, daß die Pflichtigen im Interesse der gesellschaftlichen Bedarfsdeckung diesen Monopolgemeinschaften sich nicht einseitig entziehen dürfen, sondern an sie gebunden sind (solidarisch haftend). Zwangszünfte Altägyptens und des späten Altertums, erbliche Gebundenheit der russischen Bauern an die für die Steuern haftende Dorfgemeinschaft, mehr oder minder starke Schollenfestigkeit der Colonen und Bauern aller Zeiten und Solidarhaft ihrer Gemeinden für die Steuern und eventuell: Rekruten, Solidarhaft der römischen Dekurionen für die von ihnen zu erhebenden Abgaben usw.: *Standesleiturgie*. – Die zuletzt (Nr. 5) genannten Arten der Aufbringung des Gemeinschaftsbedarfs sind der Natur der Sache nach normalerweise auf anstaltsmäßige Zwangsgemeinschaften (vor allen die politischen) beschränkt.

Die Arten der Bedarfsdeckung, stets das Resultat von Interessenkämpfen, haben oft weittragende Bedeutung jenseits ihres direkten Zweckes. Denn sie können in starkem Maße „wirtschaftsregulierende" Ordnungen zur Folge haben (wie namentlich die zuletzt genannten Arten) und, wo dies nicht direkt der Fall ist, dennoch die Entwicklung und Richtung des Wirtschaftens sehr stark beeinflussen. So z. B. die standesleiturgische Bedarfsdeckung für die „Schließung" der sozialen und ökonomischen Chancen und die Fixierung der Ständebildung und damit für die Ausschaltung der privaten Erwerbskapitalbildung. So ferner jede umfassende gemeinwirtschaftliche oder erwerbswirtschaftliche oder Monopole schaffende Bedarfsdeckung. Die beiden ersteren stets in der Richtung der Ausschaltung der privaten Erwerbswirtschaft, die letztere je nach den Umständen sehr verschieden, immer natürlich in der Richtung der Verschiebung, zuweilen in der der Stimulierung, zuweilen der Hemmung der privatkapitalistischen Gewinnchancen. Das kommt auf Maß, Art und Richtung des staatlich geförderten Monopolismus an. Der zunehmende Übergang des Römerreichs zur standesleiturgischen (und daneben teilweise zur gemeinwirtschaftlichen) Bedarfsdeckung erstickte den antiken Kapitalismus. Die erwerbswirtschaftlichen Gemeinde- und Staatsbetriebe der Gegenwart verschieben teils, teils verdrängen sie den Kapitalismus: die Tatsache, daß die deutschen Börsen seit der Verstaatlichung der Eisenbahnen keine

Eisenbahnpapiere mehr notieren, ist für ihre Stellung nicht nur, sondern für die Art der Vermögensbildung wichtig. Jede Begünstigung und Stabilisierung von Monopolen in Verbindung mit staatlichen Kontributionen (wie etwa in der deutschen Branntweinsteuer usw.) schränkt die Expansion des Kapitalismus ein (ein Beispiel: die Entstehung rein gewerblicher Brennereien). Die Handels- und Kolonialmonopole des Mittelalters und der beginnenden Neuzeit stimulierten umgekehrt zunächst – da unter den gegebenen Umständen nur durch Monopolisierung ausreichender Gewinnspielraum für eine kapitalistische Unternehmung zu sichern war – die Entstehung des Kapitalismus. Im weiteren Verlauf aber – so in England im 17. Jahrhundert – wirkten sie dem Rentabilitätsinteresse des das Optimum der Anlagechancen suchenden Kapitals entgegen und stießen daher auf erbitterte Opposition, der sie erlagen. Die Wirkung ist also im Fall der steuerbedingten Monopolprivilegien nicht eindeutig. Eindeutig der kapitalistischen Entwicklung günstig ist dagegen die rein abgabenmäßige und marktmäßige Bedarfsdeckung, also, ins Extreme gesteigert gedacht, die Deckung möglichst allen Bedarfs der Verwaltung durch Vergebung auf dem freien Markt. Mit Einschluß z. B. auch der Vergebung der Heeresanwerbung und „Ausbildung" an private Unternehmer (wie die condottieri in der beginnenden Neuzeit es waren) und der Aufbringung aller Mittel durch Geldsteuern. Dies System setzt natürlich vollentwikkelte Geldwirtschaft, ferner aber, rein verwaltungstechnisch, einen streng rationalen und präzis funktionierenden und das heißt: „bürokratischen" Verwaltungsmechanismus voraus. Speziell gilt dies für die Besteuerung des beweglichen „Besitzes", welche überall, und gerade in der „Demokratie", eigenartigen Schwierigkeiten begegnet. Diese sind hier kurz zu erörtern, weil sie unter den gegebenen Bedingungen der abendländischen Zivilisation in hohem Maße an der Entwicklung des spezifisch modernen Kapitalismus mitbeteiligt waren. Jede Art von Belastung des Besitzes als solchen ist überall, auch wo die Besitzlosen den Einfluß in Händen haben, an gewisse Schranken gebunden, wenn den Besitzenden das Ausscheiden aus der Gemeinschaft möglich ist. Das Maß dieser Möglichkeit hängt nicht nur, wie selbstverständlich, von dem Grade der Unentbehrlichkeit der Zugehörigkeit gerade zu dieser konkreten Gemeinschaft für sie ab, sondern ebenso von der durch die Eigenart des Besitzes bestimmten, ökonomischen Gebundenheit an eben jene Gemeinschaft. Innerhalb der anstaltsmäßigen Zwangsgemeinschaften, also in erster Linie der politischen Gebilde, sind alle Arten von gewinntragender Besitzverwertung, welche in besonders starkem Maße an Grundbesitz gebunden sind, spezifisch abwanderungsunfähig, im Gegensatz zu den „beweglichen", das heißt: den in Geld oder spezifisch leicht in Geld austauschbaren Gütern bestehenden, nicht ortsgebundenen Vermögen. Austritt und Abwanderung von besitzenden Schichten aus einer Gemeinschaft läßt nicht nur die Abgabelast der darin Verbleibenden stark anwachsen, sondern kann auch in einer auf dem Markttausch und namentlich auf dem Arbeitsmarkttausch ruhenden Gemeinschaft die unmittelbaren Erwerbschancen der Besitzlosen (namentlich ihre Arbeitsgelegenheit) so stark beeinträchtigen, daß sie um dieser unmittelbaren Wirkung willen auf den Versuch einer rücksichtslosen Heranziehung des Besitzes zu den Gemeinschaftslasten verzichten, ja ihn sogar ganz bewußt privilegieren. Ob dies geschieht[,] hängt von der ökonomischen Struktur der betreffenden Gemeinschaft ab. Für den attischen Demos, der in starkem Maß von Tributen der Untertanen lebte und unter einer Wirtschaftsordnung stand, für welche der Arbeitsmarkt im modernen Sinn des Wortes noch nicht die Klassenlage der Massen beherrschend bestimmte, traten die erwähnten Motive und Rücksichten hinter dem stärker wirkenden Anreiz direkter Auferlegung von Kontributionen auf den Besitz zurück. Unter modernen Verhältnissen ist es meist umgekehrt. Gerade solche Gemeinschaften, in welchen die Besitzlosen den maßgebenden Einfluß ausüben, verfahren heute nicht selten sehr schonsam gegen den Besitz. Speziell in den Händen sozialistischer Parteien befindliche Gemeinwesen, wie etwa die Stadt Catania, haben Fabriken durch weitgehende Privilegierung geradezu gezüchtet, weil die erhoffte Erweiterung der Arbeitsgelegenheit, also die unmittelbare Besserung ihrer Klassenlage, den Anhängern wichtiger war als die „gerechte" Besitzverteilung und Besteuerung. Wohnungsvermieter, Baugeländebesitzer, Detaillisten, Handwerker pflegen trotz aller Interessengegensätze im Einzelfall ebenso zuerst an das nächstliegende, durch die Klassenlage direkt bestimmte Interesse zu denken, und alle Arten von „Merkantilismus" sind daher eine bei allen Gattungen von Gemeinschaften verbreitete, im einzelnen sehr abwandlungsfähige und in den mannigfachsten Formen bestehende Erscheinung. Um so mehr als auch das Interesse an der Erhaltung der „Steuerkraft" und an dem Vorhandensein von großen, zur Kreditgewährung fähigen Vermögen innerhalb der eigenen Gemeinschaft, den an der Machtstellung der Gemeinschaft als solcher andern Gemeinschaften gegenüber Interessierten, eine ähnliche Behandlung des irgendwie „beweglichen" Besitzes aufnötigt. Der „bewegliche" Besitz hat daher, selbst wo die Macht in einer Gemeinschaft in den Händen der Besitzlosen liegt, wenn nicht immer für direkte „merkantilistische" Privilegierung, so doch für weitgehende Verschonung mit leiturgischer oder abgabemäßiger Belastung überall da eine weitgehende Chance, wo eine Vielzahl von Gemeinschaften, zwischen denen er für seine Ansiedelung die Wahl hat, miteinander konkurrieren, wie etwa die Einzelstaaten der amerikanischen Union – deren partikularistische Selbständigkeit der wesentliche Grund des Scheiterns aller ernstlichen Einigung der bedarfskapitalistischen Interessen ist – oder in beschränktem, aber dennoch fühlbarem Maße, die Kommunen eines Landes oder schließlich die ganz und namentlich unabhängig nebeneinanderstehenden politischen Gebilde.

Im übrigen ist natürlich die Art der Lastenverteilung im stärksten Maße mitbestimmt einerseits durch die Machtlage der verschiedenen Gruppen innerhalb einer Gemeinschaft zueinander, andererseits durch die Art der Wirtschaftsordnung. Jedes Anwachsen oder Vorwalten naturalwirtschaftlicher Bedarfsdeckung drängt zum Leiturgiesystem. So stammt das ägyptische Leiturgiesystem aus der Pharaonenzeit und ist die Entwicklung des spätrömischen Leiturgiestaats nach ägyptischem Muster durch den stark naturalwirtschaftlichen Charakter der Binnengebiete, welche einverleibt wurden und die relativ sinkende Bedeutung und Gewichtigkeit der kapitalistischen Schichten bedingt, welche ihrerseits wieder durch die den Steuerpächter und die Auswucherung der Untertanen ausschaltende Umwandlung der Herrschaftsstruktur und Verwaltung herbeigeführt wurde. Vorwaltender Einfluß des „beweglichen" Besitzes führt umgekehrt überall zur Abwälzung der leiturgiemäßigen Deckung der Lasten seitens der Besitzenden und zu einem Leistungs- und Abgabensystem, welches die Massen belastet. An Stelle der leiturgisch nach dem Besitz abgestuften, auf Selbstausrüstung der vermögenden Bürger ruhenden Wehrpflicht trat in Rom die faktische Militärdienstfreiheit der Leute vom Ritterzensus und das staatlich equipierte Proletarierheer, anderwärts das Soldheer, dessen Kosten durch Massenbesteuerung gedeckt wurden. An Stelle der Aufbringung des außerordentlichen Bedarfs durch Vermögenssteuer oder zinslose Zwangsanleihe, also leiturgisches Einstehen der Besitzenden für den Notbedarf der Gemeinschaftswirtschaft, tritt im Mittelalter überall die Dekkung durch verzinsliche Anleihen, Verpfändung von Land, Zöllen und andern Abgaben, – also die Fruktifizierung des Notbedarfs der Gemeinschaftswirtschaft durch die Besitzenden als Gewinn- und Rentenquelle, ein Zustand, der zuweilen – so zeitweise in Genua – fast den Charakter der Verwaltung der Stadt und ihrer Steuerkraft im Interesse der Staatsgläubigerinstitutionen an sich trägt. Und endlich: die mit wachsendem politisch bedingtem Geldbedarf zunehmende Gesuchtheit des Kapitals seitens der verschiedenen miteinander um die Macht konkurrierenden, ihren Bedarf immer mehr geldwirtschaftlich deckenden, politischen Gebilde zu Beginn der Neuzeit führte damals jenes denkwürdige Bündnis zwischen den staatenbildenden Gewalten und den umworbenen und privilegierten Kapitalmächten herbei, welches zu den wichtigsten Geburtshelfern der modernen kapitalistischen Entwicklung gehörte und der Politik jener Epoche mit Recht den Namen der „merkantilistischen" eingetragen hat. Obwohl es an sich, wie wir sahen, „Merkantilismus" im Sinn der faktischen Schonung und Privilegierung des „beweglichen" Besitzes überall und immer gab und auch heute gibt, wo überhaupt mehrere selbständige Zwangsgebilde nebeneinander stehen und mit den Mitteln der Steigerung der Steuerkraft und zur Kreditgewährung fähigen Kapitalkraft ihrer Mitglieder miteinander konkurrieren, in der Antike wie in der Neuzeit. Daß dieser „Merkantilismus" in der beginnenden Neuzeit einen spezifischen Charakter annahm und spezifische Wirkungen hatte, war die Folge teils der später zu erörternden Eigenart der Herrschaftsstruktur der konkurrierenden politischen Gebilde und ihrer Gemeinschaftswirtschaft, teils aber und namentlich der andersartigen Struktur des damals im Entstehen begriffenen modernen Kapitalismus gegenüber dem antiken, speziell der Entwicklung des dem Altertum unbekannten modernen Industriekapitalismus, dem jene Privilegierung auf die Dauer besonders zugute kam. Jedenfalls aber blieb seitdem der Konkurrenzkampf großer, annähernd gleich starker, rein politischer Machtgebilde um politische Macht nach außen, wie bekannt, eine der wichtigsten spezifischen Triebkräfte jener Privilegierung des Kapitalismus, die damals entstand und, in anderer Form, bis heute anhält. Weder die Handels- noch die Bankpolitik der modernen Staaten, also die am engsten mit den zentralen Interessen der heutigen Wirtschaftsform verknüpften Richtungen der Wirtschaftspolitik, sind nach Genesis und Verlauf ohne jene sehr eigenartige politische Konkurrenz- und „Gleichgewichts"-Situation der europäischen Staatenwelt des letzten halben Jahrtausends zu verstehen, welche schon Rankes Erstlingsschrift als das ihr welthistorisch Spezifische erkannt hat.

[Hausgemeinschaften]

Die Erörterung der speziellen, oft höchst verwickelten Wirkungen der Bedarfsdeckung der Gemeinschaften gehört nicht in diese allgemeine, auf alles einzelne nur exemplifizierende Betrachtung.

Wir wenden uns vielmehr, unter Verzicht auf jede systematische Klassifikation der einzelnen Gemeinschaftsarten nach Struktur, Inhalt und Mitteln des Gemeinschaftshandelns – welche zu den Aufgaben der allgemeinen Soziologie gehört – zunächst einer kurzen Feststellung des Wesens der für unsere Betrachtung wichtigsten Gemeinschaftsarten zu. An dieser Stelle ist dabei nicht die Beziehung der Wirtschaft zu den einzelnen Kultur*inhalten* (Literatur, Kunst, Wissenschaft usw.), sondern lediglich ihre Beziehung zur „Gesellschaft", das heißt in diesem Fall: den allgemeinen Struktur*formen* menschlicher Gemeinschaften zu erörtern. Inhaltliche Richtungen des Gemeinschaftshandelns kommen daher nur soweit in Betracht, als sie aus sich heraus spezifisch geartete Strukturformen desselben erzeugen, welche zugleich ökonomisch relevant sind. Die dadurch gegebene Grenze ist zweifellos durchaus flüssig, bedeutet aber unter allen Umständen: daß nur einige sehr universelle Arten von Gemeinschaften behandelt werden. Dies geschieht im folgenden zunächst nur in allgemeiner Charakteristik, während – wie wir sehen werden – ihre Entwicklungsformen in einigermaßen präziser Art erst später im Zusammenhang mit der Kategorie der „Herrschaft" besprochen werden können.

Als besonders „urwüchsig" erscheinen uns heute die durch *sexuelle Dauergemeinschaft* gestifteten Beziehungen zwischen Vater, Mutter und Kindern. Allein losgelöst von der ökonomischen Versorgungsgemeinschaft, dem gemeinsamen „Haushalt", welcher doch wenigstens begrifflich davon getrennt zu halten ist, sind jedenfalls die rein sexuell zwischen Mann und Weib und die nur physiologisch begründeten Beziehungen zwischen Vater und Kindern in ihrem Bestande gänzlich labil und problematisch; die Vaterbeziehung fehlt ohne stabile Versorgungsgemeinschaft zwischen Vater und Mutter überhaupt gänzlich und ist selbst da, wo jene besteht, nicht immer von großer Tragweite. „Urwüchsig" ist von den auf dem Boden des Geschlechtsverkehrs erwachsenen Gemeinschaftsbeziehungen nur die zwischen Mutter und Kind und zwar, weil sie eine Versorgungsgemeinschaft ist, deren naturgegebene Dauer die Zeit bis zur Fähigkeit des Kindes zur selbständigen ausreichenden Nahrungssuche umfaßt. Demnächst die Aufzuchtsgemeinschaft der Geschwister. „Milchgenossen" (ὁμογάλακτες) ist daher ein spezifischer Name für die Nächstversippten. Auch hier ist nicht die Naturtatsache: der gemeinsame Mutterleib, sondern die ökonomische Versorgungsgemeinschaft entscheidend. Gemeinschaftsbeziehungen aller Art kreuzen erst recht die sexuellen und physiologischen Beziehungen, sobald es sich um die Entstehung der „Familie" als eines spezifischen sozialen Gebildes handelt. Der historisch durchaus vieldeutige Begriff ist nur brauchbar, wenn im Einzelfall sein Sinn klargestellt ist. Darüber später. Wenn die „Muttergruppe" (Mutter und Kinder) unvermeidlich als die primitivste im heutigen Sinn „familienartige" Gemeinschaftsbildung angesehen werden muß, so ist damit in keiner Art gesagt, sondern vielmehr direkt undenkbar: daß es je eine menschliche Existenzform gegeben habe, welche an Gemeinschaftsbildungen nichts als nebeneinanderstehende Muttergruppen gekannt hätte. Stets, soviel wir wissen, stehen bei Vorwalten der Muttergruppe als „Familienform" daneben die Vergemeinschaftungen der Männer unter sich: ökonomische und militärische – und solche der Männer mit den Frauen: sexueller und ökonomischer Art. Als eine normale, aber offensichtlich sekundäre Gemeinschaftsform kommt die „reine" Muttergruppe grade da nicht selten vor, wo das Alltagsdasein der Männer zunächst zu militärischen, dann auch zu andern Zwecken in der Dauergemeinschaft des „Männerhauses" kaserniert ist, wie dies bei vielen Völkern der verschiedensten Gebiete als einer spezifischen Form militaristischer Entwicklung, also sekundär bedingt, sich findet.

Von einer „Ehe" kann man im Sinne einer bloßen Kombination einer sexuellen mit einer Aufzuchtsgemeinschaft von Vater, Mutter, Kindern begrifflich überhaupt nicht reden. Denn der Begriff der „Ehe" selbst ist nur durch Bezugnahme auf noch andere als jene Gemeinschaften zu definieren. „Ehe" entsteht als gesellschaftliche Institution überall erst durch den Gegensatz zu anderen, *nicht* als Ehe angesehenen sexuellen Beziehungen. Denn ihr Bestehen bedeutet: 1. daß das Entstehen einer Beziehung gegen den Willen: entweder der Sippe einer Frau oder derjenigen des schon in deren Besitz befindlichen Mannes, also von einem *Verband*, – in ältester Zeit: der Sippe entweder des Mannes oder der Frau oder beider, nicht geduldet und eventuell gerächt wird, – namentlich aber 2. daß nur die Abkömmlinge bestimmter sexueller Dauergemeinschaften im Kreise einer umfassenderen ökonomischen, politischen, religiösen oder sonstigen Gemeinschaft, welcher ein Elternteil (oder jeder von beiden) angehört, kraft ihrer Abstammung als geborene gleichstehende Verbandsgenossen (Hausgenossen, Markgenossen, Sippegenossen, politische Genossen, Standesgenossen, Kultgenossen) behandelt werden, Abkömmlinge eines Elternteils aus anderen Sexualbeziehungen dagegen nicht. Einen andern Sinn hat – was wohl zu beachten ist – die Unterscheidung von „ehelich" und „unehelich" überhaupt nicht. Welche Voraussetzungen die „Ehelichkeit" hat: welche Klassen von Personen in jenem Sinn gültige Dauergemeinschaften nicht miteinander eingehen können, welche Zustimmungen welcher Sippen- oder noch anderer Verbandsgenossen für die Gültigkeit erfordert werden, welche Formen erfüllt werden müssen, dies alles regeln die als heilig geltenden Traditionen oder gesatzte Ordnungen jener anderen Verbände. Die Ehe trägt also ihre spezifische Qualität stets von solchen Ordnungen anderer als bloßer Sexual- und Aufzuchtsgemeinschaften zu Lehen. Die Wiedergabe der ethnographisch ungemein wichtigen Entwicklung dieser Ordnungen ist hier nicht beabsichtigt, sie gehen uns nur in ihren wichtigsten ökonomischen Beziehungen an.

Die sexuellen und die durch Gemeinsamkeit beider Eltern oder eines von ihnen zwischen den Kindern gestifteten Beziehungen gewinnen ihre normale Bedeutung für die Erzeugung eines Gemeinschaftshandelns nur dadurch, daß sie die normalen, wenn auch nicht die einzigen, Grundlagen eines spezifisch ökonomischen Verbandes werden: der Hausgemeinschaft.

Die Hausgemeinschaft ist nichts schlechthin Primitives. Sie setzt nicht ein „Haus" in der heutigen Bedeutung, wohl aber einen gewissen Grad planmäßiger Ackerfruchtgewinnung voraus. Unter den Bedingungen rein okkupatorischer Nahrungssuche scheint sie nicht existiert zu haben. Aber auch auf der Grundlage eines technisch schon weit entwickelten Ackerbaus ist die Hausgemeinschaft oft so gestaltet, daß sie als eine sekundäre Bildung gegenüber einem vorangehenden Zustand erscheinen kann, welcher einerseits den umfassenden Gemeinschaften der Sippe und des Nachbarverbandes mehr Gewalt, andrerseits dem Einzelnen mehr Ungebundenheit gegenüber der Gemeinschaft von Eltern, Kindern, Enkeln, Geschwistern zuteilte. Namentlich die, gerade bei geringer gesellschaftlicher Differenzierung, sehr häufige fast völlige Trennung der Güter und des Erwerbes der Frau von dem des Mannes scheint dahin zu weisen, ebenso die zuweilen vorkommende Sitte, daß Frau und Mann prinzipiell mit dem Rücken gegeneinander gekehrt oder ganz getrennt essen und daß auch innerhalb des politischen Verbandes selbständige Frauenorganisationen mit weiblichen Häuptlingen neben der Männerorganisation sich finden. Indessen muß man sich hüten, daraus auf Verhältnisse eines individualistischen „Urzustandes" zu schließen. Denn sehr oft handelt es sich um sekundäre, durch militärorganisatorisch bedingte Aushäusigkeit des Mannes während seiner „Militärdienstzeit" entstandene, daher zu einer männerlosen Haushaltführung der Frauen und Mütter führende Zustände, wie sie in Resten noch in der, auf Aushäusigkeit des Mannes und Gütertrennung ruhenden, Familienstruktur der Spartiaten erhalten war. Die Hausgemeinschaft ist nicht universell gleich umfassend. Aber sie stellt dennoch die universell verbreitetste „Wirtschaftsgemeinschaft" dar und umfaßt ein sehr kontinuierliches und intensives Gemeinschaftshandeln. Sie ist die urwüchsige Grundlage der Pietät und Autorität, der Grundlage zahlreicher menschlicher Gemeinschaften außerhalb ihrer. Der „Autorität" 1. des Stärkeren, 2. des Erfahreneren, also: der Männer gegen Frauen und Kinder, der Wehrhaften und Arbeitsfähigen gegenüber den dazu Unfähigen, der Erwachsenen gegen die Kinder, der Alten gegenüber den Jungen. Der „Pietät" sowohl der Autoritätsunterworfenen gegen die Autoritätsträger wie untereinander. Als Ahnenpietät geht sie in die religiösen Beziehungen, als Pietät des Patrimonialbeamten, Gefolgsmanns, Vasallen, in diese Beziehungen über, die ursprünglich häuslichen Charakter haben. Hausgemeinschaft bedeutet ökonomisch und persönlich in ihrer „reinen" – wie schon bemerkt, vielleicht nicht immer „primitiven" – Ausprägung: Solidarität nach außen und kommunistische Gebrauchs- und Verbrauchsgemeinschaft der Alltagsgüter (Hauskommunismus) nach innen in ungebrochener Einheit auf der Basis einer streng persönlichen Pietätsbeziehung. Das Solidaritätsprinzip nach außen findet sich rein entwickelt noch in den periodisch kontraktlich regulierten, kapitalistische Unternehmungen betreibenden, Hausgemeinschaften der mittelalterlichen, und zwar gerade der kapitalistisch fortgeschrittensten, nord- und mittelitalienischen Städte: die solidarische Haftung gegenüber den Gläubigern mit Besitz und Person (unter Umständen auch kriminell) trifft alle Hausangehörigen, einschließlich zuweilen selbst der kontraktlich in die Gemeinschaft aufgenommenen Kommis und Lehrlinge. Dies ist die historische Quelle der für die Entwicklung moderner kapitalistischer Rechtsformen wichtigen Solidarhaftung der Inhaber einer offenen Handelsgesellschaft für die Schulden der Firma. – Etwas unserem „Erbrecht" Entsprechendes kennt der alte Hauskommunismus nicht. An dessen Stelle steht vielmehr der einfache Gedanke: daß die Hausgemeinschaft „unsterblich" ist. Scheidet eins ihrer Glieder aus durch Tod, Ausstoßung (wegen religiös unsühnbaren Frevels), Überlassung in eine andere Hausgemeinschaft (Adoption), Entlassung („emancipatio") oder freiwilligen Austritt (wo dieser zulässig ist), da ist bei „reinem" Typus von keiner Abschichtung eines „Anteils" die Rede. Sondern der lebend Ausscheidende läßt durch sein Ausscheiden eben seinen Anteil im Stich und im Todesfall geht die Kommunionwirtschaft der Überlebenden einfach weiter. Dergestalt ist noch bis heute die Schweizer „Gemeinderschaft" konstituiert. – Der hauskommunistische Grundsatz, daß nicht „abgerechnet" wird, sondern daß der Einzelne nach seinen Kräften beiträgt und nach seinen Bedürfnissen genießt (soweit der Gütervorrat reicht), lebt noch heute als wesentlichste Eigentümlichkeit der Hausgemeinschaft unserer „Familie" fort, freilich meist nur als ein auf den Haushaltskonsum beschränkter Rest.

Dem reinen Typus ist Gemeinschaft der Wohnstätte essentiell. Vergrößerung der Zahl zwang dann zur Teilung und Entstehung gesonderter Hausgemeinschaften. Doch konnte im Interesse des Zusammenhalts der Arbeitskräfte und des Besitzes der Mittelweg einer örtlichen Dezentralisation ohne Teilung eingeschlagen werden, mit der unvermeidlichen Folge einer Entstehung von irgendwelchen Sonderrechten für die einzelnen Sonderhaushalte. Eine solche Zerlegung kann bis zur völligen rechtlichen Trennung und Selbständigkeit in der Leitung des Erwerbs getrieben werden und dabei dennoch ein überraschend großes Stück Hauskommunismus erhalten bleiben. Es kommt in Europa, besonders in den Alpengebieten vor, z. B. bei Schweizer Hoteliersfamilien, aber auch anderwärts gerade bei ganz großen, in Familien erblichen Welthandelsgeschäften, daß als Rest der, im äußeren Sinn des Wortes, völlig geschwundenen Hausgemeinschaft und Hausautorität gerade nur noch der Kommunismus des Risikos und Ertrages: das Zusammenwerfen des Gewinns und Verlustes sonst gänzlich selbständiger Geschäftsbetriebe weiterbesteht. Mir sind Verhältnisse von Welthäusern mit Millionenerträgnissen bekannt, deren Kapitalien überwiegend, aber nicht einmal vollständig, Verwandten sehr verschiedenen Grades gehören und deren Geschäftsführung überwiegend, aber nicht ausschließlich, in den Händen von Familiengliedern liegt. Die einzelnen Betriebe arbeiten in ganz verschiedenen und wechselnden Branchen, haben ein ungemein verschieden großes Maß von Kapital, Arbeitsanspannung und höchst verschiedene Erträge. Dennoch aber wird der bilanzmäßige Jahresgewinn aller nach Abzug des üblichen Kapitalzinses einfach in einen Topf geworfen und nach verblüffend einfachen Teilungsschlüsseln (oft nach Köpfen) repartiert. Die Aufrechterhaltung des Hauskommunismus auf dieser Stufe geschieht um des gegenseitigen ökonomischen Rückhalts willen, der den Ausgleich von Kapitalbedarf und Kapitalüberschuß zwischen den Geschäften gewährleistet und so die Inanspruchnahme des Kredits Außenstehender erspart. Die „Rechenhaftigkeit" hört also auf, sobald der Bilanzstrich überschritten ist, sie herrscht nur innerhalb des „Betriebes", welcher den Gewinn erzeugt. Dort freilich unbedingt: ein noch so naher Verwandter, der, kapitallos, als Angestellter tätig ist, erhält nie mehr als jeder andere Kommis, denn hier handelt es sich um kalkulierte Betriebskosten, die zugunsten eines Einzelnen nicht ohne Unzufriedenheit der Anderen alteriert werden können. Unterhalb des Bilanzstrichs aber beginnt für die glücklichen Beteiligten das Reich der „Gleichheit und Brüderlichkeit".

Der Hausverband ist die Gemeinschaft, welche den regulären Güter- und Arbeitsbedarf des Alltages deckt. Wichtige Teile des außerordentlichen Bedarfs an Leistungen bei besonderen Gelegenheiten, akuten Notlagen und Gefährdungen, deckt unter den Verhältnissen agrarischer Eigenwirtschaft ein Gemeinschaftshandeln, welches über die einzelne Hausgemeinschaft hinausgreift: die Hilfe der „Nachbarschaft". Wir wollen darunter nicht nur die „urwüchsige" Form: die durch Nachbarschaft der ländlichen Siedelung, sondern ganz allgemein jede durch räumliche Nähe und dadurch gegebene chronische oder ephemere Gemeinsamkeit einer Interessenlage verstehen, wenn wir auch, und wo nichts näheres gesagt ist, a potiori die Nachbarschaft von nahe beieinander angesiedelten Hausgemeinschaften meinen wollen.

Die „Nachbarschaftsgemeinschaft" kann dabei natürlich äußerlich, je nach der Art der Siedelung, um die es sich handelt: Einzelhöfe oder Dorf oder städtische Straßen oder „Mietskaserne", sehr verschieden aussehen, und auch das Gemeinschaftshandeln, welches sie darstellt, kann sehr verschiedene Intensität haben und unter Umständen, speziell unter modernen städtischen Verhältnissen, zuweilen bis dicht an den Nullpunkt sinken. Obwohl das Maß von Gegenseitigkeitsleistungen und Opferfähigkeit, welches noch heute zwischen den Insassen der Mietskasernen der Armenviertel oft genug heimisch ist, jeden in Erstaunen setzen kann, der zum erstenmal damit in Berührung tritt, so ist es doch klar, daß das Prinzip nicht nur der ephemeren Tramway- oder Eisenbahn- oder Hotelgemeinsamkeit, sondern auch der perennierenden Mietshaus-Gemeinsamkeit im ganzen eher auf Innehaltung möglichster *Distanz* trotz (oder auch gerade wegen) der physischen Nähe als auf das Gegenteil gerichtet ist und nur in Fällen gemeinsamer Gefahr mit einiger Wahrscheinlichkeit auf ein gewisses Maß von Gemeinschaftshandeln gezählt werden kann. Warum dieser Sachverhalt gerade unter den modernen Lebensbedingungen als Folge einer durch diese geschaffenen spezifischen Richtung des „Würdegefühls" besonders auffällig hervortritt, ist hier nicht zu erörtern. Vielmehr haben wir nur festzustellen, daß auch die stabilen Verhältnisse ländlicher Siedlungs-Nachbarschaft und zwar von jeher, die gleiche Zwiespältigkeit aufweisen: der einzelne Bauer ist weit davon entfernt, eine noch so wohlgemeinte Einmischung in seine Angelegenheiten zu wünschen. Das „Gemeinschaftshandeln" ist nicht die Regel, sondern die, sei es auch typisch wiederkehrende, Ausnahme. Immer ist es weniger intensiv und namentlich diskontinuierlich im Vergleich mit demjenigen der Hausgemeinschaft, ganz abgesehen davon, daß es schon in der Umgrenzung der jeweils am Gemeinschaftshandeln Beteiligten weit labiler ist. Denn die Nachbarschaftsgemeinschaft ruht, allgemein gesprochen, noch auf der einfachen Tatsache der Nähe des faktischen kontinuierlichen Aufenthaltsortes. Innerhalb der ländlichen Eigenwirtschaft der Frühzeit ist das „Dorf", eine Gruppe dicht zusammengesiedelter Hausgemeinschaften, der typische Nachbarschaftsverband. Die Nachbarschaft kann aber auch über die sonst festen Grenzen anderer, z. B. politischer Bildungen hin wirksam werden. Nachbarschaft bedeutet praktisch, zumal bei unentwickelter Verkehrstechnik, Aufeinanderangewiesensein in der Not. Der Nachbar ist der typische Nothelfer, und „Nachbarschaft" daher Trägerin der „Brüderlichkeit" in einem freilich durchaus nüchternen und unpathetischen, vorwiegend wirtschaftsethischen Sinne des Wortes. Formen gegenseitiger Aushilfe nämlich in Fällen der Unzulänglichkeit der Mittel der eigenen Hausgemeinschaft durch „Bittleihe", d. h. unentgeltliche Leihe von Gebrauchsgütern, zinsloses Darlehen von Verbrauchsgütern, unentgeltliche „Bittarbeit", d. h. Arbeitsaushilfe im Fall besonders dringlichen Bedarfs[,] werden in ihrer Mitte geboren, aus dem urwüchsigen Grundprinzip der ganz unsentimentalen Volksethik der ganzen Welt heraus: „wie du mir, so ich dir" (was der römische Name „mutuum" für das zinslose Darlehen hübsch andeutet). Denn jeder kann in die Lage kommen, der Nothilfe des anderen zu bedürfen. Wo ein Entgelt gewährt wird, besteht er – wie bei der „Bittarbeit", in typischer Form bei der überall auf den Dörfern, z. B. auch noch unseres Ostens, verbreiteten Hausbaubeihilfe der Dorfnachbarn – im Regalieren der Bittarbeiter. Wo ein Tausch stattfindet, gilt der Satz: „Unter Brüdern feilscht man nicht", der das rationale „Marktprinzip" für die Preisbestimmung ausschaltet. „Nachbarschaft" gibt es nicht ausschließlich unter Gleichstehenden. Die praktisch so ungemein wichtige „Bittarbeit" wird nicht nur dem ökonomisch Bedürftigen, sondern auch dem ökonomisch Prominenten und Übermächtigen freiwillig gewährt, als Erntebeihilfe zumal, deren grade der Besitzer großer Landstrecken am dringendsten bedarf. Man erwartet dafür vor allem Vertretung gemeinsamer Interessen gegen Bedrohung durch andere Mächtige, daneben unentgeltliche oder gegen die übliche Bittarbeitshilfe gewährte Leihe von überschüssigem Land (Bittleihe: „precarium"); Aushilfe aus seinen Vorräten in Hungersnot und andere karitative Leistungen, die er seinerseits gewährt, weil auch er immer wieder in die Lage kommt, auf den guten Willen seiner Umwelt angewiesen zu sein. Jene rein konventionelle Bittarbeit zugunsten der Honoratioren kann dann im weiteren Verlauf der Entwicklung Quelle einer herrschaftlichen Frohnwirtschaft, also eines patrimonialen Herrschaftsverhältnisses, werden, wenn die Macht des Herrn und die Unentbehrlichkeit seines Schutzes nach außen steigt und es ihm gelingt, aus der „Sitte" ein „Recht" zu machen. Daß die Nachbarschaftsgemeinschaft die typische Stätte der „Brüderlichkeit" sei, bedeutet natürlich nicht etwa, daß unter Nachbarn der Regel nach ein „brüderliches" Verhältnis herrsche. Im Gegenteil: wo immer das von der Volksethik postulierte Verhalten durch persönliche Feindschaft oder Interessenkonflikte gesprengt wird, pflegt die entstandene Gegnerschaft, gerade weil sie sich als im Gegensatz zu dem von der Volksethik Geforderten stehend weiß und zu rechtfertigen sucht und auch weil die persönlichen Beziehungen besonders enge und häufige sind, zu ganz besonders scharfem und nachhaltigem Grade sich zuzuspitzen.

Die Nachbarschaftsgemeinschaft kann ein amorphes, in dem Kreise der daran Beteiligten flüssiges, also „offenes" und intermittierendes Gemeinschaftshandeln darstellen. Sie pflegt in ihrem Umfang nur dann feste Grenzen zu erhalten, wenn eine „geschlossene" Vergesellschaftung stattfindet, und dies geschieht regelmäßig dann, wenn eine Nachbarschaft zur „Wirtschaftsgemeinschaft" oder die Wirtschaft der Beteiligten regulierenden Gemeinschaft vergesellschaftet wird. Das erfolgt in der uns generell bekannten typischen Art aus ökonomischen Gründen, wenn z. B. die Ausbeutung von Weide und Wald, weil sie knapp werden, „genossenschaftlich" und das heißt: monopolistisch reguliert wird. Aber sie ist nicht notwendig Wirtschaftsgemeinschaft oder wirtschaftsregulierende Gemeinschaft, und wo sie es ist, in sehr verschiedenem Maße. Das nachbarschaftliche Gemeinschaftshandeln kann seine, das Verhalten der Beteiligten regulierende, Ordnung entweder selbst sich durch Vergesellschaftung setzen (wie die Ordnung des „Flurzwangs") oder von Außenstehenden, Einzelnen oder Gemeinwesen, mit denen die Nachbarn als solche ökonomisch oder politisch vergesellschaftet sind, oktroyiert bekommen (z. B. Hausordnungen vom Mietshausbesitzer). Aber all das gehört nicht notwendig zu seinem Wesen. Nachbarschaftsgemeinschaft, Waldnutzungsordnungen von politischen Gemeinschaften, aber namentlich: Dorf, ökonomischer Gebietsverband (z. B.: Markgemeinschaft) und politischer Verband fallen auch unter den Verhältnissen der reinen Hauswirtschaft der Frühzeit nicht notwendig zusammen, sondern können sich sehr verschieden zueinander verhalten. Die ökonomischen Gebietsverbände können je nach den Objekten, die sie umfassen, sehr verschiedenen Umfang haben. Acker, Weide, Wald, Jagdgründe unterliegen oft der Verfügungsgewalt ganz verschiedener Gemeinschaften, die sich untereinander und mit dem politischen Verband kreuzen. Wo das Schwergewicht der Nahrungsgewinnung auf friedlicher Arbeit beruht, wird die Trägerin gemeinsamer Arbeit: die Hausgemeinschaft, wo auf speergewonnenem Besitz, der politische Verband Träger der Verfügungsgewalt sein und ebenso eher für extensiv genutzte Güter: Jagdgründe und Wald größerer Gemeinschaften als für Wiesen und Äcker. Ganz allgemein wirkt ferner mit: daß die einzelnen Kategorien von Landbesitz in sehr verschiedenen Stadien der Entwicklung im Verhältnis zum Bedarf knapp und also Gegenstand einer die Benutzung ordnenden Vergesellschaftung werden – der Wald kann noch „freies" Gut sein, wenn Wiesen und ackerbares Land schon „wirtschaftliche" Güter und in der Art ihrer Benutzung reguliert und „appropriiert" sind. Daher können sehr verschiedene Gebietsverbände die Träger der Appropriation für jede dieser Arten von Land sein.

Die Nachbarschaftsgemeinschaft ist die urwüchsige Grundlage der „Gemeinde" – eines Gebildes, welches, wie später zu erörtern, in vollem Sinn erst durch die Beziehung zu einem, eine Vielzahl von Nachbarschaften umgreifenden politischen Gemeinschaftshandeln gestiftet wird. Sie kann ferner, wenn sie ein „Gebiet" beherrscht wie das „Dorf", auch selbst die Basis für ein politisches Gemeinschaftshandeln darstellen und überhaupt, im Wege fortschreitender Vergesellschaftung, Tätigkeiten aller Art (von der Schulerziehung und der Übernahme religiöser Aufgaben bis zur systematischen Ansiedelung notwendiger Handwerker) in das Gemeinschaftshandeln einbeziehen oder von der politischen Gemeinschaft als Pflicht oktroyiert erhalten. Aber das ihrem generellen Wesen nach eigene spezifische Gemeinschaftshandeln ist nur jene nüchterne ökonomische „Brüderlichkeit" in Notfällen mit ihren spezifischen Folgen.

Wir kehren nun zunächst zur Hausgemeinschaft, als dem urwüchsigsten nach außen „geschlossenen" Gemeinschaftshandeln, zurück. Der typische Entwicklungsgang vom alten vollen Hauskommunismus aus ist der gerade umgekehrte gegenüber demjenigen von dem vorhin erwähnten Beispiel der Erhaltung der Ertragsgemeinschaft trotz äußerer Trennung der Haushalte: innere Lockerung des Kommunismus, Fortschreiten also der „Schließung" der Gemeinschaft auch nach innen bei Fortbestand der äußerlichen Einheit des Hauses.

Die frühesten tiefgreifenden Abschwächungen der ungebrochenen kommunistischen Hausgewalt gehen nicht direkt von ökonomischen Motiven, sondern offenbar von der Entwicklung exklusiver *sexueller* Ansprüche der Hausteilhaber an die der gemeinsamen Hausautorität unterworfenen Frauen aus, die zu einer, gerade bei sonst wenig rationalisiertem Gemeinschaftshandeln[,] oft höchst kasuistischen, immer aber sehr streng innegehaltenen Regulierung der Geschlechtsverhältnisse geführt hat. Auch Sexualgewalten zwar finden sich gelegentlich „kommunistisch" (polyandrisch). Aber wo sie vorkommen, stellen diese polyandrisch geteilten Rechte in allen bekannten Fällen nur einen relativen Kommunismus dar: einen nach außen exklusiven Mitbesitz eines bestimmt begrenzten Personenkreises (Brüder oder Insassen eines „Männerhauses“) kraft gemeinsamen Erwerbs einer Frau.

Nirgends, auch nicht wo Sexualverhältnisse zwischen Geschwistern als anerkannte Institution bestehen, findet sich eine ordnungsfremde amorphe sexuelle Promiskuität innerhalb des Hauses. Wenigstens nie der Norm nach. Im Gegenteil ist gerade das im Güterbesitz kommunistische Haus diejenige Stätte, aus welcher kommunistische Freiheit des Geschlechtsverkehrs am vollständigsten verbannt ist. Die Abschwächung des Sexualreizes durch das Zusammenleben von Kind auf gab die Möglichkeit und Gewöhnung daran. Die Durchführung als bewußter „Norm“ lag dann offensichtlich im Interesse der Sicherung der Solidarität und des inneren Hausfriedens gegen Eifersuchtskämpfe. Wo durch die gleich zu erwähnende „Sippenexogamie“ die Hausgenossen verschiedenen Sippen zugewiesen wurden, so daß Geschlechtsverkehr innerhalb des Hauses nach sippenexogamen Grundsätzen zulässig wäre, müssen gerade die betreffenden Mitglieder des Hauses einander persönlich meiden: die Hausexogamie ist gegenüber der Sippenexogamie die ältere, neben ihr fortbestehende Institution. Vielleicht ist die Durchführung der Hausexogamie durch Frauentauschkartelle von Hausgemeinschaften und den durch deren Teilung entstehenden Sippengemeinschaften der Anfang der regulierten Exogamie gewesen. Jedenfalls besteht die konventionelle Mißbilligung des Sexualverkehrs auch für solche nahe Verwandte, welche nach dem Blutsbandekodex der Sippenstruktur davon nicht ausgeschlossen sind (z. B. sehr nahe väterliche Verwandte bei ausschließlicher Mutterfolge in der Sippenexogamie). Die Geschwister- und Verwandtenehe als Institution dagegen ist normalerweise auf sozial prominente Geschlechter, speziell Königshäuser, beschränkt. Sie dient dem Zusammenhalt der ökonomischen Machtmittel des Hauses, daneben wohl dem Ausschluß politischer Prätendentenkämpfe, endlich auch der Reinerhaltung des Bluts, ist also sekundär. – Das durchaus normale ist also: wenn ein Mann ein von ihm erworbenes Weib in seine Hausgemeinschaft zieht oder wenn er, weil er die Mittel dazu nicht hat, seinerseits zu einem Weibe in dessen Hausgemeinschaft eintritt, so erwirbt er die sexuellen Rechte an der Frau für seinen exklusiven Gebrauch. Tatsächlich ist oft genug auch diese sexuelle Exklusivität prekär gegenüber dem autokratischen Inhaber der Hausgewalt: die Befugnisse, welche sich z. B. der Schwiegervater innerhalb einer russischen Großfamilie bis in die Neuzeit herausnahm, sind bekannt. Trotzdem gliedert sich die Hausgemeinschaft innerlich normalerweise in sexuelle Dauergemeinschaften mit ihren Kindern. Die Gemeinschaft der Eltern mit ihren Kindern bildet mit persönlicher Dienerschaft, allenfalls der einen oder anderen unverehelichten Verwandten, den bei uns normalen Umfang der Hausgemeinschaft. Die Hausgemeinschaften älterer Epochen sind keineswegs immer sehr große Gebilde. Im Gegenteil zeigen diese namentlich, wenn die Art des Nahrungserwerbs zur Zerstreuung nötigte, oft kleine Hauseinheiten. Allerdings aber weist die Vergangenheit massenhafte Hausgemeinschaften auf, welche zwar auf Eltern- und Kindesverhältnissen als Kern ruhen, aber weit darüber hinausgreifen durch Einbeziehung von Enkeln, Brüdern, Vettern, gelegentlich auch Blutsfremden in einem heute bei Kulturvölkern mindestens sehr seltenen Umfang („Großfamilie“). Sie herrscht einerseits, wo Arbeitskumulation angewendet wird – daher beim arbeitsintensiven Ackerbau –, außerdem aber da, wo der Besitz im Interesse der Behauptung der sozialen und ökonomischen Machtstellung zusammengehalten werden soll, also in aristokratischen und plutokratischen Schichten.

Abgesehen von dem sehr frühen Ausschluß des Geschlechtsverkehrs innerhalb der Hausgemeinschaft, ist die Sexualsphäre gerade bei sonst wenig entfalteter Kultur sehr häufig besonders stark eingeengt durch soziale Gebilde, welche die Hausgewalt derart durchkreuzen, daß man sagen kann: die erste entscheidende prinzipielle Durchbrechung ihrer Schrankenlosigkeit liege gerade auf diesem Gebiet. Der Begriff der Blutschande greift mit steigender Beachtung des „Blutsbandes" über das Haus hinaus auf weitere Kreise aushäusiger Blutsverwandter und wird Gegenstand kasuistischer Regulierung durch die *Sippe*.

Die *Sippe* ist keine so „urwüchsige" Gemeinschaft, wie die Hausgemeinschaft und der Nachbarverband es sind. Ihr Gemeinschaftshandeln ist regelmäßig diskontinuierlich und entbehrt der Vergesellschaftung, es ist geradezu ein Beispiel dafür, daß Gemeinschaftshandeln bestehen kann, auch wo sich die Beteiligten gar nicht kennen und kein aktives Handeln, sondern nur ein Unterlassen (sexuellen Verkehrs) stattfindet. Die „Sippe" setzt den Bestand *anderer* Sippen neben sich innerhalb einer umfassenden Gemeinschaft voraus. Der Sippenverband ist der urwüchsige Träger aller „Treue". Freundesbeziehungen sind ursprünglich künstliche Blutsbrüderschaften. Und der Vasall wie der moderne Offizier sind nicht nur Untergebene, sondern auch Brüder, „Kameraden" (= Hausgenossen ursprünglich) des Herren. Dem Inhalt ihres Gemeinschaftshandelns nach ist die Sippe eine auf dem Sexualgebiet und in der Solidarität nach außen mit der Hausgemeinschaft konkurrierende, unsere Sicherheits- und Sittenpolizei ersetzende Schutzgemeinschaft und zugleich regelmäßig auch eine Besitzanwartsgemeinschaft derjenigen früheren Hauszusammengehörigen, die aus der Hausgemeinschaft durch Teilung oder Ausheirat ausgeschieden sind, und deren Nachfahren. Sie ist also Stätte der Entwicklung der außerhäuslichen „Vererbung". Sie schafft vermittelst der Blutrachepflicht eine persönliche Solidarität ihrer Angehörigen gegen Dritte und begründet so, auf ihrem Gebiet, eine der Hausautorität gegenüber unter Umständen stärkere Pietätspflicht. Festzuhalten ist: daß die Sippe nicht etwa generell als eine erweiterte oder dezentralisierte Hausgemeinschaft oder als ein ihr übergeordnetes, mehrere Hausgemeinschaften zu einer Einheit verbindendes, soziales Gebilde verstanden werden darf. Das kann sie sein, ist es aber nicht der Regel nach. Denn ob im Einzelfall ihr Umkreis quer durch die Hausgemeinschaften hindurchschneidet oder die Gesamtheit der Hausgenossen umschließt, hängt – wie später zu erörtern – von ihrem Strukturprinzip ab, welches unter Umständen Väter und Kinder verschiedenen Sippen zuweist. Die Wirkung der Gemeinschaft kann sich beschränken auf das Verbot der Heirat unter den Genossen (Exogamie) und zu diesem Zweck können gemeinsame Erkennungszeichen und der Glaube an die Abstammung von einem als solches dienenden Naturobjekt (meist ein Tier) bestehen, dessen Genuß dann den Sippengenossen verboten zu sein pflegt (Totemismus). Dazu tritt das Verbot des Kampfes gegeneinander und die (unter Umständen auf bestimmte nähere Verwandtschaftsgrade begrenzte) Blutrachepflicht und Blutrachehaftung füreinander. Aus dieser wieder folgt die gemeinsame Erhebung der Fehde im Fall des Totschlags und das Recht und die Pflicht der Sippegenossen, im Fall der Sühne durch Wehrgeld an diesem empfangend und zahlend beteiligt zu sein. Wie gegenüber der Rache der

Menschen, so haftet die Sippe, indem sie im Rechtsgang die Eideshelfer stellt, auch gegenüber der Rache der Götter für einen Falscheid solidarisch. Sie ist auf diese Art die Garantie für die Sicherheit und Rechtsgeltung des Einzelnen. Es ist nun ferner auch möglich, daß der durch die Siedelung geschaffene Nachbarverband (Dorf, Markgenossenschaft) mit dem Umkreis der Sippengemeinschaft zusammenfällt und dann in der Tat das Haus als der engere Umkreis innerhalb des weiteren der Sippe erscheint. Aber auch ohne dies können oft sehr fühlbare Rechte der Sippengenossen gegenüber der Hausgewalt dauernd fortbestehen: Einspruchsrecht gegen Veräußerung von Hausvermögen, Recht der Mitwirkung beim Verkauf von Töchtern in die Ehe und Beteiligung am Brautpreis, Recht, den Vormund zu stellen u. dgl.

Die urwüchsige Form der Geltendmachung von verletzten Interessen ist die solidarische Selbsthilfe der Sippe. Und die ältesten Kategorien eines dem „Prozeß" verwandten Verfahrens sind einerseits die Schlichtung von Streit *innerhalb* der Zwangsgemeinschaften: des Hauses durch den Inhaber der Hausautorität, der Sippe durch den „Ältesten" als den, der den Brauch am besten kennt, andererseits *zwischen* mehreren Häusern und Sippen, der vereinbarte Schiedsspruch. Als eine, aus wirklicher oder fiktiver oder künstlich durch Blutsbrüderschaft geschaffenen Abstammung abgeleitete, Pflichten- und Pietätsbeziehung zwischen Menschen, die unter Umständen nicht nur verschiedenen häuslichen, sondern auch verschiedenen politischen Einheiten und selbst verschiedenen Sprachgemeinschaften angehören können, steht die Sippe dem politischen Verband in konkurrierender, ihn durchkreuzender Selbständigkeit gegenüber. Sie kann ganz unorganisiert, eine Art passives Gegenbild des autoritär geleiteten Hauses sein. Sie bedarf an sich für ihre normalen Funktionen keines dauernden Leiters mit irgendwelchem Herrenrecht, untersteht auch faktisch der Regel nach keinem solchen, sondern bildet einen amorphen Personenkreis, dessen äußeres Einigungsmerkmal allenfalls in einer positiven Kultgemeinschaft oder einer negativen Scheu vor Verletzung oder Genuß des gemeinsamen heiligen Objekts (Tabu) besteht, deren religiöse Gründe später zu erörtern sind. Die kontinuierlich mit einer Art von Regierung an der Spitze organisierten Sippen als die ältere Form anzunehmen, wie es z. B. Gierke tat, ist als Regel jedenfalls kaum möglich, – das Umgekehrte: daß auch die Sippe nur da „vergesellschaftet" ist, wo es ökonomische oder soziale Monopole nach außen zu „schließen" gilt, muß vielmehr als Regel angesehen werden. Existiert ein Sippenhaupt und funktioniert die Sippe überhaupt als politischer Verband, so ist dies zuweilen nicht aus den inneren Bedingungen des Sippenverbands erwachsen, sondern Folge seiner Ausnutzung für ihm ursprünglich fremde, politische, militärische oder andere gemeinwirtschaftliche Zwecke und seiner dadurch bedingten Stempelung zu einer Unterabteilung ihm an sich heterogener sozialer Einheiten (so die „gens" als Unterabteilung der „curia", die „Sippen" als Heeresabteilungen usw.). – Es ist auch und vielfach gerade für Epochen sonst wenig entfalteten Gemeinschaftshandelns charakteristisch, daß Haus, Sippe, Nachbarschaftsverband, politische Gemeinschaft einander derart kreuzen, daß die Haus- und Dorfangehörigen verschiedenen Sippen, die Sippenangehörigen verschiedenen politischen Gemeinschaften und selbst verschiedenen Sprachgemeinschaften zugehören und also gegebenenfalls Nachbarn, politische Genossen, selbst Hausgemeinschafter in die Lage kommen, gegeneinander Blutrache üben zu sollen. Erst die allmähliche Monopolisierung der Anwendung von physischer Gewalt durch die politische Gemeinschaft beseitigt diese drastischen „Pflichtenkonflikte“. Für Verhältnisse aber, welche das politische Gemeinschaftshandeln nur als intermittierendes Gelegenheitshandeln, im Fall der akuten Bedrohung, oder als einen Zweckverband von Beutelustigen kennt, ist die Bedeutung der Sippe und der Grad der Rationalisierung ihrer Struktur und Pflichten oft – so z. B. in Australien – zu einer fast scholastischen Kasuistik entwickelt.

Wichtig ist die Art der Ordnung der Sippenbeziehungen und der durch sie regulierten Sexualbeziehungen durch deren Rückwirkung auf die Entwicklung der persönlichen und ökonomischen Struktur der Hausgemeinschaften. Je nachdem das Kind zur Sippe der Mutter zählt („Mutterfolge“) oder zu der des Vaters („Vaterfolge“), gehört es der Hausgewalt an, und hat Anteil an dem Besitz einer anderen Hausgemeinschaft und insbesondre an den dieser innerhalb anderer Gemeinschaften (ökonomischer, ständischer, politischer) appropriierten Erwerbschancen. Jene andren Gemeinschaften sind daher an der Art der Regelung der Zugehörigkeit zum Hause mitinteressiert, und aus dem Zusammenwirken der, in erster Linie ökonomisch, daneben politisch, bedingten Interessen ihrer aller erwächst diejenige Ordnung, welche im Einzelfall dafür gilt. Es ist wichtig, sich von vornherein klar zu machen, daß die einzelne Hausgemeinschaft, sobald neben ihr noch andere, sie mit einschließende, Verbände bestehen, welche über ökonomische und andre Chancen verfügen, keineswegs schlechthin autonom ist in der Verfügung über die Art der Zurechnung und, je knapper jene Chancen werden, desto weniger autonom bleiben kann. Die mannigfachsten, hier im einzelnen unmöglich zu analysierenden Interessen bestimmen die Frage: ob Vater- oder Mutterfolge, mit ihren Konsequenzen. Im Fall der Mutterfolge sind es – da eine förmliche Hausherrschaft der Mutter selbst zwar vorkommt, aber zu den durch besondere Umstände bedingten Ausnahmen zählt – nächst dem Vater die Brüder der Mutter, deren Schutz und Zuchtgewalt das Kind untersteht und von denen ihm sein Erbe kommt („Avunculat“). Im Fall der Vaterfolge untersteht es nächst seinem Vater der Gewalt der väterlichen Verwandten und erbt von dorther. Während in der heutigen Kultur Verwandtschaft und Erbfolge normalerweise „kognatisch“, d. h. zweiseitig nach der Vater- und Mutterseite hin gleichmäßig wirken, die Hausgewalt aber stets dem Vater und, wenn er fehlt, einem meist, aber nicht notwendig, aus den nächsten Kognaten berufenen, durch die öffentliche Gewalt bestätigten und kontrollierten Vormund zusteht, findet in der Vergangenheit sehr häufig ein schroffes Entweder-Oder jener beiden Prinzipien statt. Aber nicht notwendig so, daß innerhalb einer Gemeinschaft eins von beiden für alle Hausgemeinschaften allein gälte, sondern auch so, daß innerhalb derselben Hausgemeinschaft teils das eine, teils das andere, aber natürlich in jedem Einzelfall stets nur eins von beiden durchgreift. Der einfachste Fall dieser Konkurrenz ist durch Vermögensdifferenzierung bedingt. Die Töchter gelten, wie alle Kinder, als nutzbarer Besitz der Hausgemeinschaft, in der sie geboren sind. Sie verfügt über ihre Hand. Der Leiter kann sie, ebenso wie seine Frau, seinen Gästen sexuell zur Verfügung stellen, sie zeitweilig oder dauernd gegen Abgaben oder Dienste sexuell nutzen lassen. Diese prostitutionsartige Verwertung der Haustöchter bildet einen beträchtlichen Teil der unter dem unklaren Sammelnamen des „Mutterrechts“ verstandenen Fälle: Mann und Frau bleiben in diesem Fall jeder in seiner Hausgemeinschaft, die Kinder in der der Mutter, der Mann bleibt ihnen ganz fremd und leistet nur, in der heutigen Sprache ausgedrückt: „Alimente“ an ihren Hausherrn. Es besteht also keine Gemeinschaft des Hauses von Mann, Frau und Kindern. Diese kann auf der Basis von Vater- oder Mutterfolge entstehen. Der Mann, welcher die Mittel besitzt[,] eine Frau bar zu bezahlen, nimmt sie aus ihrem Haus und ihrer Sippe in das seinige. Seine Hausgemeinschaft wird ihr voller Eigentümer und damit Besitzer ihrer Kinder. Der Zahlungsunfähige muß dagegen, wenn ihm die häusliche Vereinigung mit dem begehrten Mädchen von dessen Hausherren gestattet wird, in dessen Hausgemeinschaft eintreten, entweder zeitweise, um sie abzuverdienen („Dienstehe") oder dauernd, und der Hausgemeinschaft der Frau verbleibt dann die Gewalt über sie und die Kinder. Das Haupt einer vermögenden Hausgemeinschaft also kauft einerseits von minder vermögenden andern Hausgemeinschaften Frauen für sich und seine Söhne (sog. „Digaehe") und zwingt andererseits unvermögende Freier seiner Töchter zum Eintritt in den eigenen Hausverband („Binaehe"). Vaterfolge, d. h. Zurechnung zum Hause und zur Sippe des Vaters[,] und Mutterfolge, d. h. Zurechnung zum Hause und zur Sippe der Mutter, Vaterhausgewalt, d. h. Gewalt des Manneshauses[,] und Mutterhausgewalt, d. h. Gewalt der Hausgemeinschaft der Frau, bestehen dann nebeneinander für verschiedene Personen innerhalb *einer und derselben* Hausgemeinschaft. In diesem, einfachsten, Fall aber immer: Vaterfolge mit Gewalt des Vaterhauses und Mutterfolge mit Gewalt des Mutterhauses verbunden. Dies Verhältnis kompliziert sich nun, wenn zwar der Mann die Frau in seine Hausgemeinschaft überführt und also Vaterhausgewalt entsteht, dennoch aber Mutterfolge, also: ausschließliche Zurechnung der Kinder zur Sippe der Mutter als ihres exogamen Sexualverbandes, ihrer Blutrachegemeinschaft und als der Gemeinschaft, von der allein sie erben, bestehen bleibt. Auf diesen Fall sollte man den Namen „Mutterrecht" im technischen Sinn beschränken. In dieser Form, welche die Stellung des Vaters zu den Kindern ja auf das engste einschnürt, Vater und Kinder trotz der Hausgewalt des ersteren einander rechtlich fremd leben läßt, kommt der Zustand, soviel bekannt, nicht vor. Wohl aber in mannigfachen Zwischenstufen: das Mutterhaus behält, indem es die Frau in das Haus des Mannes gibt, dennoch bestimmte Teile seiner Anrechte an Frau und Kindern zurück. Besonders oft besteht, infolge der Festigkeit der einmal eingelebten superstitiösen Angst vor der Blutschande, die nach der Mutterseite gerechnete Sippenexogamie für die Kinder fort. Oft auch verschieden große Bestandteile der Erbfolgegemeinschaft mit dem Mutterhaus. Speziell auf diesem Gebiet kämpfen Vater- und Muttersippe einen Kampf, dessen sehr verschiedener Ausgang durch Bodenbesitzverhältnisse, speziell auch die Beeinflussung des dörflichen Nachbarschaftsverbandes und durch militärische Ordnungen bedingt ist.

Leider gehören die Beziehungen von Sippe, Dorf, Markgenossenschaft und politischer Gliederung noch zu den dunkelsten und wenigst erforschten Gebieten der Ethnographie und Wirtschaftsgeschichte. Es gibt bisher keinen Fall, für den diese Beziehungen wirklich restlos aufgeklärt wären, weder für die primitiven Verhältnisse der Kulturvölker, noch für die sog. Naturvölker, insbesondere auch z. B. nicht, trotz Morgans Arbeiten, die Indianer. Der Nachbarschaftsverband eines Dorfes kann im einzelnen durch Zerspaltung einer Hausgemeinschaft im Erbgang entstanden sein. In Zeiten des Übergangs vom nomadisierenden zum seßhaften Bodenanbau kann die Landzuteilung sich an die Sippengliederung halten, da diese in der Heeresgliederung berücksichtigt zu werden pflegt, so daß die

Dorfgemarkung als Sippenbesitz gilt. Dies scheint im germanischen Altertum nicht selten gewesen zu sein, da die Quellen von „genealogiae" als Besitzern von Gemarkungen auch da sprechen, wo anscheinend nicht eine Landnahme durch ein adliges Geschlecht mit seinem Gefolge gemeint ist. Aber die Regel war dies schwerlich. Die Militärverbände (Tausendschaften und Hundertschaften), welche aus Personalcadres zu Gebietsverbänden wurden, standen mit den Sippen und diese wieder mit den Markgemeinschaften, soviel bekannt, in keiner eindeutigen Beziehung.

Allgemein läßt sich nur sagen: Der Grund und Boden kann 1. entweder in erster Linie als Arbeitsstätte gelten. In diesem Fall wird, solange der Anbau vornehmlich auf Frauenarbeit ruht, im Verhältnis zwischen den Sippen oft aller Bodenertrag und Bodenbesitz den Frauen zugerechnet. Der Vater hat den Kindern alsdann Bodenbesitz nicht zu hinterlassen, die Erbfolge an ihm geht durch Mutterhaus und Muttersippe, vom Vater erbt man nur militärische Gebrauchsgüter, Waffen, Pferde und Werkzeuge männlicher gewerblicher Arbeit. In ganz reiner Form kommt freilich dieser Fall kaum vor. Oder umgekehrt: 2. der Boden gilt als mit dem Speer gewonnener und behaupteter Männerbesitz, an dem Waffenlose und also insbesondere Frauen keinen Anteil haben können. Dann kann der lokale politische Verband des Vaters das Interesse haben, dessen Kinder als militärischen Nachwuchs in seiner Mitte festzuhalten, und da die Söhne in die Waffengemeinschaft des Vaters eintreten, so wird dann das Land vom Vater her auf sie vererbt und nur beweglicher Besitz kann nach Mutterfolge erben. Stets hält ferner 3. der Nachbarverband des Dorfes oder einer Markgenossenschaft als solcher die Hand über den durch gemeinsame Rodung, also Mannesarbeit, gewonnenen Boden und duldet nicht, daß der Boden im Erbgang an Kinder geht, die nicht in jeder Hinsicht dauernd an den Pflichten ihres Verbandes teilnehmen. Der Kampf dieser und unter Umständen noch verwickelterer Determinanten ergibt sehr verschiedene Resultate. Es läßt sich aber 4. auch nicht sagen – wie es darnach scheinen könnte –, daß der vorwiegend militärische Charakter einer Gemeinschaft schon an sich eindeutig in der Richtung der Vaterhausgewalt und einer rein vaterrechtlichen („agnatischen") Verwandschafts- und Vermögenszurechnung wirkte. Sondern das hängt durchaus von der Art der Militärorganisation ab. Wo diese in einem dauernden exklusiven Zusammenschluß der waffenfähigen Jahrgänge der Männer zu einer besondren kasernen- oder kasinoartigen Gemeinschaft führt, wie sie das von Schurtz geschilderte typische „Männerhaus" und die spartiatischen Syssitien als reinste Typen darstellen – da konnte sehr wohl und hat recht oft dieses Ausscheiden des Mannes aus dem infolgedessen als „Muttergruppe" konstituierten Familienhaushalt entweder die Zurechnung der Kinder und des Erwerbs zum Mutterhause oder doch eine relativ selbständige Stellung der Hausmutter herbeigeführt, wie sie z. B. für Sparta berichtet wird. Die zahlreichen, eigens zur Einschüchterung und Plünderung der Frauen erfundenen superstitiösen Mittel (z. B. das periodische Erscheinen und der Plünderungszug des Duk-Duk) stellen die Reaktion der aushäusig gewordenen Männer gegen diese Gefährdung ihrer Autorität dar. Wo dagegen die Glieder der Militärkaste als Grundherren über das Land zerstreut saßen, ist die Tendenz zur patriarchalen und zugleich agnatischen Struktur von Haus und Sippe fast durchweg alleinherrschend geworden. Die großen Reichsgründungsvölker im fernen Orient und in Indien ebenso wie in Vorderasien, am Mittelmeer und im europäischen Norden, haben, soweit historische Kunde reicht, sämtlich (die Ägypter *nicht*, wie oft angenommen wird, ausgeschlossen) die Vaterfolge einschließlich (außer bei den Ägyptern) der exklusiv agnatischen Verwandtschafts- und Vermögenszurechnung entwickelt. Dies hat seinen Grund im wesentlichen darin, daß die Gründung *großer* politischer Gebilde dauernd nicht leicht von stabartig zusammengesiedelten und monopolistischen kleinen Kriegergemeinschaften nach Art des „Männerhauses" getragen werden kann, sondern – unter naturalwirtschaftlichen Bedingungen – normalerweise die patrimonale und grundherrliche Unterwerfung der Landgebiete bedingt, auch wo sie von örtlich eng zusammengesiedelten Kriegern ausging, wie in der Antike. Die Entwicklung der Grundherrschaft mit ihrem Amtsapparat geht naturgemäß von der unter einem Vater als Hausherrn sich zum Herrschaftsapparat organisierenden Hausgemeinschaft aus und erwächst also überall aus der Vatergewalt heraus. Keinerlei ernsthafte Beweise stützen dementsprechend die Behauptung, daß diesem Zustand vorherrschenden „Vaterrechts" bei jenen Völkern jemals ein anderer vorangegangen sei, seitdem überhaupt bei ihnen die Familienbeziehungen Gegenstand einer *Rechts*bildung waren. Insbesondere ist die Hypothese von der einst universellen Herrschaft einer „Ehe nach Mutterrecht" eine wertlose Konstruktion, welche ganz Heterogenes: das primitive *Fehlen* jeder rechtlichen Regelung der Kindesbeziehungen und das dann allerdings normalerweise bestehende nähere persönliche Verhältnis der Kinder zur Mutter, die sie säugt und erzieht, mit demjenigen *Rechts*zustande, der allein den Namen Mutterrecht verdient, vermischt. Ganz ebenso irrig ist natürlich die Vorstellung: daß von einer „ursprünglichen" universellen Mutterfolge zur Geltung des „Vaterrechts" ein Zustand der „Raubehe" als universelle Zwischenstufe geführt habe. Rechtsgültig kann eine Frau nur durch Tausch oder Kauf aus einem fremden Haus erworben werden. Der Frauenraub führt zu Fehde und Sühne. Den Helden freilich schmückt, wie der Skalp des Feindes, so die geraubte Frau als Trophäe, und daher ist der Hochzeitsritus oft ein fingierter Frauenraub, ohne daß realer Frauenraub doch eine rechtshistorische „Stufe" darstellte.

Die Entwicklung der inneren vermögensrechtlichen Struktur der Hausgemeinschaft ist demgemäß bei den großen Reichsgründungsvölkern eine stete *Abschwächung* der schrankenlosen Vatergewalt. Zu den Folgen ihrer ursprünglichen Schrankenlosigkeit gehörte namentlich das Fehlen der Unterscheidung „legitimer" und „illegitimer" Kinder, wie es sich, als Rest der einst freien Willkür des Hausherrn in der Bestimmung darüber: wer „sein" Kind sei, noch im nordischen Recht des Mittelalters findet. Erst das Eingreifen politischer oder ökonomischer Gemeinschaften, welche die Zugehörigkeit zu *ihrem* Verband an die Abstammung aus „legitimen" Verbindungen, d. h. Dauerverbindungen mit Frauen aus dem eigenen Kreise, knüpfen, ändert dies endgültig. Die wichtigste Etappe auf dem Wege der Herstellung dieses Prinzips aber: eben jene Scheidung „legitimer" und „illegitimer" Kinder und die erbrechtliche Sicherung der ersteren, wird meist dann erreicht, wenn innerhalb der *besitzenden* oder ständisch privilegierten Schichten, nach Zurücktreten der Schätzung der Frau lediglich als Arbeitskraft, die Tendenz erwacht: die rechtliche Stellung der in die Ehe verkauften Haustochter, und vor allem diejenige ihrer Kinder, durch Kontrakt gegen jene ursprüngliche freie Willkür des Käufers der Frau zu sichern: sein Vermögen soll an die Kinder aus dieser Ehe und nur an sie vererbt werden. Nicht das Bedürfnis des Mannes, sondern dasjenige der Frau nach „Legitimität" ihrer Kinder also ist die treibende Kraft. Das Haus stattet, weiterhin mit zunehmenden Ansprüchen an die Lebenshaltung und demnach wachsender Kostspieligkeit „standesgemäßen“ Haushaltens[,] das in die Ehe verkaufte Mädchen, welches nun nicht mehr Arbeitskraft, sondern Luxusbesitz ist, zunehmend mit einer „Mitgift“ aus, welche zugleich seine Abfindung vom Besitz seiner Hausgemeinschaft darstellt (in dieser Art besonders klar im altorientalischen und althellenischen Recht entwickelt) und ihm dem kaufenden Mann gegenüber auch das „materielle Schwergewicht“ verleiht, seine schrankenlose Willkür zu brechen, da er sie im Fall der Verstoßung zurückerstatten muß. In höchst verschiedenem Grade und nicht immer in der Form eigentlicher Rechtssätze wird dieser Zweck allmählich erreicht, oft aber so vollständig, daß nur die Mitgiftehe als Vollehe (ἔγγραφος γάμος in Ägypten) gilt. Auf die weitere Entwicklung des „ehelichen Güterrechts“ soll hier nicht eingegangen werden. Entscheidende Wendungen finden sich überall dort, wo die militärische Bewertung des Bodenbesitzes als speererworbenen Guts oder als Basis für die Ausstattung ökonomisch wehrfähiger (zur Selbstequipierung fähiger) Existenzen zurücktritt, und der Grundbesitz, wie namentlich unter städtischen Verhältnissen, vorwiegend ökonomisch gewertet wird, mithin auch die Töchter zum Bodenerbrecht gelangen. Je nachdem der Schwerpunkt der Existenz mehr auf dem gemeinsamen *Erwerb* der Familie ruht oder umgekehrt auf der Rente des ererbten *Besitzes*, gestaltete sich das Kompromiß zwischen den in Betracht kommenden Interessen des Mannes und denen der Frau und ihrer Sippe höchst mannigfaltig.

Im ersteren Fall ist im okzidentalen Mittelalter oft eine Entwicklung zur „Gütergemeinschaft“ erfolgt, im letzteren die sog. „Verwaltungsgemeinschaft“ (Verwaltung und Nutznießung des Mannes am Frauengut) vorgezogen worden, während in den feudalen Schichten das Streben, die Grundstücke nicht aus der Familie gelangen zu lassen, die (in typischer Art in England entwickelte) „Wittumsehe“ (Versorgung der Witwe durch eine Rente, die am Grundbesitz haftet) erzeugte. Im übrigen greifen die mannigfaltigsten Determinanten ein. Römische und englische Aristokratie zeigen in ihrer sozialen Lage manche Ähnlichkeit. Aber in der römischen Antike entstand die völlige ökonomische und persönliche Emanzipation der Ehefrau durch Entwicklung der jederzeit kündbaren „freien Ehe“, erkauft durch ihre völlige Unversorgtheit als Witwe und gänzliche Rechtlosigkeit als Mutter gegenüber der schrankenlosen Gewalt des Vaters über ihre Kinder – in England blieb die Ehefrau ökonomisch und persönlich in der ihre Rechtspersönlichkeit gänzlich vernichtenden „coverture“, bei zugleich – für sie – fast völliger Unlöslichkeit der feudalen „Wittumsehe“. Die größere Stadtsässigkeit des Römeradels und die Einwirkung des christlichen Ehepatriarchalismus in England dürften den Unterschied bedingt haben. Dem Fortbestand des feudalen Eherechts in England und der kleinbürgerlich und militaristisch (im Code Napoleon durch den persönlichen Einfluß seines Inspiratoren) motivierten Gestaltung des französischen Eherechts stehen bürokratische Staaten (Österreich und namentlich Rußland) mit starker Nivellierung der Geschlechtsunterschiede im Ehegüterrecht gegenüber, die im übrigen da am weitesten fortzuschreiten pflegt, wo der Militarismus in den maßgebenden Klassen am weitesten zurückgedrängt ist. Im übrigen wird die Vermögensstruktur der Ehe bei entwickeltem Güterverkehr wesentlich durch das Bedürfnis nach Sicherung der Gläubiger mitbedingt. Die höchst bunten Einzelergebnisse dieser Entwicklungsmomente gehören nicht hierher.

Die aus Interessen der Frau heraus entstandene „legitime" Ehe muß dabei keineswegs alsbald die Alleinherrschaft der Monogamie mit sich bringen. Die in bezug auf das Erbrecht ihrer Kinder privilegierte Frau kann als „Hauptfrau" aus dem Kreise der übrigen Frauen herausgehoben werden, wie dies im Orient, in Ägypten und in den meisten asiatischen Kulturgebieten der Fall war. Selbstverständlich aber ist die Polygamie auch in dieser Form („Halbpolygamie") überall Privileg der Besitzenden. Denn der Besitz einer Mehrzahl von Frauen ist zwar da, wo im Ackerbau noch die Frauenarbeit vorwiegt, und allenfalls auch da, wo die textilgewerbliche Arbeit der Frau besonders einträglich ist, (wie dies noch der Talmud voraussetzt) lukrativ: der große Frauenbesitz der Kaffernhäuptlinge gilt als nutzbare Kapitalanlage, setzt aber beim Mann auch den Besitz der zum Frauenkauf nötigen Mittel voraus. In Verhältnissen mit vorwiegender Bedeutung der Männerarbeit und vollends in sozialen Schichten, in welchen sich die Frauen an der für freie Leute unwürdig geltenden Arbeit nur als Dilettantinnen oder für Luxusbedarf beteiligen, verbietet die Kostspieligkeit der Polygamie diese für alle mittleren Vermögen von selbst. Die Monogamie als Institution ist zuerst bei den Hellenen (aber bei diesen in den fürstlichen Schichten, selbst der Diadochenzeit, noch ziemlich labil) und den Römern durchgeführt worden, in der Epoche des Übergangs zur Herrschaft eines patrizischen Stadtbürgertums, dessen Haushaltsformen sie adäquat war. Alsdann hat das Christentum sie aus asketischen Gründen zur absoluten Norm erhoben, im Gegensatz zu (ursprünglich) allen anderen Religionen. Die Polygamie behauptete sich namentlich da, wo die streng patriarchale Struktur der politischen Gewalt auch der Erhaltung der Willkür des Hausherren zugute kam.

Für die Entwicklung der Hausgemeinschaft als solcher kommt jene Entwicklung der Mitgiftehe zwiefach in Betracht: einmal dadurch, daß nun die „legitimen" Kinder als Anwärter auf das väterliche Vermögen durch eine Sonderrechtsstellung innerhalb des Hauses gegenüber Konkubinenkindern differenziert sind. Ferner und namentlich dadurch, daß die Einbringung der, je nach dem Reichtum der Frauenfamilie verschieden großen Mitgiften seitens der in das Haus einheiratenden Mädchen, die naturgemäße Tendenz hat, die ökonomische Lage ihrer Männer zu differenzieren. Die eingebrachten Mitgiften pflegen zwar formell (so namentlich auch im römischen Recht) einfach der Gewalt des Hausherrn anheimzufallen. Materiell aber pflegt doch irgendwie dem betreffenden Mann die Mitgift seiner Frau auf ein „Sonderkonto" zugerechnet zu werden. Das „Rechnen" beginnt so in die Beziehungen der Gemeinschafter einzudringen.

Diese Entwicklung zur Zersetzung der Hausgemeinschaft pflegt aber auf dieser Stufe regelmäßig bereits von anderen ökonomischen Motiven her in Gang gekommen zu sein. Die ökonomisch bedingten Abschwächungen des undifferenzierten Kommunismus liegen in ihren Anfängen weit zurück, so weit, daß seine völlige Ungebrochenheit historisch vielleicht nur in Grenzfällen bestanden hat. Bei Gebrauchsgütern, welche Artefakte sind, Werkzeugen, Waffen, Schmuck, Kleidungsstücken u. dgl. gilt das Prinzip, daß der individuelle Hersteller sie, als Ertrag seiner individuellen Arbeit, allein oder vorzugsweise zu benutzen befugt sei und daß sie nach seinem Tode nicht notwendig der Gesamtheit, sondern bestimmten anderen, für ihre Nutzung spezifisch qualifizierten Einzelnen zufallen (so: Reitpferd und Schwert, im Mittelalter das „Heergewäte", die „Gerade" usw.). Diese ersten Formen *individuellen* „Erbrechts" sind auch innerhalb des autoritären Hauskommunismus sehr früh entwickelt, stammen wahrscheinlich aber aus den Zuständen vor der Entwicklung der Hausgemeinschaft selbst und sind überall verbreitet, wo und soweit individuelle Werkzeugherstellung stattfand. Bei manchen, z. B. den Waffen, beruht die gleiche Entwicklung wohl auch auf dem Eingreifen des Interesses militärischer Gewalten an der ökonomischen Ausstattung des Diensttauglichsten.

Die inneren und äußeren Motive, welche das Schrumpfen der straffen Hausgewalt bedingen, steigern sich im Verlauf der Kulturentwicklung. Von innen her wirkt die Entfaltung und Differenzierung der Fähigkeiten und Bedürfnisse in Verbindung mit der quantitativen Zunahme der ökonomischen Mittel. Denn mit Vervielfältigung der Lebensmöglichkeiten erträgt schon an sich der Einzelne die Bindung an feste undifferenzierte Lebensformen, welche die Gemeinschaft vorschreibt, immer schwerer und begehrt zunehmend, sein Leben individuell zu gestalten und den Ertrag seiner individuellen Fähigkeiten nach Belieben zu genießen. Von außen her wird die Zersetzung gefördert durch Eingriffe konkurrierender sozialer Gebilde: z. B. auch rein fiskalischer Interessen an intensiverer Ausnutzung der individuellen Steuerkraft – welche den Interessen an der Zusammenhaltung des Besitzes zugunsten der militärischen Prästationsfähigkeit entgegenwirken können.

Die normale Folge jener Zersetzungstendenzen ist zunächst die Zunahme der *Teilung* der Hausgemeinschaften im Erbfall oder bei Heirat von Kindern. Die historische Entwicklung hat, nachdem in der Frühzeit, also bei relativ werkzeuglosem Ackerbau, die Arbeitskumulation das einzige ertragssteigernde Mittel gewesen war, und der Umfang der Hausgemeinschaften eine Periode der Zunahme durchgemacht hatte, mit der Entwicklung des individualisierten Erwerbs im ganzen seine stetige Abnahme herbeigeführt, bis heute die Familie von Eltern und Kindern ihr normales Ausmaß bildet. Dahin wirkte die grundstürzende Änderung der funktionellen Stellung der Hausgemeinschaft, welche derart verschoben ist, daß für den Einzelnen zunehmend weniger Anlaß besteht, sich einem kommunistischen[,] großen Haushalt zu fügen. Abgesehen davon, daß die Sicherheitsgarantie für ihn nicht mehr durch Haus und Sippe, sondern durch den anstaltmäßigen Verband der politischen Gewalt geleistet wird, haben „Haus" und „Beruf" sich auch örtlich geschieden[,] und ist der Haushalt nicht mehr Stätte gemeinsamer Produktion, sondern Ort gemeinsamen Konsums. Der Einzelne empfängt ferner seine gesamte Schulung für das Leben, auch das rein persönliche, zunehmend von außerhalb des Hauses und durch Mittel, welche nicht das Haus, sondern „Betriebe" aller Art: Schule, Buchhandel, Theater, Konzertsaal, Vereine, Versammlungen, ihm liefern. Er kann die Hausgemeinschaft nicht mehr als die Trägerin derjenigen objektiven Kulturgüter anerkennen, in deren Dienst er sich stellt, und es ist nicht eine als sozialpsychische „Stufe" auftretende Zunahme des „Subjektivismus", sondern der die Zunahme bedingende *objektive* Sachverhalt, welcher jene Verkleinerung der Hausgemeinschaften begünstigt. Dabei ist nicht zu übersehen, daß es auch Hemmungen dieser Entwicklung gibt und zwar gerade auf den „höchsten" Stufen der ökonomischen Skala. Auf agrarischem Gebiet ist die Möglichkeit freier Teilung des Bodens an technisch-ökonomische Bedingungen geknüpft: ein mit wertvollen Baulichkeiten belastetes in sich abgerundetes Gut, selbst ein großes Bauerngut, kann nur mit Verlusten geteilt werden. Die Teilung wird technisch erleichtert durch Gemengelage von Äckern und Dorfsiedelung, erschwert durch isolierte Lage. Einzelhöfe und größere kapitalintensive Besitzungen neigen daher zur Einzelerbfolge, der kleine, im Gemenge liegende arbeitsintensiv bewirtschaftete Besitz zur immer weiteren Zersplitterung, um so mehr als der erstere ein weit geeigneteres Objekt für die Belastung mit Tributrechten an den beweglichen Besitz in Gestalt unserer zur Vermögensanlage geeigneten Dauerhypotheken und Pfandbriefe ist, die ihn zugunsten der Gläubiger zusammenschmieden. Der große Besitz ferner lockt, einfach weil er Besitz und als solcher Träger einer sozialen Position ist, schon an sich zur Zusammenhaltung in der Familie, im Gegensatz zu dem kleinbäuerlichen Boden, der bloße Arbeitsstätte ist. Das seigneuriale Niveau der Lebensführung, welches seinen Stil in festgefügten Konventionen findet, begünstigt das subjektive Ertragen großer Hausgemeinschaften, welche, in der Weiträumigkeit etwa eines Schlosses und bei der auf diesem Unterbau sich von selbst einstellenden „inneren Distanz" auch zwischen den nächsten Angehörigen, den Einzelnen nicht in dem Maße in der von ihm beanspruchten Freiheitssphäre beengt, wie ein an Personenzahl ebensogroßer, räumlich aber begrenzterer und des adligen Distanzgefühls entbehrender bürgerlicher Haushalt es gegenüber seinen, in ihren Lebensinteressen meist weit mehr differenzierten, Insassen tut. Außerhalb jener seigneurialen Lebensformen ist die große Hausgemeinschaft heute nur etwa auf dem Boden intensivster ideeller Gemeinschaft einer sei es religiösen oder etwa sozial-ethischen oder auch künstlerischen Sekte eine adäquate Lebensform – entsprechend Klöstern und klosterartigen Gemeinschaften der Vergangenheit.

Auch dort[,] wo die Hauseinheit äußerlich ungetrennt erhalten bleibt, schreitet im Verlauf der Kulturentwicklung der *innere* Zersetzungsprozeß des Hauskommunismus durch die zunehmende „Rechenhaftigkeit" unaufhaltsam fort. Wir betrachten hier die Art der Wirkung dieses Motivs noch etwas näher.

In den großen kapitalistischen Hausgemeinschaften der mittelalterlichen Städte (z.B. Florenz) hat schon jeder Einzelne sein „Konto". Er hat ein Taschengeld (danari borsinghi) zur freien Verfügung. Für bestimmte Ausgaben (z.B. Logierbesuch, den der Einzelne einlädt) sind Maxima vorgeschrieben. Im übrigen wird mit ihm abgerechnet, wie in jedem modernen Handelsgeschäft unter den Teilhabern. Er hat Kapitalanteile „innerhalb" der Gemeinschaft und Vermögen („fuori della compagnia"), welches er zwar in ihren Händen läßt und welches sie ihm verzinst, das aber nicht als Kapital gerechnet wird und daher nicht am Gewinn teilnimmt. An die Stelle der „geborenen" Teilnahme am Gemeinschaftshandeln des Hauses mit seinen Vorteilen und Pflichten ist also eine rationale Vergesellschaftung getreten. Der Einzelne wird in die Hausgemeinschaft zwar „hineingeboren", aber er ist als Kind schon potentieller „Kommis" und „Kompagnon" des rational geordneten Erwerbsgeschäfts, welches durch die Gemeinschaft getragen wird. Es liegt offen zutage, daß eine solche Behandlung erst auf dem Boden reiner *Geldwirtschaft* möglich wurde und daß deren Entfaltung also die führende Rolle bei dieser inneren Zersetzung spielt. Die Geldwirtschaft ergibt einerseits die objektive *Berechenbarkeit* der individuellen Erwerbsleistungen der Einzelnen und ihres Verbrauchs und eröffnet ihnen nach der anderen Seite – durch die Entfaltung des geldvermittelten „indirekten Tauschs" – überhaupt erst die Möglichkeit, individuelle Bedürfnisse frei zu befriedigen.

Keineswegs freilich ist der Parallelismus von Geldwirtschaft und Schwächung der Hausautorität ein auch nur annähernd vollständiger. Hausgewalt und Hausgemeinschaft stellen vielmehr den jeweiligen ökonomischen Bedingungen gegenüber trotz deren großer Bedeutung ein an sich selbständiges, von ihnen aus gesehen: irrationales, Gebilde dar, welches oft seinerseits durch seine historisch gegebene Struktur die ökonomischen Beziehungen stark beeinflußt. Die ungebrochene Fortdauer der patria potestas des römischen Familienhaupts bis an sein Lebensende z.B. ist in ihrer Entstehung teils ökonomisch und sozial, teils politisch, teils religiös bedingt gewesen (Zusammenhalt des Vermögens des vornehmen Hauses, militärische Gliederung nach Sippen und, vermutlich, Häusern, Hauspriesterstellung des Vaters). Sie hat aber die denkbar verschiedensten ökonomischen Entwicklungsstadien überdauert, ehe sie, unter den politischen Bedingungen der Kaiserzeit, auch den Kindern gegenüber Abschwächungen erfuhr. In China ist der gleichartige Zustand durch das, von dem Pflichtenkodex ins Extrem gesteigerte, von der Staatsgewalt und bürokratischen Standesethik des Konfuzianismus auch aus Zwecken politischer Domestikation der Untertanen geförderte, Pietätsprinzip bedingt, dessen Durchführung teilweise (so in den Trauervorschriften) immer wieder zu nicht nur ökonomisch, sondern auch politisch undurchführbaren und bedenklichen Konsequenzen führte (massenhafte Ämtervakanzen, weil die Pietät gegen den toten Hausvater – ursprünglich: die Angst vor dem Neid des Toten – wie die Nichtbenutzung andren Besitzes, so den Verzicht auf das Amt fordert). Ganz ebenso ist die Antwort auf die Frage: ob nach dem Tode des Hausherrn Einzelnachfolge (oder Anerbenrecht) oder Teilung stattfindet, zwar, wie dargelegt, in ihrem Ursprung sehr stark ökonomisch bedingt gewesen und unter ökonomischen Einflüssen auch wandelbar, aber (wie namentlich die modernen Arbeiten Serings u.A. gezeigt haben) schlechterdings nicht rein ökonomisch, vollends aber nicht aus den heutigen ökonomischen Bedingungen, ableitbar. Denn unter gleichartigen Bedingungen und in unmittelbarer Nachbarschaft bestehen darin sehr oft, speziell nach der ethnischen Zugehörigkeit (z.B. Polen oder Deutsche) ganz verschiedene Systeme. Die weittragenden ökonomischen Folgen dieser verschiedenen Strukturen resultieren also aus ökonomisch oft weitgehend, entweder von Anfang an irrationalen oder, infolge Änderung der ökonomischen Bedingungen, irrational gewordenen Motiven.

Unbeschadet dessen greifen aber doch die ökonomischen Tatbestände in einschneidender Weise ein. Vor allem bestehen charakteristische Unterschiede, je nachdem der Erwerb mehr dem Ertrag gemeinsamer Arbeit oder mehr dem gemeinsamen Besitze zugerechnet wird. Ersterenfalls ist die Hausgewalt, mag sie an sich noch so autokratisch sein, oft labil in ihrem Bestande. Die bloße Trennung vom Elternhaus zwecks Begründung eines eigenen Haushalts genügt, um sich der Hausgewalt zu entziehen. So meist bei den großen Hausgemeinschaften primitiver Ackerbauvölker. Die sog. „emancipatio legis Saxonicae" des deutschen Rechts hat ihren ökonomischen Grund sicherlich in der zur Zeit ihrer Entstehung vorwiegenden Bedeutung der persönlichen Arbeitsleistung. Dagegen ist die Hausgewalt dort besonders unzerbrechlich, wo Viehbesitz, überhaupt aber Besitz als solcher die vornehmliche Grundlage der Existenz bildet. Namentlich der Bodenbesitz, sobald der Bodenüberfluß sich in Bodenknappheit verwandelt hat. Überall ist der feste Zusammenhalt des Geschlechtes, aus den schon mehrfach erwähnten Gründen, ein spezifisches Attribut des Grundadels, und der grundbesitzlose oder grundbesitzarme Mann entbehrt überall auch des Geschlechtsverbandes. – Der gleiche Unterschied aber findet sich auf kapitalistischer Stufe wieder. Zur gleichen Zeit, wo die Florentiner und andere norditalienische große Hausgemeinschaften das Prinzip der Solidarhaft und der Zusammenhaltung des Besitzes vertraten, war in Handelsplätzen des Mittelmeers, speziell auch Siziliens und Süditaliens, das gerade Umgekehrte der Fall: jeder erwachsene Hausgenosse konnte jederzeit die Abschichtung mit seinem Anteil schon bei Lebzeiten des Erblassers verlangen, und auch die persönliche Solidarhaft nach außen bestand nicht. Bei jenen norditalienischen Familienbetrieben stellte das ererbte Kapital schon in höherem Grade die Grundlage der ökonomischen Machtstellung dar als die persönliche Erwerbsarbeit der Beteiligten. Im Süden dagegen war das Umgekehrte der Fall und wurde der gemeinsame Besitz daher als Produkt gemeinsamer Arbeit behandelt. Mit steigender Bedeutung des Kapitals gewann die erstere Behandlung an Boden. Die in einer theoretisch konstruierbaren Reihe der Entwicklungsstufen, vom ungebrochenen Gemeinschaftshandeln an gerechnet, „spätere", kapitalistische, Wirtschaftsform bedingt hier die theoretisch „frühere" Struktur: größere Gebundenheit der Haushörigen und größere Ungebrochenheit der Hausgewalt. – Eine weit gewichtigere und dem *Okzident eigentümliche* Umformung der Hausgewalt und Hausgemeinschaft aber hatte sich deutlich schon in diesen Florentiner und den ihnen gleichartigen kapitalistisch erwerbenden Hausgemeinschaften des Mittelalters vollzogen. Die Ordnungen für das gesamte ökonomische Leben der großen Hausgemeinschaft werden periodisch durch *Kontrakte* geregelt. Und während ursprünglich dabei die Regelung des „Taschengeldes" mit der Regelung der Geschäftsorganisation in Eins geht, änderte sich das allmählich. Der kontinuierlich gewordene kapitalistische Erwerb wurde ein gesonderter „Beruf", ausgeübt innerhalb eines „*Betriebes*", der sich im Wege einer Sondervergesellschaftung aus dem hausgemeinschaftlichen Handeln zunehmend in der Art aussonderte, daß die alte Identität von Haushalt, Werkstatt und Kontor, wie sie der ungebrochenen Hausgemeinschaft und auch dem später zu erörternden „Oikos" des Altertums selbstverständlich war, zerfiel. Zunächst schwand die reale Hausgemeinschaft als notwendige Basis der Vergesellschaftung im gemeinsamen Geschäft. Der Kompagnon ist nicht mehr notwendig (oder doch normalerweise) Hausgenosse. Damit mußte man notwendig das Geschäftsvermögen vom Privatbesitz des einzelnen Teilhabers trennen. Ebenso schied sich nun der Angestellte des Geschäfts vom persönlichen Hausdiener. Vor allem mußten die Schulden des Handlungshauses als solche von den privaten Haushaltsschulden der einzelnen Teilhaber unterschieden und die Solidarhaft der Teilhaber auf die ersteren beschränkt werden, welche man nun daran erkannte, daß sie unter der „Firma", dem Gesellschaftsnamen des Geschäftsbetriebes abgeschlossen waren. Das Ganze ist offensichtlich eine genaue Parallelentwicklung zu der bei der Analyse der „Herrschaft" zu besprechenden Sonderung des bürokratischen Amtes als „Berufs" aus dem Privatleben, des „Büros" aus dem Privathaushalt des Beamten, des aktiven und passiven Amtsvermögens von seinem Privatvermögen, der Amtshandlungen von seinen Privatgeschäften. Der kapitalistische „Betrieb", den derart die Hausgemeinschaft aus sich heraus setzt und aus dem sie sich zurückzieht, zeigt so im Keime schon die Ansätze der Verwandtschaft mit dem „Büro", und zwar jener heute offensichtlichen Bürokratisierung auch des Privatwirtschaftslebens. Aber nicht etwa die *räumliche* Sonderung des Haushalts von der Werkstatt und dem Laden ist hier das entscheidende Entwicklungsmoment. Denn diese ist gerade dem Bazarsystem des Orients, welches durchweg auf der für islamische Städte charakteristischen Trennung von Burg (Kasbeh), Bazar (Suk) und Wohnstätten beruht, eigentümlich. Sondern die „buchmäßige" und *recht*liche Scheidung von „Haus" und „Betrieb" und die Entwicklung eines auf diese Trennung zugeschnittenen Rechts: Handelsregisters, Abstreifung der Familiengebundenheit der Assoziation und der Firma, Sondervermögen der offenen und Kommanditgesellschaft und entsprechende Gestaltung des Konkursrechts. Daß diese fundamental wichtige Entwicklung dem Okzident eigentümlich ist und nur hier die Rechtsformen unseres noch heute geltenden Handelsrechts fast alle schon im Mittelalter entwickelt sind, – während sie dem Recht des Altertums mit seinem quantitativ in manchen Zeiten großartiger entwickelten Kapitalismus fast ganz fremd geblieben waren, – dies gehört in den Kreis jener zahlreichen Erscheinungen, welche die *qualitative* Einzigartigkeit der Entwicklung zum *modernen* Kapitalismus mit am deutlichsten kennzeichnen. Denn sowohl die Zusammenhaltung des Vermögens der Familien zum Zweck gegenseitiger ökonomischer Stützung wie die Ansätze der Entwicklung einer „Firma" aus dem Familiennamen finden wir z. B. auch in China. Auch hier steht die Solidarhaft der Familie hinter den Schulden des Einzelnen. Die im Geschäftsverkehr übliche Bezeichnung einer Handlung gibt auch hier über den wirklichen Inhaber keine Auskunft: die „Firma" ist auch hier an den Geschäftsbetrieb und nicht an den Haushalt gebunden. Aber die konsequente Entwicklung eines Sondervermögens- und entsprechenden Konkursrechts nach europäischer Art scheint zu fehlen. Vor allem aber gilt zweierlei: Assoziation ebenso wie Kredit waren bis in die Gegenwart der Tatsache nach im höchsten Grade an Sippengemeinschaft gebunden. Und auch die Zwecke der Zusammenhaltung des Vermögens in den wohlhabenden Sippen und der gegenseitigen Kreditgewährung innerhalb der Sippe waren spezifisch andre. Nicht vornehmlich um kapitalistischen Gewinn, sondern vornehmlich um Zusammenbringung der Kosten für die Vorbereitung von Familiengliedern zum Examen und nachher für den Kauf eines Amts für ihn handelte es sich. War das Amt einmal erlangt, dann gab es den Verwandten die Chance, aus den legalen und noch mehr den illegalen Einkünften, die es abwarf, ihre Auslagen mit Gewinn erstattet zu erhalten und daneben noch die Protektion des Amtsinhabers sich zunutze zu machen. Die Chancen des politisch, nicht des ökonomisch bedingten Erwerbs also waren es, die hier zum „kapitalistischen" Zusammenhalt der, auch und gerade der ökonomisch starken, Familie führten. – Die wenigstens formal völlig von aller sippenhaften und persönlichen Unterlage losgelöste Art der kapitalistischen Assoziation, unserer „Aktiengesellschaft" entsprechend, findet ihre Antezedenzien im Altertum wesentlich nur auf dem Gebiet des politisch orientierten Kapitalismus: für die Steuerpächtergesellschaften, im Mittelalter zunächst ebenfalls teils für kolonisatorische Unternehmungen (wie die Großkommanditen der Maone in Genua), teils für Staatskredit (wie die Gläubigerassoziation in Genua, welche die Stadtfinanzen faktisch in Sequester hatte). Innerhalb des Privaterwerbs ist die rein geschäftliche und rein kapitalistische Assoziation zunächst – ganz der Art des Gelegenheitshandelns entsprechend – nur in Form der Gelegenheitsgesellschaft (commenda) für den Fernhandel (Kapitaleinlage eines Geldgebers bei einem reisenden Kaufmann für die konkrete Reise mit Gewinn- und Verlustteilung) entwikkelt, die sich schon im altbabylonischen Recht und dann ganz universell findet. Die von der politischen Gewalt monopolistisch privilegierten Unternehmungen, namentlich die Kolonialunternehmungen in Form von Aktiengesellschaften[,] bildeten dann den Übergang zur Verwendung dieser Formen auch im rein privaten Geschäft.

Diese Unternehmungsformen, welche als Unterlage eines kapitalistischen Betriebs, dessen radikalste Loslösung von der urwüchsigen Identität mit der Hausgemeinschaft bedeuten, haben uns hier nicht speziell zu beschäftigen. Vielmehr geht uns jetzt eine Evolution der Hausgemeinschaft an, welche einen, in den entscheidenden Punkten gerade entgegengesetzten, Typus zeigt. Der inneren Zersetzung der Hausgewalt und Hausgemeinschaft durch – im weitesten Sinn – „Tausch nach außen" und seine Folgen bis zur Geburt des kapitalistischen „Betriebes" steht als eine gerade entgegengesetzte Art der Entwicklung gegenüber: die *innere Gliederung* der Hausgemeinschaft: ihre Ausgestaltung zum „*Oikos*", wie Rodbertus die hier zu besprechende Erscheinung genannt hat. Ein „Oikos" im technischen Sinne ist nicht etwa einfach jede „große" Hausgemeinschaft oder jede solche, die mannigfache Produkte, z. B. gewerbliche neben landwirtschaftlichen, in Eigenproduktion herstellt, sondern er ist der autoritär geleitete Großhaushalt eines Fürsten, Grundherrn, Patriziers, dessen letztes Leitmotiv nicht kapitalistischer *Gelderwerb*, sondern organisierte naturale *Deckung des Bedarfs des Herrn* ist. Dazu kann er sich aller Mittel, auch des Tauschs nach außen, in größtem Maßstab bedienen. Entscheidend bleibt: daß das formende Prinzip für ihn „Vermögensnutzung" und nicht „Kapitalverwertung" ist. Der „Oikos" bedeutet seinem entscheidenden Wesen nach: organisierte Bedarfsdeckung, mögen ihm zu diesem Zweck auch erwerbswirtschaftliche Einzelbetriebe angegliedert sein. Zwischen beiden Prinzipien gibt es natürlich eine Skala unmerklicher Übergänge und auch ein häufiges Gleiten und Umschlagen vom einen in das andre. In der Realität des Empirischen ist der „Oikos", bei irgend entwickelter materieller Kultur, in wirklich rein gemeinwirtschaftlicher Form notwendig selten. Denn ganz rein, d. h. unter dauernder Ausschaltung des Tauscherwerbsgesichtspunkts[,] kann er allerdings nur bestehen, wenn er, mindestens dem Streben nach, in ökonomischer „Autarkie", d. h. also: als möglichst tauschlose Eigenwirtschaft auftritt. Ein Apparat von haushörigen Arbeitskräften mit oft sehr weitgehender Arbeitsspezialisierung erzeugt dann den gesamten, nicht nur ökonomischen, sondern auch militärischen und sakralen, Bedarf des Herrn an Gütern und persönlichen Diensten, der eigene Boden gibt alle Rohstoffe her, eigene Werkstätten mit eigenhörigen Arbeitskräften erzeugen alle anderen Sachgüter, eigenhörige Dienstboten, Beamte, Hauspriester, Kriegsmannen beschaffen die sonstigen Leistungen, und der Tausch dient nur allenfalls der Abstoßung gelegentlicher Überschüsse und der Ergänzung des schlechterdings nicht selbst Erzeugbaren. Dies ist ein Zustand, welchem in der Tat die Königswirtschaften des Orients, namentlich Ägyptens, und in kleinerem Maßstab die Wirtschaft der Adligen und Fürsten des homerischen Typus sich weitgehend annähern und mit dem die Hofhaltungen der Perser- und auch der Frankenkönige starke Verwandtschaft besitzen, in dessen Richtung sich die Grundherrschaften der römischen Kaiserzeit mit zunehmendem Umfang, zunehmender Knappheit der Sklavenzufuhr und zunehmender bürokratischer und leiturgischer Einengung des kapitalistischen Erwerbs zunehmend entwickelten – während die mittelalterlichen Grundherrschaften im ganzen mit wachsender allgemeiner Bedeutung des Güterverkehrs, der Städte und der Geldwirtschaft die gerade entgegengesetzte Entwicklungstendenz zeigten. Rein eigenwirtschaftlich ist aber der Oikos in all diesen Formen niemals gewesen. Der Pharao trieb auswärtigen Handel und ebenso die große Mehrzahl gerade der primitiven Könige und Adligen des Mittelmeerbeckens: sehr wesentlich auch auf dessen Erträgen beruhten ihre Schätze. Die Einnahmen der Grundherren enthielten schon im Frankenreich zum erheblichen Teil Geld oder geldeswerte Bezüge und Renten aller Art. Die Kapitularien setzen den Verkauf der für den Bedarf des Hofes und Heeres nicht erforderlichen Überschüsse der königlichen fisci als ziemlich regelmäßige Erscheinung voraus. Die unfreien Arbeitskräfte der großen Boden- und Menschenbesitzer sind in allen näher bekannten Beispielen nur zum Teil gänzlich in die Herrenwirtschaft gebannt gewesen. Im strengen Sinn gilt dies für die persönlichen Dienstboten und für diejenigen anderen Arbeitskräfte, welche in einer gänzlich der naturalen Bedarfsdeckung des Herrn dienenden Wirtschaft tätig sind und vom Herrn vollständig verpflegt werden auf der einen Seite: „eigenwirtschaftliche Verwendung" – andererseits aber gerade auch für solche unfreie Arbeiter, welche der Herr in einem eigenen Betrieb für den Markt arbeiten ließ, wie die karthagischen, sizilianischen und römischen Grundherren ihre kasernierten Sklaven in den Plantagen oder wie etwa der Vater des Demosthenes seine Sklaven in seinen beiden Ergasterien, und wie in moderner Zeit russische Grundherren ihre Bauern in ihren „Fabriken": – „erwerbswirtschaftliche Verwendung". Diese Plantagen- und Ergasterien-Sklaven aber sind zum sehr bedeutenden Bruchteil Kaufsklaven, also ein auf dem Markt gekauftes, nicht selbst erzeugtes Produktionsmittel. Im eignen Haushalt erzeugte unfreie Arbeiter setzen die Existenz von unfreien „Familien" voraus, also eine Dezentralisierung der Hausgebundenheit und normalerweise einen teilweisen Verzicht auf restlose Ausnutzung der Arbeitskraft für den Herren. Weitaus die Mehrzahl solcher erblich unfreien Arbeitskräfte wird daher nicht in zentralisierten Betrieben verwendet, sondern hat dem Herrn nur einen Teil ihrer Leistungsfähigkeit zur Verfügung zu stellen oder liefert ihm Abgaben in mehr oder minder willkürlicher oder traditionsgebundener Höhe, sei es in Naturalien, sei es in Geld. Ob der Herr vorzieht, die Unfreien als Arbeitskräfte oder als Rentenfonds zu benutzen, hängt vor allem davon ab, wie er sie am einträglichsten verwerten kann. Familienlose Kasernensklaven setzen zur Ergänzung des Arbeiterbedarfs große Billigkeit und Stetigkeit des Sklavenangebots, also stetige Menschenraubkriege und billige Ernährung der Sklaven: südliches Klima, voraus. Erblich abhängige Bauern ferner können Geldabgaben nur zahlen, wenn sie ihre Produkte auf einen ihnen zugänglichen, also im allgemeinen: einen lokalen, Markt bringen können, wenn mithin die Städte des Gebiets entwickelt sind. Wo die städtische Entwicklung dürftig war und also die Ernte nur durch Export voll verwertet werden konnte, – wie im deutschen und europäischen Osten in der beginnenden Neuzeit im Gegensatz zum Westen und auf der „schwarzen Erde" Rußlands im 19. Jahrhundert, – da war die Benutzung der Bauern als Arbeitskräfte in einer eigenen Fronwirtschaft des Herrn oft der einzige Weg, sie zur Erzielung von Geldeinnahmen nutzbar zu machen[,] und entwickelte sich daher innerhalb des „Oikos" ein landwirtschaftlicher „Großbetrieb". Die Schaffung von eignen gewerblichen Großbetrieben mit unfreien Arbeitskräften oder unter Zuhilfenahme oder ausschließlicher Verwendung gemieteter unfreier oder noch freier Arbeitskräfte in eignen oder auch in gemieteten Ergasterien kann den Herren eines Oikos, der sich solche Betriebe angliedert, ganz dicht an einen kapitalistischen Unternehmer heranrücken oder ganz in einen solchen umschlagen lassen, wie dies z. B. bei den Schöpfern der schlesischen „Starosten-Industrie" vollständig geschehen ist. Denn nur der letzte *Sinn*: rentenbringende Nutzung eines vorhandenen Vermögensbestandes, charakterisiert den „Oikos", und dieser kann von einem primären Verwaltungsinteresse vom Unternehmerkapital tatsächlich ununterscheidbar und schließlich auch inhaltlich mit ihm identisch werden. Innerhalb einer „Starosten-Industrie" wie der schlesischen ist z. B. der Umstand, der an die grundherrliche Entstehung erinnert, vor allem die Art der *Kombination* verschiedener Unternehmungen: etwa riesiger Forstbetriebe mit Ziegeleien, Brennereien, Zuckerfabriken, Kohlengruben, also: von Betrieben, welche nicht so verknüpft sind, wie etwa eine Reihe von Betrieben, die miteinander in einer modernen „kombinierten" oder „gemischten" Unternehmung vereinigt werden, weil sie verschiedene Verarbeitungsstadien der gleichen Rohstoffe: Ausnutzung von Nebenprodukten und Abfall enthalten oder sonst durch *Markt*bedingungen verbunden werden. Allein der Grundherr, der an seine Kohlengruben ein Hüttenwerk und eventuell Stahlwerke, an seine Forstwirtschaft Sägmühlen und Zellulosefabriken angliedert, kann praktisch dasselbe Ergebnis herbeiführen, und nur der Ausgangspunkt, nicht das Resultat, sind dann hier und dort verschieden. Ansätze zu durch den Besitz eines Rohstoffs gegebenen Kombinationen finden sich schon auf dem Boden der Ergasterien der Antike. Der Vater des Demosthenes, einer attischen Kaufmannsfamilie entstammend, war Importeur von Elfenbein, welches er (τῷ βουλομένῳ) verkaufte und das zur Einlage sowohl in Messergriffe wie in Möbel verwendet wurde. Er hatte schon begonnen, eigne angelernte Sklaven in eigner Werkstatt Messer herstellen zu lassen[,] und mußte von einem zahlungsunfähigen Möbeltischler dessen Ergasterion, d. h. wesentlich: die darin arbeitenden Sklaven, übernehmen. Er kombinierte von dem Besitze je ein Messerschmiede- und ein Tischler-Ergasterion. Die Entwicklung der Ergasterien hat dann auf hellenistischem, besonders wohl alexandrischem und auch noch auf altislamischem Boden Fortschritte gemacht. Die Ausnutzung *gewerb*licher unfreier Arbeitskräfte als Rentenquelle ist im ganzen Altertum, im Orient wie im Okzident, im frühen Mittelalter und in Rußland bis zur Aufhebung der Leibeigenschaft üblich gewesen. Der Herr vermietet seine Sklaven als Arbeitskräfte: so tat es Nikias mit ungelernten Sklaven in größtem Maßstab an die Bergwerksbesitzer. Er läßt sie eventuell zum Zweck besserer Verwertung zu gelernten Handwerkern ausbilden, was sich im ganzen Altertum, angefangen von einem Kontrakt, in dem der Kronprinz Kambyses als Besitzer des Lehrmeisters genannt ist, bis zu den Pandekten ganz wie noch in Rußland im 18. und 19. Jahrhundert findet. Oder er überläßt es ihnen, nachdem er sie hat ausbilden lassen, ihre Arbeitskraft als Handwerker zu eigenem Nutzen zu verwerten, und sie müssen ihm dafür eine Rente (griechisch: apophora, babylonisch: mandaku, deutsch: Halssteuer, russisch: obrok) zahlen. Der Herr kann ihnen dabei auch die Arbeitsstätte stellen und sie mit Betriebsmitteln (peculium) und Erwerbskapital (merx peculiaris) ausrüsten. Von einer, der Tatsache nach, fast völligen Bewegungsfreiheit bis zu gänzlicher Einschnürung in eine kasernenartige Existenz im Eigenbetrieb des Herrn sind alle denkbaren Zwischenstufen historisch bezeugt. Die nähere ökonomische Eigenart der so, sei es in der Hand des Herren, sei es in der der Abhängigen, auf dem Boden des Oikos erwachsenen „Betriebe“ gehört im einzelnen in einen anderen Problemkreis. Die Entwicklung des „Oikos“ zur patrimonialen Herrschaft dagegen werden wir im Zusammenhang mit der Analyse der Herrschaftsformen zu betrachten haben.

Ethnische Gemeinschaften.

Eine weit problematischere Quelle für Gemeinschaftshandeln als die bisher ermittelten Tatbestände ist der wirklich auf Abstammungsgemeinsamkeit beruhende Besitz gleichartiger ererbter und vererblicher Anlagen, die „Rassenzugehörigkeit". Sie führt zu einer „Gemeinschaft" natürlich überhaupt nur dann, wenn sie subjektiv als gemeinsames Merkmal empfunden wird, und dies geschieht nur, wenn örtliche Nachbarschaft oder Verbundenheit Rassenverschiedener zu einem (meist: politischen) gemeinsamen Handeln oder umgekehrt: irgendwelche gemeinsame Schicksale des rassenmäßig Gleichartigen mit irgendeiner *Gegensätzlichkeit* der Gleichgearteten gegen *auffällig* Andersgeartete verbunden ist. Das dann entstehende Gemeinschaftshandeln pflegt sich generell nur rein negativ: als Absonderung und Verachtung oder umgekehrt abergläubische Scheu gegenüber den in auffälliger Weise Andersgearteten zu äußern. Der seinem äußeren Habitus nach Andersartige wird, mag er „leisten" und „sein", was er wolle, schlechthin als solcher verachtet oder umgekehrt, wo er dauernd übermächtig bleibt, abergläubisch verehrt. Die Abstoßung ist dabei das Primäre und Normale. Nun ist aber 1. diese Art von „Abstoßung" nicht nur den Trägern anthropologischer Gemeinsamkeiten gegeneinander eigen, und auch ihr Maß wird keineswegs durch den Grad der anthropologischen Verwandtschaft bestimmt, und 2. knüpft sie auch und vor allem keineswegs nur an ererbte, sondern ganz ebenso an andere auffällige Unterschiede des äußeren Habitus an.

Wenn man den Grad von objektiver Rassenverschiedenheit rein physiologisch unter anderem auch darnach bestimmen kann, ob die Bastarde sich in annähernd normalem Maße fortpflanzen oder nicht, so könnte man die subjektive gegenseitige rassenmäßige Anziehung und Abstoßung in ihrem Stärkegrade darnach bemessen wollen, ob Sexualbeziehungen gern oder selten, normalerweise als Dauerbeziehungen oder wesentlich nur temporär und irregulär, angeknüpft werden. Das bestehende oder fehlende Konnubium wäre dann naturgemäß bei allen zu einem „ethnischen" Sonderbewußtsein entwickelten Gemeinschaften eine normale Konsequenz rassemäßiger Anziehung oder Absonderung. Die Erforschung der sexuellen Anziehungs- und Abstoßungsbeziehungen zwischen verschiedenen ethnischen Gemeinschaften steht heute erst am Anfang exakter Beobachtungen. Es ist nicht der mindeste Zweifel, daß für die Intensität des Sexualverkehrs und für die Bildung von Konnubialgemeinschaften *auch* rassenmäßige, also durch Abstammungsgemeinschaft bedingte Momente eine Rolle spielen, zuweilen die ausschlaggebende. Aber gegen die „Urwüchsigkeit" der sexuellen Rassenabstoßung, selbst bei einander sehr fernstehenden Rassen, sprechen schließlich doch z. B. die mehreren Millionen Mulatten in den Vereinigten Staaten deutlich genug. Die, neben den direkten Eheverboten der Südstaaten, jetzt von beiden Seiten, neuerdings auch von derjenigen der Neger, durchgeführte Perhorreszierung jeder sexuellen Beziehung zwischen den beiden Rassen überhaupt ist erst das Produkt der mit der Sklavenemanzipation entstandenen Prätentionen der Neger, als gleichberechtigte Bürger behandelt zu werden, also: *sozial* bedingt durch die, uns dem Schema nach bekannten, in diesem Fall an die Rasse anknüpfenden, Tendenzen zur Monopolisierung von sozialer Macht und Ehre. Das „Konnubium" überhaupt, also der Tatbestand: daß Abkömmlinge aus sexuellen Dauergemeinschaften von einer politischen oder ständischen oder ökonomischen Gemeinschaft des Vaters zur gleichartigen Beteiligung am Gemeinschaftshandeln und seinen Vorteilen für die Beteiligten zugelassen werden, hängt von mannigfachen Umständen ab. Unter der Herrschaft der ungebrochenen väterlichen Hausgewalt, von der später zu reden sein wird, lag es gänzlich im Ermessen des Vaters, beliebige Sklavinnenkinder als gleichberechtigt zu behandeln. Die Verklärung des Frauenraubs des Helden vollends machte die Rassenmischung in der Herrenschicht direkt zur Regel. Erst die, uns dem Schema nach bekannte Tendenz zur monopolistischen Abschließung politischer oder ständischer oder anderer Gemeinschaften und zur Monopolisierung der Ehechancen schränkt diese Macht des Hausvaters zunehmend ein und schafft die strenge Einschränkung des Konnubium auf die Abkömmlinge aus sexuellen Dauergemeinschaften innerhalb der eigenen (ständischen, politischen, kultischen, ökonomischen) Gemeinschaft, damit zugleich aber eine höchst wirksame Inzucht. Die „Endogamie" einer Gemeinschaft – wenn man darunter nicht das bloße Faktum, daß geschlechtliche Dauerbeziehungen vorwiegend auf der Basis der Zugehörigkeit zu einem wie immer gearteten Verband zustande kommen, sondern einen Ablauf des Gemeinschaftshandelns versteht, derart, daß nur endogen gezeugte Abkömmlinge als gleichstehende Genossen des Gemeinschaftshandelns akzeptiert werden – ist wohl überall sekundäres Produkt solcher Tendenzen. (Von einer „Sippen"-Endogamie sollte man nicht reden; sie existiert nicht oder nur dann, wenn man Erscheinungen wie die Leviratsehe und das Erbtochterrecht, die sekundären, religiösen und politischen Ursprungs sind, mit diesem Namen bezeichnen wollte.) Die Reinzüchtung anthropologischer Typen ist sehr oft sekundäre Folge derartiger, wie immer bedingter Abschließungen, bei Sekten (Indien) sowohl wie bei „Pariavölkern", d. h. Gemeinschaften, welche zugleich sozial verachtet und dennoch um einer unentbehrlichen, von ihnen monopolisierten Sondertechnik willen als Nachbarn gesucht werden.

Nicht nur die Tatsache, daß, sondern auch der Grad, in welchem das reale Blutsband als solches beachtet wird, ist durch andere Gründe als das Maß der objektiven Rassenverwandtschaft mitbestimmt. Der winzigste Tropfen Negerblut disqualifiziert in den Vereinigten Staaten unbedingt, während sehr beträchtliche Einschüsse indianischen Blutes es nicht tun. Neben dem zweifellos mitspielenden, ästhetisch gegenüber den Indianern noch fremdartigeren Gepräge der Vollblutneger wirkt dabei ohne alle Frage die Erinnerung mit, daß es sich bei den Negern im Gegensatz zu den Indianern um ein Sklavenvolk, also eine ständisch disqualifizierte Gruppe handelt. Ständische, also anerzogene Unterschiede und namentlich Unterschiede der „Bildung" (im weitesten Sinn des Wortes) sind ein weit stärkeres Hemmnis des konventionellen Konnubium als Unterschiede des anthropologischen Typus. Der bloße anthropologische Unterschied entscheidet, von den extremen Fällen ästhetischer Abstoßung abgesehen, durchweg nur in geringem Maße.

Die Frage aber, ob die als auffällig abweichend und also scheidend empfundenen Differenzen auf „Anlage" oder „Tradition" beruhen, ist für ihre Wirksamkeit auf die gegenseitige Anziehung oder Abstoßung normalerweise gänzlich bedeutungslos. Dies gilt für die Entwicklung endogamer Konnubialgemeinschaften, und es gilt natürlich erst recht für die Anziehung und Abstoßung im sonstigen „Verkehr“, dafür also, ob freundschaftliche, gesellige oder ökonomische Verkehrsbeziehungen und Gemeinschaftsbildungen aller Art zwischen solchen Gruppen leicht und auf dem Fuße gegenseitigen Vertrauens und gegenseitiger Behandlung als gleichartig und gleichwertig oder nur schwer und unter Vorkehrungen, welche Mißtrauen bekunden, angeknüpft werden. Die größere oder geringere Leichtigkeit des Entstehens einer sozialen *Verkehrsgemeinschaft* (im möglichst weiten Sinn des Wortes) knüpft erst recht an die größten Äußerlichkeiten der aus irgend einem zufälligen historischen Grunde eingelebten Unterschiede der äußeren Lebensgewohnheiten genau ebenso an, wie an das rassenmäßige Erbgut. Entscheidend ist vielfach neben der Ungewohntheit abweichender Gepflogenheiten rein als solcher, daß die abweichende „Sitte“ in ihrem subjektiven „Sinn“ nicht durchschaut wird, weil dazu der Schlüssel fehlt. Aber nicht alle Abstoßung beruht auf dem Fehlen von „Verständnis“-Gemeinschaft, wie wir bald sehen werden. Unterschiede der Bart- und Haartracht, Kleidung, Ernährungsweise, der gewohnten Arbeitsteilung der Geschlechter und alle überhaupt ins Auge fallenden Differenzen, – zwischen deren „Wichtigkeit“ oder „Unwichtigkeit“ es für die unmittelbare Anziehungs- oder Abstoßungsempfindung ebensowenig Gradunterschiede gibt wie für naive Reisebeschreibungen oder für Herodot oder für die ältere vorwissenschaftliche Ethnographie –, können im Einzelfall Anlaß zur Abstoßung und Verachtung der Andersgearteten und, als positive Kehrseite, zum Gemeinsamkeitsbewußtsein der Gleichgearteten geben, welches dann ganz ebenso leicht Träger einer Vergemeinschaftung werden kann, wie andererseits jede Art von Gemeinschaft, von Haus- und Nachbarverband bis zur politischen und religiösen Gemeinschaft, Träger gemeinsamer Sitte zu sein pflegt. Alle Unterschiede der „Sitten“ können ein spezifisches „Ehr“- und „Würde“-Gefühl ihrer Träger speisen. Die ursprünglichen Motive der Entstehung von Verschiedenheiten der Lebensgepflogenheiten werden vergessen, und die Kontraste bestehen als „Konventionen“ weiter. Wie auf diese Art alle und jede Gemeinschaft sittenbildend wirken kann, so wirkt auch jede in irgendeiner Weise, in dem sie mit den einzelnen ererbten Qualitäten verschieden günstige Lebens-, Überlebens- und Fortpflanzungschancen verknüpft, auf die Auslese der anthropologischen Typen, also züchtend, ein, und zwar unter Umständen in höchst wirksamer Art. Wie bei der inneren Ausgleichung steht es auch bei der Unterscheidung nach außen. Die uns dem Schema nach bekannte Tendenz zur monopolistischen Abschließung nach außen kann an jedes noch so äußerliche Moment anknüpfen. Die universelle Macht der „Nachahmung“ wirkt im allgemeinen dahin, daß ebenso wie durch Rassenmischung die anthropologischen Typen, so die bloß traditionellen Gepflogenheiten von Ort zu Ort nur in allmählichen Übergängen sich zu ändern pflegen. Scharfe Grenzen zwischen den Verbreitungsgebieten von äußerlich wahrnehmbaren Lebensgepflogenheiten sind daher entweder durch eine bewußte monopolistische Abschließung, welche an kleine Unterschiede anknüpfte, und diese dann geflissentlich pflegte und vertiefte, entstanden. Oder durch friedliche oder kriegerische Wanderungen von Gemeinschaften, welche bis dahin weit entfernt gelebt und sich an heterogene Bedingungen der Existenz in ihren Traditionen angepaßt hatten. Ganz ebenso also, wie auffällig verschiedene, durch Züchtung in der Isolierung entstandene Rassentypen entweder durch monopolistische Abschließung oder durch Wanderung in scharf abgegrenzte Nachbarschaft miteinander geraten. Gleichartigkeit und Gegensätzlichkeit des Habitus und der Lebensgewohnheiten sind, wie sich aus alledem ergibt, ganz einerlei, ob als Erb- oder Traditionsgut[,] beide im Prinzip in ihrer Entstehung und Änderung der Wirksamkeit durchaus den gleichen Bedingungen des Gemeinschaftslebens unterstellt und auch in ihrer eigenen gemeinschaftsbildenden Wirkung gleichartig. Der Unterschied liegt einerseits in der überaus großen Verschiedenheit der Labilität beider, je nachdem sie Erb- oder Traditionsgut sind, und andererseits in der festen (wenn auch im einzelnen oft unbekannten) Grenze der Anzüchtung von neuen Erbqualitäten überhaupt, – der gegenüber, trotz der immerhin auch starken Unterschiede der Übertragbarkeit von Traditionen, doch für die „Angewöhnung" von „Sitten" ein ungemein viel größerer Spielraum besteht.

Fast jede Art von Gemeinsamkeit und Gegensätzlichkeit des Habitus und der Gepflogenheiten kann Anlaß zu dem subjektiven Glauben werden, daß zwischen den sich anziehenden oder abstoßenden Gruppen Stammverwandtschaft oder Stammfremdheit bestehe. Nicht jeder Stammverwandtschaftsglaube zwar beruht auf Gleichheit der Sitten und des Habitus. Es kann auch trotz starker Abweichungen auf diesem Gebiet dann ein solcher bestehen und eine gemeinschaftsbildende Macht entfalten, wenn er durch die Erinnerung an reale Abwanderung: Kolonisation oder Einzelauswanderung gestützt wird. Denn die Nachwirkung der Angepaßtheit an das Gewohnte und an Jugenderinnerungen besteht als Quelle des „Heimatsgefühls" bei den Auswanderern auch dann weiter, wenn sie sich der neuen Umwelt derart vollständig angepaßt haben, daß ihnen selbst eine Rückkehr in die Heimat unerträglich wäre (wie z. B. den meisten Deutschamerikanern). In Kolonien überdauert die innere Beziehung zur Heimat der Kolonisten auch sehr starke Mischungen mit den Bewohnern des Koloniallandes und erhebliche Änderungen des Traditionsguts sowohl wie des Erbtypus. Entscheidend dafür ist bei politischer Kolonisation das politische Rückhaltsbedürfnis; allgemein ferner die Fortdauer der durch Konnubium geschaffenen Verschwägerungen und endlich, soweit die „Sitte" konstant geblieben ist, die Absatzbeziehungen, welche, solange diese Konstanz des Bedürfnisstandes dauert, zwischen Heimat und Kolonie, und zwar gerade bei Kolonien in fast absolut fremdartiger Umgebung und innerhalb eines fremden politischen Gebietes, in besonderer Intensität bestehen können. Der Stammverwandtschaftsglaube kann – ganz einerlei natürlich, ob er objektiv irgendwie begründet ist – namentlich für die politische Gemeinschaftsbildung wichtige Konsequenzen haben. Wir wollen solche Menschengruppen, welche auf Grund von Ähnlichkeiten des äußeren Habitus oder der Sitten oder beider oder von Erinnerungen an Kolonisation und Wanderung einen subjektiven Glauben an eine Abstammungsgemeinsamkeit hegen, derart, daß dieser für die Propagierung von Vergemeinschaftungen wichtig wird, dann, wenn sie nicht „Sippen" darstellen, „ethnische" Gruppen nennen, ganz einerlei, ob eine Blutsgemeinsamkeit objektiv vorliegt oder nicht. Von der „Sippengemeinschaft" scheidet sich die „ethnische" Gemeinsamkeit dadurch, daß sie eben an sich nur (geglaubte) „Gemeinsamkeit", nicht aber „Gemeinschaft" ist, wie die Sippe, zu deren Wesen ein reales Gemeinschaftshandeln gehört. Die ethnische Gemeinsamkeit (im hier gemeinten Sinn) ist demgegenüber nicht selbst Gemeinschaft, sondern nur ein die Vergemeinschaftung erleichterndes Moment. Sie kommt der allerverschiedensten, vor allem freilich erfahrungsgemäß: der politischen Vergemeinschaftung, fördernd entgegen. Andererseits pflegt überall in erster Linie die politische Gemeinschaft, auch in ihren noch so künstlichen Gliederungen, ethnischen Gemeinsamkeitsglauben zu wecken und auch nach ihrem Zerfall zu hinterlassen, es sei denn, daß dem drastische Unterschiede der Sitte und des Habitus oder, und namentlich, der Sprache im Wege stehen.

Diese „künstliche" Art der Entstehung eines ethnischen Gemeinsamkeitsglaubens entspricht ganz dem uns bekannten Schema der Umdeutung von rationalen Vergesellschaftungen in persönliche Gemeinschaftsbeziehungen. Unter Bedingungen geringer Verbreitung rational versachlichten Gesellschaftshandelns attrahiert fast jede, auch eine rein rational geschaffene, Vergesellschaftung ein übergreifendes Gemeinschaftsbewußtsein in der Form einer persönlichen Verbrüderung auf der Basis „ethnischen" Gemeinsamkeitsglaubens. Noch dem Hellenen wurde jede noch so willkürlich vollzogene Gliederung der Polis zu einem persönlichen Verband mindestens mit Kultgemeinschaft, oft mit künstlichem Ahn. Die 12 Stämme Israels sind Unterabteilungen der politischen Gemeinschaft, welche umschichtig monatsweise gewisse Leistungen übernahmen, die hellenischen Phylen und ihre Unterabteilungen ebenfalls. Aber auch die letzteren gelten durchaus als ethnische Abstammungsgemeinsamkeiten. Sicherlich kann nun die ursprüngliche Einteilung sehr wohl an politische oder schon vorhandene ethnische Unterschiede angeknüpft haben. Auch wo sie aber unter Zerreißung alter Verbände und Verzicht auf lokalen Zusammenhalt ganz rational und schematisch konstruiert wurde – wie die kleisthenische – wirkte sie ganz im gleichen Sinne ethnisch. Dies bedeutet also nicht, daß die hellenische Polis real oder der Entstehung nach in der Regel ein Stammes- oder Geschlechterstaat war, sondern es ist ein Symptom für den im ganzen geringen Grad der Rationalisierung des hellenischen Gemeinschaftslebens überhaupt. Umgekehrt ist es für die größere Rationalisierung der römischen politischen Gemeinschaftsbildung ein Symptom, daß ihre alten schematischen Unterabteilungen (curiae) jene religiöse, einen ethnischen Ursprung vortäuschende Bedeutsamkeit nur in geringerem Maße attrahiert haben.

Der „ethnische" Gemeinsamkeitsglaube ist sehr oft, aber nicht immer Schranke „sozialer Verkehrsgemeinschaften"; diese wiederum sind nicht immer identisch mit endogamer Konnubialgemeinschaft, denn die von jeder von beiden umfaßten Kreise können sehr verschieden groß sein. Ihre nahe Verwandtschaft beruht nur auf dem gleichartigen Fundament: dem Glauben an eine spezifische, von den Außenstehenden nicht geteilte „Ehre" – der „ethnischen Ehre" – des Zugehörigen, deren Verwandtschaft mit der „ständischen" Ehre wir später erörtern werden. Hier begnügen wir uns mit diesen wenigen Feststellungen. Jede eigentlich soziologische Untersuchung müßte die Begriffe ungemein viel feiner differenzieren, als wir es hier für unseren begrenzten Zweck tun. Gemeinschaften können ihrerseits Gemeinsamkeitsgefühle erzeugen, welche dann dauernd, auch nach dem Verschwinden der Gemeinschaft, bestehen bleiben und als „ethnisch" empfunden werden. Insbesondere kann die politische Gemeinschaft solche Wirkungen üben. Am unmittelbarsten aber ist dies bei derjenigen Gemeinschaft der Fall, welche Träger eines spezifischen „*Massen*kulturguts" ist und das gegenseitige „Verstehen" begründet oder erleichtert: die Gemeinschaft der Sprache.

Unzweifelhaft ist da, wo die Erinnerung an die Entstehung einer auswärtigen Gemeinschaft durch friedliche Abspaltung oder Fortwanderung („Kolonie", „Ver sacrum" und ähnliche Vorgänge) aus einer Muttergemeinschaft aus irgendwelchen Gründen dauernd lebendig geblieben ist, ein sehr spezifisches „ethnisches" Gemeinschaftsgefühl von oft sehr großer Tragfähigkeit vorhanden. Aber dies ist dann durch die politische Erinnerungsgemeinschaft oder, in der Frühzeit noch stärker, durch die fortdauernde Bindung an die alten Kultgemeinschaften, ferner die fortdauernde Erstarkung der Sippenverbände und anderer Vergemeinschaftungen durch die alte wie neue Gemeinschaft hindurch oder durch andere fortdauernde, ständig fühlbare Beziehungen bedingt. Wo diese fehlen oder aufhören, fehlt auch das „ethnische" Gemeinschaftsgefühl, einerlei, wie nahe die Blutsverwandtschaft ist.

Versucht man generell zu ermitteln, welche „ethnischen" Differenzen übrig bleiben, wenn man absieht von der keineswegs immer mit objektiver oder subjektiv geglaubter Blutsverwandtschaft zusammenfallenden Sprachgemeinschaft und von der ebenfalls davon unabhängigen Gemeinsamkeit des religiösen Glaubens, sowie vorläufig auch von der Wirkung gemeinsamer rein politischer Schicksale und der Erinnerungen daran, die wenigstens objektiv mit Blutsverwandtschaft nichts zu tun hat, – dann bleiben einerseits, wie erwähnt, ästhetisch auffällige Unterschiede des nach außen hervortretenden Habitus, andererseits und zwar durchaus gleichberechtigt neben jenen, in die Augen fallende Unterschiede in der *Lebensführung des Alltags*. Und zwar, da es sich bei den Gründen der „ethnischen" Scheidung stets um äußerlich erkennbare drastische Differenzen handelt, gerade solche Dinge, welche sonst von untergeordneter sozialer Tragweite erscheinen können. Es ist klar, daß die Sprachgemeinschaft und nächst ihr die, durch ähnliche religiöse Vorstellungen bedingte, Gleichartigkeit der rituellen Lebensreglementierung außerordentlich starke, überall wirkende Elemente von „ethnischen" Verwandtschaftsgefühlen bilden, namentlich weil die sinnhafte „Verständlichkeit" des Tuns des Anderen die elementarste Voraussetzung der Vergemeinschaftung ist. Aber wir wollen diese beiden Elemente hier ausscheiden und fragen, was dann übrigbleibt. Und es ist ja auch zuzugeben, daß wenigstens starke Dialektunterschiede und Unterschiede der Religion die ethnischen Gemeinschaftsgefühle nicht absolut ausschließen. Neben wirklich starken Differenzen der ökonomischen Lebensführung spielten bei ethnischem Verwandtschaftsglauben zu allen Zeiten solche der äußerlichen Widerspiegelungen, wie die Unterschiede der typischen Kleidung, der typischen Wohn- und Ernährungsweise, der üblichen Art der Arbeitsteilung zwischen den Geschlechtern und zwischen Freien und Unfreien: – alle solche Dinge also, bei denen es sich fragt: was für „schicklich" gilt und was, vor allem, das Ehr- und Würdegefühl des Einzelnen berührt –, eine Rolle. Alle diejenigen Dinge mit anderen Worten, welche wir später auch als Gegenstände spezifisch „ständischer" Unterschiede wiederfinden werden. In der Tat ist die Überzeugung von der Vortrefflichkeit der eigenen und der Minderwertigkeit fremder Sitten, durch welche die „ethnische Ehre" gespeist wird, den „ständischen" Ehrbegriffen durchaus analog. „Ethnische" Ehre ist die spezifische Massenehre, weil sie jedem, der der subjektiv geglaubten Abstammungsgemeinschaft angehört, zugänglich ist. Der „poor white trash", die besitzlosen und, bei dem Mangel an Arbeitsgelegenheit für freie Arbeit, sehr oft ein elendes Dasein fristenden, Weißen der amerikanischen Südstaaten waren in der Sklavereiepoche die eigentlichen Träger der den Pflanzern selbst ganz fremden Rassenantipathie, weil gerade ihre soziale „Ehre" schlechthin an der sozialen Deklassierung der Schwarzen hing. Und hinter allen „ethnischen" Gegensätzen steht ganz naturgemäß irgendwie der Gedanke des „auserwählten Volks", der nur ein in das horizontale Nebeneinander übersetztes Pendant „ständischer" Differenzierungen ist und seine Popularität eben davon entlehnt, daß er im Gegensatz zu diesen, die stets auf Subordination beruhen, von jedem Angehörigen jeder der sich gegenseitig verachtenden Gruppen für sich subjektiv in gleichem Maße prätendiert werden kann. Daher klammert sich die ethnische Abstoßung an alle denkbaren Unterschiede der „Schicklichkeits"vorstellungen und macht sie zu „ethnischen Konventionen". Neben jenen vorhin erwähnten, immerhin noch näher mit der Wirtschaftsordnung zusammenhängenden Momenten wird etwa auch die Bart- und Haartracht und ähnliches von der Konventionalisierung – ein erst später zu erörternder Begriff – erfaßt und wirken Gegensätze darin nun „ethnisch" abstoßend, weil sie als Symbole ethnischer Zugehörigkeit gelten. Nicht immer freilich wird die Abstoßung nur durch den „symbolischen" Charakter der Unterscheidungsmerkmale bedingt. Daß die Skytinnen ihre Haare mit Butter, welche dann ranzig roch, einfetteten, die Helleninnen dagegen mit parfümiertem Öl, machte, nach einer antiken Überlieferung, einen gesellschaftlichen Annäherungsversuch vornehmer Damen von beiden Seiten unmöglich. Der Buttergeruch wirkte sicher intensiver trennend als selbst die drastischsten Rassenunterschiede, als etwa der – soviel ich selbst bemerken konnte – fabulöse „Negergeruch" es hätte tun können. Die „Rassenqualitäten" kommen für die Bildung „ethnischen" Gemeinsamkeitsglaubens generell nur als Grenzen: bei allzu heterogenem, ästhetisch nicht akzeptiertem äußerem Typus, in Betracht, nicht als positiv gemeinschaftsbildend.

Starke Differenzen der „Sitte", die hiernach bei der Bildung ethnischer Gemeinschaftsgefühle und Blutsverwandtschaftsvorstellungen eine dem ererbten Habitus durchaus gleichwertige Rolle spielen, sind, neben den sprachlichen und religiösen Unterschieden, ganz regelmäßig durch verschiedene ökonomische oder politische Existenzbedingungen, an die eine Menschengruppe sich anzupassen hat, hervorgerufen. Denken wir scharfe Sprachgrenzen, scharf begrenzte politische oder religiöse Gemeinschaften als Rückhalt von Unterschieden der „Sitte" fort – wie sie ja in weiten Gebieten des afrikanischen und südamerikanischen Kontinents wirklich vielfach fehlen – so gibt es nur allmähliche Übergänge der „Sitte" und auch keinerlei feste „ethnische Grenzen", außer solchen, die durch drastische Raumunterschiede bedingt sind. Scharfe Abgrenzungen des Geltungsgebiets von „ethnisch" relevanten Sitten, welche nicht entweder politisch oder ökonomisch oder religiös bedingt sind, entstehen regelmäßig durch Wanderungen oder Expansionen, welche bisher dauernd oder doch zeitweise weit voneinander getrennt lebende und daher an sehr heterogene Bedingungen angepaßte Menschengruppen in unmittelbare Nachbarschaft miteinander bringen. Der so entstehende deutliche Kontrast der Lebensführung pflegt dann auf beiden Seiten die Vorstellung gegenseitiger „Blutsfremdheit" zu wecken, ganz unabhängig vom objektiven Sachverhalt.

Die Einflüsse, welche die hiernach im spezifischen Sinn „ethnischen" Momente, also: der auf Gemeinsamkeiten oder Unterschieden des äußeren Eindrucks der Person und ihrer Lebensführung ruhende Glaube an Blutsverwandtschaft oder das Gegenteil[,] in Gemeinschaftsbildungen hineintragen, ist natürlich generell sehr schwer bestimmbar und auch in jedem Einzelfall von problematischer

Bedeutung. Die „ethnisch" relevante „Sitte" wirkt generell nicht anders als Sitte – von deren Wesen anderwärts zu reden ist – überhaupt. Der Glaube an die Abstammungsverwandtschaft ist geeignet, in Verbindung mit der Ähnlichkeit der Sitte, die Ausbreitung eines von einem Teil der „ethnisch" Verbundenen rezipierten Gemeinschaftshandelns innerhalb des Restes zu begünstigen, da das Gemeinschaftsbewußtsein die „Nachahmung" fördert. Dies gilt insbesondere für die Propaganda religiöser Gemeinschaften. Aber über derart unbestimmte Sätze kommt man nicht hinaus. Der Inhalt des auf „ethnischer" Basis möglichen Gemeinschaftshandelns bleibt unbestimmt. Dem entspricht nun die geringe Eindeutigkeit derjenigen Begriffe, welche ein lediglich „ethnisch", also durch den Glauben an Blutsverwandtschaft bedingtes Gemeinschaftshandeln anzudeuten scheinen: „Völkerschaft", „Stamm", „Volk", – von denen jeder gewöhnlich im Sinn einer ethnischen Unterabteilung des folgenden (aber die beiden ersten auch umgekehrt) gebraucht wird. Ganz regelmäßig wird, wenn diese Ausdrücke gebraucht werden, entweder eine, sei es noch so lose, gegenwärtige politische Gemeinschaft oder Erinnerungen an eine früher einmal gewesene, wie sie die gemeinsame Heldensage aufbewahrt, oder Sprach- bzw. Dialektgemeinschaften oder endlich eine Kultgemeinschaft, mit hinzugedacht. Speziell irgendwelche Kultgemeinschaften waren in der Vergangenheit geradezu die typischen Begleiterscheinungen eines auf geglaubter Blutsverwandtschaft ruhenden „Stammes"- oder „Volks"-Bewußtseins. Aber wenn diesem eine politische, gegenwärtige oder vergangene, Gemeinschaft gänzlich fehlte, so war schon die äußere Abgrenzung des Gemeinschaftsumfangs meist ziemlich unbestimmt. Die Kultgemeinschaften germanischer Stämme, noch in später Zeit der Burgunder, waren wohl Rudimente politischer Gemeinschaften und daher anscheinend leidlich fest umgrenzt. Das delphische Orakel dagegen ist zwar das unbezweifelte kultische Wahrzeichen des Hellenentums als eines „Volkes". Aber der Gott gibt auch Barbaren Auskunft und läßt sich ihre Verehrung gefallen, und andererseits sind an der vergesellschafteten Verwaltung seines Kultes nur kleine Teile der Hellenen, und gerade die mächtigsten ihrer politischen Gemeinschaften gar nicht, beteiligt. Die Kultgemeinschaft als Exponent des „Stammesgefühls" ist also im allgemeinen entweder Rest einer einst bestehenden engeren, durch Spaltung und Kolonisation zerfahrenen Gemeinschaft meist politischer Art, oder sie ist, – wie beim delphischen Apollon – vielmehr Produkt einer, durch andere als rein „ethnische" Bedingungen, herbeigeführten „Kulturgemeinschaft", welche ihrerseits den Glauben an Blutsgemeinschaft entstehen läßt. Wie außerordentlich leicht speziell politisches Gemeinschaftshandeln die Vorstellung der „Blutsgemeinschaft" erzeugt – falls nicht allzu drastische Unterschiede des anthropologischen Typus im Wege stehen, – zeigt der ganze Verlauf der Geschichte.

Eindeutig wird der „Stamm" nach außen natürlich da begrenzt, wo er Unterabteilung eines politischen Gemeinwesens ist. Aber dann ist diese Abgrenzung auch meist künstlich von der politischen Gemeinschaft her geschaffen. Schon die runden Zahlen, in denen er aufzutreten pflegt, weisen darauf hin, z. B. die schon erwähnte Einteilung des Volkes Israel in 12 Stämme, ebenso die drei dorischen und die an Zahl verschiedenen „Phylen" der übrigen Hellenen. Sie wurden bei Neugründung oder Neuorganisation des Gemeinwesens künstlich neu eingeteilt, und der „Stamm" ist hier also, obwohl er alsbald die ganze Symbolik der Blutsgemeinschaften, insbesondere den Stammeskult, attrahiert, erst Kunstprodukt der politischen Gemeinschaft. Die Entstehung eines spezifischen, blutsverwandtschaftsartig reagierenden Gemeingefühls für rein künstlich abgegrenzte politische Gebilde ist noch heute nichts seltenes. Die allerschematischsten politischen Gebilde: die nach Breitengraden quadratisch abgegrenzten „Staaten" der amerikanischen Union z.B., zeigen ein sehr entwickeltes Sonderbewußtsein: daß Familien von New York nach Richmond reisen, nur damit das erwartete Kind dort geboren und also ein „Virginier" werde, ist nicht selten. Das Künstliche solcher Abgrenzungen schließt nun gewiß nicht aus, daß z.B. die hellenischen Phylen ursprünglich einmal irgendwo und irgendwie selbständig vorhanden gewesen waren und dann jene Poliseinteilung bei ihrer ersten Durchführung schematisierend an sie angeknüpft hatte, als sie zu einem politischen Verband zusammengeschlossen wurden. Aber dann ist der Bestand jener vor der Polis existierenden Stämme (sie werden dann auch nicht „Phylen", sondern „Ethnos" genannt) entweder identisch mit den entsprechenden politischen Gemeinschaften gewesen, die sich dann zur „Polis" vergesellschafteten oder, wenn dies nicht der Fall war, so lebte doch in vermutlich sehr vielen Fällen der politisch unorganisierte Stamm als geglaubte „Blutsgemeinschaft" von der Erinnerung daran, daß er früher einmal Träger eines politischen Gemeinschaftshandelns, meist wohl eines nur gelegentlichen, eine einzelne erobernde Wanderung oder Verteidigung dagegen in sich schließenden, gewesen war, und dann waren eben diese politischen Erinnerungen das prius gegenüber dem „Stamm". Dieser Sachverhalt: daß das „Stammesbewußtsein" der Regel nach primär durch politisch gemeinsame Schicksale und nicht primär durch „Abstammung" bedingt ist, dürfte nach allem Gesagten eine sehr häufige Quelle „ethnischen" Zusammengehörigkeitsglaubens sein. Nicht die einzige: denn die Gemeinsamkeit der „Sitte" kann die verschiedensten Quellen haben und entstammt letztlich in hohem Grade der Anpassung an die äußeren Naturbedingungen und der Nachahmung im Kreise der Nachbarschaft. Praktisch aber pflegt die Existenz des „Stammesbewußtseins" wiederum etwas spezifisch Politisches zu bedeuten: daß nämlich bei einer kriegerischen Bedrohung von außen oder bei genügendem Anreiz zu eigener kriegerischer Aktivität nach außen, ein politisches Gemeinschaftshandeln besonders leicht auf dieser Grundlage, also als ein solches der einander gegenseitig subjektiv als blutsverwandte „Stammesgenossen" (oder „Volksgenossen") Empfindenden entsteht. Das potentielle Aufflammen des Willens zum politischen Handeln ist demnach nicht die einzige, aber eine derjenigen Realitäten, welche hinter dem im übrigen inhaltlich vieldeutigen Begriff von „Stamm" und „Volk" letztlich steckt. Dieses politische Gelegenheitshandeln kann sich besonders leicht auch trotz des Fehlens jeder darauf eingestellten Vergesellschaftung zu einer als „sittliche" Norm geltenden Solidaritätspflicht der Volks- oder Stammesgenossen im Fall eines kriegerischen Angriffes entwikkeln, deren Verletzung, selbst wenn keinerlei gemeinsames „Organ" des Stammes existiert, den betreffenden politischen Gemeinschaften danach das Los der Sippen der Segestes und Inguiomar (Austreibung aus ihrem Gebiet) zuzieht. Ist aber dieses Stadium der Entwicklung erreicht, dann ist der Stamm tatsächlich eine politische Dauergemeinschaft geworden, mag diese auch in Friedenszeiten latent und daher natürlich labil bleiben. Der Übergang vom bloß „Gewöhnlichen" zum Gewohnten und deshalb „Gesollten" ist auf diesem Gebiet auch unter günstigen Verhältnissen ganz besonders gleitend. Alles in allem finden wir in dem „ethnisch" bedingten Gemeinschaftshandeln Erscheinungen vereinigt, welche eine wirklich exakte soziologische Betrachtung – wie sie hier gar nicht versucht wird – sorgsam zu scheiden hätte: die faktische subjektive Wirkung der durch Anlage einerseits, durch Tradition andererseits bedingten „Sitten", die Tragweite aller einzelnen verschiedenen Inhalte von „Sitte", die Rückwirkung sprachlicher, religiöser, politischer Gemeinschaft, früherer und jetziger, auch die Bildung von Sitten, das Maß, in welchem solche einzelnen Komponenten Anziehungen und Abstoßungen und insbesondere Blutsgemeinschafts- oder Blutsfremdheitsglauben wekken, dessen verschiedene Konsequenzen für das Handeln, für den Sexualverkehr der verschiedenen Art, für die Chancen der verschiedenen Arten von Gemeinschaftshandeln, sich auf dem Boden der Sittengemeinschaft oder des Blutsverwandtschaftsglaubens zu entwickeln, – dies alles wäre einzeln und gesondert zu untersuchen. Dabei würde der Sammelbegriff „ethnisch" sicherlich ganz über Bord geworfen werden. Denn er ist ein für jede wirklich exakte Untersuchung ganz unbrauchbarer Sammelname. Wir aber treiben nicht Soziologie um ihrer selbst willen und begnügen uns daher, in Kürze aufzuzeigen, welche sehr verzweigte Probleme sich hinter dem vermeintlich ganz einheitlichen Phänomen verbergen.

Der bei exakter Begriffsbildung sich verflüchtigende Begriff der „ethnischen" Gemeinschaft entspricht nun in dieser Hinsicht bis zu einem gewissen Grade einem der mit pathetischen Empfindungen für uns am meisten beschwerten Begriffe: demjenigen der „*Nation*", sobald wir ihn soziologisch zu fassen suchen.

Die „Nationalität" teilt mit dem „Volk" im landläufigen „ethnischen" Sinn wenigstens normalerweise die vage Vorstellung, daß dem als „gemeinsam" Empfundenen eine Abstammungsgemeinschaft zugrunde liegen müsse, obwohl in der Realität der Dinge Menschen, welche sich als Nationalitätsgenossen betrachten, sich nicht nur gelegentlich, sondern sehr häufig der Abstammung nach weit ferner stehen, als solche, die verschiedenen und feindlichen Nationalitäten sich zurechnen. Nationalitätsunterschiede können z. B. trotz zweifellos starker Abstammungsverwandtschaft bestehen, nur weil Unterschiede der religiösen Konfessionen vorliegen, wie zwischen Serben und Kroaten. Die realen Gründe des Glaubens an den Bestand einer „nationalen" Gemeinsamkeit und des darauf sich aufbauenden Gemeinschaftshandelns sind sehr verschieden. Heute gilt vor allem „Sprachgemeinschaft", im Zeitalter der Sprachenkämpfe, als ihre normale Basis. Was sie gegenüber der bloßen „Sprachgemeinschaft" inhaltlich mehr besitzt, kann dann natürlich in dem spezifischen Erfolg, auf den ihr Gemeinschaftshandeln ausgerichtet ist, gesucht werden, und dies kann dann nur der gesonderte *politische Verband* sein. In der Tat ist heute „Nationalstaat" mit „Staat" auf der Basis der Spracheinheitlichkeit begrifflich identisch geworden. In der Realität stehen neben politischen Verbänden und zwar solchen modernen Gepräges auf „nationaler" Basis in diesem sprachlichen Sinn in erheblicher Zahl solche, die mehrere Sprachgemeinschaften umschließen und meist, aber nicht immer, für den politischen Verkehr eine Sprache bevorzugen. Aber auch für das sog. „Nationalgefühl" – wir lassen es vorerst undefiniert – genügt Sprachgemeinschaft nicht – wie neben dem eben erwähnten Beispiel die Iren, Schweizer und deutschsprachlichen Elsässer zeigen, welche sich nicht, mindestens nicht in vollem Sinn, als Glieder der durch ihre Sprache bezeichneten „Nation" fühlen. Andererseits sind auch

Sprachunterschiede kein absolutes Hindernis für das Gefühl einer „nationalen" Gemeinschaft: die deutschsprachlichen Elsässer fühlten sich seinerzeit und fühlen sich zum großen Teil noch als Bestandteil der französischen „Nation". Aber doch nicht in vollem Sinne, nicht so, wie der französisch redende Franzose. Also gibt es „Stufen" der qualitativen Eindeutigkeit des „nationalen" Gemeinsamkeitsglaubens. Bei den Deutsch-Elsässern ist die unter ihnen weit verbreitete Gemeinsamkeitsempfindung mit den Franzosen neben gewissen Gemeinsamkeiten der „Sitte" und gewisser Güter der „Sinnenkultur" - auf die namentlich Wittich hingewiesen hat - durch politische Erinnerungen bedingt, die jeder Gang durch das, an jenen für den Unbeteiligten ebenso trivialen, wie für den Elsässer pathetisch gewerteten Reliquien (Trikolore, Pompier- und Militärhelme, Erlasse Louis Philippe's, vor allem Revolutionsreliquien) reiche, Kolmarer Museum zeigt. Gemeinsame politische, zugleich indirekt soziale, als Wahrzeichen der Vernichtung des Feudalismus von den Massen hochgewertete Schicksale haben diese Gemeinschaft gestiftet, und ihre Legende vertritt die Heldensage primitiver Völker. Die „grande Nation" war die Befreierin von feudaler Knechtung, galt als Trägerin der „Kultur", ihre Sprache als die eigentliche „Kultursprache", das Deutsche als „Dialekt" für den Alltag, und das Attachement an die Kultursprechenden ist also eine spezifische, dem auf Sprachgemeinschaft ruhenden Gemeinschaftsgefühl ersichtlich verwandte, aber doch nicht mit ihm identische, sondern auf partieller „Kulturgemeinschaft" und politischer Erinnerung ruhende innere Haltung. Bei den oberschlesischen Polen ferner war im allgemeinen bis vor kurzem kein bewußtes polnisches „Nationalgefühl" in dem Sinne verbreitet - wenigstens nicht in relevantem Maße -, daß sie sich im Gegensatz zu dem, wesentlich auf der Basis einer deutschen Sprachgemeinschaft stehenden, preußischen politischen Verband gefühlt hätten. Sie waren loyale, wenn auch passive, „Preußen", so wenig sie auch am Bestand des nationalen politischen Verbands des „Deutschen Reichs" irgendwie interessierte „Deutsche" waren und hatten, in ihrer Masse wenigstens, kein bewußtes oder doch kein starkes Bedürfnis der Absonderung von deutschsprachlichen Mitbürgern. Hier fehlte also das auf dem Boden der Sprachgemeinschaft sich entwickelnde „Nationalgefühl" gänzlich, und von „Kulturgemeinschaft" konnte bei dem Kulturmangel noch keine Rede sein. Bei den baltischen Deutschen ist weder „Nationalgefühl" im Sinne einer positiven Wertung der Sprachgemeinschaft mit den Deutschen rein als solcher, noch die Sehnsucht nach politischer Vereinigung mit dem „Deutschen Reich" verbreitet, die sie vielmehr überwiegend perhorreszieren würden. Dagegen sondern sie sich, teils und zwar sehr stark aus „ständischen" Gegensätzen heraus, teils aus Gründen der Gegensätzlichkeit und gegenseitigen „Unverständlichkeit" und Mißachtung der beiderseitigen „Sitten" und Kulturgüter, von der slavischen Umwelt, einschließlich speziell auch der russischen, sehr schroff ab, obwohl und sogar zum Teil weil sie überwiegend eine intensive loyale Vasallentreue gegenüber dem Herrscherhause pflegen und an der Machtstellung der von diesem geleiteten, von ihnen selbst mit Beamten versorgten (und wiederum ihren Nachwuchs ökonomisch versorgenden) politischen Gemeinschaft sich so interessiert gezeigt haben, wie irgendein „Nationalrusse". Hier fehlt also ebenfalls alles, was man im modernen, sprachlich oder auch kulturell orientierten Sinn „Nationalgefühl" nennen könnte. Es ist hier, wie bei den rein proletarischen Polen: Loyalität gegenüber der politischen Gemeinschaft in Verschmelzung mit einem auf die innerhalb dieser vorhandene lokale

Sprachgemeinschaft begrenzten, aber stark „ständisch“ beeinflußten und modifizierten Gemeinschaftsgefühl verbreitet. Auch ständisch ist freilich keinerlei Einheitlichkeit mehr vorhanden, wenn die Gegensätze auch nicht so krasse sind, wie sie innerhalb der weißen Bevölkerung der amerikanischen Südstaaten waren. Die inneren ständischen und Klassengegensätze treten aber vorerst, gegenüber der gemeinsamen Bedrohung der Sprachgemeinschaft zurück. Und schließlich gibt es Fälle, wo der Name nicht recht passen will, wie schon bei dem Gemeinschaftsgefühl der Schweizer und Belgier oder etwa der Luxemburger und Liechtensteiner. Nicht die quantitative „Kleinheit“ des politischen Verbandes ist dafür maßgebend, daß wir den Namen auf ihn anzuwenden Bedenken tragen: – die Holländer sind uns eine „Nation“ –, sondern der bewußte Verzicht auf die „Macht“, den jene „neutralisierten“ politischen Gemeinwesen vollzogen haben, läßt uns unwillkürlich jenes Bedenken auftauchen. Die Schweizer sind keine eigene „Nation“, wenn man auf die Sprachgemeinschaft oder auf die Kulturgemeinschaft im Sinne der Gemeinsamkeit literarischer oder künstlerischer Kulturgüter sehen will. Das trotzdem, auch trotz aller neuerdings auftauchenden Lockerungen, bei ihnen verbreitete starke Gemeinschaftsgefühl ist aber nicht nur durch Loyalität gegen das politische Gemeinwesen motiviert, sondern auch durch Eigenart der „Sitten“, die – gleichviel, welches der objektive Sachverhalt sein mag – subjektiv als weitgehend gemeinsam empfunden werden und ihrerseits sehr stark durch die sozialen Strukturgegensätze, namentlich gegen Deutschland, überhaupt aber gegen jedes „große“ und daher militaristische politische Gebilde mit seinen Konsequenzen für die Art der inneren Herrschaftsstruktur, bedingt, daher auch durch die Sonderexistenz allein garantiert erscheinen. Die Loyalität der kanadischen Franzosen gegenüber der englischen politischen Gemeinschaft ist heute ebenfalls vor allem bedingt durch die tiefe Antipathie gegen die ökonomischen und sozialen Strukturverhältnisse und Sitten in der benachbarten amerikanischen Union, denen gegenüber die Zugehörigkeit zu Kanada als Garantie der überkommenen Eigenart gewertet wird. Die Kasuistik ließe sich leicht vermehren und müßte von jeder exakten soziologischen Untersuchung weiter vermehrt werden. Sie zeigt, daß die mit dem Sammelnamen „national“ bezeichneten Gemeinsamkeitsgefühle nichts Eindeutiges sind, sondern aus sehr verschiedenen Quellen gespeist werden können: Unterschiede der sozialen und ökonomischen Gliederung und der inneren Herrschaftsstruktur mit ihren Einflüssen auf die „Sitten“ können eine Rolle spielen, müssen es aber nicht – denn innerhalb des Deutschen Reichs sind sie so verschieden wie nur möglich – gemeinsame politische Erinnerungen, Konfession und endlich Sprachgemeinschaft können als Quellen wirken und endlich natürlich auch der rassenmäßig bedingte Habitus. Dieser oft in eigentümlicher Weise. Ein gemeinsames „Nationalgefühl“ verbindet in den Vereinigten Staaten, von der Seite des Weißen aus gesehen, diesen mit dem Schwarzen schwerlich, während die Schwarzen ein amerikanisches „Nationalgefühl“ zum mindesten in dem Sinn hatten und haben, als sie das Recht darauf prätendierten. Und doch ist z. B. bei den Schweizern das stolze Selbstbewußtsein auf ihre Eigenart und die Bereitschaft, sich rückhaltlos für sie einzusetzen, weder qualitativ anders geartet noch quantitativ unter ihnen weniger verbreitet als bei irgendeiner quantitativ „großen“ und auf „Macht“ abgestellten „Nation“. Immer wieder finden wir uns bei dem Begriff „Nation“ auf die Beziehung zur politischen „Macht“ hingewiesen und offenbar ist also „national“ – wenn überhaupt etwas Einheitliches – dann eine spezifische Art von Pathos, welches sich in einer durch Sprach-, Konfessions-, Sitten- oder Schicksalsgemeinschaft verbundenen Menschengruppe mit dem Gedanken einer ihr eigenen, schon bestehenden oder von ihr ersehnten politischen Machtgebildeorganisation verbindet, und zwar je mehr der Nachdruck auf „Macht" gelegt wird, desto spezifischer. Dieser pathetische Stolz auf die besessene oder dies pathetische Sehnen nach der abstrakten politischen „Macht" der Gemeinschaft als solcher kann in einer quantitativ „kleinen" Gemeinschaft, wie der Sprachgemeinschaft der heutigen Ungarn, Tschechen, Griechen weit verbreiteter sein als in einer andern, qualitativ gleichartigen und dabei quantitativ weit größeren, z. B. der Deutschen vor anderthalb Jahrhunderten, die damals ebenfalls wesentlich Sprachgemeinschaft waren, aber keinerlei „nationale" Machtprätension hatten.

[Marktgemeinschaft]

Allen bisher besprochenen Gemeinschaftsgebilden, welche regelmäßig nur eine partielle Rationalisierung ihres Gemeinschaftshandelns in sich schließen, im übrigen aber in ihrer Struktur höchst verschieden geartet sind, – mehr oder minder amorph oder vergesellschaftet, mehr oder minder kontinuierlich oder diskontinuierlich, mehr oder minder offen oder geschlossen, – tritt nun als der Typus alles rationalen Gesellschaftshandelns die Vergesellschaftung durch Tausch auf dem *Markt* gegenüber. Von einem Markt soll gesprochen werden, sobald auch nur auf einer Seite eine Mehrheit von Tauschreflektanten um Tauschchancen konkurrieren. Daß sie sich örtlich auf dem Lokalmarkt, Fernverkehrsmarkt (Jahrmarkt, Messe), Kaufmannsmarkt (Börse) zusammenfinden, ist nur die konsequenteste Form der Marktbildung, welche allerdings allein die volle Entfaltung der spezifischen Erscheinung des Markts: des Feilschens, ermöglicht. Da die Erörterung der Marktvorgänge den wesentlichen Inhalt der Sozialökonomik bildet, sind sie hier nicht darzustellen. Soziologisch betrachtet, stellt der Markt ein Mit- und Nacheinander rationaler Vergesellschaftungen dar, deren jede insofern spezifisch ephemer ist, als sie mit der Übergabe der Tauschgüter erlischt, sofern nicht etwa bereits eine Ordnung oktroyiert ist, welche den Tauschenden ihren Tauschgegnern gegenüber die Garantie des rechtmäßigen Erwerbs des Tauschgutes (Eviktionsgarantie) auferlegt. Der realisierte Tausch konstituiert eine Vergesellschaftung nur mit dem Tauschgegner. Das vorbereitende Feilschen aber ist stets ein Gemeinschaftshandeln, insofern die beiden Tauschreflektanten ihre Angebote an dem potentiellen Handeln unbestimmt vieler realer oder vorgestellter mitkonkurrierender anderer Tauschinteressenten, nicht nur an dem des Tauschgegners, orientierten, und um so mehr, je mehr dies geschieht. Jeder Tausch mit Geldgebrauch (Kauf) ist überdies Gemeinschaftshandeln kraft der Verwendung des Geldes, welches seine Funktion lediglich kraft der Bezogenheit auf das potentielle Handeln anderer versieht. Denn daß es genommen wird, beruht ausschließlich auf den Erwartungen, daß es seine spezifische Begehrtheit und Verwendbarkeit als Zahlmittel bewahren werde. Die Vergemeinschaftung kraft Geldgebrauchs ist der charakteristische Gegenpol jeder Vergesellschaftung durch rational paktierte oder oktroyierte Ordnung. Es wirkt vergemeinschaftend kraft realer Interessenbeziehungen von aktuellen und potentiellen Markt- und Zahlungsinteressenten, daß das Resultat: bei Vollentwicklung die sog. Geldwirtschaft, die sehr spezifischer Art ist, sich so verhält, als ob eine auf seine Herbeiführung abgezweckte Ordnung geschaffen worden wäre. Dies eben ist die Konsequenz davon, daß innerhalb der Marktgemeinschaft der Tauschakt, zumal aber der Geldtauschakt, sich nicht isoliert an dem Handeln des Partners, sondern, je rationaler er erwogen wird, desto mehr an dem Handeln aller potentiellen Tauschinteressenten orientiert. Die Marktgemeinschaft als solche ist die unpersönlichste praktische Lebensbeziehung, in welche Menschen miteinander treten können. Nicht weil der Markt einen Kampf unter den Interessenten einschließt. Jede, auch die intimste, menschliche Beziehung, auch die noch so unbedingte persönliche Hingabe ist in irgendeinem Sinn relativen Charakters und kann ein Ringen mit dem Partner, etwa um dessen Seelenrettung, bedeuten. Sondern weil er spezifisch sachlich, am Interesse an den Tauschgütern und nur an diesen, orientiert ist. Wo der Markt seiner Eigengesetzlichkeit überlassen ist, kennt er nur Ansehen der Sache, kein Ansehen der Person, keine Brüderlichkeits- und Pietätspflichten, keine der urwüchsigen von den persönlichen Gemeinschaften getragenen menschlichen Beziehungen. Sie alle bilden Hemmungen der freien Entfaltung der nackten Marktvergemeinschaftung und deren spezifische Interessen wiederum die spezifische Versuchung für sie alle. Rationale Zweckinteressen bestimmen die Marktvorgänge in besonders hohem Maße, und rationale Legalität, insbesondere: formale Unverbrüchlichkeit des einmal Versprochenen, ist die Qualität, welche vom Tauschpartner erwartet wird und den Inhalt der Marktethik bildet, welche in dieser Hinsicht ungemein strenge Auffassungen anerzieht: in den Annalen der Börse ist es fast unerhört, daß die unkontrollierteste und unerweislichste, durch Zeichen geschlossene Vereinbarung gebrochen wird. Eine solche absolute Versachlichung widerstrebt, wie namentlich Sombart wiederholt in oft glänzender Form betont hat, allen urwüchsigen Strukturformen menschlicher Beziehungen. Der „freie", d. h. der durch ethische Normen nicht gebundene Markt mit seiner Ausnutzung der Interessenkonstellation und Monopollage und seinem Feilschen gilt jeder Ethik als unter Brüdern verworfen. Der Markt ist in vollem Gegensatz zu allen anderen Vergemeinschaftungen, die immer persönliche Verbrüderung und meist Blutsverwandtschaften voraussetzen, jeder Verbrüderung in der Wurzel fremd. Der freie Tausch findet zunächst nur nach außerhalb der Nachbargemeinschaft und aller persönlichen Verbände statt; der Markt ist eine Beziehung zwischen Orts-, Bluts- und Stammgrenzen, ursprünglich die einzige formell friedliche Beziehung zwischen ihnen. Einen Handel mit der Absicht, Tauschgewinn zu erzielen, kann es ursprünglich zwischen Gemeinschaftsgenossen nicht geben, wie er ja auch unter ihnen, in Zeiten agrarischer Eigenwirtschaften, kein Bedürfnis ist. Eine der charakteristischen Formen unentwickelten Handelns: der stumme Tausch – Tausch unter Vermeidung persönlicher Berührung, bei dem das Angebot durch Niederlegung von Waren an üblicher Stelle, das Gegenangebot ebenso, das Feilschen durch Vermehrung der beiderseits angebotenen Objekte erfolgt, bis eine Partei entweder unbefriedigt abzieht oder befriedigt die Waren des Gegners mitnimmt – bringt den Gegensatz gegen die persönliche Verbrüderung drastisch zum Ausdruck. Die Garantie der Legalität des Tauschpartners beruht letztlich auf der beiderseits normalerweise mit Recht gemachten Voraussetzung, daß jeder von beiden an der Fortsetzung der Tauschbeziehungen, sei es mit diesem, sei es mit anderen Tauschpartnern auch für die Zukunft ein Interesse habe, daher gegebene Zusagen halten und mindestens eklatante Verletzungen von Treu und Glauben unterlassen werde. Soweit jenes Interesse besteht, gilt der Satz: „honesty is the best policy", der natürlich keineswegs universale rationale Richtigkeit und daher auch schwankende empirische Geltung besitzt, die höchste natürlich für rationale Betriebe mit dauernd gegebenem Kundenkreis. Denn auf dem Boden fester und daher einer Verknüpfung mit gegenseitiger persönlicher Würdigung in bezug auf die ethischen Marktqualitäten fähiger Kundschaftsverhältnisse können die Tauschbeziehungen, getragen von dem Interesse der Beteiligten, den Charakter des schrankenlosen Feilschens am leichtesten wieder zugunsten einer im eigenen

Interesse relativen Beschränkung der Preisschwankungen und der Ausnutzung der Augenblickskonstellation abstreifen. Die Einzelheiten der für die Preisbildung wichtigen Konsequenzen gehören nicht hierher. Der feste, d.h. der für alle Abnehmer gleiche Preis und die strikte Reellität ist nicht nur den regulierten lokalen Nachbarschaftsmärkten des Mittelalters im Okzident in spezifisch hohem Grade und im Gegensatz zum Orient und fernen Osten eigen, sondern er ist außerdem eine Voraussetzung und dann auch wieder Produkt eines bestimmten Stadiums kapitalistischer, nämlich der frühkapitalistischen Wirtschaft. Sie fehlt, wo dies Stadium nicht mehr besteht. Sie fehlt ferner allen denjenigen Ständen und anderen Gruppen, welche nicht regelmäßig und aktiv, sondern nur gelegentlich und passiv am Tausch beteiligt sind. Der Satz: caveat emptor gilt z.B. erfahrungsgemäß am meisten für den Verkehr mit feudalen Schichten oder etwa beim Pferdekauf unter Kameraden von der Kavallerie, wie jeder Offizier weiß. Die spezifische Marktethik ist ihnen fremd, der Handel für ihre Vorstellung wie für den bäuerlichen Nachbarverband ein für allemal identisch mit einem Gebaren, bei dem die Frage lediglich die ist, wer betrogen wird.

Typische Schranken des Marktes sind durch sakrale Tabuierungen oder durch ständisch monopolistische Vergesellschaftungen, welche den Gütertausch nach außen unmöglich machen, gegeben. Gegen diese Schranken brandet nun unausgesetzt die Marktgemeinschaft an, deren bloße Existenz die Versuchung zur Teilnahme an ihren Gewinnchancen enthält. Ist der Appropriationsprozeß in einer monopolistischen Gemeinschaft einmal so weit fortgeschritten, daß sie nach außen geschlossen ist, sind also der Grund und Boden oder die Marktnutzungsrechte in einer Dorfgemeinschaft definitiv und erblich appropriiert, so entsteht mit steigender Geldwirtschaft, welche steigende Differenzierung der durch indirekten Tausch zu befriedigenden Bedürfnisse und eine Existenz losgelöst vom Bodenbesitz ermöglicht, ein normalerweise steigendes Interesse der einzelnen Beteiligten daran, den appropriierten Besitz auch nach außen hin durch Tausch meistbietend verwerten zu können. Genau wie etwa Mitteilhaber einer ererbten Fabrik auf die Dauer fast stets zur Aktiengründung schreiten, um ihre Anteile frei veräußern zu können. Und von außen her andererseits verlangt eine entstehende kapitalistische Erwerbswirtschaft, je mehr sie erstarkt, desto mehr die Möglichkeit, sachliche Produktionsmittel und Arbeitsleistungen auf dem Markt, ungehemmt durch sakrale oder ständische Bindung, einzuhandeln und ihre Absatzchancen von den Schranken ständischer Absatzmonopole befreit zu sehen. Die kapitalistischen Interessenten sind solange Interessenten der zunehmenden Erweiterung des freien Marktes, bis es einigen von ihnen gelingt, entweder durch Einhandelung von Privilegien aus der Hand der politischen Gewalt, oder lediglich kraft ihrer Kapitalmacht ihrem Güterabsatz oder auch für die Gewinnung ihrer sachlichen Produktionsmittel Monopole zu erringen und nun ihrerseits den Markt zu schließen. Der vollen Appropriation aller sachlichen Produktionsmittel folgt daher, – wenn die Interessenten des Kapitalismus in der Lage sind, die den Güterbesitz und die Art seiner Verwertung regulierenden Gemeinschaften zugunsten ihrer Interessen zu beeinflussen oder wenn innerhalb ständischer Monopolgemeinschaften die Interessen an der Verwertung des appropriierten Besitzes auf dem Markt die Übermacht gewinnen, – zunächst die Sprengung der ständischen Monopole. Ferner die Beschränkung der durch den Zwangsapparat der den Güterbesitz regulierenden Gemeinschaft garantierten erworbenen und erwerbbaren Rechte lediglich auf sachliche Güter und Ansprüche aus Schuldverhältnissen mit Einschluß vereinbarter Arbeitsleistungen. Dagegen werden alle anderen Appropriationen, insbesondere alle Kundschaftsappropriationen und ständischen Absatzmonopole, vernichtet. Dies ist der Zustand, den wir freie Konkurrenz nennen und der solange dauert, bis andere: kapitalistische Monopole, auf dem Markt durch die Macht des Besitzes errungen, an seine Stelle treten. Diese kapitalistischen Monopole aber unterscheiden sich von den ständischen durch ihre rein ökonomisch rationale Bedingtheit. Die ständischen Monopole schließen durch Beschränkung entweder der Verkaufsmöglichkeit überhaupt, oder der zulässigen Verkaufsbedingungen den Marktmechanismus mit seinem Feilschen und vor allem mit seiner rationalen Kalkulation innerhalb ihres Machtbereichs aus. Die durch die Macht des Besitzes allein bedingten Monopole dagegen beruhen gerade umgekehrt auf rationaler Monopolistenpolitik, also auf einer durch rationalen Kalkül geleiteten Beherrschung der möglicherweise formell gänzlich freibleibenden Marktvorgänge. Die sakralen, ständischen und traditionellen Gebundenheiten sind die allmählich beseitigten Schranken der rationalen Marktpreisbildung, die rein ökonomisch bedingten Monopole sind umgekehrt deren letzte Konsequenz. Die ständischen Monopolisten behaupten ihre Macht gegen den Markt, schränken ihn ein, der rationale ökonomische Monopolist herrscht durch den Markt. Wir wollen diejenigen Interessenten, deren ökonomische Lage sie in den Stand setzt, vermöge der formalen Marktfreiheit zur Macht zu gelangen, die Marktinteressenten nennen.

Ein konkreter Markt kann einer autonom von den Marktbeteiligten vereinbarten oder einer von den verschiedensten Gemeinschaften, namentlich von politischen oder religiösen Verbänden oktroyierten Ordnung unterworfen sein. Soweit diese nicht eine Einschränkung der Marktfreiheit, d. h. des Feilschens und Konkurrierens, enthält oder Garantien für die Innehaltung der Marktlegalität, die Art der Zahlungen und Zahlungsmittel festsetzt, bezweckt sie in Epochen interlokaler Unsicherheit vor allem die Gewährleistung des Marktfriedens, dessen Garantie, da der Markt ursprünglich eine Vergesellschaftung mit Ungenossen, also Feinden, ist, zunächst regelmäßig, ebenso wie die völkerrechtsartigen Kriegsbräuche, göttlichen Mächten anheimgegeben wird. Sehr oft wird der Marktfrieden unter den Schutz eines Tempels gestellt, weiterhin pflegt aber dieser Friedensschutz vom Häuptling oder Fürsten zu einer Gebührenquelle gemacht zu werden. Denn der Tausch ist die spezifisch friedliche Form der Gewinnung ökonomischer Macht. Selbstverständlich kann es sich mit Gewaltsamkeit alternativ verbinden. Der Seefahrer der Antike und des Mittelalters nimmt sehr gern unentgeltlich, was er gewaltsam bekommen kann, und verlegt sich auf das friedliche Feilschen nur da, wo er dies entweder gegenüber ebenbürtiger Macht tun muß oder im Interesse sonst gefährdeter künftiger Tauschchancen es zu tun für klug hält. Die intensive Expansion der Tauschbeziehungen geht aber überall parallel mit einer relativen Befriedung. Die Landfrieden des Mittelalters stehen alle im Dienst von Tauschinteressen, und die Aneignung von Gütern durch freien, rein ökonomisch rationalen Tausch ist in der Form, wie Oppenheimer immer wieder betont hat, der begriffliche Gegenpol der Aneignung von Gütern durch Zwang irgendwelcher Art, am meisten: physischen Zwang, dessen geregelte Ausübung insbesondere für die politische Gemeinschaft konstitutiv ist.

Politische Gemeinschaften.

Unter *politischer* Gemeinschaft wollen wir eine solche verstehen, deren Gemeinschaftshandeln dahin verläuft: „ein Gebiet" (nicht notwendig: ein absolut konstantes und fest begrenztes, aber doch ein jeweils irgendwie begrenzbares Gebiet) und das Handeln der darauf dauernd oder auch zeitweilig befindlichen Menschen durch Bereitschaft zu physischer Gewalt, und zwar normalerweise auch Waffengewalt, der geordneten Beherrschung durch die Beteiligten vorzubehalten (und eventuell weitere Gebiete für diese zu erwerben). Die Existenz einer „politischen" Gemeinschaft in diesem Sinn ist nichts von jeher und überall Gegebenes. Als *gesonderte* Gemeinschaft fehlt sie allen jenen Zuständen, in denen die gewaltsame Abwehr der Feinde eine Angelegenheit ist, welche im Bedarfsfall die einzelne Hausgemeinschaft oder der Nachbarschaftsverband oder ein anderer Verband übernimmt, der wesentlich auf ökonomische Interessen ausgerichtet ist. Aber auch nicht einmal in dem Sinn besteht sie überall und immer, daß das begriffliche Minimum: „gewaltsame Behauptung der geordneten Herrschaft über ein Gebiet und die Menschen auf demselben" wenigstens notwendig Funktion einer und derselben Gemeinschaft wäre. Oft sind diese Leistungen auf mehrere Gemeinschaften mit einander teils ergänzendem, teils kreuzendem Gemeinschaftshandeln verteilt. Die Gewaltsamkeit und der Schutz „nach außen" liegt z. B. oft in den Händen teils des Blutsverwandtschaftsverbandes (der Sippe), teils nachbarschaftlicher Verbände, teils jeweils ad hoc gebildeter Kriegervergemeinschaftungen, die geordnete Beherrschung des „Gebiets" und die Ordnung der Beziehungen der Menschen „nach innen" ist oft ebenfalls unter verschiedene, darunter auch religiöse, Mächte verteilt, und auch soweit dabei Gewalt angewendet wird, liegt diese nicht notwendig in der Hand *einer* Gemeinschaft. Die Gewaltsamkeit nach außen kann sogar unter Umständen – so zeitweise vom pennsylvanischen Quäkergemeinwesen – prinzipiell ganz abgelehnt werden, jedenfalls können alle geordneten Vorkehrungen dafür fehlen. Allein in aller Regel ist die Bereitschaft zur Gewaltsamkeit mit der Gebietsherrschaft verknüpft. Als ein Sondergebilde aber existiert jedenfalls eine „politische" Gemeinschaft nur dann und nur insoweit, als die Gemeinschaft *nicht* eine bloße „Wirtschaftsgemeinschaft" ist, sie also Ordnungen besitzt, welche andere Dinge als direkte ökonomische Verfügungen über Sachgüter und Dienstleistungen anordnen. Auf welche Art von Inhalten sich das Gemeinschaftshandeln außer der gewaltsamen Beherrschung von Gebiet und Menschen etwa noch richtet – und das ist vom „Raubstaat" zum „Wohlfahrtsstaat", „Rechtsstaat" und „Kulturstaat" unendlich verschieden –, soll uns begrifflich gleichgültig sein. Kraft der Drastik seiner Wirkungsmittel ist der politische Verband spezifisch befähigt, alle überhaupt möglichen Inhalte eines Verbandshandelns für sich zu konfiszieren, und es gibt in der Tat wohl nichts auf der Welt, was nicht irgendwann und irgendwo einmal Gegenstand eines Gemeinschaftshandelns politischer Verbände gewesen wäre. Andererseits aber kann er sich auf ein Gemeinschaftshandeln beschränken, dessen Inhalt schlechthin in gar nichts als in der fortgesetzten Sicherung der faktischen Gebietsbeherrschung besteht, und hat dies oft genug getan. Ja selbst in dieser Funktion ist er, auch bei sonst nicht notwendig unentwickeltem Bedürfnisstand, oft ein lediglich intermittierend, im Fall der Bedrohung oder eigener plötzlich, aus welchem Anlaß immer[,] erwachender Gewaltsamkeitsneigung aufflammendes Handeln, während in „normalen", friedlichen Zeiten praktisch eine Art von „Anarchie" besteht, d. h.: die Koexistenz und das Gemeinschaftshandeln der ein Gebiet bevölkernden Menschen in Gestalt eines rein faktischen gegenseitigen Respektierens der gewohnten Wirtschaftssphäre, ohne Bereithaltung irgendwelchen Zwanges nach „außen" oder „innen", abläuft. Für uns genügt ein „Gebiet", die Bereithaltung von physischer Gewalt zu dessen Behauptung, und ein nicht *nur* in einem gemeinwirtschaftlichen Betrieb zur gemeinsamen Bedarfsdeckung sich erschöpfendes, die Beziehungen der auf dem Gebiet befindlichen Menschen regulierendes Gemeinschaftshandeln, um eine gesonderte „politische" Gemeinschaft zu konstituieren. Die Gegner, gegen welche das eventuell gewaltsame gemeinschaftliche Handeln sich richtet, können solche außerhalb oder innerhalb des betreffenden Gebiets sein, und da die politische Gewalt ein für allemal zu dem verbandsmäßigen, heute zu dem „*anstalts*mäßigen" gehört, so befinden sich die der Gewaltsamkeit des Gemeinschaftshandelns Ausgesetzten auch und sogar in erster Linie unter den Zwangsbeteiligten des politischen Gemeinschaftshandelns selbst. Denn die politische Gemeinschaft ist noch mehr wie andere anstaltsmäßig geformte Gemeinschaften so geartet, daß dadurch dem einzelnen Beteiligten Zumutungen zu Leistungen gestellt werden, welche jedenfalls große Teile derselben nur deshalb erfüllen, weil sie die Chance physischen Zwanges dahinterstehend wissen. Die politische Gemeinschaft gehört ferner zu denjenigen, deren Gemeinschaftshandeln, wenigstens normalerweise, den Zwang durch Gefährdung und Vernichtung von Leben und Bewegungsfreiheit sowohl Außenstehender wie der Beteiligten selbst einschließt. Es ist der Ernst des Todes, den eventuell für die Gemeinschaftsinteressen zu bestehen dem Einzelnen hier zugemutet wird. Er trägt der politischen Gemeinschaft ihr spezifisches Pathos ein. Er stiftet auch ihre dauernden Gefühlsgrundlagen. Gemeinsame politische Schicksale, d. h. in erster Linie gemeinsame politische Kämpfe auf Leben und Tod knüpfen Erinnerungsgemeinschaften, welche oft stärker wirken als Bande der Kultur-, Sprach- oder Abstammungsgemeinschaft. Sie sind es, welche – wie wir sehen werden – dem „Nationalitätsbewußtsein" erst die letzte entscheidende Note geben.

Die politische Gemeinschaft war und ist allerdings auch heute keineswegs die einzige, bei der das Einstehen mit dem Leben ein wesentlicher Teil der Gemeinschaftspflichten ist. Auch die Blutrachepflicht der Sippe, die Märtyrerpflicht religiöser Gemeinschaften, ständische Gemeinschaften mit einem „Ehrenkodex", viele Sportgemeinschaften, Gemeinschaften wie die Camorra und vor allem jede zum Zweck von gewaltsamer Aneignung fremder wirtschaftlicher Güter geschaffene Gemeinschaft überhaupt schließen die gleichen äußersten Konsequenzen ein. Von solchen Gemeinschaften unterscheidet sich für die soziologische Betrachtung die politische Gemeinschaft zunächst *nur* durch die Tatsache ihres besonders nachhaltigen und dabei offenkundigen Bestandes als einer gefestigten Verfügungsmacht über ein beträchtliches Land- oder zugleich See*gebiet*. Daher fehlt ihr diese Sonderstellung in der Vergangenheit, je weiter zurück, desto mehr. Je umfassender sich das politische Gemeinschaftshandeln aus einem bloßen, im

Fall direkter Bedrohung aufflammenden Gelegenheitshandeln zu einer kontinuierlichen anstaltsmäßigen Vergesellschaftung entwickelt und nun die Drastik und Wirksamkeit seiner Zwangsmittel mit der Möglichkeit einer rationalen kasuistischen Ordnung ihrer Anwendung zusammentrifft, desto mehr wandelt sich in der Vorstellung der Beteiligten die bloß quantitative zu einer qualitativen Sonderstellung der politischen Ordnung. Die moderne Stellung der politischen Verbände beruht auf dem Prestige, welches ihnen der unter den Beteiligten verbreitete spezifische Glaube an eine besondere Weihe: die „Rechtmäßigkeit" des von ihnen geordneten Gemeinschaftshandelns verleiht, auch und gerade insofern es physischen Zwang mit Einschluß der Verfügung über Leben und Tod umfaßt: das hierauf bezügliche spezifische Legitimitätseinverständnis. Dieser Glaube an die spezifische „Rechtmäßigkeit" des politischen Verbandshandelns kann sich – wie es unter modernen Verhältnissen tatsächlich der Fall ist – bis dahin steigern, daß ausschließlich gewisse politische Gemeinschaften (unter dem Namen: „Staaten") für diejenigen gelten, kraft deren Auftrag oder Zulassung von irgendwelchen anderen Gemeinschaften überhaupt „rechtmäßiger" physischer Zwang geübt werde. Für die Ausübung und Androhung dieses Zwanges existiert demgemäß in der voll entwickelten politischen Gemeinschaft ein System von kasuistischen Ordnungen, welchen jene spezifische „Legitimität" zugeschrieben zu werden pflegt: die „Rechtsordnung", als deren allein normale Schöpferin heute die politische Gemeinschaft gilt, weil sie tatsächlich heute normalerweise das Monopol usurpiert hat, der Beachtung jener Ordnung durch physischen Zwang Nachdruck zu verleihen. Diese Prominenz der durch die *politische* Gewalt garantierten „Rechtsordnung" ist in einem sehr langsamen Entwicklungsprozeß dadurch entstanden, daß die anderen, als Träger von eigenen Zwangsgewalten auftretenden Gemeinschaften unter dem Druck ökonomischer und organisatorischer Verschiebungen ihre Macht über den Einzelnen einbüßten und entweder zerfielen oder, von dem politischen Gemeinschaftshandeln unterjocht, ihre Zwangsgewalt von ihm begrenzt und zugewiesen erhielten, daß gleichzeitig stetig neue schutzbedürftige Interessen sich entwickelten, welche in jenen keinen Platz fanden und daß also ein stetig sich erweiternder Kreis von Interessen, insbesondere von ökonomischen Interessen, nur durch die von der politischen Gemeinschaft zu schaffenden rational geordneten Garantien sich hinlänglich gesichert fand. In welcher Weise sich dieser Prozeß der „Verstaatlichung" aller „Rechtsnormen" vollzogen hat und noch vollzieht, ist an anderer Stelle erörtert.

Gewaltsames Gemeinschaftshandeln ist selbstverständlich an sich etwas schlechthin Urwüchsiges: von der Hausgemeinschaft bis zur Partei griff von jeher jede Gemeinschaft da zur physischen Gewalt, wo sie mußte oder konnte, um die Interessen der Beteiligten zu wahren. Entwicklungsprodukt ist nur die Monopolisierung der legitimen Gewaltsamkeit durch den politischen Gebietsverband und dessen rationale Vergesellschaftung zu einer anstaltsmäßigen Ordnung. Unter den Bedingungen undifferenzierter Wirtschaft ist also die Sonderstellung einer Gemeinschaft als einer politischen oft nur schwer konstruierbar. Das, was wir heute als Grundfunktionen des Staats ansehen: die Setzung des Rechts (Legislative), den Schutz der persönlichen Sicherheit und öffentlichen Ordnung (Polizei), den Schutz der erworbenen Rechte (Justiz), die Pflege von hygienischen, pädagogischen, sozialpolitischen und anderen Kulturinteressen (die verschiedenen Zweige der Verwaltung), endlich und namentlich auch der organisierte gewaltsame Schutz nach außen (Militärverwaltung)[,] ist in der Frühzeit entweder gar nicht oder nicht in der Form rationaler Ordnungen, sondern nur als amorphe Gelegenheitsgemeinschaft vorhanden, oder unter ganz verschiedene Gemeinschaften: Hausgemeinschaft, Sippe, Nachbarschaftsverband, Marktgemeinschaft, und daneben ganz freie Zweckvereine verteilt. Und zwar okkupiert die private Vergesellschaftung dabei auch Gebiete des Gemeinschaftshandelns (wie z. B. die Geheimklubs in Westafrika die Polizei), welche wir nur als Funktionen der Gemeinwirtschaft politischer Verbände zu denken gewöhnt sind. Man kann daher in einem Allgemeinbegriff des politischen Gemeinschaftshandelns nicht einmal die Sicherung des inneren Friedens als Attribut aufnehmen.

Die Vorstellung einer spezifischen Legitimität gewaltsamen Handelns aber verknüpft sich, wenn mit irgendeinem Einverständnishandeln, dann mit dem der *Sippe* im Fall der Erfüllung der Blutrachepflicht. Dagegen oft nur in sehr geringem Maße mit rein militärisch nach außen oder polizeilich nach innen gerichtetem Verbandshandeln. Am meisten dann, wenn ein Gebietsverband in seinem traditionellen Herrschaftsbereich von außen her angegriffen wird und nun die Gesamtheit der Beteiligten nach Art eines Landsturms zur Verteidigung zu den Waffen greift. Aus der zunehmend rationalen Vorsorge für solche Fälle kann dann ein als spezifisch legitim angesehener politischer Verband erwachsen, sobald nämlich irgendwelche feste Gepflogenheiten und irgendein Verbandsapparat vorhanden ist, welcher sich für die Zwecke der Vorsorge gegen gewaltsame Abwehr nach außen bereit hält. Allein dies ist bereits eine ziemlich vorgeschrittene Entwicklung. Noch deutlicher tritt die ursprünglich geringe Bedeutung der Legitimität im Sinne von Normgemäßheit bei der Gewaltsamkeit da hervor, wo die Auslese der Waffenlustigsten sich auf eigene Faust zu einem Beutezug durch persönliche Verbrüderung vergesellschaftet, wie dies als normale Form des Angriffskriegs aus der Mitte seßhafter Völker in allen Stadien der ökonomischen Entwicklung bis zur Durchführung des rationalen Staats typisch vorkommt. Der frei erkorene Führer ist dann legitimiert normalerweise durch persönliche Qualitäten (Charisma), und wir haben die Art der Herrschaftsstruktur, die sich daraus ergibt, an anderer Stelle erörtert. Eine legitime Gewaltsamkeit entwickelt sich aber daraus zunächst nur gegen Genossen, welche verräterisch oder durch Ungehorsam oder Feigheit der Verbrüderung entgegenhandeln. Darüber hinaus erst dann allmählich, wenn diese Gelegenheitsvergesellschaftung zu einem Dauergebilde wird, welches die Waffentüchtigkeit und den Krieg als Beruf pflegt und sich damit zu einem Zwangsapparat entwickelt, welcher umfassende Ansprüche auf Gehorsam durchzusetzen vermag. Diese Ansprüche wenden sich dann sowohl gegen die Insassen beherrschter Eroberungsgebiete, wie auch nach innen, gegen die nichtwaffentüchtigen Gebietsgenossen, aus deren Mitte die verbrüderten Krieger stammen. Als politischen Volksgenossen erkennt der Waffentragende nur den Waffentüchtigen an. Alle anderen, Nichtwaffengeübte und Nichtwaffentüchtige, gelten als Weiber und werden in der Sprache primitiver Völker auch meist ausdrücklich als solche bezeichnet. Freiheit ist innerhalb dieser Waffenvergemeinschaftungen identisch mit Waffenberechtigung. Das von Schurtz so liebevoll studierte, in den verschiedensten Formen über die ganze Welt verbreitete *Männerhaus* ist eins derjenigen Gebilde, zu denen eine solche Vergesellschaftung der Krieger, in der Schurtzschen Terminologie: ein Männerbund, führen konnte. Es entspricht auf dem Gebiet politischen Handelns bei starker Entwicklung des Kriegerberufs fast vollkommen der Mönchsvergesellschaftung des Klosters auf religiösem Gebiet. Nur wer erprobte Waffenqualifikation hat und nach einer Noviziatszeit in die Verbrüderung aufgenommen wird, gehört hierzu, wer die Probe nicht besteht, bleibt als Weib draußen unter den Weibern und Kindern, zu denen auch der nicht mehr Waffenfähige zurückkehrt. Erst mit einer bestimmten Altersstufe tritt dann der Mann in einen Familienhaushalt ein, entsprechend etwa unserem heutigen Übertritt aus der Dienstpflicht im stehenden Heer zur Landwehr. Bis dahin gehört er mit seiner ganzen Existenz dem Kriegerbunde an. Dessen Zugehörige leben getrennt von Frau und Hausgemeinschaft in kommunistischem Verbande von der Kriegsbeute und von den Kontributionen, welche sie den Außenstehenden, insbesondere den Frauen, welche die Ackerarbeit leisten, auferlegen. Für sie selbst geziemt sich als Arbeit neben der Kriegsführung nur die Instandhaltung und Herstellung der Kriegsgerätschaften, die sehr oft ihnen allein vorbehalten ist. Ob die Krieger sich gemeinsam Mädchen rauben oder kaufen oder die Prostitution aller Mädchen des beherrschten Gebiets als ihr Recht verlangen – die vielen Spuren von sog. vorehelicher Promiskuität, die immer wieder als Reste urwüchsigen unterschiedslosen endogamen Geschlechtsverkehrs ausgegeben werden, gehören vermutlich mit dieser politischen Institution des Männerhauses zusammen – oder ob sie, wie die Spartiaten, jeder seine Frau mit den Kindern als Muttergruppe draußen sitzen haben, kann verschieden geregelt sein, und meist ist wohl beides miteinander kombiniert. Um ihre auf chronischer Plünderung der Außenstehenden, namentlich der Frauen, beruhende ökonomische Stellung zu sichern, bedienen sich die dergestalt vergesellschafteten Krieger unter Umständen religiös gefärbter Einschüchterungsmittel. Namentlich die von ihnen veranstalteten Geistererscheinungen mit Maskenumzügen sind sehr oft, wie der besonders genau bekannte Zug des Dukduk in Indonesien, einfach Plünderungszüge, zu deren ungestörter Durchführung es gehört, daß die Frauen und alle Außenstehenden überhaupt, wenn das Schwirrholz ertönt, bei Vermeidung alsbaldiger Tötung, aus den Dörfern in die Wälder flüchten müssen[,] auf daß der Geist bequemer und ohne Entlarvung sich in den Hütten aneignen könne, was ihm beliebt. Von subjektivem Glauben an die Legitimität dieses Tuns ist dabei bei den Kriegern keine Rede. Der plumpe und einfältige Schwindel ist ihnen als solcher bekannt und wird durch das magische Verbot des Betretens des Männerhauses für Außenstehende und drakonische Schweigepflichten für die Insassen gepflegt. Wo das Geheimnis durch Indiskretion gebrochen oder gelegentlich durch Missionare absichtlich entlarvt wird, ist es mit dem Prestige des Männerbundes gegenüber den Frauen zu Ende. Natürlich haben solche Veranstaltungen, wie aller Gebrauch der Religion als schwarzer Polizei, an Volkskulte angeknüpft. Aber die spezifisch diesseitig orientierte, auf Raub und Beute ausgerichtete Kriegergesellschaft ist, trotz aller eigenen Neigung zu magischer Superstition, doch zugleich überall Trägerin der Skepsis gegenüber der volkstümlichen Frömmigkeit. Sie geht auf allen Entwicklungsstufen mit den Göttern und Geistern ähnlich respektlos um, wie die homerische Kriegergesellschaft mit dem Olymp.

Erst wenn die frei vergesellschaftete, neben und über den Alltagsordnungen stehende Kriegerschaft einem geordneten Dauerverband einer Gebietsgemeinschaft sozusagen wieder eingemeindet und dadurch der politische Verband geschaffen wird, attrahiert nun dieser und damit auch die privilegierte Stellung der

Kriegerschaft eine spezifische Legitimität der Gewaltausübung. Der Prozeß vollzieht sich, wo er überhaupt stattfindet, allmählich. Die Gemeinschaft, der die zum Beutezug oder zum chronischen Kriegerbund vergesellschafteten Männer angehören, kann entweder durch Verfall der Kriegervergesellschaftung infolge länger dauernder Befriedung oder durch eine umfassende autonome oder heteronom oktroyierte politische Vergesellschaftung die Macht erlangen, die Beutezüge der frei vergesellschafteten Krieger (unter deren möglichen Konsequenzen: Repressalien der Geplünderten, ja auch die Unbeteiligten mit zu leiden haben) ebenso unter ihre Kontrolle zu bringen, wie z. B. die Schweizer das Reislaufen. Eine solche Kontrolle übte schon in altgermanischer Zeit die politische Landesgemeinde über die privaten Beutezüge. Ist der Zwangsapparat des politischen Verbandes mächtig genug, dann unterdrückt er, je mehr er Dauergebilde wird, und je stärker das Interesse an der Solidarität nach außen ist, desto mehr die private Gewaltsamkeit überhaupt. Zunächst soweit sie dem eigenen militärischen Interesse direkt abträglich ist. So unterdrückte das französische Königtum im 13. Jahrhundert für die Dauer eines vom König selbst geführten äußeren Krieges die Fehde unter den königlichen Vasallen. Dann zunehmend in Form dauernden Landfriedens und zwangsweiser Unterwerfung aller Streitigkeiten unter den Zwangsschiedsspruch des Richters, der die Blutrache in rational geordnete Strafe, die Fehde und Sühnehandlung in rational geordneten Rechtsgang verwandelt. Während in der Frühzeit das Verbandshandeln auch gegen ein Verhalten, welches als anerkannter Frevel gilt, nur unter dem Druck religiöser oder militärischer Interessen reagiert, wird jetzt die Verfolgung immer weiterer Verletzungen von Person und Besitz unter die Garantie des politischen Zwangsapparates gestellt. Auf diesem Wege monopolisiert die politische Gemeinschaft die legitime Gewaltanwendung für ihren Zwangsapparat und verwandelt sich allmählich in eine Rechtsschutzanstalt. Sie findet dabei eine mächtige und entscheidende Stütze an allen denjenigen Gruppen, welche an der Erweiterung der Marktgemeinschaft direkt oder indirekt ökonomisch interessiert sind[,] und daneben an den religiösen Gewalten. Diese letzteren finden für ihre spezifischen Machtmittel zur Beherrschung der Massen ihre Rechnung am meisten bei zunehmender Befriedung. Ökonomisch aber sind die Interessenten der Befriedung in erster Linie die Marktinteressenten, vor allem das Bürgertum der Städte, nächst ihm aber alle diejenigen, welche an Flußzöllen, Straßenzöllen, Brückenzöllen, an der Steuerkraft von Hintersassen und Untertanen interessiert sind. Schon ehe die politische Gewalt in ihrem Machtinteresse den Landfrieden oktroyierte, waren es daher im Mittelalter jene, mit der Entwicklung der Geldwirtschaft sich stets verbreiternden Interessentenkreise, welche im Bunde mit der Kirche die Fehde einzuschränken, zeitweilige, periodische oder dauernde Landfriedensbünde durchzuführen suchten. Und indem der Markt mit seiner Erweiterung zunehmend in der uns schematisch bekannten Art die monopolistischen Verbände ökonomisch sprengt, ihre Mitglieder zu Marktinteressenten macht, entzieht er ihnen die Basis jener Interessengemeinschaft, auf welcher auch ihre legitime Gewaltsamkeit sich entfaltet hatte. Mit zunehmender Befriedung und Erweiterung des Markts parallel geht daher auch 1. jene Monopolisierung legitimer Gewaltsamkeit durch den politischen Verband, welche in dem modernen Begriff des *Staats* als der letzten Quelle jeglicher Legitimität physischer Gewalt, und zugleich 2. jene Rationalisierung der Regeln für deren Anwendung, welche in dem Begriff der legitimen Rechtsordnung ihren Abschluß finden.

[Arabische Stammesstrukturen]

Die ebenso interessante wie bisher unvollkommen durchgeführte technographische Kasuistik der verschiedenen Entwicklungsstadien primitiver politischer Verbände kann hier nicht erledigt werden. Noch bei relativ entwickelten Güterbesitzverhältnissen kann ein gesonderter politischer Verband und können selbst alle Organe eines solchen völlig fehlen. So etwa in der ethnischen Zeit der Araber nach der Darstellung Wellhausens. Außer den Sippen mit ihren Ältesten (Scheichs) existiert hier keinerlei außerhäusliche geordnete Dauergewalt. Denn die Einverständnisgemeinschaft der jeweils zusammenwohnenden, wandernden und weidenden Schwärme, welche dem Sicherheitsbedürfnis entspringt, entbehrt der Sonderorgane, ist prinzipiell labil, und alle Autorität im Fall eines feindlichen Zusammenstoßes ist Gelegenheitsautorität. Dieser Zustand bleibt unter allen Arten von Wirtschaftsordnungen sehr lange bestehen. Die regulären, dauernd vorhandenen Autoritäten sind die Familienhäupter und Sippenältesten, daneben die Zauberer und Orakelspender. Zwischen den Sippenältesten werden unter Beihilfe der Zauberer etwaige Streitigkeiten unter den Sippen geschlichtet. Der Zustand entspricht den ökonomischen Lebensformen des Beduinentums. Wie dieses selbst, ist er keineswegs etwas besonders Urwüchsiges. Wo die Art der Siedelung wirtschaftliche Aufgaben erzeugt, welche einer über Sippe und Haus hinausgreifenden dauernden Fürsorge bedürfen, entsteht der Dorfhäuptling, er ist oft aus den Zauberern, speziell den Regenmachern, genommen oder ein besonders erfolgreicher Führer auf Beutezügen. Wo die Appropriation der Besitzer weit vorgeschritten ist, erlangt jeder durch Besitz und entsprechende Lebensführung ausgezeichnete Mann leicht diese Stellung. Aber nur in außerordentlichen Zeiten und dann ausschließlich kraft seiner ganz persönlichen Qualitäten magischer oder sonstiger Art kann er eine wirkliche Autorität ausüben. Sonst, speziell bei chronischem Frieden, hat er in aller Regel nur die Stellung des mit Vorliebe gewählten Schiedsrichters, und seine Anweisungen werden nur wie Ratschläge befolgt. Keineswegs selten ist das Fehlen jeglichen derartigen Häuptlings in friedlichen Zeiten: das Einverständnishandeln der Nachbarn reguliert sich durch den Respekt vor dem Herkommen, die Angst vor der Blutrache und vor dem Zorn der magischen Gewalten. Jedenfalls aber sind die Funktionen des Friedenshäuptlings inhaltlich weit vorwiegend ökonomische (Regulierung der Ackerbestellung) und eventuell magisch-therapeutische und schiedsrichterliche, ohne daß im einzelnen ein fester Typus für sie bestände. Immer gilt als legitime Gewaltsamkeit nur die Anwendung derjenigen Gewaltmittel seitens des Häuptlings und in den Fällen, welche dem festen Herkommen entsprechen, und zu ihrer Anwendung ist er auf die freiwillige Mithilfe der Genossen angewiesen. Diese sich zu sichern ist er um so leichter in der Lage, je mehr magisches Charisma und ökonomische Prominenz ihm zur Seite stehen.

[Machtprestige und Nationalgefühl]

Alle politischen Gebilde sind Gewaltgebilde. Aber Art und Maß der Anwendung oder Androhung von Gewalt nach außen, anderen gleichartigen Gebilden gegenüber, spielt für Struktur und Schicksal politischer Gemeinschaften eine spezifische Rolle. Nicht jedes politische Gebilde ist in gleichem Maße „expansiv" in dem Sinn, daß es Macht nach außen, d. h. Bereithalten von Gewalt zwecks Erwerbs der politischen Gewalt über andere Gebiete und Gemeinschaften, sei es in Form von Einverleibung oder Abhängigkeit[,] anstrebt. Die politischen Gebilde sind also in verschiedenem Umfang nach außen gewendete Gewaltgebilde. Die Schweiz, als ein durch Kollektivgarantie der großen Machtgebilde „neutralisiertes", außerdem auch teils (aus verschiedenen Gründen) nicht sehr stark zur Einverleibung begehrtes, teils und vor allem durch gegenseitige Eifersucht von unter sich gleich mächtigen Nachbargemeinschaften davor geschütztes politisches Gebilde und das relativ wenig bedrohte Norwegen sind es weniger als das kolonialbesitzende Holland, dies weniger als Belgien wegen dessen besonders bedrohtem Kolonialbesitz und eigener militärischen Bedrohtheit im Fall eines Kriegs seiner mächtigen Nachbarn, und auch als Schweden. Politische Gebilde können also in ihrem Verhalten nach außen mehr „autonomistisch" oder mehr „expansiv" gerichtet sein und dies Verhalten wechseln.

Alle „Macht" politischer Gebilde trägt in sich eine spezifische Dynamik: sie kann die Basis für eine spezifische „Prestige"-Prätension ihrer Angehörigen werden, welche ihr Verhalten nach außen beeinflußt. Die Erfahrung lehrt, daß Prestigeprätensionen von jeher einen schwer abzuschätzenden, generell nicht bestimmbaren, aber sehr fühlbaren Einschlag in die Entstehung von Kriegen gegeben haben: ein Reich der „Ehre", „ständischer" Ordnung vergleichbar, erstreckt sich auch auf die Beziehungen der politischen Gebilde untereinander; feudale Herrenschichten, ebenso wie moderne Offiziers- oder Amtsbürokraten sind die naturgemäßen primären Träger dieses rein an der Macht des eigenen politischen Gebildes als solcher orientierten „Prestige"-Strebens. Denn Macht des eigenen politischen Gebildes bedeutet für sie eigene Macht und eigenes machtbedingtes Prestigegefühl, Expansion der Macht nach außen aber außerdem noch für die Beamten und Offiziere Vermehrung der Amtsstellen und Pfründen, Verbesserung der Avancementschancen (für den Offizier selbst im Fall eines verlorenen Krieges), für die Lehensmannen Gewinnung von neuen lehnbaren Objekten zur Versorgung ihres Nachwuchses: diese Chancen (nicht, wie man wohl gesagt hat, die „Übervölkerung") rief Papst Urban in seiner Kreuzzugsrede auf. Aber über diese naturgemäß und überall vorhandenen direkten ökonomischen Interessen der von der Ausübung politischer Macht lebenden Schichten hinaus ist dies „Prestige"-Streben eine innerhalb aller spezifischen Machtgebilde und daher auch der politischen verbreitete Erscheinung. Es ist nicht einfach mit dem „Nationalstolz" – von dem später zu reden ist – und auch nicht mit dem bloßen „Stolz" auf wirkliche oder geglaubte Vorzüge oder auf den bloßen Besitz eines eigenen politischen Gemeinwesens identisch. Dieser Stolz kann, wie bei den Schweizern und Norwegern, sehr entwickelt, aber praktisch rein autonomistisch und von politischen Prestigeprätensionen frei sein, während das reine Machtprestige, als „Ehre der Macht", praktisch: die Ehre der Macht über andere Gebilde, die *Machtexpansion*, wenn auch nicht immer in Form der Einverleibung oder Unterwerfung, bedeutet. Naturgegebene Träger dieser Prestigeprätension sind die quantitativ großen politischen Gemeinschaften. Jedes politische Gebilde zieht naturgemäß schon an sich die Nachbarschaft schwacher politischer Gebilde derjenigen starker vor. Und da überdies jede große politische Gemeinschaft, als potentieller Prätendent von Prestige, also eine potentielle Bedrohung für alle Nachbargebilde bedeutet, so ist sie zugleich selbst ständig latent bedroht, rein deshalb, weil sie ein großes und starkes Machtgebilde ist. Und vollends jedes Aufflammen der Prestigeprätensionen an irgendeiner Stelle – normalerweise die Folge akuter politischer Bedrohung des Friedens – ruft kraft einer unvermeidlichen „Machtdynamik" sofort die Konkurrenz aller anderen möglichen Prestigeträger in die Schranken: die Geschichte des letzten Jahrzehnts, speziell der Beziehungen Deutschlands zu Frankreich, zeigt die eminente Wirkung dieses irrationalen Elements aller politischen Außenbeziehungen. Da das Prestigegefühl zugleich den für die Zuversichtlichkeit im Fall des Kampfs wichtigen pathetischen Glauben an die reale Existenz der eigenen Macht zu stärken geeignet ist, so sind die spezifischen Interessenten jedes politischen Machtgebildes geneigt, jenes Gefühl systematisch zu pflegen. Jene politischen Gemeinschaften, welche jeweilig als Träger des Machtprestiges auftreten, pflegt man heute „Großmächte" zu nennen. Innerhalb eines jeden Nebeneinanders politischer Gemeinschaften pflegen sich einzelne als „Großmächte" eine Interessiertheit an politischen und ökonomischen Vorgängen eines großen, heute meist eines die ganze Fläche des Planeten umfassenden, Umkreises zuzuschreiben und zu usurpieren. Im hellenischen Altertum war der „König", d. h. der Perserkönig, trotz seiner Niederlage die anerkannteste Großmacht. An ihn wendete sich Sparta, um unter seiner Sanktion der hellenischen Welt den Königsfrieden (Frieden des Antalkidas) zu oktroyieren. Später, vor der Schaffung eines römischen Weltreichs, usurpierte das römische Gemeinwesen eine solche Rolle. Großmachtgebilde sind aus allgemeinen Gründen der „Machtdynamik" allerdings rein als solche sehr oft zugleich expansive, d. h. auf gewaltsame oder durch Gewaltdrohung erzielte Ausdehnung des Gebietsumfangs der eigenen politischen Gemeinschaft eingestellte Verbände. Aber sie sind es dennoch nicht notwendig und immer. Ihre Haltung in dieser Hinsicht wechselt oft, und dabei spielen in sehr gewichtiger Art auch ökonomische Momente mit. Die englische Politik z. B. hatte zeitweise ganz bewußt auf weitere politische Expansion und selbst auf die Festhaltung der Kolonien durch Gewaltmittel verzichtet, zugunsten einer „kleinenglischen", politisch autonomistischen, Beschränkung auf den für unerschütterlich gehaltenen ökonomischen Primat. Gewichtige Repräsentanten der römischen Honoratiorenherrschaft hätten nach den punischen Kriegen gern ein ähnliches „kleinrömisches" Programm: Beschränkung der politischen Unterwerfung auf Italien und die Nachbarinseln, durchgeführt. Die spartanische Aristokratie hat die politische Expansion ganz bewußt autonomistisch beschränkt, soweit sie konnte, und sich mit der Zertrümmerung aller ihrer Macht und ihrem Prestige bedrohlichen, anderen politischen Bildungen zugunsten des Städtepartikularismus begnügt. In solchen und den meisten ähnlichen Fällen pflegen mehr oder minder klare Befürchtungen der herrschenden Honoratiorenschichten – des römischen Amtsadels, der englischen und anderer liberalen Honoratioren, der spartiatischen Herrenschichten – gegen die mit dem chronisch erobernden „Imperialismus" sehr leicht verbundenen Tendenzen zugunsten der Entwicklung eines „Imperator", d. h. charismatischen Kriegsfürsten auf Kosten der eigenen Machtstellung der Honoratioren, im Spiel zu sein. Die englische wie die römische Politik aber wurden nach kurzer Zeit, und zwar mit durch kapitalistische Expansionsinteressen[,] aus ihrer Selbstbeschränkung wieder herausgezwungen und zur politischen Expansion genötigt.

Man könnte geneigt sein zu glauben, daß überhaupt die Bildung und ebenso die Expansion von Großmachtgebilden stets primär ökonomisch bedingt sei. Am nächsten liegt die Generalisierung der in einzelnen Fällen in der Tat zutreffenden Annahme, daß ein bereits bestehender, besonders intensiver Güterverkehr in einem Gebiet die normale Vorbedingung und auch der Anlaß seiner politischen Einigung sei. Das Beispiel des Zollvereins liegt äußerst nahe, und es gibt zahlreiche andere. Allein genaueres Zusehen verrät sehr oft, daß dieser Zusammenfall kein notwendiger und das Kausalverhältnis keineswegs eindeutig gerichtet ist. Was z. B. Deutschland anbelangt, so ist es zu einem einheitlichen Wirtschaftsgebiet, d. h. einem Gebiet, dessen Insassen den Absatz der von ihnen erzeugten Güter in erster Linie auf dem eigenen Markt suchen, erst durch die in ihrem Verlauf rein politisch bedingten Zollinien an seinen Grenzen zusammengeschlossen worden. Das, bei einem gänzlichen Fortfall aller Zollschranken gegebene, also rein ökonomisch determinierte Absatzgebiet der kleberarmen ostdeutschen Getreideüberschüsse war nicht der deutsche Westen, sondern der englische Markt. Die Berg- und Hüttenprodukte und die schweren Eisenwaren des deutschen Westens hatten ihren rein ökonomisch determinierten Markt keineswegs im deutschen Osten und dieser seine rein ökonomisch determinierten Lieferanten von Gewerbeprodukten zumeist nicht im deutschen Westen. Vor allem wären und sind zum Teil auch noch nicht die inneren Verkehrslinien (Eisenbahnen) Deutschlands die ökonomisch determinierten Transportwege für spezifisch schwere Güter zwischen Osten und Westen. Der Osten wäre dagegen ökonomischer Standort für starke Industrien, deren rein ökonomisch determinierter Markt und Hinterland der ganze Westen Rußlands wäre und welche jetzt durch die russischen Zollschranken unterbunden und unmittelbar hinter die russische Zollgrenze nach Polen verschoben sind. Durch diese Entwicklung ist bekanntlich der politische Anschluß der russischen Polen an die russische Reichsidee, der rein politisch eine Unmöglichkeit schien, in den Bereich des Möglichen gerückt. Hier wirken also rein ökonomisch determinierte Marktbeziehungen politisch zusammenschließend. Aber Deutschland ist entgegen den rein ökonomischen Determinanten politisch geeinigt. Derartige Sachverhalte: daß die Grenzen einer politischen Gemeinschaft mit den rein geographisch gegebenen Standortsbedingungen im Konflikt liegen und ein nach ökonomischen Determinanten auseinanderstrebendes Gebiet umfassen, sind nichts Ungewöhnliches. Gegenüber den durch solche Situationen allerdings fast stets entstehenden ökonomischen Interessenspannungen ist das politische Band, wenn es einmal geschaffen ist, nicht immer, aber doch bei sonst günstigen Bedingungen (Sprachgemeinschaft), sehr oft so ungleich stärker, daß, wie z. B. in Deutschland, aus Anlaß jener Spannungen niemand an eine politische Trennung auch nur denkt.

Und so ist es auch nicht richtig, daß Großstaatenbildung immer auf den Bahnen des Güterexportes wandert, obwohl es uns heute, wo der Imperialismus (der kontinentale, russische und amerikanische, ebenso wie der überseeische: englische und diesem nachgebildete) regelmäßig, zumal in politisch schwachen Fremdgebieten, den Spuren schon vorhandener kapitalistischer Interessen folgt, naheliegt, die Dinge so anzusehen[,] und obwohl er natürlich wenigstens für die Bildung der großen überseeischen Herrschaftsgebiete der Vergangenheit: im athenischen wie im karthagischen und römischen Überseereich[,] seine maßgebende Rolle spielte. Aber schon in diesen antiken Staatenbildungen sind doch andere ökonomische Interessen: namentlich das Streben nach Grundrenten-, Steuerpacht-, Amtssportel- und ähnlichem Gewinne mindestens von gleicher, oft weit größerer Bedeutung wie Handelsgewinnste. Innerhalb dieses letzteren Motivs der Expansion wiederum tritt sehr stark zurück das, im modern-kapitalistischen Zeitalter, vorwaltend beherrschende „Absatz"-Interesse *nach* den Fremdgebieten gegenüber dem Interesse an dem Besitz von Gebieten, *aus* welchen Güter (Rohstoffe) in das Inland importiert werden. Bei den großen Flächenstaatenbildungen des Binnenlandes vollends war in der Vergangenheit eine maßgebende Rolle des Güterverkehrs durchaus nicht die Regel. Am stärksten bei den orientalischen Flußuferstaaten, besonders Ägypten, die darin den Überseestaaten ähnlich geartet waren. Aber etwa das „Reich" der Mongolen, – in welchem für die Zentralverwaltung die Beweglichkeit der herrschenden Reiterschicht die fehlenden sachlichen Verkehrsmittel ersetzte, – ruhte gewiß nicht auf intensivem Güterverkehr. Auch das chinesische wie das persische und das römische Reich der Kaiserzeit nach seinem Übergang vom Küsten- zum Kontinentalreich, erstanden und bestanden nicht auf der Basis eines schon früher vorhandenen besonders intensiven Güterbinnenverkehrs oder besonders hochentwickelter Verkehrsmittel. Die römische *kontinentale* Expansion war zwar sehr stark durch kapitalistische Interessen mitbedingt (nicht etwa: ausschließlich kapitalistisch bedingt). Aber diese kapitalistischen Interessen waren vor allem doch solche von Steuerpächtern, Amtsjägern und Bodenspekulanten, nicht aber in erster Linie von Interessenten eines besonders hochentwickelten Güterverkehrs. Der persischen Expansion haben überhaupt keinerlei „kapitalistische" Interessenten weder als Triebkraft oder Schrittmacher gedient, ebensowenig wie den Schöpfern des Chinesenreichs, noch denen der Karolingermonarchie. Natürlich fehlte auch hier die wirtschaftliche Bedeutung des Güterverkehrs keineswegs überhaupt; aber andere Motive: Vermehrung der fürstlichen Einkünfte, Pfründen, Lehen, Ämter und soziale Ehren für die Lehensmannen, Ritter, Offiziere, Beamten, jüngeren Söhne von Erbbeamten usw. haben bei jeder politischen Binnenlandsexpansion der Vergangenheit und auch bei den Kreuzzügen mitgespielt. Die hier zwar nicht ausschlaggebend, aber allerdings bedeutend mitwirkenden Interessen der Seehandelsstädte traten erst sekundär hinzu: der erste Kreuzzug war dem Schwerpunkt nach eine Überlandkampagne.

Der Güterverkehr hat jedenfalls keineswegs der Regel nach der politischen Expansion die Wege gewiesen. Die Kausalbeziehung ist sehr oft umgekehrt. Diejenigen von den genannten Reichen, deren Verwaltung dazu technisch imstand war, haben ihrerseits sich die Verkehrsmittel, mindestens im Landverkehr, für die Zwecke ihrer Verwaltung erst geschaffen. Dem Prinzip nach nicht selten nur für diese Zwecke und ohne Rücksicht darauf, ob sie vorhandenen oder künftigen

Bedürfnissen des Güterverkehrs zustatten kamen. Unter den heutigen Verhältnissen ist wohl Rußland dasjenige politische Gebilde, welches die meisten nicht primär ökonomisch, sondern politisch bedingten Verkehrsmittel (heute: Eisenbahnen) geschaffen hat. Doch ist die österreichische Südbahn (ihre Papiere heißen noch immer, politisch erinnerungsbelastet: „Lombarden") ebenfalls ein Beispiel, und gibt es wohl kein politisches Gebilde ohne „Militärbahnen". Immerhin sind zwar größere derartige Leistungen doch auch zugleich in der Erwartung eines auf die Dauer ihre Rentabilität garantierenden Verkehrs geschaffen. In der Vergangenheit lag es nicht anders. Bei den altrömischen Militärstraßen ist ein Verkehrszweck mindestens nicht beweisbar, bei den persischen und römischen Posten aber, die nur politischen Zwecken dienten, war es ganz sicher nicht der Fall. Trotzdem war auch in der Vergangenheit die Entwicklung des Güterverkehrs natürlich die normale Folge der politischen Einigung, welche ihn erst unter eine sichere Rechtsgarantie stellte. Ausnahmslos aber ist auch diese Regel nicht. Denn die Entwicklung des Güterverkehrs ist außer an Befriedung und formale Rechtssicherheit, auch an bestimmte wirtschaftliche Bedingungen (speziell die Entfaltung des Kapitalismus) gebunden, und es ist nicht ausgeschlossen, daß diese Entfaltung durch die Art der Staatsverwaltung eines politischen Einheitsgebildes geradezu unterbunden wird, wie dies z. B. im späteren Römerreich der Fall war. Das an die Stelle des Städtebundes tretende, auf stark naturalwirtschaftlicher Basis ruhende Einheitsgebilde bedingte hier eine zunehmend leiturgische Aufbringung der Mittel fürs Heer und die Verwaltung, welche den Kapitalismus direkt erstickte.

Bildet also der Güterverkehr als solcher keineswegs das ausschlaggebende Moment bei politischen Expansionen, so ist die Struktur der Wirtschaft im allgemeinen doch sowohl für das Maß wie für die Art der politischen Expansion sehr stark mitbestimmend. „Urwüchsiges" Objekt der gewaltsamen Aneignung ist – neben Weibern, Vieh und Sklaven – vor allem der Grund und Boden, sobald er knapp wird. Bei erobernden bäuerlichen Gemeinschaften ist die direkte Landnahme unter Ausrottung der bisherigen bodensässigen Bevölkerung das Natürliche. Die germanische Völkerwanderung ist nur zu einem im ganzen mäßigen Teil so verlaufen, in geschlossener Masse wohl bis etwas über die heutige Sprachgrenze hinaus, im übrigen aber nur strichweise. Wie weit dabei eine durch Übervölkerung bedingte „Landnot" mitsprach oder der politische Druck anderer Stämme oder einfach die gute Gelegenheit, muß dahingestellt bleiben: jedenfalls haben einzelne dieser zur Eroberung ausziehenden Gruppen sich noch lange Zeit hindurch ihre Fluranteilsrechte in der Heimat für den Fall der Heimkehr reservieren lassen. Der Grund und Boden des in mehr oder minder gewaltsamer Form politisch einverleibten, bis dahin fremden Gebietes spielt aber auch bei anderen ökonomischen Strukturformen eine bedeutende Rolle für die Art, wie das Recht des Siegers ausgenützt wird. Die Grundrente ist, wie namentlich Oppenheimer mit Recht immer wieder betont hat, sehr oft Produkt gewaltsamer politischer Unterwerfung. Bei naturalwirtschaftlicher und zugleich feudaler Struktur natürlich in der Art, daß die Bauernschaft des einverleibten Gebiets nicht ausgerottet, sondern umgekehrt geschont und den Eroberern als Grundherren zinspflichtig gemacht wird. Überall, wo das Heer nicht mehr ein auf Selbstausrüstung der Gemeinfreien gestellter Volksheerbann und noch nicht ein Sold- oder bürokratisches Massenheer, sondern ein auf Selbstausrüstung gestelltes Ritterheer ist: bei

Persern, Arabern, Türken, Normannen und überhaupt okzidentalen Lehensmannen, ist dies geschehen. Aber auch bei handelsplutokratischen, erobernden Gemeinwesen bedeutet das Grundrenteninteresse überall sehr viel, denn da Handelsgewinnste mit Vorliebe in Grundbesitz und Schuldknechten „angelegt" wurden, so war die Gewinnung von fruchtbarem, grundrentefähigem Boden noch in der Antike das normale Ziel der Kriege. Der in der hellenischen Frühgeschichte eine Art von Epoche markierende „lelantische" Krieg wurde fast gänzlich zur See zwischen Handelsstädten geführt, Streitobjekt der führenden Patriziate von Chalkis und Eretria war aber ursprünglich die fruchtbare lelantische Flur. Der attische Seebund bot dem Demos der herrschenden Stadt neben Tributleistungen verschiedener Art als eins der wichtigsten Privilegien offenbar die Durchbrechung des Bodenmonopols der Untertanenstädte: das Recht der Athener, überall Boden zu erwerben und hypothekarisch zu beleihen. In erster Linie das gleiche bedeutet, praktisch genommen, die Herstellung des „commercium" verbündeter Städte mit Rom, und auch die Überseeinteressen der im römischen Einflußgebiet massenhaft verbreiteten Italiker waren sicherlich zum Teil Bodeninteressen wesentlich kapitalistischer Art, wie wir sie aus den verrinischen Reden kennen. Kapitalistische Bodeninteressen können mit den bäuerlichen bei der Expansion in Konflikt geraten. Ein solcher hat in der langen Epoche der Ständekämpfe in Rom bis zu den Gracchen bei der Expansionspolitik seine Rolle gespielt: die großen Geld-, Vieh- und Menschenbesitzer wünschten den neu gewonnenen Boden naturgemäß als öffentliches pachtbares Land (ager publicus) behandelt zu sehen, die Bauern, solange es sich um nicht zu entlegene Gebiete handelte, verlangten seine Aufteilung für die Landversorgung ihres Nachwuchses; die starken Kompromisse beider Interessen spiegeln sich in der im einzelnen gewiß wenig zuverlässigen Tradition doch deutlich wider.

Die überseeische Expansion Roms zeigt, soweit sie ökonomisch bedingt ist, Züge – und zwar in so ausgeprägter Art und zugleich so gewaltigem Maßstabe zum erstenmal in der Geschichte –, welche seitdem, in den Grundzügen ähnlich, immer wiederkehrten und noch heute wiederkehren. Sie sind einem, bei aller Flüssigkeit der Übergänge zu anderen Arten, dennoch spezifischen Typus kapitalistischer Beziehungen eigen, – oder vielmehr: sie bieten ihm die Existenzbedingungen, – den wir imperialistischen Kapitalismus nennen wollen. Es sind die kapitalistischen Interessen von Steuerpächtern, Staatsgläubigern, Staatslieferanten, staatlich privilegierten Außenhandelskapitalisten und Kolonialkapitalisten. Ihre Profitchancen ruhen durchweg auf der direkten Ausbeutung politischer Zwangsgewalten, und zwar expansiv gerichteter Zwangsgewalt. Der Erwerb überseeischer „Kolonien" seitens einer politischen Gemeinschaft gibt kapitalistischen Interessenten gewaltige Gewinnchancen durch gewaltsame Versklavung oder doch glebae adscriptio der Insassen zur Ausbeutung als Plantagenarbeitskräfte (in großem Maßstab anscheinend zuerst von den Karthagern organisiert, in ganz großem Stil zuletzt von den Spaniern in Südamerika, den Engländern in den amerikanischen Südstaaten und den Holländern in Indonesien), ferner zur gewaltsamen Monopolisierung des Handels mit diesen Kolonien und eventuell anderer Teile des Außenhandels. Die Steuern der neu okkupierten Gebiete geben, wo immer der eigene Apparat der politischen Gemeinschaft nicht zu ihrer Beitreibung geeignet ist – wovon später zu reden sein wird –, kapitalistischen Steuerpächtern Gewinnchancen. Die gewaltsame Expansion durch Krieg und die Rüstungen dafür schaffen, vorausgesetzt, daß die sachlichen Betriebsmittel des Kriegs nicht, wie im reinen Feudalismus, durch Selbstausrüstung, sondern durch die politische Gemeinschaft als solche beschafft werden, den weitaus ergiebigsten Anlaß zur Inanspruchnahme von Kredit größten Umfangs und steigern die Gewinnchancen der kapitalistischen Staatsgläubiger, welche schon im zweiten punischen Kriege der römischen Politik ihre Bedingungen vorschrieben. Oder, wo das endgültige Staatsgläubigertum eine Massenschicht von Staatsrentnern (Konsolbesitzern) geworden ist – der für die Gegenwart charakteristische Zustand –, schaffen sie die Chancen für die „emittierenden" Banken. In der gleichen Richtung liegen die Interessen der Lieferanten von Kriegsmaterial. Es werden dabei ökonomische Mächte ins Leben gerufen, welche an dem Entstehen kriegerischer Konflikte als solchen, einerlei welchen Ausgang sie für die eigene Gemeinschaft nehmen, interessiert sind. Schon Aristophanes scheidet die am Krieg von den am Frieden interessierten Gewerben, obwohl – wie auch in seiner Aufzählung zum Ausdruck kommt – der Schwerpunkt wenigstens für das Landheer damals noch in der Selbstausrüstung und daher in Bestellungen der einzelnen Bürger beim Handwerker: Schwertfeger, Panzermacher usw. liegt. Schon damals aber sind die großen privaten Handelslager, die man oft als „Fabriken" anspricht, vor allem Waffenlager. Heute ist der annähernd einzige Auftraggeber für Kriegsmaterial und Kriegsmaschinen die politische Gemeinschaft als solche, und das steigert deren kapitalistischen Charakter. Banken, welche Kriegsanleihen finanzieren, und heute große Teile der schweren Industrie, nicht nur die direkten Lieferanten von Panzerplatten und Geschützen, sind am Kriegführen quand même ökonomisch interessiert; ein verlorener Krieg bringt ihnen erhöhte Inanspruchnahme so gut wie ein gewonnener, und das eigene politische und ökonomische Interesse der an einer politischen Gemeinschaft Beteiligten an der Existenz großer inländischer Fabriken von Kriegsmaschinen nötigt sie, zu dulden, daß diese die ganze Welt, auch die politischen Gegner, mit solchen versorgen.

Welche ökonomischen Gegengewichte die imperialistischen kapitalistischen Interessen finden, hängt – soweit dabei direkt rein kapitalistische Motive mitspielen – vor allem von dem Verhältnis der Rentabilität der ersteren zu den pazifistisch gerichteten kapitalistischen Interessen ab, und dies wieder steht mit dem Verhältnis zwischen gemeinwirtschaftlicher und privatwirtschaftlicher Bedarfsdeckung in engem Zusammenhang. Diese ist daher auch für die Art der von den politischen Gemeinschaften gestützten ökonomischen Expansionstendenzen in hohem Maße bestimmend. Der imperialistische Kapitalismus, zumal koloniale Beutekapitalismus auf der Grundlage direkter Gewalt und Zwangsarbeit, hat im allgemeinen zu allen Zeiten die weitaus größten Gewinnchancen geboten, weit größer, als, normalerweise, der auf friedlichen Austausch mit den Angehörigen anderer politischer Gemeinschaften gerichtete Exportgewerbebetrieb. Daher hat es ihn zu allen Zeiten und überall gegeben, wo irgendwelches erhebliche Maß von gemeinwirtschaftlicher Bedarfsdeckung durch die politische Gemeinschaft als solche oder ihre Unterabteilungen (Gemeinden) bestand. Je stärker diese, desto größer die Bedeutung des imperialistischen Kapitalismus. Verdienstchancen im politischen „Ausland", zumal in Gebieten, welche politisch und ökonomisch neu „erschlossen", d. h. in die spezifisch modernen Organisationsformen der öffentlichen und privaten „Betriebe" gebracht werden, entstehen heute wieder zunehmend in „Staatsaufträgen" für Waffen, von der politischen Gemeinschaft besorgten oder mit Monopolen ausgestatteten Eisenbahn- und anderen Bauten, monopolistischen Abgabe-, Handels- und Gewerbeorganisationen und -konzessionen, Staatsanleihen. Das Vorwiegen derartiger Verdienstchancen steigert sich, auf Kosten der durch den gewöhnlichen privaten Güteraustausch zu erzielenden Gewinne, zunehmend mit zunehmender Bedeutung der Gemeinwirtschaft als Bedarfsdeckungsform überhaupt. Und durchaus parallel damit geht die Tendenz der politisch gestützten ökonomischen Expansion und des Wettbewerbs der einzelnen politischen Gemeinschaften, deren Beteiligte anlagefähiges Kapital zur Verfügung haben, dahin, sich derartige Monopole und Beteiligungen an „Staatsaufträgen" zu verschaffen[,] und tritt die Bedeutung der bloßen „offenen Tür" für den privaten Güterimport in den Hintergrund. Da nun die sicherste Garantie für die Monopolisierung dieser an der Gemeinwirtschaft des fremden Gebiets klebenden Gewinnchancen zugunsten der eigenen politischen Gemeinschaftsgenossen die politische Okkupation oder doch die Unterwerfung der fremden politischen Gewalt in der Form des „Protektorats" oder ähnlicher ist, so tritt auch diese „imperialistische" Richtung der Expansion wieder zunehmend an die Stelle der pazifistischen, nur „Handelsfreiheit" erstrebenden. Diese gewann nur so lange die Oberhand[,] als die privatwirtschaftliche Organisation der Bedarfsdekkung auch das Optimum der kapitalistischen Gewinnchancen nach der Seite des friedlichen, nicht – wenigstens nicht durch politische Gewalt – monopolisierten Güteraustauschs verschoben hatte. Das universelle Wiederaufleben des „imperialistischen" Kapitalismus, welcher von jeher die normale Form der Wirkung kapitalistischer Interessen auf die Politik war, und mit ihr des politischen Expansionsdrangs, ist also kein Zufallsprodukt und für absehbare Zeit muß die Prognose zu seinen Gunsten lauten.

Diese Situation würde sich schwerlich grundsätzlich ändern, wenn wir für einen Augenblick als gedankliches Experiment die einzelnen politischen Gemeinschaften als irgendwie „staatssozialistische", d. h. ein Maximum von ökonomischem Bedarf gemeinwirtschaftlich deckende Verbände denken. Jeder solche politische Gemeinwirtschaftsverband würde im „internationalen" Austausch diejenigen unentbehrlichen Güter, welche in seinem Gebiet nicht erzeugt werden (in Deutschland z. B.: Baumwolle), so billig wie möglich von denjenigen zu erwerben suchen, die ein natürliches Monopol ihres Besitzes haben und auszunützen trachten würden, und keinerlei Wahrscheinlichkeit spricht dafür, daß, wo Gewalt am leichtesten zu günstigen Tauschbedingungen führen würde, sie nicht angewendet würde. Dadurch entstünde eine, wenn nicht formelle, doch tatsächliche Tributpflicht des Schwächeren, und es ist übrigens auch nicht abzusehen, warum die stärksten staatssozialistischen Gemeinschaften es verschmähen sollten, für ihre Teilhaber von schwächeren Gemeinschaften auch ganz ausdrückliche Tribute, ganz wie es in der frühen Vergangenheit überall geschah, zu erpressen, wo sie könnten. Die „Masse" der Teilhaber einer politischen Gemeinschaft ist auch ohne „Staatssozialismus" ökonomisch so wenig notwendig pazifistisch interessiert, wie irgendeine Einzelschicht. Der attische Demos – und nicht nur er – lebte ökonomisch vom Krieg, der ihm Sold und, im Fall des Sieges, Tribute der Untertanen einbrachte, welche faktisch in der kaum verhüllenden Form von Präsenzgeldern bei Volksversammlungen, Gerichtsverhandlungen und öffentlichen Festen unter die Vollbürger verteilt wurden. Hier war das Interesse an imperialistischer Politik und Macht jedem Vollbürger handgreiflich. Die heutigen, von außerhalb einer politischen Gemeinschaft an deren Beteiligte fließenden Erträgnisse, auch diejenigen imperialistischen Ursprungs und faktisch „Tribut"artigen Charakters, ergeben eine so handgreifliche Interessenkonstellation für die Massen nicht. Denn die Tribute an die „Gläubigervölker" erfolgen unter der heutigen Wirtschaftsordnung in der Form der Abführung von ausländischen Schuldzinsen oder Kapitalgewinnsten an die besitzenden Schichten des „Gläubigervolks". Dächte man sich diese Tribute gestrichen, so bedeutete das einen immerhin für Länder wie etwa England, Frankreich, Deutschland sehr fühlbaren Rückgang der Kaufkraft auch für Inlandsprodukte, welcher den Arbeitsmarkt zu ungunsten der betreffenden Arbeiter beeinflussen würde. Wenn trotzdem die Arbeiterschaft auch in Gläubigerstaaten in sehr starkem Maße pazifistisch gesonnen ist und insbesondere an dem Fortbestand und der zwangsweisen Beitreibung solcher Tribute von ausländischen zahlungssäumigen Schuldnergemeinschaften oder der Erzwingung der Anteilnahme an der Ausbeutung fremder Kolonialgebiete und Staatsaufträge meist keinerlei Interesse zeigt, so ist dies einerseits ein naturgemäßes Produkt der unmittelbaren Klassenlage und der sozialen und politischen Situation innerhalb der Gemeinschaften in einer kapitalistischen Wirtschaftsepoche. Die Tributberechtigten gehören der gegnerischen Klasse an, welche zugleich die politische Gemeinschaft beherrscht, und jede erfolgreiche imperialistische Zwangspolitik nach außen stärkt normalerweise mindestens zunächst auch „im Innern" das Prestige und damit die Machtstellung und den Einfluß derjenigen Klassen, Stände, Parteien, unter deren Führung der Erfolg errungen ist. Zu diesen mehr durch die soziale und politische Konstellation bedingten Quellen von pazifistischen Sympathien treten bei den „Massen", zumal den proletarischen, ökonomische. Jede Anlage von Kapitalien in der Kriegsmaschinen- und Kriegsmaterialproduktion schafft zwar Arbeits- und Erwerbsgelegenheit, jede Staatsinstanz kann im Einzelfall ein Element direkter Konjunkturbesserung und erst recht indirekt durch Steigerung der Intensität des Erwerbsstrebens und durch Nachfragesteigerung eine Quelle gesteigerter Zuversicht in die ökonomischen Chancen der beteiligten Industrien und also einer Haussestimmung werden. Aber sie entzieht die Kapitalien anderen Verwendungsarten und erschwert die Bedarfsdeckung auf anderen Gebieten, und vor allem werden die Mittel in Form von Zwangsabgaben aufgebracht, welche – ganz abgesehen von den durch „merkantilistische" Rücksichten gegebenen Schranken der Heranziehung des Besitzes – die herrschenden Schichten normalerweise kraft ihrer sozialen und politischen Macht auf die Massen abzuwälzen verstehen. Die mit Militärkosten wenig belasteten Länder (Amerika), namentlich auch die Kleinstaaten[,] haben nicht selten eine, relativ gemessen, stärkere ökonomische Expansion ihrer Angehörigen – so die Schweizer – als Großmachtgebilde und werden außerdem zuweilen leichter zur ökonomischen Ausbeutung des Auslandes zugelassen, weil ihnen gegenüber nicht die Befürchtung besteht, daß die politische der ökonomischen Einmischung folgen werde. Wenn die pazifistischen Interessen der kleinbürgerlichen und proletarischen Schichten trotz allem erfahrungsgemäß sehr oft und leicht versagen, so liegen – wenn wir von besonderen Fällen, wie der Hoffnung auf den Erwerb von Auswanderungsgebieten in übervölkerten Ländern absehen – die Gründe teils in der stärkeren Zugänglichkeit jeder nicht organisierten „Masse" für Emotionen, teils in der unbestimmten Vorstellung von irgendwelchen, durch den Krieg entstehenden, unerwarteten Chancen, teils in dem Umstand, daß die „Massen" im Gegensatz zu anderen Interessenten subjektiv weniger auf das Spiel setzen. „Monarchen" haben für ihren

Thron einen verlorenen Krieg, die Machthaber und Interessenten einer „republikanischen Verfassung" umgekehrt einen siegreichen „General" zu fürchten, die Überzahl des besitzenden Bürgertums ökonomische Verluste infolge der Hemmung der Erwerbsarbeit, die herrschende Honoratiorenschicht unter Umständen eine gewaltsame Machtumstellung zugunsten der Besitzlosen im Fall einer Desorganisation durch Niederlage, die „Massen" als solche, wenigstens in ihrer subjektiven Vorstellung, nichts direkt Greifbares außer äußerstenfalls dem Leben selbst, eine Gefährdung, deren Einschätzung und Wirkung eine gerade in ihrer Vorstellung stark schwankende Größe darstellt und durch emotionale Beeinflussung im ganzen leicht auf Null reduzierbar ist.

Das Pathos dieser emotionalen Beeinflussung aber ist dem Schwerpunkt nach nicht ökonomischen Ursprungs, sondern ruht auf dem Prestige-Empfinden, welches bei politischen Bildungen mit Erringen einer an Machtstellung reichen Geschichte oft tief in die kleinbürgerlichen Massen hinabreicht. Das Attachement an das politische Prestige kann sich mit einem spezifischen Glauben an eine dem Großmachtgebilde als solchem eignenden Verantwortlichkeit vor den Nachfahren für die Art der Verteilung von Macht und Prestige zwischen den eigenen und fremden politischen Gemeinschaften vermählen. Es ist selbstverständlich, daß überall diejenigen Gruppen, welche innerhalb einer politischen Gemeinschaft sich im Besitze der Macht, das Gemeinschaftshandeln zu lenken, befinden, sich am stärksten mit diesem idealen Pathos des Macht-Prestiges erfüllen und die spezifischen und verläßlichsten Träger einer „Staats"-Idee als der Idee eines unbedingte Hingabe fordernden imperialistischen Machtgebildes bleiben. Ihnen zur Seite treten, außer den schon erörterten direkt materiellen imperialistischen Interessen, die teils indirekt materiellen, teils ideellen Interessen der innerhalb eines politischen Gebildes und durch dessen Existenz irgendwie ideell privilegierten Schichten. Das sind vor allem diejenigen, welche sich als spezifische „Teilhaber" einer spezifischen „Kultur" fühlen, welche im Kreise der an einem politischen Gebilde Beteiligten verbreitet ist. Das nackte Prestige der „Macht" wandelt sich jedoch unter dem Einfluß dieser Kreise unvermeidlich in andere, spezifische Formen ab, und zwar in die Idee der „Nation".

„Nation" ist ein Begriff, der, wenn überhaupt eindeutig, dann jedenfalls nicht nach empirischen gemeinsamen Qualitäten der ihr Zugerechneten definiert werden kann. Er besagt, im Sinne derer, die ihn jeweilig brauchen, zunächst unzweifelhaft: daß gewissen Menschengruppen ein spezifisches Solidaritätsempfinden anderen gegenüber *zuzumuten* sei, gehört also der Wertsphäre an. Weder darüber aber, wie jene Gruppen abzugrenzen seien, noch darüber, welches Gemeinschaftshandeln aus jener Solidarität zu resultieren habe, herrscht Übereinstimmung. „Nation" im üblichen Sprachgebrauch ist zunächst nicht identisch mit „Staatsvolk", d. h. der jeweiligen Zugehörigkeit einer politischen Gemeinschaft. Denn zahlreiche politische Gemeinschaften (so Österreich) umfassen Menschengruppen, aus deren Kreisen emphatisch die Selbständigkeit ihrer „Nation" den anderen Gruppen gegenüber betont wird oder andererseits Teile einer von den Beteiligten als einheitliche „Nation" hingestellten Menschengruppe (so ebenfalls Österreich). Sie ist ferner nicht identisch mit Sprachgemeinschaft, denn diese genügt keineswegs immer (wie bei Serben und Kroaten, Amerikanern, Iren und Engländern), sie scheint andererseits nicht unbedingt erforderlich (man findet den Ausdruck „Schweizer Nation“ auch in offiziellen Akten neben „Schweizer Volk“), und manche Sprachgemeinschaften empfinden sich nicht als gesonderte „Nation“ (so, wenigstens bis vor kurzem, etwa die Weißrussen). Allerdings pflegt die Prätension, als besondere „Nation“ zu gelten, besonders regelmäßig an das Massenkulturgut der Sprachgemeinschaft anzuknüpfen (so ganz überwiegend in dem klassischen Land der Sprachenkämpfe: Österreich und ebenso in Rußland und im östlichen Preußen), aber sehr verschieden intensiv (z. B. mit sehr geringer Intensität in Amerika und Kanada). Aber ebenso kann auch den Sprachgenossen gegenüber die „nationale“ Zusammengehörigkeit abgelehnt und dafür an Unterschiede des anderen großen „Massenkulturguts“: der Konfession (so bei Serben und Kroaten), ferner an Differenzen der sozialen Struktur und der Sitten (so bei den Deutschschweizern und Elsässern gegenüber den Reichsdeutschen, bei den Iren gegenüber den Engländern), also an „ethnische“ Elemente, vor allem aber an Erinnerungen an politische Schicksalsgemeinschaft mit anderen Nationen (bei den Elsässern mit den Franzosen seit dem Revolutionskriege, welche ihr gemeinsames Heldenzeitalter ist, wie bei den Balten mit den Russen, deren politische Geschicke sie mitgelenkt haben) angeknüpft werden. Daß „nationale“ Zugehörigkeit nicht auf realer Blutsgemeinschaft ruhen muß, versteht sich vollends von selbst: überall sind gerade besonders radikale „Nationalisten“ oft von fremder Abstammung. Und vollends ist Gemeinsamkeit eines spezifischen anthropologischen Typus zwar nicht einfach gleichgültig, aber weder ausreichend zur Begründung einer „Nation“ noch auch dazu erforderlich. Wenn gleichwohl die Idee der „Nation“ gern die Vorstellung der Abstammungsgemeinschaft und einer Wesensähnlichkeit (unbestimmten Inhalts) einschließt, so teilt sie das mit dem – wie wir sahen – ebenfalls aus verschiedenen Quellen gespeisten „ethnischen“ Gemeinsamkeitsgefühl. Aber ethnisches Gemeinsamkeitsgefühl allein macht noch keine „Nation“. „Ethnisches“ Zusammengehörigkeitsgefühl haben auch die Weißrussen den Großrussen gegenüber zweifellos immer gehabt, aber das Prädikat einer besonderen „Nation“ würden sie selbst jetzt schwerlich für sich in Anspruch nehmen. Die Teilnahme für die Idee eines Zusammengehörigkeitsgefühls mit der „polnischen Nation“ fehlte den Polen Oberschlesiens bis vor nicht allzulanger Zeit fast ganz: sie fühlten sich als „ethnische“ Sondergemeinschaft gegenüber den Deutschen, waren aber preußische Untertanen und weiter nichts. Das Problem, ob wir die Juden als „Nation“ bezeichnen dürfen, ist alt; es würde meist negativ, jedenfalls aber nach Art und Maß verschieden beantwortet werden von der Masse der russischen Juden, den sich assimilierenden westeuropäisch-amerikanischen Juden, den Zionisten und vor allem sehr verschieden auch von den Umweltvölkern: z. B. den Russen einerseits, den Amerikanern (wenigstens denjenigen, die noch heute wie ein amerikanischer Präsident in einem offiziellen Schriftstück an der „Wesensähnlichkeit“ amerikanischer und jüdischer Art festhalten) andererseits. Und diejenigen deutschredenden Elsässer, welche die Zugehörigkeit zur deutschen „Nation“ ablehnen und die Erinnerung an die politische Gemeinschaft mit Frankreich pflegen, rechnen sich deshalb doch nicht schlechtweg zur französischen „Nation“. Die Neger der Vereinigten Staaten werden sich selbst, zur Zeit wenigstens, zur amerikanischen „Nation“ rechnen, schwerlich aber jemals von den südstaatlichen Weißen dazu gezählt werden. Den Chinesen sprachen noch vor 15 Jahren gute Kenner des Ostens die Qualität der „Nation“ ab: sie seien nur eine „Rasse“; heute würde das Urteil nicht nur der führenden chinesischen Politiker, sondern auch ganz derselben Beobachter anders lauten, und es scheint also, daß eine Menschengruppe die Qualität als „Nation" unter Umständen durch ein spezifisches Verhalten „erringen" oder als „Errungenschaft" in Anspruch nehmen kann, und zwar innerhalb kurzer Zeitspannen. Und andererseits finden sich Menschengruppen, welche nicht nur die Indifferenz, sondern direkt die Abstreifung der Bewertung der Zugehörigkeit zu einer einzelnen „Nation" als „Errungenschaft" in Anspruch nehmen, in der Gegenwart vor allem gewisse führende Schichten der Klassenbewegung des modernen Proletariats, mit übrigens je nach der politischen und sprachlichen Zugehörigkeit, und auch je nach den Schichten des Proletariats sehr verschiedenem, zur Zeit im ganzen eher wieder abnehmendem Erfolg.

Zwischen der emphatischen Bejahung, emphatischen Ablehnung und endlich völliger Indifferenz gegenüber der Idee der „Nation" (wie sie etwa der Luxemburger haben dürfte und wie sie den national „unerweckten" Völkern eignet), steht eine lückenlose Stufenfolge sehr verschiedenen und höchst wandelbaren Verhaltens zu ihr bei den sozialen Schichten auch innerhalb der einzelnen Gruppe, denen der Sprachgebrauch die Qualität von „Nationen" zuschreibt. Feudale Schichten, Beamtenschichten, erwerbstätiges „Bürgertum" der untereinander verschiedenen Kategorien, „Intellektuellen"-Schichten verhalten sich weder gleichmäßig noch historisch konstant dazu. Nicht nur die Gründe, auf welche der Glaube, eine eigene „Nation" darzustellen, gestützt wird, sondern auch dasjenige empirische Verhalten, welches aus der Zugehörigkeit oder Nichtzugehörigkeit zur „Nation" in der Realität folgt, ist qualitativ höchst verschieden. Das „Nationalgefühl" des Deutschen, Engländers, Amerikaners, Spaniers, Franzosen, Russen funktioniert nicht gleichartig. So – um den einfachsten Sachverhalt herauszugreifen – im Verhältnis zum politischen Verband, mit dessen empirischem Umfang die „Idee" der „Nation" in Widerspruch geraten kann. Dieser Widerspruch kann sehr verschiedene Folgen haben. Die Italiener im österreichischen Staatsverband würden sicherlich nur gezwungen gegen italienische Truppen fechten, große Teile der Deutschösterreicher heute nur mit äußerstem Widerstreben und ohne Verläßlichkeit gegen Deutschland, auch die ihre „Nationalität" am meisten Hochhaltenden unter den Deutschamerikanern dagegen – wenn auch nicht gern, so doch gegebenenfalls – bedingungslos gegen Deutschland, die Polen im deutschen Staatsverband wohl gegen ein russisch-polnisches, schwerlich aber gegen ein autonom polnisches Heer, die österreichischen Serben mit sehr geteilten Gefühlen und nur in der Hoffnung auf Erreichung gemeinsamer Autonomie gegen Serbien, die russischen Polen verläßlicher gegen ein deutsches, als gegen ein österreichisches Heer. Daß innerhalb der gleichen „Nation" die Intensität des Solidaritätsgefühls nach außen höchst verschieden stark und wandelbar ist, gehört zu den historisch bekanntesten Tatsachen. Im ganzen ist es gestiegen, auch wo die inneren Interessengegensätze nicht abgenommen haben. Die „Kreuzzeitung" rief vor 60 Jahren noch die Intervention des Kaisers von Rußland in innerdeutsche Fragen an, was heute trotz gesteigerter Klassengegensätze schwer denkbar wäre. Jedenfalls sind die Unterschiede sehr bedeutende und flüssige, und ähnlich findet auf allen anderen Gebieten die Frage: welche Konsequenzen eine Menschengruppe aus dem innerhalb ihrer mit noch so emphatisch und subjektiv aufrichtigem Pathos verbreiteten „Nationalgefühl" für die Entwicklung der Art eines spezifischen Gemeinschaftshandelns zu ziehen bereit ist, grundverschiedene Antworten.

Das Maß, in welchem eine „Sitte", korrekter: eine Konvention als „national" in der Diaspora festgehalten wird, ist ebenso verschieden wie die Bedeutung der Gemeinsamkeit von Konventionen es für den Glauben an den Bestand als einer gesonderten „Nation" ist. Eine soziologische Kasuistik müßte, dem empirisch gänzlich vieldeutigen Wertbegriff „Idee der Nation" gegenüber, alle einzelnen Arten von Gemeinsamkeits- und Solidaritäts-Empfindungen in ihren Entstehungsbedingungen und ihren Konsequenzen für das Gemeinschaftshandeln der Beteiligten entwickeln.

Das kann hier nicht versucht werden. Statt dessen ist hier noch etwas näher darauf einzugehen, daß die Idee der „Nation" bei ihren Trägern in sehr intimen Beziehungen zu „Prestige"-Interessen steht. In ihren frühesten und energischsten Äußerungen hat sie, in irgendeiner, sei es auch verhüllten Form, die Legende von einer providentiellen „Mission" enthalten, welche auf sich zu nehmen denen zugemutet wurde, an welche sich das Pathos ihrer Vertreter wendete, und die Vorstellung, daß diese Mission gerade durch die Pflege der individuellen Eigenart der als „Nation" besonderten Gruppe und nur durch sie ermöglicht werde. Mithin kann diese Mission – sofern sie sich selbst durch den Wert ihres Inhaltes zu rechtfertigen sucht – nur als eine spezifische „Kultur"-Mission konsequent vorgestellt werden. Die Überlegenheit oder doch die Unersetzlichkeit der nur kraft der Pflege der Eigenart zu bewahrenden und zu entwickelnden „Kulturgüter" ist es denn, an welcher die Bedeutsamkeit der „Nation" verankert zu werden pflegt, und es ist daher selbstverständlich, daß, wie die in der politischen Gemeinschaft Mächtigen die Staatsidee provozieren, so diejenigen, welche innerhalb einer „Kulturgemeinschaft", das soll hier heißen: einer Gruppe von Menschen, welchen kraft ihrer Eigenart bestimmte, als „Kulturgüter" geltende Leistungen in spezifischer Art zugänglich sind, die Führung usurpieren: die „Intellektuellen" also, wie wir sie vorläufig genannt haben, in spezifischem Maße dazu prädestiniert sind, die „nationale" Idee zu propagieren. Dann nämlich, wenn jene Kulturträger

[Notiz im Manuskript]

Kultur-Prestige und Macht-Prestige sind eng verbündet. Jeder *siegreiche* Krieg fördert das Kultur-Prestige. (Deutschland, Japan usw.) Ob er der „Kulturentwicklung" zu *gute* kommt ist eine andre, nicht mehr „wertfrei" zu lösende Frage. Sicher *nicht eindeutig* (Deutschland nach 1870!). Auch nach empirisch greifbaren Merkmalen *nicht*: Reine Kunst und Literatur von deutscher *Eigenart* sind *nicht* im politischen *Zentrum* Deutschlands entstanden.

[„Klassen", „Stände" und „Parteien"]

Jede (nicht nur die „staatliche") Rechtsordnung wirkt durch ihre Gestaltung direkt auf die *Machtverteilung* innerhalb der betreffenden Gemeinschaft ein, die der ökonomischen Macht sowohl wie auch jeder anderen. Unter „Macht" wollen wir dabei hier ganz allgemein die Chance eines Menschen oder einer Mehrzahl solcher verstehen, den eigenen Willen in einem Gemeinschaftshandeln auch gegen den Widerstand anderer daran Beteiligter durchzusetzen. „Ökonomisch bedingte" Macht ist natürlich nicht identisch mit „Macht" überhaupt. Die Entstehung ökonomischer Macht kann vielmehr umgekehrt Folge der aus anderen Gründen vorhandenen Macht sein. Macht wird aber ihrerseits nicht nur zu ökonomischen (Bereicherungs-)Zwecken erstrebt. Sondern Macht, auch ökonomische, kann „um ihrer selbst willen" gewertet werden, und sehr häufig ist das Streben nach ihr mitbedingt durch die soziale „Ehre", die sie bringt. Aber nicht jede Macht bringt soziale Ehre. Der typische amerikanische Boß ebenso wie der typische Großspekulant verzichtet bewußt auf sie, und ganz allgemein ist insbesondere gerade die „bloß" ökonomische Macht, namentlich die „nackte" Geldmacht, keineswegs eine anerkannte Grundlage sozialer „Ehre". Und andererseits ist nicht nur Macht die Grundlage sozialer Ehre. Sondern umgekehrt kann soziale Ehre (Prestige) die Basis von Macht auch ökonomischer Art sein und war es sehr häufig. Die Rechtsordnung kann ebenso wie Macht, so auch Ehre garantieren. Aber sie ist wenigstens normalerweise nicht deren primäre Quelle, sondern auch hier ein Superadditum, welches die Chance ihres Besitzes steigert, ihn aber nicht immer sichern kann. Die Art, wie soziale „Ehre" in einer Gemeinschaft sich zwischen typischen Gruppen der daran Beteiligten verteilt, wollen wir die *„soziale Ordnung"* nennen. Zur „Rechtsordnung" verhält sie sich natürlich ähnlich, wie die Wirtschaftsordnung es tut. Mit dieser ist sie nicht identisch, denn die Wirtschaftsordnung ist uns ja lediglich die Art der Verteilung und Verwendung der ökonomischen Güter und Leistungen. Aber sie ist natürlich in hohem Maße durch sie bedingt und wirkt wieder auf sie zurück. –

Phänomene der Machtverteilung innerhalb einer Gemeinschaft sind nun die „Klassen", „Stände" und „Parteien".

„Klassen" sind keine Gemeinschaften in dem hier festgehaltenen Sinn, sondern stellen nur mögliche (und häufige) Grundlagen eines Gemeinschaftshandelns dar. Wir wollen da von einer „Klasse" reden, wo 1. einer Mehrzahl von Menschen eine spezifische ursächliche Komponente ihrer Lebenschancen gemeinsam ist, soweit 2. diese Komponente lediglich durch ökonomische Güterbesitz- und Erwerbsinteressen und zwar 3. unter den Bedingungen des (Güter- oder Arbeits-)*Markts* dargestellt wird („Klassenlage"). Es ist die allerelementarste ökonomische Tatsache, daß die Art$_{[,]}$ wie die Verfügung über sachlichen *Besitz* innerhalb einer sich auf dem Markt zum Zweck des Tauschs begegnenden und konkurrierenden Menschenvielheit verteilt ist, schon für sich allein spezifische Lebenschancen schafft. Sie schließt die Nichtbesitzenden nach dem Grenz-

nutzgesetz vom Mitkonkurrieren von allen Gütern hoher Bewertung zugunsten der Besitzenden aus und monopolisiert deren Erwerb faktisch für diese. Sie monopolisiert, unter sonst gleichen Umständen, die Tauschgewinnchancen für alle jene, welche, mit Gütern versorgt, auf den Tausch nicht schlechthin angewiesen sind, und steigert, generell wenigstens, ihre Macht im Preiskampf mit denen, welche besitzlos, nichts als ihre Arbeitsleistungen in Naturform oder in Form von Produkten eigener Arbeit anbieten können und diese unbedingt losschlagen müssen, um überhaupt ihre Existenz zu fristen. Sie monopolisiert die Möglichkeit, Besitz aus der Sphäre der Nutzung als „Vermögen“ in die Sphäre der Verwertung als „Kapital“ zu überführen, also die Unternehmerfunktion und alle Chancen direkter oder indirekter Teilnahme am Kapitalgewinn für die Besitzenden. Alles dies innerhalb der Sphäre des Geltens reiner Marktbedingungen. „Besitz“ und „Besitzlosigkeit“ sind daher die Grundkategorien aller Klassenlagen, einerlei, ob diese im Preiskampf oder im Konkurrenzkampf wirksam werden. Innerhalb dieser aber differenzieren sich die Klassenlagen weiter, je nach der Art des zum Erwerb verwertbaren Besitzes einerseits, der auf dem Markt anzubietenden Leistungen andererseits. Wohngebäudebesitz, Werkstätten- oder Lagerhaus- oder Verkaufslädenbesitz, landwirtschaftlich nutzbarer Grundbesitz und innerhalb dieser wieder großer und kleiner – ein quantitativer Unterschied mit eventuell qualitativen Folgen, – Bergwerksbesitz, Viehbesitz, Menschen-(Sklaven-)besitz, Verfügung über mobile Produktionswerkzeuge oder Erwerbsmittel aller Art, vor allem über Geld oder spezifisch leicht jederzeit gegen Geld auszutauschende Objekte, über Produkte eigener oder fremder Arbeit, verschieden je nach den verschiedenen Stadien der Genußreife, über verkehrsfähige Monopole irgendwelcher Art, – alle diese Unterschiede differenzieren die Klassenlagen der Besitzenden ebenso wie der „Sinn“, welchen sie der Verwertung ihres Besitzes, vor allem ihres geldwerten Besitzes, geben können und geben, je nachdem sie also z. B. zur Rentnerklasse oder zur Unternehmerklasse gehören. Und ebenso stark differenzieren sich die besitzlosen Anbieter von Arbeitsleistungen je nach der Art dieser sowohl, wie je nachdem sie diese in kontinuierlicher Beziehung zu einem Abnehmer oder von Fall zu Fall verwerten. Immer aber ist für den Klassenbegriff gemeinsam: daß die Art der Chance auf dem *Markt* diejenige Instanz ist, welche die gemeinsame Bedingung des Schicksals der Einzelnen darstellt. „Klassenlage“ ist in diesem Sinn letztlich: „Marktlage“. Nur Vorstufe wirklicher „Klassen“-Bildung ist jene Wirkung des nackten Besitzes rein als solchen, welche unter Viehzüchtern den Besitzlosen als Sklaven oder Hörigen in die Gewalt des Viehbesitzers gibt. Aber allerdings taucht hier, in der Viehleihe und der nackten Härte des Schuldrechts solcher Gemeinschaften, zum erstenmal der bloße „Besitz“ als solcher als bestimmend für das Schicksal des Einzelnen auf, sehr im Gegensatz zu den auf der Arbeit ruhenden Ackerbaugemeinschaften. Zur Grundlage von „Klassenlagen“ wurde das Gläubiger-Schuldner-Verhältnis erst in den Städten, wo sich ein – noch so primitiver – „Kreditmarkt“ mit je nach der Notlage steigenden Zinsfüßen und faktischer Monopolisierung des Darleihens durch eine Plutokratie entwickelte. Damit beginnen „Klassenkämpfe“. Eine Vielheit von Menschen dagegen, deren Schicksal nicht durch die Chance der eigenen Verwertung von Gütern oder Arbeit auf dem Markt bestimmt wird – wie z. B. die Sklaven –, sind im technischen Sinn keine „Klasse“ (sondern: ein „Stand“).

Es sind nach dieser Terminologie eindeutig ökonomische Interessen[,] und zwar an die Existenz des „Markts“ gebundene, welche die „Klasse“ schaffen. Gleichwohl aber ist der Begriff „Klassen*interesse*“ ein vieldeutiger und zwar nicht einmal eindeutig empirischer Begriff, sobald man darunter etwas anderes versteht als: die aus der Klassenlage mit einer gewissen Wahrscheinlichkeit folgende faktische Interessenrichtung eines gewissen „Durchschnitts“ der ihr Unterworfenen. Bei gleicher Klassenlage und auch sonst gleichen Umständen kann nämlich die Richtung, in welcher etwa der einzelne Arbeiter seine Interessen mit Wahrscheinlichkeit verfolgen wird, höchst verschieden sein, je nachdem er z. B. für die betreffende Leistung nach seiner Veranlagung hoch, durchschnittlich oder schlecht qualifiziert ist. Ebenso, je nachdem aus der „Klassenlage“ ein Gemeinschaftshandeln eines mehr oder minder großen Teils der von ihr gemeinsam Betroffenen oder sogar eine Vergesellschaftung unter ihnen (z. B. eine „Gewerkschaft“) erwachsen ist, von der sich der Einzelne bestimmte Resultate versprechen kann, oder nicht. Eine universelle Erscheinung ist das Herauswachsen einer Vergesellschaftung oder selbst eines *Gemeinschafts*handelns aus der gemeinsamen Klassenlage keineswegs. Vielmehr kann sich ihre Wirkung auf die Erzeugung eines im wesentlichen *gleich*artigen Reagierens, also (in der hier gewählten Terminologie): eines „Massenhandelns“, beschränken oder nicht einmal dies zur Folge haben. Oft ferner entsteht nur ein amorphes Gemeinschaftshandeln. So etwa das in der altorientalischen Ethik bekannte „Murren“ der Arbeiter: die sittliche Mißbilligung des Verhaltens des Arbeitsherrn, welche in seiner praktischen Bedeutung vermutlich einer gerade der neuesten gewerblichen Entwicklung wieder zunehmend typischen Erscheinung gleichkam: dem „Bremsen“ (absichtliche Einschränkung der Arbeitsleistung) der Arbeiterschaft kraft stillschweigenden Einverständnisses. Der Grad, in welchem aus dem „Massenhandeln“ der Klassenzugehörigen ein „Gemeinschaftshandeln“ und eventuell „Vergesellschaftungen“ entstehen, ist an allgemeine Kulturbedingungen, besonders intellektueller Art, und an den Grad der entstandenen Kontraste, wie namentlich an die *Durchsichtigkeit* des Zusammenhangs zwischen den Gründen und den Folgen der „Klassenlage“ gebunden. Eine noch so starke Differenzierung der Lebenschancen an sich gebiert ein „Klassenhandeln“ (Gemeinschaftshandeln der Klassenzugehörigen) nach allen Erfahrungen keineswegs. Es muß die Bedingtheit und Wirkung der Klassenlage deutlich erkennbar sein. Denn dann erst kann der Kontrast der Lebenschancen als etwas nicht schlechthin Gegebenes und Hinzunehmendes, sondern entweder 1. aus der gegebenen Besitzverteilung oder 2. aus der Struktur der konkreten Wirtschaftsordnung Resultierendes empfunden und dagegen nicht nur durch Akte eines intermittierenden und irrationalen Protestes, sondern in Form rationaler Vergesellschaftung reagiert werden. „Klassenlagen“ der ersten Kategorie gab es in einer solchen spezifisch nackten und durchsichtigen Art in der Antike und im Mittelalter in den städtischen Zentren, namentlich dann, wenn große Vermögen durch faktisch monopolisierten Handel in gewerblichen Produkten des betreffenden Orts oder in Nahrungsmitteln angehäuft wurden, unter Umständen ferner in der Landwirtschaft der allerverschiedensten Zeiten bei anwachsender erwerbswirtschaftlicher Ausnutzung. Das wichtigste historische Beispiel der zweiten Kategorie ist die Klassenlage des modernen „Proletariats“.

Jede Klasse kann also zwar Träger irgendeines, in unzähligen Formen möglichen „Klassenhandelns“ sein, aber sie muß es nicht sein, und jedenfalls ist sie selbst keine Gemeinschaft, und führt es zu Schiefheiten, wenn man sie mit Gemeinschaften begrifflich gleichwertig behandelt. Und der Umstand, daß Menschen in gleicher Klassenlage auf so fühlbare Situationen, wie es die ökonomischen sind, regelmäßig durch ein Massenhandeln in der dem Durchschnitt adäquatesten Interessenrichtung reagieren, – eine für das Verständnis geschichtlicher Ereignisse ebenso wichtige wie im Grund einfache Tatsache – darf vollends nicht zu jener Art von pseudowissenschaftlichem Operieren mit dem Begriff der „Klasse“, des „Klasseninteresses“ führen, die heut vielfach üblich ist und ihren klassischsten Ausdruck in der Behauptung eines begabten Schriftstellers gefunden hat; daß zwar der Einzelne sich über seine Interessen irren könne, die „Klasse“ über die ihrigen aber „unfehlbar“ sei.

Wenn also die Klassen an sich keine Gemeinschaften „sind“, so entstehen Klassenlagen doch nur auf dem Boden von Vergemeinschaftung. Nur ist das Gemeinschaftshandeln, welches sie zur Entstehung bringt, dem Schwerpunkt nach nicht ein solches der Zugehörigen der gleichen Klasse, sondern ein solches *zwischen* Angehörigen verschiedener Klassen. Dasjenige Gemeinschaftshandeln z. B., welches unmittelbar die Klassenlage der Arbeiter und Unternehmer bestimmt, sind: der Arbeitsmarkt, der Gütermarkt und der kapitalistische Betrieb. Die Existenz eines kapitalistischen Betriebes setzt ihrerseits aber wiederum das Bestehen eines sehr besonders gearteten, den Güterbesitz rein als solchen, insbesondere die prinzipiell freie Verfügungsmacht Einzelner über Produktionsmittel, schützenden Gemeinschaftshandelns: einer „Rechtsordnung“, und zwar einer solchen von spezifischer Art, voraus. Jede Art von Klassenlage, als vor allem auf der Macht des Besitzes rein als solchen ruhend, kommt am reinsten dann zur Wirksamkeit, wenn alle anderen Bestimmungsgründe der gegenseitigen Beziehungen in ihrer Bedeutung möglichst ausgeschaltet sind, und so die Verwertung der Macht des Besitzes auf dem Markt möglichst souverän zur Geltung gelangt. Zu den Hemmnissen einer konsequenten Durchführung des nackten Marktprinzipes gehören nun die „Stände“, welche uns vorerst nur unter diesem Gesichtspunkt in diesem Zusammenhang interessieren. Ehe wir sie kurz betrachten, sei nur noch bemerkt: Über die speziellere Art der Gegensätze der „Klassen“ (in dem hier festgehaltenen Sinne) ist nicht viel Allgemeines zu sagen. Die große Verschiebung, welche von der Vergangenheit zur Gegenwart hin sich vollzogen hat, läßt sich mit Inkaufnahme einiger Ungenauigkeit wohl dahin zusammenfassen: daß der durch die Klassenlage bewirkte Kampf sich zunehmend vom Konsumtivkredit zunächst zum Konkurrenzkampf auf dem Gütermarkt und dann zum Preiskampf auf dem Arbeitsmarkt verschoben hat. Die „Klassenkämpfe“ der Antike, – soweit sie wirklich „Klassenkämpfe“ und nicht vielmehr Ständekämpfe waren – waren zunächst Kämpfe bäuerlicher, (und daneben wohl auch: handwerklicher) von der Schuldknechtschaft bedrohter Schuldner gegen stadtsässige Gläubiger. Denn die Schuldknechtschaft ist, wie bei den Viehzüchtern, so auch noch in den Handels-, zumal den Seehandelsstädten die normale Folge der Vermögensdifferenzierung. Das Schuldverhältnis als solches erzeugte Klassenhandeln noch bis in Catilinas Zeit. Daneben trat, mit zunehmender Versorgung der Stadt durch auswärtige Getreidezufuhren, der Kampf um die Nahrungsmittel, in erster Linie die Brotversorgung und der Brotpreis, welcher die Antike und das ganze Mittelalter hindurch andauert und die Besitzlosen als solche gegen die wirklichen und vermeintlichen Interessenten der Brotteuerung zusammenschaarten und alle überhaupt für die Lebensführung, auch für die Handwerksproduktion wesentlichen Waren ergreift. Von Lohnkämpfen ist in der Antike und im Mittelalter und bis in die Neuzeit nur in langsam wachsenden Ansätzen die Rede, sie treten völlig nicht nur hinter den Sklavenaufständen, sondern auch hinter den Kämpfen auf dem Gütermarkt zurück.

Monopole, Vorkauf, Aufkauf, Zurückhaltung von Gütern vom Markt zwecks Preissteigerung sind das, wogegen in Antike und Mittelalter von den Besitzlosen protestiert wurde. Lohnpreisbildung ist dagegen heute der zentrale Punkt. Den Übergang stellen jene Kämpfe um den Zutritt zum Markt und um die Produktenpreisbildung dar, welche zwischen Verlegern und hausindustriellen Handwerkern im Übergang zur Neuzeit vorkamen. Ein ganz allgemeines und daher hier zu erwähnendes Phänomen der durch die Marktlage bedingten Klassengegensätze ist es, daß sie am bittersten zwischen den wirklich direkt am Preiskampf als Gegner Beteiligten zu herrschen pflegen. Nicht der Rentner, Aktionär, Bankier ist es, welcher vom Groll der Arbeiter getroffen wird – obwohl doch gerade in seine Kasse teils mehr, teils „arbeitsloserer" Gewinn fließt als in die des Fabrikanten oder Betriebsdirektors, – sondern fast ausschließlich dieser selbst, als der direkte Preiskampfgegner. Dieser einfache Tatbestand ist für die Rolle der Klassenlage in der politischen Parteibildung sehr oft ausschlaggebend gewesen. Er hat z. B. die verschiedenen Spielarten des patriarchalen Sozialismus und die wenigstens früher häufigen Bündnisversuche bedrohter ständischer Schichten mit dem Proletariat gegen die „Bourgeoisie" ermöglicht.

Stände sind, im Gegensatz zu den Klassen, normalerweise Gemeinschaften, wenn auch oft solche von amorpher Art. Im Gegensatz zur rein ökonomisch bestimmten „Klassenlage" wollen wir als „ständische Lage" bezeichnen jede typische Komponente des Lebensschicksals von Menschen, welche durch eine spezifische, positive oder negative, soziale Einschätzung der „*Ehre*" bedingt ist, die sich an irgendeine gemeinsame Eigenschaft vieler knüpft. Diese Ehre kann sich auch an eine Klassenlage knüpfen: die Unterschiede der Klassen gehen die mannigfaltigsten Verbindungen mit ständischen Unterschieden ein, und der Besitz als solcher gelangt, wie schon bemerkt, nicht immer, aber doch außerordentlich regelmäßig auf die Dauer auch zu ständischer Geltung. Im eigenwirtschaftlichen Nachbarverband ist in der ganzen Welt sehr häufig einfach der reichste Mann rein als solcher „Häuptling", was oft einen reinen Ehrenvorzug bedeutet. In der sog. reinen, d. h. jeder ausdrücklich geordneten ständischen Privilegierung Einzelner entbehrenden, modernen „Demokratie" kommt es z. B. vor, daß nur die Familien von annähernd gleicher Steuerklasse miteinander tanzen (wie dies z. B. für einzelne kleinere Schweizer Städte erzählt wird). Aber die ständische Ehre *muß* nicht notwendig an eine „Klassenlage" anknüpfen, sie steht normalerweise vielmehr mit den Prätensionen des nackten Besitzes als solchem in schroffem Widerspruch. Auch Besitzende und Besitzlose können dem gleichen Stande angehören und tun dies häufig und mit sehr fühlbaren Konsequenzen, so prekär diese „Gleichheit" der sozialen Einschätzung auf die Dauer auch werden mag. Die ständische „Gleichheit" des amerikanischen „gentleman" kommt z. B. darin zum Ausdruck: daß außerhalb der rein sachlich bedingten Unterordnung im „Betrieb" es – wo noch die alte Tradition herrscht – für streng verpönt gelten würde, wenn auch der reichste „Chef" seinen „Kommis" etwa abends im Klub, am Billard, am Kartentisch, in irgendeinem Sinn nicht als voll ebenbürtig behandeln und ihm etwa jenes, den Unterschied der „Stellung" markierende herablassende „Wohlwollen" angedeihen lassen wollte, welches der deutsche Chef niemals aus seinem Empfinden verbannen kann, – einer der wichtigsten Gründe, aus denen dort das deutsche Klubwesen niemals die Anziehungskraft des amerikanischen Klubs hat erreichen können.

Inhaltlich findet die ständische Ehre ihren Ausdruck normalerweise vor allem in der Zumutung einer spezifisch gearteten *Lebensführung* an jeden, der dem Kreise angehören will. Damit zusammenhängend in der Beschränkung des „gesellschaftlichen", d.h. des nicht ökonomischen oder sonst geschäftlichen, „sachlichen" Zwecken dienenden Verkehrs, einschließlich namentlich des normalen Konnubium, auf den ständischen Kreis bis zu völliger endogener Abschließung. Sobald nicht eine bloße individuelle und sozial irrelevante Nachahmung fremder Lebensführung, sondern ein einverständliches Gemeinschaftshandeln dieses Charakters vorliegt, ist die „ständische" Entwicklung im Gang. In charakteristischer Art entwickelt sich dergestalt die „ständische" Gliederung auf der Basis konventioneller Lebensführung zur Zeit in den Vereinigten Staaten aus der hergebrachten Demokratie heraus. Zum Beispiel so: daß nur der Einwohner einer bestimmten Straße („the Street") als zur „society" gehörig und verkehrsfähig angesehen, besucht und eingeladen wird. Vor allem aber so, daß die strikte Unterwerfung unter die jeweils in der Society herrschende Mode in einem bei uns unbekannten Grade auch bei Männern, als ein Symptom dafür, daß der Betreffende die Qualität als Gentleman *prätendiere*, gilt und infolgedessen darüber mindestens prima facie entscheidet, daß er auch als solcher behandelt wird, was z.B. für seine Anstellungschancen in „guten" Geschäften, vor allem aber für Verkehr und Konnubium mit „angesehenen" Familien ebenso wichtig wird, wie etwa die „Satisfaktionsfähigkeit" bei uns. Und im übrigen usurpieren etwa bestimmte, lange Zeit ansässige (und natürlich: entsprechend wohlhabende) Familien (so die „F. F. V." = „first families of Virginia") oder die wirklichen und angeblichen Abkömmlinge der „Indianerprinzessin" Pocahontas oder der Pilgerväter, Knickerbocker, die Zugehörigen einer schwer zugänglichen Sekte und allerhand durch irgendein anderes Merkmal sich abhebende Kreise „ständische" Ehre. In diesem Fall handelt es sich um rein konventionelle, wesentlich auf Usurpation (wie allerdings im Ursprung normalerweise fast alle ständische „Ehre") ruhende Gliederung. Aber der Weg von da zur rechtlichen Privilegierung (positiv und negativ) ist überall leicht gangbar, sobald eine bestimmte Gliederung der sozialen Ordnung faktisch „eingelebt" ist und, infolge der Stabilisierung der ökonomischen Machtverteilung, auch ihrerseits Stabilität erlangt hat. Wo die äußersten Konsequenzen gezogen werden, entwickelt sich der Stand zur geschlossenen „*Kaste*". Das heißt: es findet neben der konventionellen und rechtlichen auch noch eine *rituelle* Garantie der ständischen Scheidung statt, dergestalt, daß jede physische Berührung mit einem Mitglied einer als „niedriger" geschätzten Kaste für Angehörige der „höheren" als rituell verunreinigender, religiös zu sühnender Makel gilt, und die einzelnen Kasten teilweise ganz gesonderte Kulte und Götter entwickeln.

Zu diesen Konsequenzen steigert sich die ständische Gliederung im allgemeinen allerdings nur da, wo ihr Differenzen zugrunde liegen, die als „ethnische" angesehen werden. Die „Kaste" ist geradezu die normale Form, in welcher ethnische, an Blutsverwandtschaft glaubende, das Konnubium und den sozialen Verkehr nach außen ausschließende Gemeinschaften miteinander „vergesellschaftet" zu leben pflegen. So in der gelegentlich schon erörterten, über die ganze Welt verbreiteten Erscheinung der „Paria"-Völker: Gemeinschaften, welche spezifische Berufstraditionen handwerklicher oder anderer Art erworben haben, den ethnischen Gemeinsamkeitsglauben pflegen und nun in der „Diaspora", streng geschieden von allem nicht unumgänglichen persönlichen Verkehr und in rechtlich prekärer Lage, aber kraft ihrer ökonomischen Unentbehrlichkeit geduldet und oft sogar privilegiert, in politischen Gemeinschaften eingesprengt leben: die Juden sind das großartigste historische Beispiel. Die zur „Kaste" gesteigerte „ständische" und die bloß „ethnische" Scheidung differieren in ihrer Struktur darin, daß die erstere aus dem horizontalen unverbundenen Nebeneinander der letzteren ein vertikales soziales Übereinander macht. Korrekt ausgedrückt: daß eine umgreifende Vergesellschaftung die ethnisch geschiedenen Gemeinschaften zu einem spezifischen, politischen Gemeinschaftshandeln zusammenschließt. In ihrer Wirkung differieren sie eben darin: daß das ethnische Nebeneinander, welches die gegenseitige Abstoßung und Verachtung bedingt, aber jeder ethnischen Gemeinschaft gestattet, ihre eigene Ehre für die höchste zu halten, in der Kastengliederung ein soziales Untereinander, ein anerkanntes „Mehr" an „Ehre" zugunsten der privilegierten Kasten und Stände mit sich bringt, weil hier die ethnischen Unterschiede zu solchen der „Funktion" innerhalb der politischen Vergesellschaftung wurden (Krieger, Priester, politisch für Krieg und Bauten wichtige Handwerker usw.). Aber selbst das verachtetste Pariavolk pflegt irgendwie das den ethnischen und ständischen Gemeinschaften gleichmäßig eigene: den Glauben an die eigene spezifische „Ehre", weiter zu pflegen (so die Juden). Nur nimmt bei den negativ privilegierten „Ständen" das „Würdegefühl" – der subjektive Niederschlag sozialer Ehre und der konventionellen Ansprüche, welche der positiv privilegierte „Stand" an die Lebensführung seiner Glieder stellt, – eine spezifisch abweichende Wendung. Das Würdegefühl der positiv privilegierten Stände bezieht sich naturgemäß auf ihr nicht über sich selbst hinausweisendes „Sein", ihre „Schönheit und Tüchtigkeit" (καλο-κἀγαθία). Ihr Reich ist „von dieser Welt" und lebt für die Gegenwart und von der großen Vergangenheit. Das Würdegefühl der negativ privilegierten Schichten kann sich naturgemäß auf eine jenseits der Gegenwart liegende, sei es diesseitige oder jenseitige Zukunft beziehen, es muß sich mit anderen Worten aus dem Glauben an eine providentielle „Mission", an eine spezifische Ehre vor Gott als „auserwähltes Volk", also daraus speisen, daß entweder in einem Jenseits „die letzten die ersten" sein werden oder daß im Diesseits ein Heiland erscheinen und die vor der Welt verborgene Ehre des von ihr verworfenen Pariavolkes (Juden) oder -standes an das Licht bringen werde. Dieser einfache Sachverhalt, dessen Bedeutung in anderem Zusammenhang zu besprechen ist, und nicht das in Nietzsches vielbewunderter Konstruktion (in der „Genealogie der Moral") so stark hervorgehobene „Ressentiment" ist die Quelle des – übrigens, wie wir sahen, – nur begrenzt und für eins von Nietzsches Hauptbeispielen (Buddhismus) gar nicht zutreffenden Charakters der von den Pariaständen gepflegten Religiosität. Im übrigen ist der ethnische Ursprung der Ständebildung keineswegs die normale Erscheinung. Im Gegenteil. Und da keineswegs jedem subjektiv „ethnischen" Gemeinsamkeitsgefühl objektive „Rassenunterschiede" zugrunde liegen, so ist mit Recht die letztlich rassenmäßige Begründung ständischer Gliederungen durchaus eine Frage des konkreten Einzelfalls: sehr oft ist der „Stand", der ja gewiß in starkem Grade extrem wirkt, und auf einer Auslese der persönlich Qualifizierten (der Ritterstand: der kriegerisch[,] physisch und psychisch Brauchbaren) beruht, seinerseits Mittel der Reinzüchtung eines anthropologischen Typus. Aber die persönliche Auslese ist weit davon entfernt, der einzige oder vorwiegende Weg der Ständebildung zu sein: die politische Zugehörigkeit oder Klassenlage entschied von jeher mindestens ebenso oft und heute die letztere weit überwiegend. Denn die Möglichkeit „ständischer“ Lebensführung pflegt naturgemäß ökonomisch mitbedingt zu sein.

Praktisch betrachtet, geht die ständische Gliederung überall mit einer Monopolisierung ideeller und materieller Güter oder Chancen in der uns schon als typisch bekannten Art zusammen. Neben der spezifischen Standesehre, die stets auf Distanz und Exklusivität ruht, und neben Ehrenvorzügen wie dem Vorrecht auf bestimmte Trachten, auf bestimmte, durch Tabuierung anderen versagte Speisen, dem in seinen Folgen höchst fühlbaren Vorrecht des Waffentragens, dem Recht auf bestimmte nicht erwerbsmäßige, sondern dilettierende Arten der Kunstübung (bestimmte Musikinstrumente z. B.) stehen allerhand materielle Monopole. Selten ausschließlich, aber fast immer zu irgend einem Teil geben naturgemäß gerade sie die wirksamsten Motive für die ständische Exklusivität. Für das ständische Konnubium steht dem Monopol auf die Hand der Töchter des betreffenden Kreises das Interesse der Familien auf die Monopolisierung der ihm angehörigen potentiellen Freier zur Versorgung eben dieser Töchter mindestens gleichbedeutend zur Seite. Die konventionellen Vorzugschancen auf bestimmte Anstellungen steigern sich bei zunehmender ständischer Abschließung zu einem rechtlichen Monopol auf bestimmte Ämter für bestimmte ständisch abgegrenzte Gruppen. Bestimmte Güter, in typischer Art überall die „Rittergüter“, oft auch der Leibeigenen- oder Hörigenbesitz, endlich bestimmte Erwerbszweige werden Gegenstand ständischer Monopolisierung. Sowohl positiv: so, daß der betreffende Stand *allein* sie besitzen und betreiben darf, wie negativ: so, daß er sie um der Erhaltung seiner spezifischen Lebensführung willen *nicht* besitzen und betreiben darf. Denn die maßgebende Rolle der „Lebensführung“ für die ständische „Ehre“ bringt es mit sich, daß die „Stände“ die spezifischen Träger aller „Konventionen“ sind: alle „Stilisierung“ des Lebens, in welchen Äußerungen es auch sei, ist entweder ständischen Ursprungs oder wird doch ständisch konserviert. Bei aller großen Verschiedenheit zeigen die Prinzipien der ständischen Konventionen namentlich bei den höchstprivilegierten Schichten doch gewisse typische Züge. Ganz allgemein besteht die ständische Disqualifizierung ständisch privilegierter Gruppen für die gewöhnliche physische Arbeit, die, entgegen den alten gerade entgegengesetzten Traditionen, jetzt auch in Amerika einsetzt. Sehr häufig gilt jede rationale Erwerbstätigkeit, insbesondere auch „Unternehmertätigkeit“ als ständisch disqualifizierend und gilt ferner als entehrende Arbeit auch die künstlerische und literarische, sobald sie zum Erwerb ausgenutzt wird oder mindestens dann, wenn sie mit harter physischer Anstrengung verbunden ist, wie z. B. der im Staubkittel, wie ein Steinmetz arbeitende Bildhauer im Gegensatz zum Maler mit seinem salonartigen „Atelier“ und zu den ständisch akzeptierten Formen der Musikübung.

Die so sehr häufige Disqualifikation des „Erwerbstätigen“ als solchen ist, neben später zu berührenden Einzelgründen, eine direkte Folge des „ständischen“ Prinzips der sozialen Ordnung und seines Gegensatzes zur rein marktmäßigen Regulierung der Verteilung von Macht. Der Markt und die ökonomischen Vorgänge auf ihm kannte, wie wir sahen, kein „Ansehen der Person“: „sachliche“ Interessen beherrschen ihn. Er weiß nichts von „Ehre“. Die ständische Ordnung bedeutet gerade umgekehrt: Gliederung nach „Ehre“ und ständischer Lebensführung und ist als solche in der Wurzel bedroht, wenn der bloße ökonomische Erwerb und die bloße, nackte, ihren außerständischen Ursprung noch an der Stirn tragende, rein ökonomische Macht als solche jedem, der sie gewonnen hat, gleiche oder – da bei sonst gleicher ständischer Ehre doch überall der Besitz noch ein wenn auch uneingestandenes Superadditum darstellt – sogar dem Erfolg nach höhere „Ehre“ verleihen könnte[,] wie sie die ständischen Interessenten kraft ihrer Lebensführung für sich prätendieren. Die Interessenten jeder ständischen Gliederung reagieren daher mit spezifischer Schärfe gerade gegen die Prätensionen des reinen ökonomischen Erwerbs als solchen und meist dann um so schärfer, je bedrohter sie sich fühlen: die respektvolle Behandlung des Bauern etwa bei Calderon, im Gegensatz zu der gleichzeitigen ostensiblen Verachtung der „Kanaille“ bei Shakespeare[,] zeigt diese Unterschiede des Reagierens einer festgefügten, gegenüber einer ökonomisch ins Wanken geratenen ständischen Gliederung und ist Ausdruck eines überall wiederkehrenden Sachverhalts. Die ständisch privilegierten Gruppen akzeptierten eben deshalb den „Parvenu“ niemals persönlich wirklich vorbehaltlos – mag seine Lebensführung sich der ihrigen noch so völlig angepaßt haben –, sondern erst seine Nachfahren, welche in den Standeskonventionen ihrer Schicht erzogen sind und die ständische Ehre nie durch eigene Erwerbsarbeit befleckt haben. –

Als *Wirkung* ständischer Gliederung läßt sich demgemäß ganz allgemein nur ein allerdings sehr wichtiges Moment feststellen: die Hemmung der freien Marktentwicklung. Zunächst für diejenigen Güter, welche die Stände durch Monopolisierung dem freien Verkehr direkt entziehen, es sei rechtlich oder konventionell, wie z. B. das ererbte Gut in vielen hellenischen Städten der spezifisch ständischen Epoche und (wie die alte Entmündigungsformel für Verschwender zeigt) ursprünglich auch in Rom, ebenso die Rittergüter, Bauerngüter, Priestergüter und vor allem die Kundschaft eines zünftigen Gewerbes oder Gildehandels. Der Markt wird eingeschränkt, die Macht des nackten Besitzes rein als solchen, welche der „Klassenbildung“ den Stempel aufdrückt, zurückgedrängt. Die Wirkungen davon können die allerverschiedensten sein und liegen natürlich keineswegs etwa notwendig in der Richtung einer Abschwächung der Kontraste der ökonomischen Situation; oft im Gegenteil. Jedenfalls aber ist von wirklich freier Marktkonkurrenz im heutigen Sinn überall da keine Rede, wo ständische Gliederungen eine Gemeinschaft so stark durchziehen, wie dies in allen politischen Gemeinschaften der Antike und des Mittelalters der Fall war. Aber eher noch weittragender als diese direkte Aussperrung gewisser Güter vom Markt ist der aus der erwähnten Gegensätzlichkeit der ständischen gegen die rein ökonomische Ordnung folgende Umstand, daß der ständische Ehrbegriff in den meisten Fällen gerade das Spezifische des Markts: das Feilschen, überhaupt perhorresziert, sowohl unter Standesgenossen, wie zuweilen für Mitglieder eines Standes überhaupt, und daß es daher überall Stände, und zwar meist die einflußreichsten, gibt, für welche fast jede Art von offener Beteiligung am Erwerb schlechthin als ein Makel gilt.

Man könnte also, mit etwas zu starker Vereinfachung, sagen: „Klassen“ gliedern sich nach den Beziehungen zur Produktion und zum Erwerb der Güter, „Stände“ nach den Prinzipien ihres Güter*konsums* in Gestalt spezifischer Arten von „Lebensführung". Auch ein „Berufsstand" ist „Stand", d.h. prätendiert mit Erfolg soziale „Ehre" normalerweise erst kraft der, eventuell durch den Beruf bedingten, spezifischen „Lebensführung". Die Unterschiede vermischen sich freilich oft, und gerade die nach ihrer „Ehre" am strengsten geschiedenen ständischen Gemeinschaften: die indischen Kasten, zeigen heute – allerdings innerhalb bestimmter, sehr fester Schranken – ein relativ hohes Maß von Indifferenz gegenüber dem „Erwerb", der namentlich seitens der Brahmanen in der allerverschiedensten Form gesucht wird.

Über die allgemeinen ökonomischen Bedingungen des Vorherrschens „ständischer" Gliederung läßt sich im Zusammenhang mit dem eben Festgestellten ganz allgemein nur sagen: daß eine gewisse (relative) Stabilität der Grundlagen von Gütererwerb und Güterverteilung sie begünstigt, während jede technisch-ökonomische Erschütterung und Umwälzung sie bedroht und die „Klassenlage" in den Vordergrund schiebt. Zeitalter und Länder vorwiegender Bedeutung der nackten Klassenlage sind der Regel nach technisch-ökonomische Umwälzungszeiten, während jede Verlangsamung der ökonomischen Umschichtungsprozesse alsbald zum Aufwachsen „ständischer" Bildungen führt und die soziale „Ehre" wieder in ihrer Bedeutung restituiert. –

Während die „Klassen" in der „Wirtschaftsordnung", die „Stände" in der „sozialen Ordnung", also in der Sphäre der Verteilung der „Ehre", ihre eigentliche Heimat haben und von hier aus einander gegenseitig und die Rechtsordnung beeinflussen und wiederum durch sie beeinflußt werden, sind „*Parteien*" primär in der Sphäre der „Macht" zu Hause. Ihr Handeln ist auf soziale „Macht", und das heißt: Einfluß auf ein Gemeinschaftshandeln gleichviel welchen Inhalts ausgerichtet: es kann Parteien prinzipiell in einem geselligen „Klub" ebensogut geben wie in einem „Staat". Das „parteimäßige" Gemeinschaftshandeln enthält, im Gegensatz zu dem von „Klassen" und „Ständen", bei denen dies nicht notwendig der Fall ist, stets eine Vergesellschaftung. Denn es ist stets auf ein planvoll erstrebtes Ziel, sei es ein „sachliches": die Durchsetzung eines Programms um ideeller oder materieller Zwecke willen, sei es ein „persönliches": Pfründen, Macht und, als Folge davon, Ehre für ihre Führer und Anhänger oder, und zwar gewöhnlich, auf dies alles zugleich gerichtet. Sie sind daher auch möglich nur innerhalb von Gemeinschaften, welche ihrerseits irgendwie vergesellschaftet sind, also irgendwelche rationale Ordnung und einen Apparat von Personen besitzen, welche sich zu deren Durchführung bereit halten. Denn eben diesen Apparat zu beeinflussen und womöglich aus Parteianhängern zusammenzusetzen[,] ist Ziel der Parteien. Sie können im Einzelfall durch „Klassenlage" oder „ständische Lage" bedingte Interessen vertreten und ihre Anhängerschaft entsprechend rekrutieren. Aber sie brauchen weder reine „Klassen"- noch rein „ständische" Parteien zu sein und sind es meist nur zum Teil, oft gar nicht. Sie können ephemere oder perennierende Gebilde darstellen, und ihre Mittel zur Erlangung der Macht können die allerverschiedensten sein, von nackter Gewalt jeder Art bis zum Werben um Wahlstimmen mit groben oder feinen Mitteln: Geld, sozialem Einfluß, Macht der Rede, Suggestion und plumper Übertölpelung, und bis zur mehr groben oder mehr kunstvollen Taktik der Obstruktion innerhalb parlamentarischer Körperschaften. Ihre soziologische Struktur ist notwendig grundverschieden je nach derjenigen des Gemeinschaftshandelns, um dessen Beeinflussung sie kämpfen, je nachdem die Gemeinschaft z. B. ständisch oder klassenmäßig gegliedert ist oder nicht, und vor allem je nach der Struktur der „Herrschaft“ innerhalb derselben. Denn um deren Eroberung handelt es sich ja für ihre Führer normalerweise. Sie sind, in dem allgemeinen Begriff, den wir hier festhalten, nicht erst Erzeugnisse spezifisch moderner Herrschaftsformen: auch die antiken und mittelalterlichen Parteien wollen wir als solche bezeichnen, trotz ihrer von den modernen so grundverschiedenen Struktur. Aber allerdings läßt sich infolge dieser Strukturunterschiede der Herrschaft auch über die Struktur der Partei, die stets ein um Herrschaft kämpfendes Gebilde ist und daher selbst, oft sehr straff, „herrschaftlich“ organisiert zu sein pflegt, nichts ohne Erörterung der Strukturformen der sozialen Herrschaft überhaupt aussagen. Diesem zentralen Phänomen alles Sozialen wenden wir uns daher jetzt zu. –

Vorher ist über die „Klassen“, „Stände“ und „Parteien“ nur noch im allgemeinen zu sagen: Daraus, daß sie notwendig eine sie umgreifende Vergesellschaftung, speziell ein politisches Gemeinschaftshandeln, innerhalb deren sie ihr Wesen treiben, voraussetzen, ist nicht gesagt, daß sie selbst an die Grenzen je einer einzelnen politischen Gemeinschaft gebunden wären. Im Gegenteil ist es von jeher an der Tagesordnung gewesen, von der Interessensolidarität der Oligarchen und Demokraten in Hellas, der Guelfen und Ghibellinen im Mittelalter, der calvinistischen Partei in der Zeit der religiösen Kämpfe bis zur Solidarität der Grundbesitzer (internationaler Agrarierkongreß), Fürsten (heilige Allianz, Karlsbader Beschlüsse), sozialistischen Arbeiter, Konservativen (Sehnsucht der preußischen Konservativen nach russischer Intervention 1850), daß die Vergesellschaftung, und zwar auch eine auf gemeinsamen Gebrauch von militärischer Gewalt abzielende Vergesellschaftung, über die Grenzen der politischen Verbände hinausgreift. Nur ist ihr Ziel dabei nicht notwendig die Herstellung einer neuen internationalen, politischen, das heißt aber: *Gebiets*herrschaft, sondern meist die Beeinflussung der bestehenden.

Kriegerstände.

I. *Charismatisch:*

1. Die *Gefolgschaftsleute*. Aufgenommen regelmäßig durch besonderen Treuvertrag mit den Herren.

   So die *merowingische* Trustis (die „antrustiones", „qui in truste dominica est" nach Lex Salica in der älteren Fassung), durch Treuschwur mit der Waffe: die berittene militärische Gefolgschaft zum Schutz (daher der Name, der = adjutorium gedeutet wird, deutsch vermutlich „Degen" genannt). Vielleicht Nachahmung der byzantinischen „Shole" (s. u.).

   Privilegien: a) Dreifaches Wergelt. Ursprünglich waren freie Franken, Römer, Sklaven in den Trustis, später nur Freie;
   b) gesonderter Rechtsgang (Lex Sal[ica] 106);
   c) Bußfälligkeit bei Zeugnisabgabe gegen einen Genossen;
   d) Versorgung am Tisch des Herrn *oder* – später – in gesonderten beliehenen Wirtschaften;
   e) Teilnahme an der Beratung des Herrn;
   f) vorzugsweise Verwendung bei wichtigen Amtsgeschäften und in Häusern.
2. Verschwunden ist die Trustis im 8. Jahrhundert. Die Karolingergefolgschaft hieß satellites, milites, viri militares, teils freie Vasallen, teils Ministeriale. Die „consiliarii" sind teils Hofbeamte, teils auswärtige Honoratioren.
   Die Zuziehung zur Trustis beruhte weitgehend auf ständischer *Erziehung* am Hof, wozu die Begüterten ihre Kinder zunehmend entsendeten.

II. *Traditional*:

1. Hörige *Dienstleute* des Königs: pueri regis oder p[ueri] aulici (vermutlich auch die Adalskalken in Bayern), zuweilen Antrustionen. Und: *unfrei*, also: doppeltes Litenwergelt.
2. Unfreie „in cohorte", militärisch bewaffnete Kolonen, Sklaven, Ministerialen. Im Fall der Berufsmäßigkeit heißen sie „honorati", haben Waffenrecht, Fähigkeit zu beneficia.

III. *Feudal*: freie *Vasallen* des Königs, durch freien Kontrakt unter Belehnung mit Waffen, politischen Herrengewalten, Land oder Renten zunächst lebenslänglich beliehen gegen Kommendation, Treuschwur und durch ständische *Ehre* garantierte Oboedienz.

Ständische Qualifikation: ritterliche Lebensführung und militärisch-höfische Bildung. Diese Vorbedingung ist erst durch Differenzierung der „milites" und Ministerialen des Herrn vor allem aus freien „Vassen" (keltischer Begriff) entstanden. Ursprünglich: Berufs- und durch Art der Beziehung zum Herrn determinierter Stand.

Mit Appropriation der Lehen umgekehrt: *erb*charismatisch qualifiziert durch rittermäßiges Leben der *Vorfahren* zur Übernahme von Lehen.

Kriegerstände.

A. *Gemeinfreie.*

1. Charismatische Krieger*genossen*: *Männerhaus*verband. Aufnahme nach Heldenaskesenerprobung und Noviziat durch Jünglingsweihe.
   Gegensatz: 1. Kinder,
   2. Greise,
   3. Weiber, zu denen jeder *nicht* durch die Jünglingsweihe Gegangene gezählt wird.

   Lebensführung: Familienlos im Hauskommunismus des Männerhauses, von Beute, Jagd und Speiseabgabe der abhängigen Wirtschaften (Weiber).

   Ständische Privilegien: „Rennbahn", Waffenführung, Werkzeugarbeit, Teilnahme an Jagd- und Beutezügen, Vorrechte beim Speisen (Braten), Teilnahme an den Kriegerorgien (ev. Kannibalismus) und Kriegerkulten, Recht auf Tribut, der Verfügung über Land und Sklaven sowie bestimmte Vieharten.

   Zuweilen Entwicklung zu Geheimklubs mit dem Monopol der (kamorraartigen) Waren- und Sicherheitskontrolle.

   Nach Ende der Jungmannschaftsperiode: Ausscheiden aus dem Männerhaus, Eintritt in die Familie („Landwehrzeit").

   Nach Ende der Milizfähigkeit: Aussetzung, Tötung, oder umgekehrt: Verehrung als Kenner der magischen Tradition.
2. Appropriierte traditionale Krieger*genossen*.
   Gegensatz: 1. negativ privilegierte: Hörige (Liten, Kolonen) und Sklaven,
   2. positiv privilegierte Kriegerstände.

   Der Gemeinfreie ist voll waffen*pflichtig* und, – gegenüber den negativ Privilegierten – allein waffen*berechtigt*. Er stellt sich seine Waffen selbst (Selbstequipierung) und muß, um dazu fähig, also im Besitz seiner Kriegsmittel zu sein, ursprünglich hinlänglich mit eigenem *Grund*besitz ausgestattet sein.

   Ständische Privilegien: Freizügigkeit, Steuerfreiheit, Fähigkeit vollen Bodenrechts, Teilnahme an der Ding- und Gerichtsgemeinde, Akklamation bei Fürstenkrönung.

[Hausverband, Sippe und Nachbarschaft]

Sexualbeziehungen
Prostitution

Haus⟨gemeinschaft⟩|:verband:|, Sippe u[nd] Nachbarschaft⟨sverband⟩ |

Hausgemeinschaft u[nd] Nachbarschaft⟨sverband⟩, Sippe

1. *Sexuelle* |:Beziehungen stiften *nicht* an sich:| Gemeinschaften. G[emeinschaften] *ohne* Versorgungsgemeinschaft höchst *labil*

   Insbes[ondere] Gemeinschaft des *Vaters* mit Kindern u[nd] Mutter

⟨2.⟩ Urwüchsig: Gemeinschaft v[on] *Mutter* u[nd] Kindern
ὁμογάλακτες =
Entscheidend: *Versorgungs*gemeinschaft
Niemals *nur* „Muttergruppen".

Stets daneben: Männergemeinschaften.
Reine Muttergruppe grade *nur* bei Männerhaus
|:Art der *Zurechnung* der *Kinder* zwiespältig:
„Vaterfolge" – „Mutterfolge"
1. *Ökonomisch* bedingt: Kaufmittel:|

⟨3.⟩ „Ehe" stets: G[e]g[en]satz *einer* spezif[ischen] Gemeinschaft g[e]g[en] *andre* (*legitim*)
Prakt[ische] Bedeutung: daß *nur* die ihr zugerechneten Abkömmlinge als Verbandsgenossen *anderer* Verbände (Sippen, Mark, polit[ischer] Verband, Kultverband) gelten.
|:also: *heteronom*.:|
Nur dies entscheidet „Ehelichkeit" begrifflich.

⟨4.⟩|:2.:|Alle Sexual- u[nd] Abstammungsgemeinschaften *primär* nur bedeutsam als (*normale*) Grundlage der *Hausgemeinschaft*

⟨5.⟩ Hausgemeinschaft setzt nicht „Haus" voraus, sondern: Versorgungsgemeinschaft v[on] Eltern u[nd] Kindern.
Nicht absolut primitiv u[nd] universell |:*Sondergut* beider Gatten gerade bei *primitiven* Verh[ältnissen] häufig
⟨Je nach *Militär*verband Beziehung des Mannes zur Familie

verschieden⟩
Ev[entuell] nur: *Zuschuß* z[um] Unterhalt (wie
heut: *Hausmiete*) ⟨Seßhafter *Ackerbau* normale Grundlage der
„Elternfamilie"⟩:|, aber: *normal*.

Quelle: der Pietät (*alle* daher abgeleitet)
der Autorität (*alle* " " soweit *traditionell*)

Grundlage: Überlegenheit des Stärkeren (Mannes, Erwachsenen)
des Erfahreneren (Erwachsenen)

Folge: Solidarität nach außen: Solidar*haftung*
Kommunismus nach innen (*Alltags*-Kommunismus)
Arbeit: nach Kräften, Genießen nach Bedürfnissen
(u[nd] Vorräten)
|:*Speise*gemeinschaft entscheidet:
|:⟨Solidarhaftung⟩:|
daher: *Speise*gemeinschaft universelle Form der
Verbrüderung.:|
ohne Abrechnung
ohne *Erbrecht* (unsterblich)
ohne Anteilsrechte. |

|:⟨5.⟩ *Größe* wechselnd. Heut: Eltern, |:unverehelichte:| Kinder, Dienstboten
Vergangenheit: *klein* bei zerstreuter Nahrungssuche
*Groß*familien
a) bei Arbeitskumulation durch arbeitsintensiven *Ackerbau* aus *technischen* Gründen
b) zur Zusammenhaltung des *Besitzes* aus ⟨sozialen⟩ *ständischen* Gründen.:|

⟨6.⟩|:3.:|Hausgem[einschaft] deckt *Alltags*bedarf an Arbeiten u[nd] Sachgütern
*eigen*wirtschaftlich.
Gelegenheits-Mehr-Bedarf: d[urch] *Nachbarschaftshilfe*.
„Nachbarschaft" universell als *ephemere* Gemeinschaft.
„Nothilfe" auf Tramway u[nd] Straße bes[onders] bei gemeinsamer
Gefahr. (Aufeinanderangewiesensein)
|:Aber *normaler* Träger: *Siedelungs*-Nachbarschaft: Lager-
gemeinschaft der Beduinen
Dorf der Ackerbauer.
Ethischer Gehalt::|
„Brüderlichkeitsbeziehung" (nüchtern u[nd] unpathetisch)

Bittleihe („precarium")
Bittarbeit (Hausbau Erntehilfe) } wie du mir, so ich dir
Bitt-Darlehen („mutuum")

Tausch ohne Feilschen nach Traditionswort.

⟨7.⟩ Nachbarschaft⟨sverband⟩ wird *Dauer*verband v[on] *Siedelnden* d[urch]
ökonomische Bedingungen:

Knappheit der Güter
des Bodens
Folge: *Geschlossener* Verband } Arbeitskumulationen
⟨Arbeits*kumulation*⟩ } notwendig
Geschlossenheit in sehr verschiedenem Tempo für
Acker, Wiese, } Verbände sehr verschiedenen
Weide } *Umfangs* Träger der
Wald } Genossenschaften.
Kombination von Hausgemeinschaft }
Dorfverband } das *Normale.*
Markgenossenschaft }

⟨*Entwicklung der Hausgemeinschaft*
(1 In der *Sexual*sphäre: Exclusivität der Geschlechtsansprüche *im* Hause
Hausexogamie sehr streng)|

⟨8.⟩|:4.:| *Sippe.*
der Schutzverband der (wirkl[ichen] oder fiktiven) Blutsgenossen f[ür] die *Person*
Quelle der „*Treue*" (alle Verbrüderung *Bluts*brüderschaft).
⟨In dieser Form *nicht* „primitiv".⟩

⟨Träger⟩ Garant der persönl[ichen] Sicherheit
d[urch] Blutrache nach außen (oft *begrenzt* auf best[immten] ⟨??⟩ Grad[)]
d[urch] Eidhilfe beim Schiedsspruch.
⟨*Innerhalb* der Sippe Blutrache unmöglich.⟩
|:Ersatz der Sicherheits*polizei*:|

Haftung für Frevel ihrer Mitglieder.
g[e]g[en] Dritte Menschen (Blutrache)
g[e]g[en] Götter (Eidhilfe)
⟨Im⟩ Zwischen Sippenbrüdern:
a) Unmöglichkeit des Kampfes u[nd] der Rache
Schiedsspruch statt dessen
Dafür: der *Älteste.*
⟨b) Regelung des *Sexual*verkehrs⟩
⟨c⟩ b) ⟨Anw⟩ Ökonomische Anwartschaftsrechte. insbes[ondere] bei *Siedelungs*gemeinschaft.

5. *Stamm*
militärischer Schutzverband f[ür] *Gebiets*schutz.
Weidereviere }
Jagdreviere } ⟨regelmäßig zugleich:⟩
Fischerei⟨gründe⟩gebiete pp. }

a) entweder ganz labil, nur ad hoc gebildet
b) oft identisch mit *Jagd*-Verband (Krieg u[nd] Jagd kombiniert noch in Assyrien[])]
c) oder *Dauer*verband *besonderer* Art.
Spezif[ische] Institutionen: militär[ische] Gliederung u[nd] Schulung.
Centralistisch: Altersklassen-Einteilung
„Männerhaus" für die Jungmannschaft.
|:Militär-*Communismus* ⟨*Raub*-Ehe.⟩:|
Jünglingsweihe
Kriegeraskese (Noviziat)
„Landwehr" in der Familie
⟨Altenteil.⟩
Dezentralistisch in verschiedenem Grade:
individuelle Familie *neben* Männerhaus
|:Frau Knecht dem Manne.:|
Mann *in* der Familie: Kleros, Kriegerloos mit Selbstequipierungspflicht
Altenteil (inkyo)|

Leiter des Stammes: meist *ad hoc*, für den Krieg, nach Tüchtigkeit.
Stamm = *außer*alltäglich = *Mindest*maß v[on] Traditionen
|:sexagenarios de ponte
„Jugendbewegung":|
Militär[ischer] Verband: Träger der *„Ehre"*
g[e]g[en] andere Stämme.
g[e]g[en] Frauen u[nd] nicht Wehrhafte.
(Spezif[ische] *Mannes*-Arbeiten Funktion dieser Geschlechtsehre.)

Verhältnis zwischen: Haus, Dorf, Mark, Sippe, Stamm

höchst verschieden u[nd] oft kompliziert.
Am einfachsten: wo Sippe = mehrere Häuser,
Stamm = mehrere Sippen ⟨ist⟩, Dorf Sippensiedelung ist.
Aber das ist *nicht* die Regel.
Sehr oft: Sippe geht quer durch die Häuser
zuweilen: " " " " die Stämme

Wirkung auf *Sexual*gemeinschaft:
|:Allgem[eine] Grundlage:
1. primitiv: Frau Arbeitskraft u[nd] Genußgut
daher *Tausch*objekt ihrer Sippe.
|:Sexuell: Die Versippten ihre *Zuhälter*:|
2. mit sozialer Differenzierung in Oberschichten:
Frau Luxusgut.
daher *Aus*stattung d[urch] Sippe der Frau
dafür: *Sicherstellung* der Frau u[nd] Kinder d[urch] Mannessippe
Dies Grundlage der „legitimen Ehe":|

Art der Zurechnung der *Kinder*: Vater- oder Mutterfolge.
bedingt:
1. ökonomisch
   a) Frauen*kauf* (Bina- u[nd] Diga-Ehe)

⟨2. militärisch d[urch] Männerhaus.
Frau Arbeitskraft u[nd] Kinderversorgerin.
bleibt in ihrer Sippe (Avunkulat)
Vater u[nd] Kinder haben *verschiedene*
Sippe.⟩

|:b) Bodenertrag u[nd] Bodenbesitz den *Frauen* zugerechnet, wenn Bodenals deren *Arbeits*stätte gilt (Sammel- u[nd] Hack-Kultur):|
c) wo Boden als *Speer*besitz gilt, Ausschluß der Frauen u[nd] ihrer Abkömmlinge.
Kinder treten in Wehrverband des Vaters.
d) Ebenso: in *Mark*verband |:des Vaters:| wo Boden *Rodungs*-Produkt ist.

2. militärisch je nach Art des Verbandes
bei Männerhaus: Mutterfolge
bei Dezentralisation: Vaterfolge
3. magisch d[urch] Regelung des Sexualverkehrs.
Klassensystem. |

Entwicklung der *Hausgemeinschaft*

Abschwächung der Vatergewalt.
„legitime" u[nd] „illegitime" Kinder geschieden
(Ausstattungs-Ehe)
Abschwächung der Gewalt über die Frau
Endpunkt: „freie" Ehe in Rom (Frau als *Mutter* rechtlos)
Beginn des *Rechnens* in der Gemeinschaft.
1. Sonder*erbrechte* an einzelnen G[e]g[en]ständen (militärisch bedingt b[ei] Heergewäte)
2. Zunahme der Teilungen, mit Abschwächung der Arbeitskumulation u[nd] steigender Bedeutung individuellen Erwerbes
|:3. Zunehmende *Berechenbarkeit* der individuellen *Leistungen* d[urch] Geldwirtschaft:
Konto:|
⟨⟨3⟩4. Scheidung von Haus u[nd] *Betrieb* d[urch] Kapitalismus
Mittelstufe: die italienischen Hausgemeinschaften
Entwicklung zur *Firma*.⟩
|:⟨5⟩4. Wo Ertrag d[urch] *Arbeit* vorwiegt, *leichte* Teilung
Wo ⟨Ertrag d[urch]⟩ *Besitz* maßgebend, *schwerer*.
So bei ⟨Güter⟩ Bodenbesitz:
große Geschlechter c[on]tra emanc[ipatio] legis Saxonicae

So bei *Kapital*besitz
Florenz c[on]tra Sizilien pp.
(Ausscheiden stets *Schand*):|

Aber: *nicht* einfach *Funktion* der Wirtschaft das Maß der Hausgewalt
Sondern: selbständig entwickelt.
Röm[ische] patria potestas *überdauerte* ökonomische Wandlung
|:(militärisch-politisch u[nd] sozial bedingt):|
Chines[ische] Elternpietät *rituell* bedingt.

Ökonomisch:
Doppelte Entfaltung der Hausgemeinschaft:
a) zum *Oikos*
b) zum ⟨*Betrieb*⟩ Erwerbs*betrieb*

ad b: Z[um] *Erwerbs*-Betrieb d[urch] *Scheidung* des Consumhaushaltes vom „Betrieb“:
Sondervermögen des Betriebes
Sonder*buchung*
Sonder-*Firma*
Allmähliche Loslösung von der Haushaltsgemeinschaft.
u[nd] Werkstatt-Gemeinschaft
cf. italienische H[andels]Gesellschaften

|: *Besonderheit* des Occidents: Trennung des Consum-Haushaltes vom *Betrieb*.
Vergleich: *China*.
Anfänge der Firma
Solidarhaft
aber: *kein* Sondervermögen
Sonst: *nirgends* diese Grundsätze:| |

Technisch d[urch] *Buchhaltung* ermöglicht, u[nd] d[urch] *Rechts*technik.

|:Grundlage:
Berechnung: „Kalkulation“
Gütervorräte = „Kapital“
„Profit“
„Bilanz“
„Rentabilität“
Kosten-Nutzen-Rechnung.
Konto-Rechnung
Geschichte der Buchhaltung.
Gewinn d[urch] *Verträge*
Vertrags*freiheit* Grundlage:|

Charakteristikum der occidentalen Kultur:
Selbständigkeit des *Betriebs* g[e]g[en]über
dem *Haushalt*
In China pp. alles *sippen*haft gebunden

ad a: Oikos – Großhaushalt ⟨a)⟩ nach *Bedarfs*deckungsprinzip
Prinzip: ⟨b)⟩ *Vermögens*-Nutzung
nicht: *Kapital*-Verwertung

Nicht: Kapital
sondern: *Nutz*-Güter, ⟨*Ertrags*-Vermögen⟩
|:nicht Rente, sondern Einkommen:|
nicht „Bilanz", sondern „Budget"
nicht Verträge, sondern *Herrschaft*
nicht Markt, sondern *Autarkie*
(dies nur *relativ*: ⟨Handel⟩
Absatz
Handel[)]
Aber *Zweck* stets: verbesserte *Bedarfs*deckung
Boden, Sklaven, Hörige, Grundholden
nicht: Arbeiter.
Spezialisierung der Arbeit u[nd] Abgaben nach *Bedarf*
des Herren.

*Zwischen*ding
a) Plantage } mit *Kauf*sklaven
Ergasterien }
auf dem Boden der *Kolonial*wirtschaft.

b) *Renten*grundherrschaft
Sklaven als *Renten*fonds, nicht als *Arbeits*kraft.
Ob als Rentenfonds oder als Fronarbeit genutzt, von
Städten abhängig
West-Ost-Deutschland.
Umschlag in Kapitalismus:
Gutswirtschaft (Exportgebiet)
Starosten – Industrie
|:Unterschied von industrieller „Kombination":
*Ausgangs*punkt: Verwertung des *Besitzes*, nicht: *Markt*-
bedingungen wie bei
Kombination (Hüttenzechen)
Resultat oft *identisch*:|
c) Renten-Ergasterien.
Apophora (griechisch)
Mandaku (babylonisch)
obrok (russisch)
Halssteuer (deutsch)
Prinzip der Kombination *verschieden*

Wirkung: nicht: Arbeits-*Organisation* sondern: Spezialisierung u[nd] Vielseitigkeit
Grund: *Vermögensanlage* |

|:Entwicklung der *Sexual*beziehungen u[nd] der *Ehe*:|

Vorstellung (bei ⟨Bebel⟩ F[riedrich] Engels u[nd] *Bebel*):
Urspr[ünglich] Promiskuität
Zeitweise sogar: Frau – *Überlegenheit*
Mutterrecht – Matriarchat
Legitime Ehe: d[urch] Privat-Eigentum
Interesse des *Mannes* an „legitimen“
Kindern f[ür] Erbrecht
Gegenbild: Prostitution
im Interesse der Besitzenden.
Mitwirkend: christl[iche] Askese, überspannte Sittlichkeit
Daran fast *Alles* falsch.
keine urspr[üngliche] Promiskuität
nur fehlt: Dauer-Beziehung
keine Mutterherrschaft (außer v[on]
bes[onderer] Funktion)
Frauen-*Knechtschaft* trotz Mutterrecht
|:Frau eines der ältesten *Objekte* des *Eigentums*:|
Legitime Ehe d[urch] *Frauen*Sippe im *Frauen*-Interesse
u[nd] Interesse *ihrer* Kinder
Prostitution so alt wie Geschichte
stets neben Dauer-Verbindungen
Sittl[iche] Auffassung der Ehe bei *allen* prophet[ischen]
Religionen

Ökonomische Grundlage: Arbeitsteilung der Geschlechter:
Frau: Sammel- u[nd] Hackarbeit, Spinnen, Weben pp.
Mann: Krieg, Jagd, Viehwartung, Eisenarbeit, Bauarbeit.

Oft: ständisches *Vorrecht* des Mannes
Aber: daraus *allein* die Gestaltung der Sexualbeziehungen nicht erklärlich.
Hohe wirtschaftl[iche] *Bewertung* der Arbeit *allein*
nun maßgebend
|:Folge: hohe *Preise*:|
Eigener *Besitz* u[nd] Stütze d[urch] eigene *Sippe* |

Entwicklungsgesch[ichtlich] primitivste Formen:

„Paarungsehe“
monogyn

labil (oft – Feuerländer – nur bis zur Geburt)
Verh[ältnis] zu Kind |:bei Mutter:| labil (in Australien
oft |:Tötung bei 2[ten] Kind:|)
Daher: Mutterbeziehung *näher* g[e]g[en] das 1[te]
Oft schon im 6[ten] Jahr eigene Nahrungssuche
Mit 16 Jahren: Eintritt in Kriegs- u[nd] Jagd-Gemeinschaft
Oft *Verkäufe* der Kinder (Feuerländer)
Mehrheit v[on] Frauen Funktion des *Reichtums* Vollpolygamie
Halbpolygamie (Hauptfrau) Folge der *Sicherung* der Stellung
einer Frau d[urch] deren Sippe
Kebsen (frei), Sklavinnen
Kinder Kinder dessen, der sie *besitzt*
(ev[entuell] der Frau).
Mehrheit der *Männer* der Frau Funktion der *Armut*.
Brüder haben Frau gemeinsam
Kriegs- u[nd] Jagd-Genossen [??] (gekauft, geraubt)

Nebeneinander: Frau im Hause des Mannes
" " " der eigenen Sippe
Funktion der Kaufkraft des Freiers
Stets Frau *Eigentum* der Sippe oder des
Mannes
Eigene Sippe *vermietet* sie } die Zuhälter
Mann *ebenfalls* } der Frau
gibt sie Gästen
dem Priester
dem Fürsten
Oft Recht (ius primae noctis)
Oft Pflicht, *vor* der Ehe zum *Erwerb* zu dienen
Eigener *Erwerb* d[urch] Prostitution uralt
Dies *verachtet*, weil illegal.
„Promiscuität" bei Orgien.|

Beginn der Regulierung: *Exogamie*, Begriff des Incestes.
Haus-Exogamie
E[xogamie] der ⟨Sippe⟩ Nächstversippten
Ausschluß des Eifersuchtskampfes: Befriedung
Umsichgreifen durch *Totem* (indianisch, australisch: Kobong)
Wappenzeichen v[on] Männergemeinschaft
(Jagd, Krieger)
Eingreifen des Animismus:
Tabuierung des Tiers (außer bei *Orgien*)
Gemeinschaft mit ihm
Abstammung von ihm (nicht immer)
*Stamm*gemeinschaft.
Sexual-*Polizei* das Totem
T[otem] teils d[urch] Vaterfolge } Verbot der
teils d[urch] Mutterfolge } Endogamie

Kombiniert mit *Alters*klassen (exogam)
(Folge der Militärorganisation[)]

T[otem] reicht *durch*

Hausgemeinschaft Dorfgemeinschaft Stamm	} quer *hindurch*

Durchbrechung der T[otem]'s: durch *Sippe* der *Besitzenden*

a) Mutter*folge*:
teils d[urch] Totem-Beziehung
" " *ökonomische* Bedingungen
(Vermögen des Freiers)
b) Mutter*recht*: *Vermögen*santeil der Kinder bei der Muttersippe
Nächster Blutsverwandter: *Avunculat*.
Am meisten: wo *Arbeit* der Frau als Quelle der Versorgung gilt.
Boden als *Arbeits*gelegenheit gewertet.
c) Beides *normal*: wo *entweder*
α) Mann zur Frau zieht, *oder*
β) sie nur *besucht* g[e]g[en] *Alimente*
|:„uneheliche Kinder" noch heut nach Mutterrecht.:|
In beiden Fällen der Mann *machtlos*
Muttersippe hat die Gewalt
d) *Fort*bestand kommt vor *trotz* Vaterhaushalt. *Dies* das Besondere am „Mutterrecht".

Mutterrecht nicht = *Recht* der *Mutter*
Mutter*recht* nicht = Mutter*gewalt*
Muttergewalt nicht = Gleichwertung der Frau
Nur *teilweise* = *eigene* sexuelle Freiheit
(Neben- u[nd] Nacheinander v[on] Männern)
meist = Prostitution d[urch] eigene *Sippe*
Konsequenz (bei *Vater*haushalt):
eigenes Vermögen
Scheidungsfreiheit
Erziehung der Kinder.|

Vater*gewalt* u[nd] Vater*folge* normal
a) Bei Viehhaltung (statt Arbeitskumulation im Ackerbau)
|:b) wo *Besitz* entscheidend wird statt *Arbeit*:|
⟨b⟩|:c):| bei Militärverfassung mit *Häuslichkeit* des Vaters (kein Männerhaus)

⟨Aber⟩ Auch da nicht unbedingt, wenn Frauen*arbeit* als Ergänzung wichtig. Daher:

1) Kampf zw[ischen] Vatergewalt u[nd] Mutterrecht massenhaft (Südsee besonders[)]
2) Kampf zw[ischen] Sippe u[nd] *Totem* ⟨meist⟩ oft parallel damit
   Reichste Familien nehmen *besonderes Wappen* an.

|:3) Bei *Sieg* der Vatergewalt oft *absolute* Versklavung der Frau d[urch] Mann
   der Kinder d[urch] Vater
   Alsdann: *Gleich*wertung v[on]
   eigenen Kindern
   Sklavinnenkindern
   gekauften Kindern
   v[on] Fremden
   „entwendeten" Kindern

4) *Steigerung* der Vatergewalt d[urch] Ahnenkult u[nd] |:Totenopfer.
   Rituelles Bedürfnis nach Nachkommen.:|
   (nicht *überall*, wo Vatergewalt)
   Strenger Patriarchalismus
   nicht „Ehe", sondern *reines* Besitzverhältnis:|

⟨3⟩ 5) Abschwächung dieser *reinen* Vatergewalt:
   d[urch] *Mitgift* u[nd] ⟨Pakten⟩ Ehe*pakten*
   a) Stellung der Frau als *Hauptfrau*
   b) Stellung der Kinder als *Erben*
   } Mitgift = *Abfindung* der Töchter v[om]Erbe
   Dies Quelle der *legitimen Ehe*
   Diese d[urch] Sippen-*Vertrag* geschaffen, als Abschwächung des Patriarchalismus.

6) Weitere *Festigung* der legitimen Ehe d[urch] konkurrierende Interessen
   a) der Sippe des Vaters
   b) des *Wehr*verbandes
   c) der Mark- u[nd] Dorfgenossen
   d) der Götter u[nd] Ahnen
   daran, daß
   |:a):| nur *Vollbürtige* mit eintreten
   Monopolisierung der *Boden*rechte (mit Knappheit)
   „Der Sohn der Magd soll nicht erben"
   Daher: *Monogamie* zuerst bei *freien* Wehrgemeinschaften (Hellenen, Römern)
   b) daran, daß das Geschlecht nicht *erlischt*
   " " *Opfer* gebracht werden
   d[urch] *legitime Erben*

|:daher *Vermögens*schicksal wichtig:|
„Legitim" ist, wer in den Augen ⟨des Verh⟩ *dieser Verbände* legitimiert ist. *Dadurch* legitime Ehe *Rechts*institut.

7) Sexuelle *Exclusivität* nur kraft *Besitz*-Verhältnis
Mädchen *vor* der Ehe nicht
Männer auch *in* der Ehe nicht.
Ehebruch = Verletzung fremder Ehe. |

Verte

|:Die Frau in der Ehe:|

1. Absolute Herrschaft der legitimen patriarchalen Einehe u[nd] Mannesgewalt:
   |:Persönliche u[nd] ökonomische *Domestikation* der Frau
   1. Geschlechtsvormundschaft (Fehlende Gerichtsstandschaft)
      Hellas
      Rom
      Islam.
      Mittelalter
   2. Gynaikonitis u[nd] Harem
      Hellas
      Orient
      Südl[iches] Mittelalter.
   3. Fehlen eigenen *Vermögens* ⟨Mitgift⟩
      Austritt aus der Sippe d[urch] Brautkauf
      Abfindung vom Erbe d[urch] Mitgift.
      Mitgift geht in das Vermögen des *Mannes* über.:|

      1. aus ⟨religiösen⟩ |:sacralen:| (rituellen) Gründen:
         China (Ahnenkult, Eltern-Pietät)
         Indien (Kastenritual)
         |:Rom (sacra der Familie):|
         Nur legitimer Nachfahre ist *Kasten*- u[nd] Sippen-Genosse in Indien.
         Absolute Mannesherrschaft
            Gewalt über Leben u[nd] Tod
            Witwenverbrennung in Indien
      2. aus politischen Gründen:
         Militarismus ⟨der Männer, Vorzugs⟩ (Ausschluß der Töchter von Bodenrente)
         |:Absolute Hausautorität des Vaters:|
         Aristokratismus (*Feudalismus*): *Ehre* des *Mannes* bestimmend
            Japan
            ⟨Rom⟩ Antike (römische manus)
            England (identity, coverture)
            Spanien.

2. Milderung:
   1. d[urch] theokratische Abschwächung u[nd] Begünstigung der Frau (Babylon, Pharisäer – |:Ketabo:|)
   2. d[urch] Entmilitarisierung u[nd] Pazifizierung

|:Folge: Beginn des *Töchter*erbrechtes am *Boden*.
Damit Problem des ehel[ichen] Güterrechtes
|:System: G[üter]*Gemeinschaft* wo *Arbeit* ⟨die u[nd] Erwerb⟩ die Grundlage
|:*Errungenschaft* wo *Erwerb* gemeinsam (Frau als Gehilfin im Laden):|
G[üter]Verbindung wo ererbter *Besitz* die Grundlage
([??] Nutznießung u[nd] Verwaltung):|
Die *besitzende*, nicht: die *arbeitende* Frau bereitet die Emanzipation vor.:|

⟨Späta⟩ |:Ägypten::|
Kein Geschlechtsvormund
Bestand der *Vertragsfreiheit* in Sexualsachen
|:Prakt[ische] Bedeutung: Sieg der *sinnlichsten* Frau:|
Fehlen der Sippe (Totenkult *nicht* d[urch] Sippe)
Spätantike:
„freie Ehe" in Rom
Freiheit als *Frau,* |:und *ökonomisch*.
Eigenes Vermögen
Güter*trennung*
Idealsystem.[)]:|
Entrechtung als *Mutter*.
Folge der *Rechts*technik (nur Protest g[e]g[en] Hausgewalt)
Absoluter *Staat* der Neuzeit (Naturrecht)
Österreich, Rußland (f[ür] *Oberschicht*)
England, liberale Gesetzgebung (Gladstone)

3. Hemmung der Emanzipation
   1. *Credit*-Interessen *für* Verfügungsrecht des Mannes gegen *Sicherung* der Frau
   2. Kapitalist[ische] Interessen (*Macht*) f[ür] Einheitlichkeit des Geldvermögens (ital[ienische] Städte)
   3. *Autoritäre* Interessen (Geschlechts-Prestige) |:Wichtigster Punkt:| |

Ökonomische Funktion der Frau: Entwicklung
zur reinen *Konsumtions*wirtschaft
Hausproduktion: Antike: Spinnen
Weben
(anders: Ägypten)

schafft *Markt*waren, daher geschützt im *Oikos* f[ür] Eigenbedarf
moderne Technik: Aushäusigkeit der Produktion
Absterben der Hausarbeit der Frau
Strickstrumpf Rudiment.
„Handarbeit".
schon in den *Zünften* Ausschluß der Frau: *maskuline* Produktion

Salon-Kultur:
Absterben des *Dilettierens* zu Gunsten der Meisterschaft
maskuliner Betrieb: Hochschulen
Techniken
künstlerische Produktion *maskulin.*

|:moderne Industrie: Zunahme der Frauen*arbeit*
damit aber *nicht*: der Frauen*ehre*:|

*Erziehungs*leistung
⟨Absterben: d[urch] Schul*betrieb*
Internate
Klostererziehung
Pensionen⟩
|:Erziehung stets nur *teilweise* im Hause.
⟨Magier
Krieger
außerhalb des Hauses⟩
wirtsch[aften] für Produktion:
landw[irtschaftlich] *im* Haus
(auch heut[])]
gewerbl[ich]:
bei *Erb*gewerbe im Haus
sonst: *Lehre*
(partiell im Haus)
Handel: im Haus
in der *Lehre* zunehmend
kapitalistisch: Arbeiter in der Fabrik
Techniker:
Hochschule pp.
⟨persönl[ich]⟩
militärisch: Kriegerschaft,
aushäusig,
|:Epheben – Männerhaus
Gymnasion
Ritterschaft.
Kaserne:|
e[in] Jahr.

NB! gehört zu ⟨*Haus*gemeinschaft⟩ *Jugend:*

religiös (*aktiv*): aushäusig (Guru,
Magier pp.)
|:wissenschaftlich: individ[uelle] *Lehre*
Schul*betrieb* zunehmend:|
persönlich: „allg[emeine] Bildung“,
Kindheits*erziehung*:
Internate, Pension,
Klöster (auch in Indien)
jetzt: „freie Schulgemeinden“
Klubs u[nd] Couleuren:|

Stellung der Frau *wechselnd*
Für *Männer* in neuerer Zeit gering (geringer als früher!)

Sonderstellung: amerikanische Lady
Autorität f[ür] *Männer*
sonst nur: f[ür] *Mädchen.* |

Soziale Lage der Frau

Weitgehend *unabhängig* v[om] Recht.
In England weit höher als in Frankreich u[nd]
Deutschland
trotz autoritären Patriarchats und des *Rechtes*
Ebenso in Rom g[e]g[en]über dem Orient.

Maßgebend
1. Schwinden der Polygamie
2. Zurücktreten der rein *sexuellen* Wertung
|:England
Skandinavien
Amerika
(Seltenheitswert):|
|:3. T*emporär*: d[urch] religiöse ⟨*Gemeinde*frömmigkeit⟩
Prophetie u[nd]
Philosophie
Buddha
Pythagoras
Jesus
Aber: nur *temporär.*
4. Geselligkeitsbedeutung der Frau
(*Luxus*-Frau = Dame)
Urspr[ünglich] überall *zwiespältig*:
a) Ehe
α) ökonomisch (Haushalt)
β) Aufzucht der Kinder
b) freie Prostitution f[ür] Sinnlichkeit.
Bedürfnis:

α) während Tabu-Periode
β) für reisende Kaufleute
γ) für *Soldaten*.
} die beiden reisenden u[nd] ehelosen Schichten (*Krieg* u[nd] *Handel*)

Formen: heilige Prostitution
Kedeschen
Babylon u[nd] antike Hierodulen
(aus Orgiastik u[nd] *Tanz*
kult[ischer] *Tanz* f[ür] Bedürfnis der
Kaufleute)
Erwerbsquelle der Tempel.

daneben bürgerl[iche] käufliche Prostituierte
(Sklavinnen oder *frei*)
überall sozial mißachtet
aber: anerkanntes Gewerbe
Kaste in *Indien*
Zünfte im Mittelalter v[on] Städten gehalten.

Geselligkeitsbedürfnis feinerer Art
künstlerische Produktion im *Hause*
Musik u[nd] Tanz
Konversation
Deva Dasa in Indien („Bajaderen")
Hetairen in Hellas (*ontrastes*)
Trägerinnen der freien Liebe u[nd] des *Geistes*.
Mit-Schöpferinnen des antiken „Salons"
(nur *Vor*stufen)
Aber: *maskuliner* Charakter der antiken Geselligkeit: Knabenliebe.
Ausschluß der *Ehefrauen* v[on] Bildung
in Indien u[nd] Antike.
Sinken der Frau in der hellenischen Antike.
⟨Neu im Mittelalter der *ritterlichen* Kultur:⟩
Einfluß der *Religion* (occidentale *Prophetie*)
Judentum
Islam
Christentum
} *lehnen Erotik ab*

„Rationalismus"
„Hurerei" (Quelle bei Juden: gegen *Orgiastik*)
Maximum: bei Konkubinat auf Monogamie:|

⟨Zwiespältig wirkend⟩ Ritterlicher Frauendienst.

Entwicklung des *Salons*
d.h. der *Bewährung* des Cavaliers *vor der Dame*

Ansätze in *Japan*
höfische Damen.
M[ittel]a[lterliche] Anfänge: ⟨Provence (dolce stil nuovo)⟩

Feudale Ritterlichkeit: Übertragung des Vasallen-
Begriffes auf die Dame
Verbindung mit Mariendiensten u[nd] Askese
mit Tournier-Ehre.
Reglementierung der Erotik („Liebeshöfe“)

Frauen*kult.*
⟨Anfänge in *Japan.*⟩
Asketische *Minne* der Ritter
beischlafslose Liebesnächte.
fremde Ehefrau
nicht Mädchen
nicht: eigene Frau.

Cortegiano: noch *militärisch*
engl[ischer] Salon: ebenso
französischer Salon: Cavalier
Conversation
Geist.
18. Jahrhundert Gipfel
Zusammenbruch mit *bürgerl[icher]*
Gesellschaft
1. Proskription der Prostitution
⟨|:Juden
Islam
Christentum:|⟩
hygienisch zufolge Syphillis
(Karl VIII 1498)
2. d[urch] protestantische Askese
⟨|:*alle jüdisch* beeinflußten Religionen:|⟩
3. d[urch] Ablehnung der Salon-Kultur
4. d[urch] „Menschenrechte“:
Gleichwertung der Frau
*Einzig*artigkeit des Occidents:
Verlust der sinnlichen Unbefangenheit
Anders: China, Indien, Orient, Antike. |

Früher u[nd] anderwärts *Conzessionen*
an Sittlichkeit
1) Polygamie u[nd] Halb-Polygamie
2) Konkubinat
Augustus – Lateran-Konzil – 1511
Wilde Ehen *unterdrückt.*
Zumutung der Keuschheit an den *Mann*

Nun: Erotische *Problematik.*
Nun: „Liebe“ *Lebens*schicksal: Konflikt mit ethischer Werthsphäre
Verantwortlichkeit
(Vergleich mit Orient u[nd] Antike) in Hellas *umgekehrte* Entwicklung.

Freie Liebe
Freie *Ehe*: Rom (leicht *scheidbar*)
Rußland
moderne Gesellschaft seit *Technik* der *Kinderverhütung*.
Zusammbruch von alten Postulaten.

Riesige Steigerung des *Prestiges* der Erotik
Außeralltäglichkeit.
„Sensation“ (*dies* das Spezifische)
Heraustreten aus organischen ⟨Zusammenhang des⟩ Kreislauf des Lebens. |

Soziale Lage des Kindes u[nd] der Jugend.

Ökonomisch: s[iehe] Hausgemeinschaft.
u[nd] persönlich:

Erziehung: s[iehe] vor[iges] Blatt.

Autoritäten des Kindes:
traditionell – Elternhaus
bürokratisch – Schulmeister
charismatisch – Führer
Sehnsucht nach *Führern.* |

Entwicklung der Sippe.

Aristokratische Institutionen seit *militärtechn[ischer]* Entwicklung, *Selbstequipierung*
Nicht Jedermann *hat* e[ine] Sippe.
(Dies schon im ⟨Totemismus⟩ Phratrienverband hervortretend: *individuelle* Wappen)
⟨nur *Grundbesitzer*⟩
Die „plebs“ *nicht*.
Zur plebs gehört jeder Nicht-*Grundbesitzer*.
Vor allem: Gewerbetreibende
Händler
Sänger, Tänzer, Magier
} *Groß*sippen gegliedert nach Totems pp.
Sippe: der *Grundbesitzer* (der *Wehrhaften*).

|:*Kult*verband der Sippe
Sippenmahl u[nd] E[??] (Exclusivität)
Sippen*tempel* am Ursprungsort.
Ahnenkult
(aber *nicht nur* dort Sippe u[nd] nicht überall wo *Totenkult*
Sippe)
Ζεῦς ἑρκαῖος:
kultische *Heimat*.
Hantgemal
cf. China.

Erbcharisma der Sippe
„Geschlechterstaat" (i[n] *Japan*)
in *Indien alles* d[urch] Sippe.
G[e]g[en]satz des indischen *Feudalismus*:
Occident: freier Kontakt Sippen*fremder*
Indien: Anrecht der *Sippe* auf Lehen.:|

Rechte der Sippe:
1. Anrecht an Wergelt.
⟨2. " " Boden⟩
⟨3⟩ 2. daher an: Weibern (Töchtern, Wittwen)
⟨4⟩ 3. " " Vormundschaft.
⟨2⟩ 4. " " Boden
⟨4⟩ 5. " " ⟨Kultverband⟩ Berufen
u[nd] Gewerbe.

Pflicht:
Blutrache
Levirats- oder Erbtochter-Ehe
⟨Kult⟩
Nothilfe.

Organisation:
fehlt oft gänzlich.
Gliederung: in Häuser, „Hausväter"
beth aboth
nur die |:*ältesten:*| Scheichs oder die der höchsten
Häuser als *Schiedsrichter*.

Verband:
zu *ökonomischen* Zwecken
u[nd] zur *Erziehung*
vor Allem in *China*.
Sippe alleinige *Credit*grundlage
Indien
China.
} Grundg[e]g[en]satz g[e]g[en] Occident

Sippe als Gliederung polit[ischer] Verbände:
antike *Polis* nach Sippen u[nd] Phratrien
in der Phratrie die *Sippe*
(Israel bis nach dem Exil Sippe – Ortsverband) |

Untergang der Sippe:

1. d[urch] Patrimonialbürokratie
Maximum: Ägypten
⟨m[ittel]a[lterliche] *Stadt*
moderner *Staat*⟩
Hellenismus
röm[ische] Kaiserzeit.
moderner *Staat*
2. d[urch] *religiöse* Entwertung: Hierokratie
|:Speziell bei *Erlösungs*religionen.
Dies |:einer der:| großen Leistungen
⟨Juden:⟩ Kampf g[e]g[en] Sippe (latent)
Christus: „das Schwert":|
Gemeinde *sprengt* Sippe
⟨(Christus: „das Schwert zu bringen")⟩
Kampf g[e]g[en] Sippen*kulte* in Israel d[urch] Gegnerschaft g[e]g[en] Sippen*kult*
Schwinden im Jud[entum]
Buddhist[ische] *Askese*
Erhalten: im *Islam* (lange Zeit)
3. d[urch] occidentale *Stadt* des M[ittlel]A[lters]:
Schwureinung der *Einzelnen*.
Plebejscher Charakter |:der Stadt:| in *Nord*europa.

Allg[emeiner] Grund: Schwinden der Funktionen:
Blutrache – Justiz
Eideshilfe } – rationaler Prozeß
Ältestengericht } (*Beamte* als Richter)

Kult – ⟨relig[iöse]⟩ Priesterfunktion
Erbanwartschaft (Kontrakt) – Verkehrsinteresse
(Babylon, Juden, Ägypten, Hellas, Rom, M[ittel]A[lter])
Vormundschaft – amtl[iche] Fürsorge

Militärfunktion: Lehen
Pfründe
geworbenes Heer
bürokratisches Heer. |

Entwicklung des *Stammes*:

1) Stammes*beruf*
interethnische Produktionsspezialisierung:
Kaste in Indien.
Art des Übergangs d[urch] Propaganda des Hinduismus
|:Damit: vertikale Übereinanderlegung der Stämme statt horizontales *Nebeneinander*:|
2) Stammes*verbände*.
Stamm = Phyle (antike Polis)
damit: *horizontaler Verband* aus Stämmen statt *vertikaler*.
Künstlicher Charakter
Vernichtung des Stammes

Vernichtung d[urch]

1) Patrimonialherrschaft |:u[nd]:| Feudalismus.
Beamte statt der Stammesfunktionäre.
2) Religiöse Gemeinde, interethnisch (nur: *Islam* Reste)
3) *Stadt* (schon in Spätantike)
Kultur- und Bildungsgemeinschaft.
Die ἔθνη = die Bildungs*losen*
(paganus, am haarez)
die militärisch nicht Trainierten
am Gymnasion nicht teilnehmenden
schollenfesten pagani u[nd] coloni
4) |:⟨moderner⟩:| *Staat*:
a) Antike: Caracalla
b) Staats*bürgertum* statt Stammesbürgertum
Bedingung: Auflösung des Stammes*communismus*
In Amerika Vorbedingung der Anerkennung als *Staat*. |

Nachwort

I. Der wissenschaftsgeschichtliche Hintergrund

In den Texten über „Gemeinschaften“ beabsichtigte Max Weber eine geschlossene Darstellung aller „großen Gemeinschaftsformen“ der uns bekannten Geschichte vorzulegen; diese sollte zugleich grundlegende soziologische Erkenntnisse über die höchst unterschiedlichen Typen gesellschaftlicher Ordnungen und ihrer jeweiligen Formen des „Wirtschaftens“ erbringen. Er stand damit in einer langen Tradition von Versuchen der soziologischen, ethnologischen und nationalökonomischen Forschung des 19. Jahrhunderts, die Entstehung der modernen Zivilisation und des kapitalistischen Wirtschaftssystems seit ihren ersten Anfängen entweder als linearen Entwicklungsprozeß oder als Abfolge von Stufen der gesellschaftlichen Entwicklung zu rekonstruieren. Unter den Soziologen war es Auguste Comte, der erstmals eine Theorie der gesetzmäßigen Entwicklung der Menschheit seit ihren Anfängen vorgelegt hatte, gefolgt von begeisterten Propagandisten der Idee des unaufhaltsamen Fortschritts der Menschheit zu immer neuen Höhen der Kulturentwicklung, wie beispielsweise Herbert Spencer. Unter den Ethnologen waren es vor allem englische und amerikanische Wissenschaftler, die hier eine Vorreiterrolle spielten. Am prominentesten und wirksamsten war Lewis Henry Morgan, der auf der Grundlage eines großenteils neu erschlossenen ethnologischen Materials über amerikanische Indianerstämme eine einflußreiche Rekonstruktion der Menschheitsgeschichte vorlegte. Morgan nahm an, daß sich in den Lebensformen und Gewohnheiten primitiver Völker zugleich die Urgeschichte auch der fortgeschrittenen Nationen der westlichen Welt vorfinde und dergestalt zuverlässig rekonstruieren lasse. Die ethnologischen Theorien über die Geschichte der Menschheit vom Urzustand bis in die Gegenwart gingen von der relativ simplen Annahme aus, daß alle Völkerschaften auf dem Erdball denselben Prozeß schrittweiser Zivilisierung durchlaufen haben bzw. noch durchlaufen würden. Diese Annahmen, die beim damaligen Stand der ethnologischen Forschung plausibel erschienen, beruhten auf einem optimistischen Fortschrittsbegriff, der davon ausging, daß der Prozeß der Zivilisation sich im Prinzip stetig und linear vollziehe und sich in den höheren Stadien der Entwicklung Wohlstand, Rechtssicherheit und freiheitliche politische Verhältnisse gleichsam zwangsläufig einstellen würden. Veröffentlichungen dieses Genres fanden bei den großbürgerlichen Schichten Europas vor der Jahrhundertwende großen Zuspruch. Ihnen wurde handgreiflich vor Augen geführt, wie herrlich weit man es doch in den fortgeschrittenen Industriestaaten Nordamerikas und Europas gebracht habe.

Darüber hinaus lösten manche Thesen der damals noch in ihren wissenschaftlichen Anfängen stehenden Ethnologie leidenschaftliche Debatten aus. Dies gilt insbesondere für die Theorie Bachofens über die Muttergesellschaft, welche den späteren patriarchalischen Gesellschaften durchweg vorausgegangen sei. Die These, daß in frühen Phasen der Menschheitsgeschichte das Matriarchat die Regel gewesen sei, löste in den westlichen Gesellschaften, in denen die Vorherrschaft des Mannes in der Ehe als gleichsam naturgegebener Tatbestand angesehen wurde, einige Irritation aus. Der radikale Flügel der Frauenbewegung, die damals noch gegen einen Wall von maskulinen Vorurteilen anzukämpfen hatte, griff die Thesen von der Muttergesellschaft als der ursprünglichen Form des menschlichen Zusammenlebens, die erst später durch die pervertierten Formen männlicher Vorherrschaft verdrängt worden sei, auf. Sie fand Bundesgenossen bei Teilen der sozialistischen Bewegung, die sich ihrerseits auf die Erkenntnisse über die kommunistischen Lebensformen der frühen Gesellschaften berief, um der Idee des Sozialismus zusätzliche Überzeugungskraft zu verleihen. Aus sozialistischer Sicht wurde die schrittweise Herausbildung von privatwirtschaftlichen Formen des Eigentums in der Urgesellschaft als Anfang eines verfehlten Entwicklungspfades hin zur modernen Zivilisation gedeutet, den der Sozialismus zum Wohle der Menschheit zu korrigieren sich anschicke. Friedrich Engels' Werk „Der Ursprung der Familie" war um die Jahrhundertwende eine der erfolgreichsten Popularisationen der Thesen von Morgan, kombiniert mit der Propagierung der Idee der sozialistischen Zukunftsgesellschaft, in der es kein Privateigentum mehr geben werde und welche die Erfüllung der Menschheitsgeschichte darstelle. Die Kombination eines naiven Fortschrittsglaubens mit einer Geschichtstheorie, die zwangsläufig zu einer neuen, im Grundsatz ursprünglicheren Gesellschaftsordnung führen werde, sowie einer ausgeprägten Wissenschaftsgläubigkeit fand großen Zuspruch beim Publikum. Auch August Bebel hat sich in seinem damals überaus erfolgreichen Buch „Die Frau und der Sozialismus" in dieses Fahrwasser begeben. Es lag nahe, daß auch die zeitgenössische Nationalökonomie diesem Thema ihre Aufmerksamkeit zuwandte.

Neben diesen ethnologisch orientierten Theorien standen in großer Zahl Theorien der Stufen der wirtschaftlichen Entwicklung seit den Anfängen der Menschheit. Im deutschsprachigen Raum waren diese vielfach mit der Absicht verbunden, die rein theoretische Begrifflichkeit der klassischen Nationalökonomie durch die Einbeziehung der historischen Dimension zu überwinden. Karl Heinrich Rau beispielsweise differenzierte zwischen Phasen der wirtschaftlichen Entwicklung nach dem Kriterium der jeweilig vorherrschenden Formen wirtschaftlicher Tätigkeiten. Er unterschied zwischen den Kulturstadien der Jäger und Sammler, der Hirten und Viehzüchter, der Ackerbauern und schließlich der Gewerbe- und Handeltreibenden. Bedeutsamer wurde in der Folge die Stufentheorie Friedrich Lists. Sie unterschied zwischen fünf Stufen der wirtschaftlichen Entwicklung, die im Prinzip alle Völker zu durchlaufen hätten, den wilden Zustand, den Hirtenzustand, den Agrikulturstaat, den Agrar-Manufakturstaat und den Agrar-Manufaktur-Handelsstaat. List wies der staatlichen Wirtschaftspolitik die Aufgabe zu, durch geeignete gesetzliche Maßnahmen, gegebenenfalls durch Schutzzölle, eine harmonische Entwicklung der Nationalwirtschaft zu befördern und dazu beizutragen, diese auf die jeweils nächsthöhere Stufe der Entwicklung zu heben.

Die seit der Jahrhundertmitte im deutschen Sprachraum dominierende und zur herrschenden Lehre aufsteigende Historische Schule der Nationalökonomie war sich durchgängig darüber einig, daß die Entstehung des modernen marktorientierten Wirtschaftssystems nicht ohne Berücksichtigung der politischen, gesellschaftlichen und kulturellen Faktoren, und namentlich der Rolle des Staates, erklärt werden könne und daß die verschiedenen Nationen jeweils sehr unterschiedliche Wege zur modernen Verkehrswirtschaft beschritten hätten und künftig noch beschreiten würden. Sie wandte sich damit gegen die generelle Anwendbarkeit der klassischen nationalökonomischen Theorie, die sich insbesondere mit den Namen von Adam Smith und David Ricardo verband. Die Berücksichtigung der geschichtlichen Wirklichkeit in ihrer ganzen Vielfalt empfahl sich auch deshalb, weil man meinte, daß sonst der politische Aspekt der Dinge ungenügende Berücksichtigung finden würde. Karl Knies beispielsweise argumentierte, daß man nur durch den Rückgriff auf die geschichtliche Dimension „zum vollen Verständnis der ökonomischen Lage der Gegenwart und der Richtung, in welcher wir uns bewegen, gelangen" könne. „Erst dann, wenn sie sich auf diesen geschichtlichen Boden stellt", könne die Nationalökonomie „sicher in das Leben der Wirklichkeit eingreifen und so die Früchte" ihrer Arbeit „nutzbarer machen". Max Weber stand solchen Ansichten anfänglich durchaus nicht fern; im Gegenteil, er betrachtete die Berücksichtigung der historischen Konstellationen im Kontext nationalökonomischer Analysen als unentbehrlich. In den überlieferten Stichwortmanuskripten zu den Vorlesungen über „Agrarpolitik" aus den 1890er Jahren heißt es beispielsweise im Zusammenhang von Erörterungen über die Agrarverfassung und die unterschiedlichen Formen der Anwendung des Rechts auf die Agrarwirtschaft: „Verständnis nur *historisch* zu vermitteln. Sonst fragmentarisch". Das agrarische Recht, so wird weiter ausgeführt, sei „ein Produkt histor[ischer] Entwicklung, die im Fluß befindl[ich] ist". Dies kann natürlich nicht überraschen, denn Max Weber kam als Schüler August Meitzens selbst aus der Denktradition der Historischen Schule. Aber er ging, wie noch zu zeigen sein wird, in der Folge zunehmend auf Distanz zu einer rein historischen Zugriffsweise auf nationalökonomische und sozialwissenschaftliche Gegenstandsbereiche. Er sah sich freilich mit einem ganzen Bündel von Stufentheorien der Wirtschaft konfrontiert, die jeweils beanspruchten, eine allgemeingültige Theorie der Entstehung der modernen marktorientierten Wirtschaftsordnung seiner Zeit geliefert zu haben.

Es gehörte fast zum guten Ton unter den zeitgenössischen deutschsprachigen Nationalökonomen, derartige Stufenmodelle der wirtschaftlichen Entwicklung zu verfassen. Bruno Hildebrand legte schon 1848 eine Stufentheorie der wirtschaftlichen Entwicklung vor, die sich in erster Linie an das Kriterium der Formen des wirtschaftlichen Austausches hielt. Er unterschied noch sehr pauschal zwischen einer Stufe der Naturalwirtschaft, einer zweiten Stufe der Geldwirtschaft und einer dritten der Kreditwirtschaft, welche erst die volle Entfaltung des industriellen Systems zu bringen verspreche. Gustav von Schönberg entwickelte in dem Bemühen, die Vorschläge Lists mit den weit präziseren Argumenten Hildebrands zu kombinieren, ein komplexes Modell, das drei hauptsächliche Wirtschaftszustände vorsah, nämlich Hauswirtschaft, Stadtwirtschaft und Volkswirtschaft, diese aber in mannigfaltiger Weise mit dem Entwicklungsstand und den wirtschaftlichen und gesellschaftlichen Verhältnissen der einzelnen Völker in Beziehung setzte. Gustav Schmoller hingegen ging von den historisch gegebenen und im Laufe der Geschichte einander ablösenden politischen Einheiten aus, innerhalb welcher sich die Entfaltung der Wirtschaft vollzogen habe. Er unterschied zwischen den Stufen der Dorfwirtschaft, Stadtwirtschaft, Territorialwirtschaft und Volkswirtschaft, wobei letztere sich auf den Siedlungsbereich eines Volkes bezog. Maßgeblich war für Schmoller der durch Austausch, Handel und gewerbliche Produktion erreichte Grad der Integration wirtschaftlichen Handelns zu einem einheitlichen Wirtschaftsraum. Für ihn bestand kein Zweifel, daß die politischen Ordnungen eine maßgebliche Funktion im Prozeß des wirtschaftlichen Wachstums innehätten und insoweit ein historischer Zugriff auch auf die theoretischen Probleme der Nationalökonomie unverzichtbar sei.

Bei weitem am erfolgreichsten erwies sich in der Folge Karl Büchers ebenfalls auf historischer Grundlage entwickeltes Modell der volkswirtschaftlichen Entwicklungsstufen. Bücher wollte „die gesamte wirtschaftliche Entwickelung, wenigstens für die zentral- und westeuropäischen Völker, wo sie sich mit hinreichender Genauigkeit historisch verfolgen läßt, in drei Stufen" teilen: „1. die *Stufe der geschlossenen Hauswirtschaft* (reine Eigenproduktion, tauschlose Wirtschaft), auf welcher die Güter in derselben Wirtschaft verbraucht werden, in der sie entstanden sind; 2. die *Stufe der Stadtwirtschaft* (Kundenproduktion oder Stufe des direkten Austausches), auf welcher die Güter aus der produzierenden Wirtschaft unmittelbar in die konsumierende übergehen; 3. die *Stufe der Volkswirtschaft* (Warenproduktion, Stufe des Güterumlaufes), auf welcher die Güter in der Regel eine Reihe von Wirtschaften passieren müssen, ehe sie zum Verbrauch gelangen." Bücher antizipierte darüber hinaus eine künftige neue Stufe der „Weltwirtschaft", über die sich freilich Konkretes noch nicht sagen lasse. Er beanspruchte, diese drei Stufen der wirtschaftlichen Entwicklung jeweils „in ihrer typischen Reinheit zu erfassen", ohne sich „durch das zufällige Auftreten von Übergangsbildungen oder von einzelnen Erscheinungen beirren zu lassen, die als Nachbleibsel früherer oder Vorläufer späterer Zustände in eine Periode hineinragen und in ihr etwa historisch nachgewiesen werden können."

Dieses Modell hat Max Weber anfänglich offenbar als vorbildlich betrachtet. Eine gleichartige Sequenz sozio-ökonomischer Formationen findet sich in leicht veränderter Form in den frühen Vorlesungen Max Webers, und dann allerdings stärker differenzierend auch in den Texten über die „Gemeinschaften". Vermutlich fühlte sich Max Weber von der vergleichsweise hohen begrifflichen Klarheit angezogen, mit der Karl Bücher an diese Probleme heranging. Die Nähe zu Webers eigenen Bemühungen, die komplexe historische Wirklichkeit mit rational konstruierten idealtypischen Begriffen zu erfassen, ist nicht zu übersehen. Bei Bücher finden sich bereits die Grundlinien der Entwicklung der Hausgemeinschaft, welche die Grundform der wirtschaftlichen Tätigkeit auf der Stufe der Hauswirtschaft bildet, insbesondere die Betonung der herausgehobenen Stellung des Hausvaters mit seiner ursprünglich unbeschränkten Herrengewalt, sowie die schrittweise Ausweitung der ursprünglich auf einzelnen Familien beruhenden geschlossenen Hauswirtschaft zu Nachbarschaftsverbänden auf der Grundlage der Sippe, andererseits aber der Entstehung unfreier Arbeiter als Folge der schrittweisen Ausweitung der hausväterlichen *potestas*. Auch die Bestimmung des Charakters der geschlossenen Stadtwirtschaft des mittelalterlichen Europa, welche nicht nur die Institution des Marktes, als einer geregelten Form des Tausches, hervorgebracht hat, sondern auch den freien Bürger und eine genossenschaftlich abgestufte Selbstverwaltung, hat eine Entsprechung in der Studie Max Webers über die „Stadt" (MWG I/22-5). Nicht zufällig schätzte Max Weber die Arbeiten von Bücher, von dem es 1897 einmal heißt, daß dieser „erst im Emporwachsen" sei, damals sehr hoch ein.

Allerdings konnten Max Weber die Schwächen, die Büchers auf den ersten Blick so einleuchtende Rekonstruktion der Stufen der wirtschaftlichen Entwicklung im Okzident aufwies, schwerlich entgehen. Dies betraf insbesondere die Linearität des Modells, das mit mancherlei Abweichungen im einzelnen doch drei organisch aufeinander folgende Wirtschaftsstufen von der Antike bis zur Gegenwart postulierte. Gegen die These, daß es in den frühen Stufen der Menschheitsgeschichte und insbesondere der antiken Welt, mit der Bücher aufgrund eigener einschlägiger Arbeiten gut vertraut war, nur eine „geschlossene Hauswirtschaft" ohne nennenswerte Tauschbeziehungen gegeben habe, und wenn, dann überwiegend solche, die sich auf der Grundlage der Naturalwirtschaft vollzogen, wurde massiver Widerspruch laut. Gleiches gilt von der Stufe der Stadtwirtschaft, in der sich laut Bücher Austausch nur auf der Grundlage von Kundenbeziehungen entfaltet habe. Vor allem aber erhob sich gegen seine Annahme, daß es in der antiken Welt keinen nennenswerten ökonomischen Fortschritt gegeben habe, ein Sturm der Entrüstung auf seiten der Historikerschaft, mit Eduard Meyer und Georg von Below an der Spitze; später wurde dies wieder aufgegriffen von Alfons Dopsch und Michael I. Rostovtzeff. Max Weber, der mit Below befreundet war und sich selbst mit Eduard Meyer auseinandergesetzt hatte, war dies alles natürlich wohlbekannt. In der 3. Auflage seiner „Agrarverhältnisse im Altertum" (S. 52–73) hat er Karl Bücher gegen die Kritik der Historikerschaft in Schutz genommen und ausdrücklich darauf verwiesen, daß dieser die „Rodbertussche Kategorie des ‚Oikos' als den dem Altertum *charakteristischen* Typus der Wirtschaftsorganisation aufgefaßt" habe, „jedoch [...] im Sinne einer ‚idealtypischen' *Konstruktion* einer Wirtschaftsverfassung, die im Altertum in spezifisch starker *Annäherung* an die ‚begriffliche' Reinheit mit ihren spezifischen Konsequenzen auftrat, ohne daß jedoch das *ganze* Altertum, räumlich oder zeitlich, von ihr beherrscht wurde [...]" (ebd., S. 55). Hier wird, nach dem Vorlauf des „Objektivitätsaufsatzes", explizit der Begriff des „Idealtypus" auf diese Stufenmodelle angewandt (MWG I/7, vgl. auch MWG I/2, S. 317).

Max Weber war demnach sowohl mit den Theorien der Entwicklung der Menschheit seit ihren frühesten Anfängen, die sich auf ethnologische Befunde beriefen, wie auch mit den zeitgenössischen wirtschaftlichen Stufentheorien bestens vertraut. Erstere hat er in seinen Vorlesungen der 1890er Jahre ausführlich behandelt. Die älteren Theorien, die eine lineare Abfolge von primitiven Gesellschaften von Jägern und Sammlern über Viehhaltung und Viehzucht betreibende Gesellschaften hin zu seßhaften Ackerbaugesellschaften postulierten, hielt Max Weber für „in dieser Allgemeinheit wahrsch[einlich] unrichtig". Jedenfalls aber seien sie nicht auf mitteleuropäische Verhältnisse anwendbar, allein schon aus klimatischen Gründen. Auch wollte er von vornherein zwischen der „europäischen und der asiatischen [...] Culturentwicklung" unterscheiden. Für den Okzident betrachtete er die Kombination von Ackerbau und Haustierhaltung als einen entscheidenden Faktor, im Gegensatz zu den Verhältnissen im Orient, in China und Teilen von Südamerika. Lineare Entwicklungsschemata teleologischen Charakters, wie sie sich etwa bei Morgan finden, hielt Max Weber grundsätzlich für unangemessen; die Vielgestaltigkeit der historischen Wirklichkeit ließ sich nach seiner Ansicht nicht in Aussagen mehr oder minder gesetzmäßigen Charakters fassen.

Mit großem Interesse verfolgte Max Weber die zeitgenössische Diskussion über die „ältesten menschlichen Gemeinschaftsformen". Für ihn war, wie für die zeitgenössische Forschung überhaupt, unstrittig, daß die Familie im wirtschaftlichen Sinn als Haushaltsgemeinschaft, oder, wie es dann sogleich heißt, als „Hausgemeinschaft", im Regelfall die unterste Form einer Wirtschaftsgemeinschaft darstellte, auf der Grundlage der (oft nur fingierten) Geschlechts- und Blutsgemeinschaft. Auch späterhin hat Weber stets hervorgehoben, daß sexuelle Beziehungen nicht an sich eine „Gemeinschaft" begründen, sondern nur eine Komponente der Entstehung einer Hausgemeinschaft als „Versorgungsgemeinschaft von Eltern und Kindern" darstellen (vgl. oben, S. 16f.). Diese bildet, bei wechselnder Größe, die Grundform wirtschaftlicher Tätigkeit, ohne freilich nach außen vollständig abgeschlossen zu sein. Sie „deckt [den] Alltagsbedarf an Arbeiten und Sachgütern eigenwirtschaftlich", greift aber von Fall zu Fall auf die Hilfe der „Nachbarschaft" bzw. des „Nachbarschaftsverbandes" und im weiteren Sinne, der „Sippe", als eines religiös sanktionierten Personenverbandes, der auf gemeinsamer wirklicher oder vermeintlicher Abstammung ruht, sowie des „Stammes" als der Keimzelle des Staates zurück. Aus diesen Gemeinschaftsformen entwickeln sich dann sehr unterschiedliche Formen der Bedarfsdeckung und des Wirtschaftens.

In diesem Zusammenhang setzte sich Max Weber ausführlich mit den damals weithin diskutierten Theorien des Mutterrechts sowie den angeblich in der Urgesellschaft vorherrschenden Formen eigentumsloser bzw. kommunistischer Gesellschaften auseinander. Diese Theorien wurden von ihm eingehend referiert, insbesondere auch die Entstehung des Vaterrechts und der Einehe als Folge des Eindringens des Eigentumsgedankens in die kommunistische Wirtschaft der Horde. Jedoch wies Max Weber mit einiger Vehemenz die Existenz einer anfänglich durch Mutterrecht geprägten Urgesellschaft zurück, welche erst im Zuge der Einführung des Privateigentums durch die Vorherrschaft des Mannes abgelöst worden sei. Es sei äußerst unwahrscheinlich, daß es unter den Verhältnissen der Urgesellschaft „volle Promiscuität" gegeben habe, und Gleiches gelte für die Annahme einer generellen Gynaikokratie. „Mutterrecht" könne, wenn überhaupt, dann nur im Sinne der vorzugsweisen Berücksichtigung der Rechte und Ansprüche der mütterlichen Verwandtschaft einen konkreten Sinn haben. Für die Entstehung der monogamen „Paarungsehe", die ein lockerer, seitens des Mannes meist lösbarer Verband gewesen sei, hätten vorwiegend auch ökonomische Motive eine Rolle gespielt. Die Thesen der sozialdemokratischen Autoren, namentlich von Friedrich Engels und August Bebel, wurden demgemäß entschieden abgelehnt.

Doch zurück zu unserem Ausgangspunkt, nämlich der Frage, wie sich Max Weber gegenüber den zeitgenössischen Auseinandersetzungen über die verschiedenen Theorien bezüglich der Entstehung der Volkswirtschaft positionierte und, noch grundsätzlicher, welcher Stellenwert historischen Entwicklungsschemata oder Gesetzen innerhalb der Nationalökonomie zuzumessen sei. Als Schüler August Meitzens stand Max Weber, wie bereits dargelegt wurde, mit seinen frühen Arbeiten, namentlich der Dissertation über mittelalterliche Handelsgesellschaften, aber auch der „Römischen Agrargeschichte", in der Tradition der Historischen Schule (s. MWG I/1, MWG I/2). Jedoch löste er sich schon relativ früh von dieser damals im Deutschen Reich noch dominanten Richtung der Nationalökonomie, deren unbestrittenes Haupt Gustav von Schmoller war. Von großer Bedeutung war dabei Webers frühe intensive Beschäftigung mit der Grenznutzenlehre Carl Mengers und Eugen von Böhm-Bawerks. Seine bis 1898 entstandene Vorlesung über „Allgemeine (‚theoretische‘) Nationalökonomie“ greift in ihrem ersten Teil „Die begrifflichen Grundlagen der Volkswirtschaftslehre“ weitgehend die Thesen der Grenznutzenlehre auf, betont aber gleichzeitig, daß diese ihren Deduktionen einen konstruierten Menschentypus zugrunde lege, der „ausschließlich beseelt ist von dem Streben, seine gegenwärtigen und alle denkbaren zukünftigen wirtschaftlichen Bedürfnisse möglichst ausgiebig, nachhaltig und rationell zu decken“. Der Sache nach setze dies voraus, daß der wirtschaftende Mensch „bestimmte intellektuelle und ethische Qualitäten“ besitze. Jedoch sind „bei den empirischen Individuen und Typen des Menschen“ die auf „einem allgemeinen zivilisatorischen, jahrtausendelangen, stoßweise vorschreitenden und abebbenden, [...] Erziehungsprozeß beruhenden Qualitäten in höchst verschiedenem Maße entwickelt.“ Anders gesagt, der „empirische und geschichtliche Mensch“ sei, im Gegensatz zum „homo oeconomicus“ „nur in unvollkommenem Maße zum Wirtschaften erzogen und fähig.“ Die Grenznutzenlehre gehe vom „modernen europäischen Menschentypus“ aus, „wie ihn die heutige Form der [...] Wirtschaft erzogen hat [...].“ Gelegentlich hat Weber denn auch eingeräumt, daß sich die Menschen in der gegenwärtigen kapitalistischen Ordnung in gewissem Sinne dem abstrakten Typus des „wirtschaftenden Menschen“ der Grenznutzentheoretiker annäherten (s. MWG I/12). Ungeachtet dieser Einschränkungen begrüßte Max Weber die Entwicklung rational konstruierter Typen, wie sie die Grenznutzentheoretiker vorgenommen hatten, als einen großen wissenschaftlichen Fortschritt. Er sah in ihnen ein wertvolles Instrument zur Erfassung der empirischen Wirklichkeit in ihrer Komplexität. Es ist ersichtlich, daß von hier ein direkter Weg zur Konzipierung des Idealtypus führt, obwohl dort noch der Gedanke der Bildung des Idealtypus unter Gesichtspunkten der Kulturbedeutung fehlt. Andererseits hielt Max Weber den Grenznutzentheoretikern entgegen, daß die von ihnen vorausgesetzten bzw. postulierten „Bedürfnisse“ nicht nur durch äußere Bedingungen materieller Art, sondern in hohem Maße historisch, d. h. durch den jeweils erreichten Kulturzustand einer Gesellschaft und deren Werthaltungen, bedingt seien. Insofern bestand er auf dem Eigenrecht einer von der Fragestellung nach der Kulturbedeutung historischer bzw. gesellschaftlicher Entwicklungen angeleiteten Sozialwissenschaft historischen Zuschnitts. Es galt daher, beide Methoden miteinander zu kombinieren. Dies war der Weg, auf dem Max Weber nun seinerseits voranzugehen gedachte.

Demgemäß war Max Weber zunehmend bestrebt, die sozialwissenschaftliche Analyse auf den zahlreichen Feldern der zeitgenössischen Nationalökonomie mit Hilfe von theoretisch gebildeten Modellen oder Begriffen, die nicht den Gegenständen selbst entnommen werden dürften, vorzunehmen und diese damit auf ein neues Niveau zu heben. In diesem Punkte aber öffnete sich eine scharfe Diskrepanz zur älteren Historischen Schule der Nationalökonomie, insbesondere zu ihren Altmeistern Wilhelm Roscher und Karl Knies. Seine nunmehr gewonnene methodologische Position explizierte Max Weber exemplarisch in einer Abhandlung über „Roscher und Knies und die logischen Probleme der historischen Nationalökonomie“, die in den Jahren 1903 bis 1906 entstand und die in vieler Hinsicht eine Art der Selbstvergewisserung Max Webers über diese Probleme darstellte. Ursprünglich war dieser Text für eine Festschrift der Universität Heidelberg zum Gedenken an Roscher bestimmt gewesen, doch wuchs er sich immer mehr zu einer weit ausholenden Fundamentalkritik an einer, der Tradition der Romantik verpflichteten, organischen Geschichtsauffassung aus und blieb am Ende unvollendet. Die Auseinandersetzung mit Roscher und Knies gehört in den unmittelbaren Zusammenhang der Entstehungsgeschichte der Texte über die „Gemeinschaften". Sie war ein Befreiungsschlag gegen die historistische Methode in den Sozialwissenschaften. Vermutlich fiel die Auseinandersetzung mit den beiden Altmeistern der deutschen Nationalökonomie vor allem deshalb ungewöhnlich, um nicht zu sagen unangemessen, scharf aus. Es ist kein Zufall, daß Max Weber gegen die übermächtige Vorherrschaft der Historischen Schule in der deutschen Sozialwissenschaft Schützenhilfe bei der zeitgenössischen Geschichtsphilosophie suchte. Heinrich Rickerts Theorie der Konstituierung der historischen Objekte durch die Beziehung auf Kulturwerte, die dieser gerade eben in seinem bedeutenden Werk „Die Grenzen der naturwissenschaftlichen Begriffsbildung" vorgelegt hatte, lag auf der Linie seiner eigenen Vorstellungen. Max Weber hatte Rickerts Buch, wie er damals Marianne Weber berichtete, wenig zuvor in Florenz mit viel Zustimmung gelesen: „Rickert habe ich aus. Er ist sehr gut, zum großen Teil finde ich darin das, was ich selbst, wenn auch in logisch nicht bearbeiteter Form gedacht habe" (Weber, Marianne, Lebensbild, S. 273). Rickert lieferte Max Weber die theoretische Grundlage für die Konzeption des „Idealtyps", als eines nomologischen Konstrukts, mit dem die Kulturbedeutung historischer Objekte bzw. Entwicklungen thematisiert werden konnte, ohne sich in Werturteile zu verstricken. Andererseits distanzierte er sich von Rickerts Theorie der „objektiven Kulturwerte", als Richtpunkt aller kulturwissenschaftlichen Erkenntnis.

Es kann nicht weiter überraschen, daß Max Weber mit den Auffassungen Roschers schlechterdings nichts anfangen konnte. Roschers Vorstellung, daß die Völker, ebenso wie die Individuen, einem Prozeß des Wachstums, der Reife und schließlich des Sterbens unterliegen, dem er die Qualität eines Naturgesetzes zuschrieb, war für Max Weber ebenso wenig nachvollziehbar wie die dieser Vorstellung zugrunde liegende Idee des Volkes, als eines letztlich aus Gottes Hand stammenden Subjekts des geschichtlichen Lebens. Die von Roscher beobachteten Vergleichbarkeiten der Entwicklung der großen Kulturvölker oder auch der großen politischen Formationen in der Universalgeschichte waren nach Webers Ansicht nicht zwingend. Ähnliche Phänomene seien dort bloß additiv nebeneinandergestellt; es fehle jedoch jede Erklärung dafür, weshalb dies denn so sein solle, außer dem Schema von Wachstum, Reife und Absterben. Alle derartigen organischen Theorien des geschichtlichen Geschehens betrachtete Weber als unhaltbar. Beiläufig wurde auch Karl Lamprechts Hypostasierung der Nation als des kollektiven Trägers der jeweiligen kollektiv-psychologischen Zustände zurückgewiesen.

Obschon sich Karl Knies gegenüber Roschers Kreislauftheorie eines immerwährenden Auf- und Abstiegs der Völker, die in Giambattista Vico einen frühen Vorläufer besitzt, durchaus distanziert verhielt, erfuhr dessen Theorie, daß alles geschichtliche Geschehen letztendlich auf die Irrationalität des einzelnen Individuums zurückgehe, ebenfalls harsche Kritik, hier nun freilich unter Aufbietung einer breiten Phalanx zeitgenössischer Geschichtstheoretiker und Psychologen. Beider, sowohl Roschers wie Knies' erkenntnistheoretische Positionen, wurden schließlich als die „verkümmerten und nach der anthropologisch-biologischen

Seite abgebogenen Reste der großen Hegelschen Gedanken" beiseitegeschoben. Das war eine kaum ganz gerechtfertigte Verurteilung, die aber das leistete, was Max Weber suchte, nämlich die Bahn für eine neue Form einer historischen Sozialwissenschaft freizumachen, die sich konsequent von dem Erbe der emanatistischen Volkslehre des 19. Jahrhunderts löste. Sowohl die Kreislaufmodelle Roschers als auch Knies' Annahme einer linearen Entwicklung der Menschheitsgeschichte, als Produkt der schöpferischen Kraft des Individuums, waren nach Webers Auffassung ungeeignet, einer mit rationalen Begriffen und Modellen operierenden historischen Sozialwissenschaft als Vorbild zu dienen.

Auch die Auseinandersetzung mit Eduard Meyer, der ansonsten einer der wichtigsten Gewährsmänner Max Webers war und ihn nicht unmaßgeblich beeinflußt hat, muß in diesem Lichte gelesen werden. Der von Meyer vertretene unreflektierte Begriff der historischen Kausalität wurde von Max Weber zurückgewiesen, weil er einer objektivistischen Erkenntnis vergangener Wirklichkeit das Wort redete, welche den theoretischen Zugriff des heutigen Beobachters auf die vergangene Wirklichkeit ausblendete. Es ging Max Weber dabei um etwas Fundamentales, nämlich die Begründung eines neuen, an theoretisch konstruierten Begriffen orientierten Zugriffs auf die historische Wirklichkeit in ihrer unendlichen Vielfalt, die über die vermeintlich objektive Rekonstruktion evolutionärer Entwicklungsprozesse, die idealiter jeweils in der Gegenwart terminierten, hinausging. Ihre abschließende, definitive Formulierung hat diese neue methodische Position Max Webers, in Abgrenzung von einem vermeintlich objektivistischen Historismus, aber auch von der abstrakten Theorie der neoklassischen Nationalökonomie, dann in der berühmten Abhandlung über „Die ‚Objektivität' sozialwissenschaftlicher und sozialpolitischer Erkenntnis" gefunden (MWG I/7). Hier heißt es, „daß idealtypische Entwicklungs*konstruktion* und *Geschichte* zwei streng zu scheidende Dinge sind und daß die Konstruktion" lediglich als Mittel diene, „*planvoll* die *gültige* Zurechnung eines historischen Vorganges zu seinen wirklichen Ursachen aus dem Kreise der nach Lage unserer Erkenntnis *möglichen* zu vollziehen." Max Weber machte diese Aussage unter unmittelbarer Bezugnahme auf Modelle der wirtschaftlichen Entwicklung, wie wir sie oben vorgestellt haben. Er warnte davor, daß „die Idealkonstruktion einer Entwicklung mit der begrifflichen Klassifikation von Idealtypen bestimmter Kulturgebilde (z.B. der gewerblichen Betriebsformen von der ‚geschlossenen Hauswirtschaft' [dies ist bekanntlich ein Schlüsselbegriff der Stufentheorie Büchers] [...]), zu einer *genetischen* Klassifikation ineinander gearbeitet wird. Die nach den gewählten Begriffsmerkmalen sich ergebende Reihenfolge der Typen erscheint dann als eine gesetzlich notwendige historische Aufeinanderfolge derselben". Eben dies aber müsse unbedingt vermieden werden. In dem konkreten Kontext war dies vor allem auf Marx' Geschichtstheorie gemünzt, traf aber fraglos auch auf Büchers „Volkswirtschaftliche Stufen" zu, welcher der Versuchung, auf dieser Grundlage eine realhistorische Entwicklung zu hypostasieren, nicht hatte widerstehen können. Zugleich aber sind diese als Anweisung zum Verständnis von Max Webers eigener Theorie der großen Gemeinschaftsformen zu lesen.

II. Zur Entstehung und Anordnung der Texte über die „Gemeinschaften" im Zusammenhang der nachgelassenen Manuskripte

Die in diesem Teilband von „Wirtschaft und Gesellschaft" vereinigten Texte über die „Gemeinschaften" sind im Zusammenhang der Arbeiten an dem „Grundriss der Sozialökonomik" (ursprünglich hieß es „Handbuch der politischen Ökonomie") entstanden. Dieser sollte an die Stelle des Schönbergschen Handbuchs treten, das 1882 erschienen war und zwei Jahrzehnte lang als das führende Lehrbuch der Nationalökonomie im deutschsprachigen Europa gegolten hatte. Schon seit 1905 hatte Paul Siebeck den Plan verfolgt, eine grundlegende Erneuerung des „Schönberg" vorzunehmen, und dabei wiederholt auch Max Webers Rat eingeholt. Dies lag schon deshalb nahe, weil Max Weber als Mitherausgeber des Archivs für Sozialwissenschaft und Sozialpolitik seit 1904 eng mit dem Verlag J.C.B. Mohr (Paul Siebeck) zusammengearbeitet hatte. Weber bekundete Interesse und signalisierte Ende Dezember 1908 dem Verleger seine Bereitschaft zur Mitarbeit (vgl. die Korrespondenz MWG II/5, S. 705f.). Bevor er aber auf das Ersuchen Paul Siebecks einging, die Herausgabe des Handbuchs zu übernehmen, besprach sich Max Weber mit Karl Bücher, Ordinarius in Leipzig und einer der angesehensten Fachvertreter der Nationalökonomie im Deutschen Reich. In einer Unterredung am 25. Januar 1909, für die Max Weber eigens nach Leipzig reiste, bestärkte ihn Bücher, die Aufgabe des Herausgebers des neuen „Schönbergs" zu übernehmen, ungeachtet seiner Außenseiterstellung im Fach, hatte er doch seine Professur an der Universität Heidelberg 1903 definitiv niedergelegt. Eugen von Philippovich, ein langjähriger Freund und Ratgeber Paul Siebecks, empfahl Max Weber ebenfalls als Herausgeber. Auch späterhin hat Max Weber größten Wert auf die Mitwirkung Karl Büchers gelegt, und ihn im weiteren Verlauf immer wieder konsultiert.

Bereits im Frühjahr 1909 begann Max Weber in enger Fühlungnahme mit dem Verleger und anfänglich auch mit Karl Bücher, dem er eine Schlüsselstellung in diesem Projekt zumaß, mit der Planung des umfassend angelegten Handbuchs (vgl. MWG II/6, S. 15ff.). Es war eine schwere wissenschaftliche Bürde, die Max Weber damit auf sich nahm, zumal er zum gleichen Zeitpunkt mit großem persönlichen Engagement die Gründung der Deutschen Gesellschaft für Soziologie betrieb und eine große Enquete über die Presse auf den Weg zu bringen bemüht war. In der zweiten Maihälfte 1909 übermittelte Max Weber dem Verleger einen ersten „Stoffverteilungsplan" für das „Handbuch der politischen Ökonomie", den er freilich noch als „ganz provisorisch" bezeichnete (ebd., S. 132, 136f.) und der in der Folge in enger Zusammenarbeit mit Paul Siebeck noch zahlreiche Umgestaltungen erfahren sollte. Er ist uns nicht überliefert. Ein Jahr später, am 26. März 1910 konnte er dann Siebeck einen Gesamtplan mit „Bogenzahlen und Adressen" vorlegen, der uns ebenfalls nicht überliefert ist (ebd., S. 439, s. auch S. 441f. u. 445). Erst im Mai 1910 lag dann ein definitiver Stoffverteilungsplan vor, den Max Weber vorab Karl Bücher zur Kenntnis brachte (ebd., S. 421) und der wenig später von seiten des Verlages allen Autoren mit einer von Max Weber verfaßten, aber nicht gezeichneten Vorbemerkung zugesandt wurde (abgedruckt in MWG II/6, S. 766ff.). Zu diesem Zeitpunkt war als Termin für die Ablieferung der Manuskripte der 15. Januar 1912 ins Auge gefaßt (ebd., S. 484f.). Dies zeigt, daß Max Weber die Erstellung des „Handbuchs" zügig vorantreiben wollte.

Max Weber lehnte es nachdrücklich ab, nach außen hin als Herausgeber dieses Sammelwerkes aufzutreten, unter anderem, um die persönlichen Eitelkeiten der ins Auge gefaßten Autoren zu schonen (vgl. MWG II/5, S. 659f. u. MWG II/6, S. 210f.). Vielmehr sollte das ursprünglich auf drei Bände mit 160 Bogen angelegte Werk unter der kollektiven Verantwortung aller Verfasser erscheinen. Dennoch war der „Grundriss der Sozialökonomik", wie das Handbuch schließlich hieß, gleichwohl ganz wesentlich sein Werk. Er entwarf den Gesamtplan und prägte ihm unverwechselbar seine universalhistorische Sichtweise auf, auch wenn er auf die Beiträge in sehr unterschiedlichem Maße Einfluß genommen und einzelnen Autoren, so namentlich Philippovich, sogar die Thematik freigestellt hatte. Dahinter stand die wissenschaftspolitische Absicht, den Stand der Nationalökonomie im Übergang von der Historischen Schule zu einer, die Methoden der Grenznutzentheorie aufgreifenden und insoweit theoretisch ausgerichteten, aber zugleich die historische Dimension einbegreifenden, empirischen Wissenschaft zu dokumentieren, welche die „Kulturbedeutung" der wirtschaftlichen und sozialen Vorgänge zur Darstellung bringen sollte. In mancher Hinsicht sollte damit das Postulat des Objektivitätsaufsatzes eingelöst werden, nämlich einer „Wirklichkeitswissenschaft", welche die „Kulturbedeutung" der sozialen Erscheinungen in ihrer jeweiligen Eigenart zur Darstellung zu bringen sucht (MWG I/7). Im konkreten Fall hieß dies freilich vor allem eines, nämlich die Bedeutung und die Konsequenzen des universellen Vordringens des Kapitalismus in allen Bereichen der Gesellschaft herauszuarbeiten. Dies geht schon daraus hervor, daß sich Max Weber, über den von ihm zu bearbeitenden Abschnitt „Wirtschaft und Gesellschaft" hinausgehend, eine ganze Reihe von Themen vorbehalten wollte, welche die Einwirkungen der kapitalistischen Entwicklung auf zahlreiche Bereiche der gegenwärtigen Gesellschaft zum Gegenstand hatten, u. a. „Der moderne Staat und der Kapitalismus", „Allgemeine Bedeutung der modernen Verkehrsbedingungen und des modernen Nachrichtendienstes für die kapitalistische Wirtschaft", „Grenzen des Kapitalismus in der Landwirtschaft", „Agrarkapitalismus und Bevölkerungsgruppierung", „Der sog. neue Mittelstand", „Wesen und gesellschaftliche Lage der Arbeiterklasse", „Die Tendenzen zur Umbildung des Kapitalismus" (letzteres zusammen mit Alfred Weber) (vgl. MWG II/6, S. 766ff.). Diesen Gesichtspunkt hat er später im Vorwort zum 1. Band des „Grundrisses" in sehr viel allgemeinerer Form zum Ausdruck gebracht. Dort heißt es, das Sammelwerk sei von der Anschauung ausgegangen, „daß die Entfaltung der Wirtschaft vor allem als eine besondere Teilerscheinung der allgemeinen Rationalisierung des Lebens begriffen werden müsse".

Insgesamt hatte Max Weber sich selbst im Stoffverteilungsplan nicht weniger als 14 von insgesamt 81 projektierten Beiträgen vorbehalten, allerdings in zwei Fällen in Zusammenarbeit mit einem weiteren Autor. Dies geschah jedoch von vornherein mit der Maßgabe, daß er für die Mehrzahl dieser Beiträge statt seiner selbst andere Autoren zu finden bemüht sein wollte (vgl. ebd., S. 484f.). Immerhin zeigt die vorläufige Reservierung zahlreicher, die Bedeutung des Kapitalismus betreffender Themen die Richtung des Interesses an, das Max Weber mit diesem Projekt verband. Hier sollen freilich nur jene Themen näher in den Blick genommen werden, die für die Entstehung des Beitrags über „Wirtschaft und Gesellschaft" und speziell für die hier unter dem Titel „Gemeinschaften" edierten Texte relevant sind. Es ist dies vor allem der im „Ersten Buch. Wirtschaft und Wirtschaftswissenschaft" des Stoffverteilungsplans von 1910 unter Ziffer III „Wirtschaft, Natur und Gesellschaft" aufgeführte Abschnitt:

> „4. Wirtschaft und Gesellschaft.
> a) Wirtschaft und Recht (1. prinzipielles Verhältnis, 2. Epochen der Entwicklung des heutigen Zustands).
> b) Wirtschaft und soziale Gruppen (Familien- und Gemeindeverband, Stände und Klassen, Staat).
> c) Wirtschaft und Kultur (Kritik des historischen Materialismus)." (Ebd., S. 766ff.)

Ferner ist der unter „2. Naturbedingungen der Wirtschaft" aufgeführte Unterabschnitt b) „Wirtschaft und Rasse" (ebd.) von Bedeutung, den Max Weber später an Robert Michels abgetreten hat. Außerdem war im „Stoffverteilungsplan" von 1910 im Ersten Buch unter Abschnitt IV „Wirtschaftswissenschaften" ein Unterabschnitt „1. Objekt und logische Natur der Fragestellungen" vorgesehen, den Max Weber ebenfalls übernehmen wollte. Weitere Beiträge, die über die unter dem Abschnittstitel „Wirtschaft und Gesellschaft" genannten Texte hinausgingen, hat Max Weber am Ende nicht mehr geliefert, obschon noch 1914 von ihm die Möglichkeit ins Auge gefaßt worden ist, die Beiträge „Der moderne Staat u[nd] d[er] Kapitalismus", „Grenzen d[es] Kapitalismus i[n] d[er] Landw[irtschaft]" sowie „Agrarkapitalismus und Bevölkerungsgruppierung" für eine spätere Lieferung zu verfassen. Jedoch sind diese Beiträge nie über das Planungsstadium hinaus gediehen (s. MWG II/8 u. MWG I/22-6).

In dem Unterabschnitt 4b „Wirtschaft und soziale Gruppen" finden sich jene Themen, die zumindest zum größeren Teil in den nachstehend edierten Texten über „Gemeinschaften" abgehandelt worden sind, während sich unter „Staat" die späteren Texte über „Herrschaft" ankündigen (MWG I/22-4). Ebenso darf man die Thematik des Unterabschnitts 4a „Wirtschaft und Recht" mit einiger Sicherheit mit dem Kapitel „Die Wirtschaft und die Ordnungen" und der sogenannten Rechtssoziologie in Verbindung bringen (MWG I/22-3). Hinter der Konzeption eines Kapitels über „Wirtschaft und Kultur (Kritik des historischen Materialismus)" darf man wohl die wenig später entstehende Religionssoziologie vermuten; es ist bekannt, daß Max Weber 1918 in Wien eine Vorlesung unter dem Thema „Kritik der materialistischen Geschichtsauffassung" gehalten hat, die sich im wesentlichen auf die Ausführungen über die „religiösen Gemeinschaften" stützte (MWG I/22-2). Der Stoffverteilungsplan vom Mai 1910 darf für die von Max Weber selbst in Angriff genommenen Beiträge als richtungweisend angesehen werden, obschon sich im Zuge der Arbeit immer neue Erweiterungen und Veränderungen ergeben haben. Bis zum Frühjahr 1912 ist der Stoffverteilungsplan offensichtlich im wesentlichen unverändert geblieben. Jedenfalls konnte der Verlag den Autoren im Februar 1912 nochmals ein Exemplar des Stoffverteilungsplans vom Mai 1910 zu ihrer Orientierung zusenden (vgl. MWG II/7, S. 432f.).

In der zweiten Jahreshälfte 1909 und im Jahre 1910 hat sich Max Weber, soweit wir dies aus der freilich lückenhaft überlieferten Korrespondenz entnehmen können, in erster Linie auf die umfangreichen Korrespondenzen mit den zahlreichen Autoren konzentriert und mit der Niederschrift der eigenen Beiträge zurückgehalten. Im Mai 1910 schrieb er dem Verleger, dieser möge vom Abschluß von Verlagsverträgen vorderhand Abstand nehmen, da er noch nicht absehen könne, welche Füll- und Ergänzungsartikel er selbst nach Eingang der Manuskripte der anderen Autoren noch werde schreiben müssen (MWG II/6, S. 484 f.). Er ging davon aus, daß er dafür noch mindestens 3 Bogen benötigen werde. Zu diesem Zeitpunkt waren seine eigenen Beiträge demnach vermutlich noch nicht weit über das Planungsstadium hinaus gediehen. Bereits jetzt kündigten sich jedoch Umfangprobleme an, die ihn, neben anderen Gründen, dazu veranlaßten, den ursprünglich vorgesehenen, allerdings außerhalb des Themenbereichs von „Wirtschaft und Gesellschaft" geplanten Beitrag über „Objekt und logische Natur der Fragestellungen" nicht innerhalb des „Grundrisses" zu veröffentlichen (ebd.).

Die Konturen der eigenen Beiträge Max Webers haben sich dann erst nach und nach präziser herauskristallisiert. Offenbar hat sich die, durch andere Engagements, vor allem aber durch gesundheitliche Krisen, die ihn zeitweilig arbeitsunfähig machten, immer wieder unterbrochene Arbeit an den Manuskripten länger hingezogen, als ursprünglich absehbar war. Erst seit Herbst 1911 hat er kontinuierlicher an den Manuskripten für „Wirtschaft und Gesellschaft" gearbeitet. Dabei stellte sich immer deutlicher heraus, daß der ursprünglich für die Fertigstellung der Manuskripte gesetzte Termin vom 15. Januar 1912 ohnehin nicht eingehalten werden konnte. Dieser wurde zunächst auf den 31. Juli 1912 und schließlich sogar auf das Frühjahr 1914 verschoben, vor allem weil zahlreiche Autoren ihre Beiträge nicht termingerecht oder – in einigen wenigen Fällen – überhaupt nicht lieferten, aber auch, weil sich die Fertigstellung der Manuskripte Max Webers immer mehr in die Länge zog.

Teilweise wurde Max Weber zur Ausweitung seiner Beiträge durch seine Unzufriedenheit mit den Manuskripten einer Reihe anderer Autoren veranlaßt. Dies machte er insbesondere im Zusammenhang mit dem Beitrag von Karl Bücher über „Volkswirtschaftliche Entwicklungsstufen" geltend, in den er große Erwartungen gesetzt und den er anfänglich für die Realisierung des Gesamtprojekts als zentral angesehen hatte, und ebenso bezüglich des Ausfalls des von Bücher ursprünglich übernommenen Beitrags über „Handel". Weber glaubte nunmehr seinerseits „in die Bresche springen" zu müssen, um das Gesamtprojekt zu retten (Brief vom 28. Jan. 1913, MWG II/8). Es ist unübersehbar, daß Max Weber im Zuge seiner Arbeiten an den Manuskripten, die er offensichtlich parallel nebeneinander betrieb, immer weiter über seine ursprünglichen Zielsetzungen hinaus getrieben wurde, ohne daß wir dies im Einzelfall nachzeichnen können. Am 8. Februar 1913 schrieb er an Siebeck, daß er „eifrig an der Arbeit" sei: „der große Artikel: ‚Wirtschaft, Gesellschaft Recht und Staat' wird das *systematisch* Beste, was ich bisher geschrieben habe, grade *weil* ich ihn jetzt *Bücher*'s wegen umarbeiten mußte [...]" (ebd.). Am 3. November 1913 heißt es analog: „Ich *selbst* habe meinen Beitrag zu einer *Soziologie* ausgearbeitet, um Ersatz für *Bücher's* Minderleistung zu bieten [...]" (ebd.). Das Argument, daß er für die Fehlleistungen seiner Kollegen eintreten und für die von diesen unzureichend behandelten Themen seinerseits Ersatz schaffen müsse, durchzieht die ganze Korrespondenz mit Paul Siebeck in diesen Jahren. Offensichtlich benutzte Max Weber dieses Argument in erster Linie, um die sich immer deutlicher abzeichnende Überschreitung des Umfangs der von ihm übernommenen Beiträge zu rechtfertigen. So heißt es in einem Brief vom 6. November 1913, in dem Weber um eine erhebliche Umfangerweiterung für den Beitrag von Friedrich von Gottl über „Wirtschaft und Technik" und für seinen eigenen Beitrag über „Wirtschaft und Gesellschaft" nachsuchte, ein angesichts des bisher von ihm selbst gegenüber den anderen Autoren exekutierten strengen Regiments in Sachen der Länge der Beiträge gravierender Schritt: „Diese beiden Arbeiten bringen prinzipiell ganz Neues [...]. Das gilt für Gottl, dessen Beitrag ganz vortrefflich und höchst originell ist. Aber es gilt auch für meine ‚Soziologie', denn dazu wird der Abschnitt annähernd, obwohl ich ihn nie so *nennen* könnte" (ebd.). Hier blitzt erstmals das auf, was in der Folge immer deutlicher werden sollte, daß sich nämlich Webers Beiträge für den „Grundriss" zu einer umfassenden „Soziologie" auszuwachsen begannen. Zwei Monate später, am Jahresende 1913, schrieb Max Weber dann an Paul Siebeck, daß er „eine geschlossene soziologische Theorie und Darstellung ausgearbeitet" habe, „welche alle großen Gemeinschaftsformen zur Wirtschaft in Beziehung setzt: von der Familie und Hausgemeinschaft zum ‚Betrieb', zur Sippe, zur ethnischen Gemeinschaft, zur Religion (*alle* großen Religionen der Erde umfassend: Soziologie der Erlösungslehren und der religiösen Ethiken, – was Tröltsch gemacht hat, jetzt für alle Religionen, nur wesentlich knapper)[,] endlich eine umfassende soziologische Staats- und Herrschafts-Lehre. Ich darf behaupten, daß es noch *nichts* dergleichen giebt, auch kein ‚Vorbild'" (ebd.). Dies bedeutete, allein schon wegen der damit verbundenen bedeutenden Überschreitung des ursprünglich ins Auge gefaßten Umfangs, daß der „Stoffverteilungsplan" vom Mai 1910 nun definitiv verlassen war. Leider ist uns die Inhaltsübersicht seines nunmehr als „Soziologie" bezeichneten Beitrags, die Weber dem Verleger „in vierzehn Tagen" in Aussicht stellte, nicht überliefert, sie wurde vermutlich nie abgesandt.

Angesichts dieser Sachlage wurde eine radikale Umstrukturierung des „Grundrisses" erforderlich, nicht zuletzt, um Platz für die 30 Bogen zu schaffen, die Weber nunmehr für seine Beiträge für erforderlich hielt (Brief vom 16. Jan. 1914, ebd.), außerdem aber, um das Erscheinen des „Grundrisses" nicht unnötig aufzuhalten, da der Abschluß seines eigenen Manuskripts noch nicht abzusehen war. Darüber hinaus wurde Anfang des Jahres 1914 eine neue Gliederung des „Grundrisses" in Abteilungen vorgesehen. Die III. Abteilung des „Ersten Buches", die den von Siebeck angeregten Titel: „Gesellschaftl[iche] Bedingungen der W[irtschaft]" erhalten sollte, sollte nahezu ausschließlich aus Webers eigenem Beitrag bestehen; nur ein Artikel von Philippovich über den „Entwicklungsgang der wirtschafts- und sozialpolitischen Systeme und Ideale" wurde noch hinzugegeben (Brief vom 18. März 1914, ebd.). Allerdings war es Max Weber nicht recht, daß Siebeck den schon länger vorliegenden Beitrag von Philippovich nunmehr bereits in Satz geben wollte; doch konnte er sich dem Wunsch des Verlegers jetzt nicht mehr entziehen (Brief vom 15. April 1914, ebd.). Max Weber und Paul Siebeck verfolgten mit der Umstrukturierung des „Grundrisses" und der nunmehr vorgesehenen Veröffentlichung in Lieferungen das Ziel, eine möglichst zügige Drucklegung der vorhandenen Manuskripte zu ermöglichen, gleichzeitig aber den Satzbeginn der Abteilung III (mit Webers eigenen Beiträgen) so weit wie möglich hinauszuschieben. Demgemäß bedrängte Max Weber den Verleger, Abteilung IV und V bereits in Satz zu geben, mit dem Druck von Abteilung III aber weiter zuzuwarten (Brief vom 21. April 1914, ebd.).

Diese neue „Einteilung des Gesamtwerkes", die den veränderten Gegebenheiten Rechnung zu tragen suchte, entstand im Laufe des März 1914; sie wurde dann Anfang Juni 1914 im ersten Band des nunmehr „Grundriss der Sozialökonomik" genannten Werkes abgedruckt (MWG I/22-6). Sie brachte gegenüber dem Stoffverteilungsplan von 1909/10 wesentliche Erweiterungen und Präzisierungen, zugleich aber auch Verschiebungen in der ursprünglich vorgesehenen Anordnung der Gegenstandsbereiche. Die hier relevanten Passagen der „Einteilung" lauten:

> „C. Wirtschaft und Gesellschaft.
>
> I. Die Wirtschaft und die gesellschaftlichen Ordnungen und Mächte.
> 1. Kategorien der gesellschaftlichen Ordnungen.
> Wirtschaft und Recht in ihrer prinzipiellen Beziehung.
> Wirtschaftliche Beziehungen der Verbände im allgemeinen.
> 2. Hausgemeinschaft, Oikos und Betrieb.
> 3. Nachbarschaftsverband, Sippe, Gemeinde.
> 4. Ethnische Gemeinschaftsbeziehungen.
> 5. Religiöse Gemeinschaften.
> Klassenbedingtheit der Religionen; Kulturreligionen und Wirtschaftsgesinnung.
> 6. Die Marktvergemeinschaftung.
> 7. Der politische Verband.
> Die Entwicklungsbedingungen des Rechts. Stände, Klassen, Parteien. Die Nation.
> 8. Die Herrschaft.
>   a) Die drei Typen der legitimen Herrschaft.
>   b) Politische und hierokratische Herrschaft.
>   c) Die nichtlegitime Herrschaft.
>   Typologie der Städte.
>   d) Die Entwicklung des modernen Staates.
>   e) Die modernen politischen Parteien."

Im Stoffverteilungsplan von 1910 hatten Max Webers Beiträge einen gesonderten Abschnitt unter dem Titel „Wirtschaft und Gesellschaft" gebildet. Da aber der Beitrag von Eugen von Philippovich „II. Entwicklungsgang der wirtschafts- und sozialpolitischen Systeme" nunmehr der Abteilung „C. Wirtschaft und Gesellschaft" zugeordnet worden war, wurde zwecks Abgrenzung von diesem Max Webers Beiträgen nunmehr der Titel „Die Wirtschaft und die gesellschaftlichen Ordnungen und Mächte" gegeben. Wenig zuvor hatte dieser, wie bereits erwähnt, noch „Gesellschaftliche Bedingungen der Wirtschaft" geheißen, eine Formulierung, die vermutlich auf einen Vorschlag des Verlages zurückging (Brief vom 18. März 1914, MWG II/8).

Die neue Gliederung der Beiträge Max Webers brachte gegenüber dem Stoffverteilungsplan von 1910 erhebliche Erweiterungen. So wurde ein neues Einleitungskapitel mit dem Titel „Kategorien der gesellschaftlichen Ordnungen" vorgesehen. Weiterhin findet sich hier die Aufnahme eines neuen Abschnitts über „Religiöse Gemeinschaften", von dem in dieser expliziten Form 1910 noch nicht die Rede gewesen war. Vor allem aber war ein neuer Abschnitt über „Die Herrschaft" angefügt, der offenbar über die Thematik, welche ursprünglich unter dem

Titel „Die politischen Gemeinschaften“ abgehandelt werden sollte, weit hinausging. Wichtiger noch ist, daß nunmehr eine neue Terminologie angestrebt war; der Begriff der „politischen *Gemeinschaft*“ wurde nun durch den Begriff „politischer *Verband*“ ersetzt. Hier kündigt sich eine partielle Abkehr von der bisher in den diversen Texten über die „Gemeinschaften“ vorzugsweise verwendeten Terminologie von Gemeinschaft und Gemeinschaftshandeln zugunsten von Gesellschaft und Gesellschaftshandeln an, wohl im Einklang mit der wenig zuvor im Kategorienaufsatz entwickelten Terminologie.

Jedoch ist dieser Plan nur teilweise zur Ausführung gelangt. Die „Einteilung des Gesamtwerkes“ vom Frühjahr 1914 eilte, was Webers eigene Beiträge angeht, den Tatsachen um einiges voraus. Viele der hier vorgesehenen Kapitel waren im Frühjahr 1914 noch nicht abgeschlossen. Andererseits aber wurde die hier ins Auge gefaßte Disposition durch den immer größeren Umfang insbesondere der Abschnitte über „Die Entwicklungsbedingungen des Rechts“ und die „Soziologie der Erlösungslehren“, vor allem aber der „Soziologie der Herrschaft“ zunehmend gesprengt. Ende 1913 hatte Weber noch gemeint, daß er für seine Beiträge insgesamt 25 Bogen benötigen werde, obschon dies mit den entsprechenden Vorgaben des „Grundriss“ keinesfalls vereinbar war. Weber brachte das Dilemma auf die Formel: „die Schicksalsfrage wird sein, geht das?“ (Brief vom 30. Dez. 1913, ebd.). Anfang 1914 schätzte er den Umfang seiner Beiträge auf nunmehr 30 Bogen (Brief vom 16. Jan. 1914, ebd.). Seine „geschlossene soziologische Theorie und Darstellung“ aller großen Gemeinschaftsformen war zum damaligen Zeitpunkt nichts weniger als abgeschlossen, geschweige denn die umfassende „soziologische Staats- und Herrschafts-Lehre“, an der er bis 1914 mit ungeheurer Energie gearbeitet hat. Was im Juli 1914 vorlag, war ein gigantisches Konvolut von teils abgeschlossenen, überwiegend aber noch nicht druckreifen Manuskripten, die sich in der vorliegenden Form schwerlich ohne weiteres in den „Grundriss“ hätten einfügen lassen. Max Weber hat die für „Wirtschaft und Gesellschaft“ bestimmten Manuskripte dann nach Ausbruch des Ersten Weltkrieges über lange Zeit hinweg liegengelassen, mit dem nicht eben zwingenden Argument, daß an eine Fertigstellung des „Grundrisses“ während des Krieges nicht zu denken bzw. er selbst jedenfalls dazu nicht in der Lage sei (Brief vom 21. Febr. 1915, MWG II/9). Statt dessen hat er sich seit 1915 auf die Herausgabe der Aufsätze über die „Wirtschaftsethik der Weltreligionen“ konzentriert, deren Thematik sich an jene der „religiösen Gemeinschaften“ anschloß und an denen er schon vor 1914 parallel zu den Beiträgen für den „Grundriss“ gearbeitet hatte. Man kann sich des Eindrucks nicht erwehren, daß dies zumindest teilweise eine Flucht vor den Schwierigkeiten darstellte, welche eine Umarbeitung der vorliegenden Texte mit sich gebracht haben würde, die erforderlich gewesen wäre, um diese hinsichtlich ihres Umfangs und ihrer Anlage den Vorgaben des „Grundrisses“ anzupassen und ihnen den vorgesehenen lehrbuchartigen Charakter zu geben.

Die uns überlieferten Manuskripte aus dem Nachlaß decken sich demnach nur teilweise mit den Angaben der „Einteilung des Gesamtwerkes“ vom Frühjahr 1914. Der Text „Die Wirtschaft und die Ordnungen“, der schon im Stoffverteilungsplan von 1910 unter dem Titel „Wirtschaft und Recht“ Erwähnung findet, ist von Max Weber 1913/14 ausweislich des in diesem Falle überlieferten Manuskripts in unmittelbarem Zusammenhang mit einem umfangreichen Konvolut über „Rechtssoziologie“ zum Druck vorbereitet worden. Auch dieses Manuskript war ersichtlich weit über die Thematik des entsprechenden Unterabschnitts innerhalb des Kapitels „Der politische Verband", gemäß der Disposition vom Frühjahr 1914, hinausgewachsen. Die „Rechtssoziologie" wurde damit zu einem eigenständigen Textbestand, der allerdings vermutlich weiterhin im Anschluß an den Abschnitt 7 über den „Politischen Verband" plaziert worden wäre. Die Herausgeber der MWG haben demgemäß einen eigenständigen Teilband „Recht" vorgesehen (MWG I/22-3). Bedeutsamer ist, daß auch der Abschnitt 5 „Religiöse Gemeinschaften" über seine ursprüngliche Thematik weit hinausgewachsen war und zugleich einen beträchtlichen Umfang angenommen hatte. Auch diesen Textbestand haben die Herausgeber, obschon dies eine Abweichung von der ursprünglich von Max Weber vorgesehenen Abfolge von Typen von „Gemeinschaften" bedeutete, einem eigenen Teilband zugewiesen (MWG I/22-2). Die Texte über die „Gemeinschaften" decken sich in der uns überlieferten Form ebenfalls nur begrenzt mit den Angaben der „Einteilung des Gesamtwerkes". Man wird davon ausgehen müssen, daß Max Weber beabsichtigte, diese Texte gemäß der Anordnung und der Terminologie noch einmal zu überarbeiten, was aber, soweit wir sehen, größtenteils nicht mehr geschehen ist. Insbesondere ist die offenbar beabsichtigte Modifikation der Terminologie, die laut der Disposition vom Frühjahr 1914 vorzugsweise von „Verband" anstelle von „Gemeinschaft" sprach, nur teilweise durchgeführt worden. Vielmehr dient in diesem Bande die Sequenz unterschiedlicher Typen von „Gemeinschaften" durchgängig als Achse der Darstellung.

Umstritten ist, wie der Anfang des älteren Manuskriptbestandes von „Wirtschaft und Gesellschaft" ausgesehen hat. Im Stoffverteilungsplan von 1910 findet sich kein Hinweis auf eine „Einleitung" zu Webers Beiträgen. In der Disposition von 1914 stellte Max Weber den Sachdarstellungen ein einleitendes Kapitel mit dem Titel „Kategorien der gesellschaftlichen Ordnung. Wirtschaft und Recht in ihrer prinzipiellen Beziehung. Wirtschaftliche Beziehungen der Verbände im allgemeinen" voran. Dabei fällt auf, daß es zu den an zweiter und dritter Stelle genannten Themenbereichen Manuskripte gibt, nicht aber zu dem erstgenannten Themenbereich „Kategorien der gesellschaftlichen Ordnung". Dieser Text, von dem unsicher ist, ob es ihn überhaupt gegeben hat, könnte der Platzhalter für eine handlungstheoretisch und methodologisch argumentierende allgemeine Einleitung gewesen sein. Es ist immerhin möglich, wie Wolfgang Schluchter vermutet, daß Max Weber dieses Manuskript 1919 aus dem alten Konvolut herausgelöst und für die Formulierung der „Soziologischen Grundbegriffe" von 1919 verwendet sowie anschließend vernichtet hat.

Ursprünglich ist Wolfgang Schluchter davon ausgegangen, daß der zweite Teil der Abhandlung „Über einige Kategorien der verstehenden Soziologie" (der sogenannte Kategorienaufsatz) als Anfangskapitel gedient haben dürfte. Es hätte zusammen mit „Die Wirtschaft und die Ordnungen" eine Einführung in die Terminologie der Texte über „Gemeinschaften" gegeben. Schluchter hat diese seine These aber inzwischen revidiert. Hiroshi Orihara hingegen hat aufgrund einer umfangreichen Analyse der Textverweise den Nachweis zu führen gesucht, daß „Die Wirtschaft und die Ordnungen" und der „Kategorienaufsatz" am Anfang der Texte über die „Gemeinschaften" gestanden beziehungsweise, wie er es genannt hat, den „Kopf" des Ganzen gebildet haben. Er hat seinen Standpunkt unter Hinweis auf das Netzwerk der Verweise in „Wirtschaft und Gesellschaft" jüngst noch einmal nachdrücklich bekräftigt. Es ist jedoch wenig wahrscheinlich, daß dies tatsächlich der Fall gewesen ist, schon gar nicht zum Zeitpunkt der in Aussicht genommenen Drucklegung der älteren Manuskripte im Jahre 1914. Zum ersten ist aus der Anmerkung, die Max Weber angelegentlich der Veröffentlichung im „Logos" der Abhandlung beigab, keineswegs mit Gewißheit zu schließen, daß dieser, oder gegebenenfalls andere, anfänglich dazugehörende Texte wirklich für eine Veröffentlichung *in* „Wirtschaft und Gesellschaft" vorgesehen waren. Weiterhin ist inzwischen klar geworden, daß die älteren Teile des Kategorienaufsatzes in der uns im „Logos" überlieferten Fassung *letzter Hand* auf Ende 1912/Anfang 1913 datiert werden müssen. Diese sind überdies im Zuge der Veröffentlichung 1913 in nicht unerheblichem Umfang überarbeitet oder ergänzt worden. Dies erlaubt den Schluß, daß der Kategorienaufsatz jedenfalls in dieser teils überarbeiteten, teils neu formulierten Fassung sicherlich nicht am Anfang der Texte über „Gemeinschaften" gestanden haben kann, zumal diesbezügliche Hinweise von Weber selbst in diesem Punkte fehlen. Die Herausgeber der Max Weber-Gesamtausgabe haben sich daher entschieden, den Kategorienaufsatz nicht in „Wirtschaft und Gesellschaft" aufzunehmen und an den Anfang der Edition des Bandes „Gemeinschaften" zu stellen, ganz unabhängig von der Frage, ob Teile der älteren Kapitel, obschon diese laut Webers Mitteilung vom 5. September 1913 „schon seit $^3/_4$ Jahren", also Ende 1912 „fertig" vorlagen, bereits wesentlich früher entstanden waren und möglicherweise ursprünglich als Einleitung hätten dienen sollen.

Oriharas These, daß der Kategorienaufsatz und der Text „Die Wirtschaft und die Ordnungen" zusammen mit dem Text „Wirtschaftliche Beziehungen der Gemeinschaften im allgemeinen" den „Kopf" der nachgelassenen Manuskripte gebildet haben, kann hier ebenfalls offen bleiben, da Max Weber, wie bereits erwähnt, selbst 1913 oder 1914 Dispositionen getroffen hat, die den Text „Die Wirtschaft und die Ordnungen" eng mit der sogenannten „Rechtssoziologie" verknüpfen und einen gemeinsamen Druck vorsehen. Es ist unstrittig, daß „Die Wirtschaft und die Ordnungen" im Kern ein „früher" Text ist, obschon für eine Datierung vor 1910 keine philologischen Anhaltspunkte bestehen, und der Text in der Tat wohl ursprünglich eine einleitende Funktion hat haben sollen, wie dies auch durch den Stoffverteilungsplan von 1910 nahegelegt wird. Aber der Text behandelt nur die Rechtsordnung, während die anderen Ordnungen, die logischerweise hätten folgen müssen, nur pauschal angesprochen werden. Wie dem auch sei, jedenfalls hat Max Weber selbst sich spätestens 1913 oder 1914 dafür entschieden, den wahrscheinlich ursprünglich an einer vorderen Stelle plazierten Text „Die Wirtschaft und die Ordnungen" gemeinsam mit der „Rechtssoziologie" im Anschluß an die „Politischen Gemeinschaften" zu plazieren, wie unter anderem aus den Setzeranweisungen hervorgeht.

Auch inhaltliche Gründe sprechen dagegen, daß der Kategorienaufsatz oder Teile desselben am Anfang der älteren Manuskripte von „Wirtschaft und Gesellschaft" gestanden haben. In der Akzentuierung des rational orientierten „Gesellschaftshandelns" – eines Begriffs, der dort noch nicht auftaucht – oder des „Legitimitäts-Einverständnisses" als einer Voraussetzung von stabiler Herrschaft, des „Zweckverbandes" und eines „spezifischen Interesses des rationalen kapitalistischen ‚Betriebs' an ‚rationalen' Ordnungen" geht der „Kategorienaufsatz" über das Interpretationsniveau der Texte über „Gemeinschaften" hinaus. Er übertrifft diese in seiner begrifflichen Präzision bei weitem. In mancher Hinsicht findet sich hier die Quintessenz der in den – ihm, wie man vermuten darf, zeitlich vorauslaufenden – Texten über „Gemeinschaften“ entwickelten Begrifflichkeit.

Wahrscheinlicher ist, daß es einen einleitenden Text gegeben hat, der die am Beginn zu erwartenden Begriffsdefinitionen bereitstellte, von dem uns allerdings nur ein Fragment überliefert ist. Es ist dies der längere Absatz zu Beginn des Textes „Wirtschaftliche Beziehungen der Gemeinschaften im allgemeinen“ (vgl. oben, S. 1–3). Dieser Absatz ist mit dem nachfolgenden Text durch den Einschub eines Satzes, der vermutlich von den Erstherausgebern stammt, um die Brücke zu den dann folgenden Erörterungen über verschiedene Typen „wirtschaftender Gemeinschaften“ herzustellen, nur unzulänglich verknüpft. Man darf vermuten, daß er durch die Erstherausgeber an dieser Stelle in das Manuskript eingefügt worden und durch eine syntaktisch wie inhaltlich nicht dazu passende Überbrükkungsformulierung an den nachfolgenden Text angebunden worden ist. Das Fragment bringt eine Definition des Begriffs „Wirtschaft“, wie man sie an dieser Stelle erwarten würde; dabei ist auffällig, daß diese sich pointiert an der Begrifflichkeit der Grenznutzenschule orientiert (vgl. oben, S. 1 f.). Dieser Sachverhalt legt eine relativ frühe Entstehung nahe, trat doch der Konflikt zwischen der Grenznutzenlehre und der historischen Nationalökonomie in Webers Werk späterhin zunehmend zurück. Es ist zu vermuten, daß es sich dabei um ein Bruchstück bzw. den Rest eines Textes gehandelt hat, der dem in der „Einteilung des Gesamtwerkes“ vom Frühjahr 1914 vorgesehenen Text „Kategorien der gesellschaftlichen Ordnungen“ zugeordnet werden kann. Es ist immerhin möglich, daß es der Rest eines Manuskripts ist, das 1919 zur Abfassung des Kapitels „Soziologische Grundkategorien des Wirtschaftens“ der ersten Lieferung von „Wirtschaft und Gesellschaft. Soziologie“ (MWG I/23) verwendet und anschließend vernichtet worden ist. Wenn diese Annahme richtig ist, so würde dies bedeuten, daß nur die inzwischen entbehrlich gewordenen Ausführungen über die Definition der Wirtschaft im Sinne der Grenznutzentheorie diesem Schicksal entgangen sind. Jedoch läßt sich dies nicht mit Sicherheit nachweisen. Vielmehr handelt es sich bei Lage der Dinge um eine nur auf Indizien gestützte hypothetische Deduktion. Demgemäß folgt die Edition, ungeachtet dieser Erwägungen, in der Präsentation des Textes der Voredition von Marianne Weber und Melchior Palyi.

Dem Abschnitt „Wirtschaftliche Beziehungen der Gemeinschaften im allgemeinen“, der, wie wir annehmen dürfen, als Rest einer ursprünglich wohl umfänglicheren Einleitung erhalten geblieben ist, folgte dann in einer durchaus systematischen Abfolge die Darstellung der verschiedenen „Gemeinschaftsformen“, die der „Hausgemeinschaft“ und ihrer verschiedenen Derivate, die „ethnischen Gemeinschaften“, die „Marktgemeinschaft“ und die „Politischen Gemeinschaften“ (während die ursprünglich der „Marktgemeinschaft“ nachfolgenden „Religiösen Gemeinschaften“ sich zu einer eigenständigen Darstellung verselbständigten). Daran schlossen sich, mit den Ausführungen der „Politischen Gemeinschaften“ inhaltlich eng verbunden, die Texte über „Machtprestige und Nationalgefühl“ sowie über „‚Klassen‘, ‚Stände‘ und ‚Parteien‘“ an. Diese Texte stehen in einem engen Sachzusammenhang miteinander. Jedoch können nur die ersten beiden Texte als mehr oder minder abgeschlossen gelten; während die übrigen unvollendet geblieben sind. Deshalb rechtfertigt es sich auch, sie jeweils als eigenständige Texte zu edieren, um nicht den Eindruck zu erwecken, daß es sich insgesamt um einen kontinuierlichen Textbestand gehandelt habe. Es ist im übrigen nicht anzunehmen, daß der Text „Machtprestige und Nationalgefühl" ebenso wie die hier im Anhang edierten Texte über „Kriegerstände" überhaupt für eine Veröffentlichung im Rahmen von „Wirtschaft und Gesellschaft" bestimmt waren. Bei dem Text „Machtprestige und Nationalgefühl" handelt es sich allerdings um eine inhaltlich bedeutsame Vorfassung zu dem Unterabschnitt über die „Nation", der in der Disposition von 1914 angekündigt war, dann aber nicht mehr zustande gekommen ist. Dieser Text weist überdies bemerkenswerte Parallelen zu den entsprechenden Passagen in dem Abschnitt über „Ethnische Gemeinschaften" auf. Für eine Aufnahme in die Abfolge der Texte über „Gemeinschaften" spricht der Umstand, daß sich diese Texte in dem Konvolut der Manuskripte befanden, das Marianne Weber im Schreibtisch ihres Mannes fand und die Grundlage der Erstedition von „Wirtschaft und Gesellschaft" abgegeben hat. Unter den Manuskripten des Nachlasses fand sich darüber hinaus ein Stichwortmanuskript über „Hausverband, Sippe und Nachbarschaft", das Max Weber aller Wahrscheinlichkeit nach als Vorlage für die Abfassung der entsprechenden Textpassagen in dem Abschnitt über die „Hausgemeinschaften" gedient hat und aus diesem Grunde im Anhang dieses Bandes mitgeteilt wird.

Man darf mit Gewißheit davon ausgehen, daß Max Weber die nachgelassenen Manuskripte von „Wirtschaft und Gesellschaft" 1919/20 nicht mehr in der vorliegenden Form publizieren, sondern sie grundlegend überarbeiten wollte, in Übereinstimmung mit dem inzwischen erreichten Stand seiner theoretischen Auffassungen. „Das *dicke* alte Manuskript muß ganz gründlich umgestaltet werden [...]", schrieb er am 27. Oktober 1919 an Paul Siebeck (MWG II/10). Es ist ihm wegen seines plötzlichen Todes am 14. Juni 1920 bekanntlich nicht mehr möglich gewesen, diese Umarbeitung zur Gänze durchzuführen. 1920 begann Max Weber damit, diese Neufassungen zu veröffentlichen; sie werden in Band MWG I/23 ediert. Von den Texten über die „Gemeinschaften" hat nur das Kapitel über „‚Klassen', ‚Stände' und ‚Parteien'" eine dort publizierte Überarbeitung erfahren.

Die Abfolge der Texte über „Gemeinschaften", so wie diese hier präsentiert werden, ergibt sich teilweise aus der Verweisstruktur, über die in den Editorischen Berichten das Notwendige gesagt wird, zugleich aber auch aus ihrem inneren Zusammenhang. Einzelne der Texte setzen einander jeweils voraus. Von einer rein chronologischen Anordnung gemäß ihrer Entstehungszeit ist hingegen Abstand genommen worden, schon deshalb, weil sich die Texte sämtlich nicht präzise datieren lassen. Eine Ausnahme macht in dieser Hinsicht nur der Text über „Machtprestige und Nationalgefühl", der, wie sich aus inhaltlichen Hinweisen erschließen läßt, vor Juli 1911 niedergeschrieben worden sein muß. Überdies dürften die Texte nicht selten unterschiedliche Schichten aufweisen, die zu verschiedenen Zeitpunkten entstanden sind, auch wenn wir dies mangels der Manuskripte nicht mehr im einzelnen nachweisen können. Insgesamt dürften die nachstehend edierten Texte im wesentlichen zwischen 1910 und 1912 entstanden sein, allerdings mit der Wahrscheinlichkeit späterer Überarbeitungen. Dies betrifft vor allem die Verweise auf andere, zumeist später entstandene Segmente von „Wirtschaft und Gesellschaft", insbesondere die „Herrschaftssoziologie", aber auch die „Rechtssoziologie", die beide ihre uns bekannte Gestalt erst 1912/13 erhalten haben. Ansonsten aber weisen die Texte über „Gemeinschaften", wie bereits dargelegt wurde, noch keine Spuren der grundlegenden Veränderungen der Terminologie Max Webers auf, die mit dem auf Ende 1912/Anfang 1913 zu datierenden Kategorienaufsatz einsetzen. In dieser Beziehung macht allerdings der Text über „Politische Gemeinschaften" eine Ausnahme. Er hat offensichtlich eine Überarbeitung erfahren, welche die neuen Ansätze des Kategorienaufsatzes, aufgreift, insbesondere die Konzeption der „Legitimität" politischer Ordnungen kraft des „Einverständnishandelns" der Gemeinschaftsangehörigen, die als partielle Antizipation der „Drei reinen Typen legitimer Herrschaft" gelten kann. Allerdings ist gerade dieser Text unvollendet geblieben. Vermutlich hat Max Weber es vorgezogen, in dem Abschnitt „Herrschaft" (MWG I/22-4) einen grundlegenden Neuansatz zu unternehmen, statt den älteren Ansatz fortzuschreiben, wie er in den „Politischen Gemeinschaften" noch vorherrscht, nämlich „Herrschaft" und „Staat" als Sonderformen „politischer Gemeinschaften" zu behandeln. Insgesamt gilt für die Texte über „Gemeinschaften" einschließlich des Textes „Politische Gemeinschaften", daß die begrifflichen und thematischen Neuerungen, die in der Disposition vom Frühjahr 1914 angekündigt wurden, in ihnen noch keinen Niederschlag gefunden haben. Sie werden vielmehr durchgängig bestimmt durch die Verwendung der Begrifflichkeit von „Gemeinschaft" und „Gemeinschaftshandeln", während die Begriffe „Gesellschaft" und „Gesellschaftshandeln" so gut wie überhaupt nicht verwendet werden, wohl aber „Vergesellschaftung" als Bezeichnung für die zweckrationale Gestaltung bestimmter Dimensionen oder Aspekte des „Gemeinschaftshandelns".

Max Weber hat, wie bereits erwähnt, immer wieder darauf Bezug genommen, daß er wegen der „Minderleistung" Karl Büchers in die Bresche habe springen müssen, nachdem dieser statt eines vorgesehenen umfassenden Artikels über „Wirtschaftsstufen" am Ende nur eine knappe Zusammenfassung seiner bekannten Thesen geliefert hatte. Schon in einem Brief an Paul Siebeck vom 23. Januar 1913 heißt es, daß es von dem bevorstehenden Manuskript Büchers abhänge, ob er seinen „großen Beitrag (Wirtschaft und Gesellschaft – incl[usive] Staat und Recht)" schon in „nächster Zukunft oder auch erst Ende April zusenden" könne, von dem Weber hoffte, er werde „zu den besseren oder besten Sachen gehören, die ich schrieb" (MWG II/8). Am 5. Mai 1914 schließlich teilte Weber dem Verleger mit, er sei „noch in scharfer Arbeit wegen Büchers Versagen" (ebd.). Dies legt den Gedanken nahe, daß Max Weber die in dem Schreiben vom 30. Dezember 1913 direkt angesprochene Theorie und Darstellung des Verhältnisses aller „großen Gemeinschaftsformen" zur Wirtschaft erst nach Eingang des unzulänglichen Manuskripts Büchers niedergeschrieben oder zumindest erheblich erweitert habe. Doch ist dies wenig wahrscheinlich. Max Webers Typologie der „Gemeinschaftsformen" sollte etwas ganz anderes sein als die von Bücher erwartete Theorie der Wirtschaftsstufen, und er hätte auf der Grundlage seiner Texte Büchers „Minderleistung" schwerlich in nennenswertem Umfang ausgleichen können. Weber lag dies vielmehr durchaus fern. Er suchte Johann Plenge dafür zu gewinnen, kurzfristig die Lücke, die Bücher gelassen hatte, zu schließen und ihm „auf einem Bogen" eine Theorie der Wirtschaftsstufen zu schreiben, welche er sofort unbesehen zu drucken bereit war. Im übrigen meinte er, daß seine eigenen Auffassungen über Stufentheorien gegenwärtig in starkem Wandel begriffen seien und er frühestens in der zweiten Auflage des „Grundriss" eine eigene Stufentheorie werde liefern können. Dies schließt aus, daß Weber die Sequenz seiner „Gemeinschaftsformen" als eine Art von Ersatz für Büchers „Wirtschaftsstufen" angesehen hat. Allenfalls ist denkbar, daß Weber im Hinblick auf den ziemlich schematischen, nicht sehr informativen Beitrag Büchers seine eigenen Texte noch einmal durchgesehen und hie und da ergänzt hat. Gewiß aber hat er diese Büchers wegen nicht substantiell verändert. Vielmehr diente ihm der Hinweis auf Büchers „Versagen" in erster Linie als Rechtfertigung für die Umfangüberschreitungen seiner eigenen Texte. Im übrigen taucht diese Argumentationsfigur auch in anderen Zusammenhängen und bezogen auf andere Autoren auf (vgl. Korrespondenz, MWG II/8). In einem Rundschreiben an die Mitherausgeber des Handbuchs vom 8. Dezember 1913 heißt es, wegen „des fast völligen Ausfalls mehrerer besonders wichtiger Beiträge", für die zumeist „ein Ersatz überhaupt nicht zu schaffen war", habe er, Weber, geglaubt, „für das Werk, um ihm ein *anderweitiges* [Hervorhebung d. Hg.] Äquivalent zu liefern und so seine Eigenart zu heben, unter Opferung anderer", ihm „weit wichtigerer Arbeiten in dem Abschnitt ‚Wirtschaft und Gesellschaft' eine ziemlich umfassende soziologische Erörterung liefern zu sollen, eine Aufgabe", die er „sonst in dieser Art niemals unternommen hätte." Er wollte also ein *„anderweitiges* Äquivalent" für die ausgefallenen bzw. unbefriedigenden Beiträge leisten, nicht aber die hier gebliebenen Lücken schließen. Man darf demnach füglich davon ausgehen, daß Webers „große Soziologie", deren frühe Teile nachstehend ediert werden, in allem wesentlichen unabhängig von den Fehl- bzw. Minderleistungen anderer Autoren des „Grundriss der Sozialökonomik" entstanden ist.

III. Die „großen Gemeinschaftsformen"

Max Weber hat sich, wie bereits erwähnt wurde, offenbar schon vor Beginn seiner Arbeit am „Handbuch" mit den verschiedenen Formen von Gemeinschaften in der Menschheitsgeschichte befaßt. 1902, als er seine schwere psychische Erkrankung zu überwinden begann, wandte er sich im Zusammenhang mit der Arbeit seiner Frau an ihrem damals begonnenen Buch „Ehefrau und Mutter in der Rechtsentwicklung" dieser Thematik erneut zu. Er nahm an ihren Forschungen ein intensives Interesse und trieb sie, wie Marianne Weber bekundet, dabei „von einer Stufe zur anderen" voran. Dies hat nach dem Zeugnis Marianne Webers zu seiner Gesundung einiges beigetragen. In ihrem Werk wurden die Stellung der Frau in frühen Gesellschaften und das Mutterrecht sowie das angenommene ursprüngliche Matriarchat und ebenso die Frage der Entstehung des Eigentums eingehend behandelt. Damals erstellte Max Weber eine ausführliche Ausarbeitung dieser Probleme in einem Stichwortmanuskript mit dem Titel *„Hausverband, Sippe und Nachbarschaft"*, das im Herbst 1906 entstanden sein dürfte. Dieses Stichwortmanuskript besteht aus zwei Schichten, die erste gibt einen stichwortartigen Abriß der Entwicklung der „Hausgemeinschaft" seit ihren ersten Anfängen bis hin zu Nachbarschaft, Sippe und Stamm, die zweite, die wohl etwas später in den ersten Text eingeschoben wurde, behandelt die Entwicklung der Institution der „Ehe" vor universalhistorischem Hintergrund. Die Ausarbeitung über die „Ehe" war vermutlich eine Zuarbeit zu Marianne Webers Buch; sie könnte allerdings auch als Material für eine Studie über „Prostitution und Familie" gedient haben, welche Max Weber Anfang 1905 dem Verein für Socialpolitik in Aussicht gestellt hatte. Dies ergibt sich aus einem Vermerk in der linken oberen Ecke des ersten Blattes des Manuskripts: „Sexualität, Prostitution". Das Stichwortmanuskript gibt, vermutlich gestützt auf die einschlägigen Passagen der Vorlesung über „Allgemeine (‚theoretische') Nationalökonomie", eine generelle Exposition dieser Thematik. Es stellt eine Vorstufe zu den einschlägigen Ausführungen in dem Text „Hausgemeinschaften" dar und wird deshalb in diesem Band im Anhang veröffentlicht (vgl. oben, S. 91–112). Es behandelt die „Hausgemeinschaft" als die ursprünglichste Form gesellschaftlicher Organisation und wirtschaftlicher Aktivität, sowie die Herausbildung des Nachbarschaftsverbandes, der Sippe und des Stammes als frühe Formen gesellschaftlicher Ordnungen, die als Träger des wirtschaftlichen Lebens fungierten. Aus der ursprünglichen Hausgemeinschaft gingen, worauf Weber besonderen Wert legte, radikal unterschiedliche Typen wirtschaftlicher Aktivität hervor, nämlich zum einen der moderne kapitalistische Betrieb, zum anderen die im wesentlichen auf unfreier Arbeit beruhende Grundherrschaft des „Oikos" (vgl. oben, S. 96–97). In dieses Manuskript hat Max Weber wahrscheinlich nur wenig später eine Ausarbeitung über „Die Entwicklung der Sexualbeziehungen und der Ehe" eingeschoben, die vermutlich als Handreichung für Marianne Weber gedacht war, welche die hier formulierten Gesichtspunkte in der Folge dann auch weitgehend in ihrem Buch „Ehefrau und Mutter in der Rechtsentwicklung" behandelt hat. Weber rühmte damals gegenüber Paul Siebeck die von seiner Frau vorgetragene Theorie der Entstehung der legitimen Ehe als Folge des Strebens der Frauen nach Sicherstellung der materiellen Versorgung ihrer Kinder als eine ganz neue, bedeutsame These (vgl. MWG II/6, S. 156–159, hier S. 158). Diese Argumente gehen vermutlich in weiten Teilen auf ihn selbst zurück. Möglicherweise hat der Tatbestand, daß dieses Fragment für Marianne Weber von einiger Bedeutung gewesen ist, dazu geführt, daß es uns erhalten geblieben ist, während Max Weber ansonsten seine Vorstudien zu „Wirtschaft und Gesellschaft", soweit wir wissen, in aller Regel nicht aufgehoben hat.

Das Stichwortmanuskript weist enge Bezüge zu anderen Themen auf, an denen Max Weber seit 1903 arbeitete, den „Agrarverhältnissen im Altertum", der Abhandlung „Die Stadt" (MWG I/22-5), der Abhandlung über „R. Stammlers ‚Überwindung' der materialistischen Geschichtsauffassung" sowie den Aufsätzen zur „Protestantischen Ethik" (MWG I/9). Hier finden sich zahlreiche Begriffe und Aussagen, welche zentrale Thesen seines späteren soziologischen Werks vorwegnehmen, nicht zuletzt die von der „Einzigartigkeit des Okzidents".

Möglicherweise hat Max Weber beabsichtigt, im Gegenzug zu den Theorien von Karl Marx, aber auch den organologischen Geschichtstheorien der älteren Historischen Schule, ein eigenes Modell der, wie wir heute sagen würden, gesellschaftlichen Formationen im Ablauf der Geschichte auszuarbeiten (Brief an Paul Siebeck vom 30. Dez. 1913, MWG II/8). Er wollte freilich nicht bloß eine neue Theorie der „Wirtschaftsstufen" vorlegen, wie dies Roscher, Schmoller, Bücher, Sombart und andere mit wechselndem Erfolg unternommen hatten, sondern eine Typologie der, wie er das dann 1913 genannt hat, „großen Gemeinschaftsformen" entwickeln.

Max Weber war sich anfänglich nicht schlüssig, welche Bezeichnung er dafür wählen sollte. Die zeitgenössische anthropologische Literatur verwendete fast durchweg den Begriff „Gemeinschaften", ausgehend von der ursprünglichsten Form menschlicher Gruppenbildung, nämlich der „Hausgemeinschaft". Weber selbst spielte mit dem Gedanken, statt „Gemeinschaft" den engeren und vergleichsweise präziseren Begriff des „Verbandes" zu wählen; dieser wird auch im Stoffverteilungsplan von 1910 verwendet. Aus den handschriftlichen Korrekturen der Titulatur des Stichwortmanuskripts „Hausverband, Sippe und Nachbarschaft" läßt sich entnehmen, daß er in diesem Punkte von Anbeginn geschwankt hat. Doch entschied er sich dann für den Begriff der „Gemeinschaften", offenbar, weil dieser umfassender war als der Begriff des „Verbandes". Dies wurde ihm durch die damalige ethnographisch inspirierte Literatur über Entwicklungsmodelle nahegelegt. Insbesondere Ernst Grosse verwendete den Begriff der „Gemeinschaft" in seinem von Weber mit Sicherheit benutzten Werk „Die Formen der Familie und die Formen der Wirtschaft" in einer analogen Weise. Auch in der Vorlesung „Allgemeine (‚theoretische') Nationalökonomie" findet durchweg der Begriff „Gemeinschaft" Verwendung, auch wenn die Begriffe „Gemeinschaftsformen" und „Verband" gelegentlich ebenfalls auftreten. Freilich hatte es einen systematischen Grund, weswegen Weber schließlich dem Begriff „Gemeinschaft" den Vorzug gab und die Texte des älteren Teils von „Wirtschaft und Gesellschaft" als eine Vielfalt von unterschiedlichen, wenn auch auseinander hervorgehenden „Gemeinschaften" präsentierte.

Es liegt nahe, die Wahl dieser Begrifflichkeit auf den Einfluß von Ferdinand Tönnies zurückzuführen, dessen Buch „Gemeinschaft und Gesellschaft" 1887 in erster Auflage erschienen war und dessen „Gedankengang" sich Max Weber nach seinem späteren Bericht „seinerzeit in Auszügen skizziert" hatte (Brief an Ferdinand Tönnies vom 29. Aug. 1909, MWG II/6). Weber hatte von Tönnies eine sehr hohe Meinung, gelegentlich hat er ihn als „eine der *allerersten* soziologischen Kapazitäten, nicht nur Deutschlands" bezeichnet (Brief an Robert Wilbrandt, vor dem 18. Mai 1912, MWG II/7). Jedoch war seine Einstellung gegenüber Tönnies' Werk eher zurückhaltend; es entsprach nicht seiner Weise des Denkens. 1920 hat er Tönnies' „Gemeinschaft und Gesellschaft" mit charakterischer Ambivalenz als ein „schönes Werk" bezeichnet.

Max Weber verwendete die Begriffe „Gemeinschaft" und „Gesellschaft" damals in ganz anderer Weise, als dies bei Tönnies der Fall ist. Während Tönnies in „Gemeinschaft und Gesellschaft" eine realgeschichtlich gemeinte „Verfallsgeschichte" schrieb, in der die mittelalterliche „organische Gemeinschaft" durch die moderne „mechanische Gesellschaft" unheilvoll ersetzt wurde, entwickelte Max Weber eine perspektivische Sichtweise, welche an die Stelle der substantialistisch gedachten Größen „Gemeinschaft" und „Gesellschaft" „Vergemeinschaftung" und „Vergesellschaftung" als Grundmuster aller historischen Prozesse setzte. Die Rekonstruktion der unterschiedlichen Formen der Gemeinschaft im Ablauf der Geschichte ist Tönnies insoweit verwandt, als er die modernen Formen gesellschaftlicher Organisation gleichermaßen vor universalhistorischem Hintergrund abhandelte, wenn auch in weit größerer Breite und unter stärkerer Berücksichtigung der antiken Welt. Aber die dichotomische Entgegensetzung von „Gemeinschaft" und „Gesellschaft", wie sie bei Tönnies vorherrscht, findet sich bei Weber nicht. „Gemeinschaft" und „Gesellschaft" sind – so sah Max Weber dies damals – keine einander ausschließenden, sondern komplementäre Begriffe; ja in gewissem Sinne figurierte „Gesellschaft" in den frühen Texten als eine der „Gemeinschaft" nachgeordnete Kategorie. Es ist überdies auffällig, daß Weber den Begriff „Gesellschaft" als solchen ganz selten benutzte und statt dessen in aller Regel nur von „Vergesellschaftung" sprach. Weber sah in „Gemeinschaft" keineswegs eine ausschließlich durch affektuelle oder emotionale Beziehungen begründete Entität, die in einem unaufhebbarem Gegensatz zu allen Formen rationaler Vergesellschaftung stehe. Vielmehr kann „Gemeinschaft“ nach Max Weber sowohl durch affektuelle, als auch im Grenzfall durch rein zweckrationale Sozialbeziehungen konstituiert werden. Eine partielle oder gar vollständige „Vergesellschaftung“ bestimmter Lebensbereiche bedeutet keine Minderung des Charakters einer sozialen Formation als „Gemeinschaft“. In den Texten der Jahre 1910 bis 1913 verwendete Weber, wie Werner J. Cahnman mit einigem Recht gesagt hat, den Begriff „Gemeinschaft“ „in a pre-Toenniesian general sense of ‚social group‘“. Wenn Tönnies die These vertrat, daß die „Gemeinschaft“, als die gleichsam urwüchsige Form menschlichen Zusammenlebens, im Zuge der fortschreitenden Entfaltung der „Gesellschaft“, als einer zweckrationalen Ordnung, mit der modernen Großstadt als ihrer vorläufig letzten Ausformung, immer mehr zerstört worden sei und allenfalls in kryptischer Form ein Fortleben bzw. eine Wiedergeburt erfahren könne, so lag Weber eine derartige Ausdeutung des Prozesses der Rationalisierung fern. Er war von Tönnies beeindruckt, aber seine Verwendung des Begriffs „Gemeinschaft“ war ungleich pragmatischer; er war weit davon entfernt, sich die darin enthaltene potentiell antizivilisatorische Tendenz zu eigen zu machen.

Seit 1912/13, mit der Entstehung des Aufsatzes „Über einige Kategorien der verstehenden Soziologie“, setzte sich bei Max Weber eine neue Terminologie durch. Neben den Begriff der Vergemeinschaftung trat gleichberechtigt der Begriff der Vergesellschaftung, bezogen auf zweckrationale Ordnungen unterschiedlicher Art. Ebenso sprach Weber nun von „sozialem Handeln“, nicht mehr von „Gemeinschaftshandeln“ als der zentralen Kategorie seiner „Verstehenden Soziologie“. Der Begriff „Gemeinschaft“ trat nun tendenziell hinter den Begriff der „Gesellschaft“ zurück. In den 1919/20 verfaßten „Soziologischen Grundbegriffen“ kam diese Entwicklung seiner Begrifflichkeit zu einem definitiven Abschluß. Die nunmehr gewonnene begriffliche Ebene seiner Soziologie erlaubte jetzt eine klare Gegenüberstellung von „Vergemeinschaftung“ und „Vergesellschaftung“ als unterschiedlichen Formen sozialer Beziehungen, die Tönnies formal näherkam, als dies bislang der Fall gewesen war. Aber auch dann noch verband Max Weber mit der Verwendung des Begriffspaars von „Gemeinschaft“ und „Gesellschaft“ keinesfalls eine antizivilisatorische Tendenz, wie sie bei Tönnies, wenn auch mit wechselnden Akzenten, anklingt. Weber distanzierte sich denn auch vorsichtig von dem „wesentlich spezifischeren Inhalt“, den Tönnies seiner Terminologie gegeben habe, die für seine Zwecke jedoch nicht nützlich sei.

Max Weber entschied, einen anderen Weg zu gehen, der sich von allen Interpretationen fernhielt, welche eine eindeutige Stufenfolge bzw. eine lineare Entwicklung von Gemeinschaften, Gesellschaften bzw. Wirtschaftsformen oder ökonomischen Formationen im Verlauf des geschichtlichen Prozesses postulierten. Er beabsichtigte, alle großen „Gemeinschaftsformen“ und die sie konstituierenden, im einzelnen höchst unterschiedlichen Faktoren, welche zu einer „Vergemeinschaftung“ oder unter zweckrationalen Gesichtspunkten zu einer „Vergesellschaftung“ führten, in gleichgewichtiger Weise zu behandeln. Alle großen gemeinschaftsbildenden Kräfte, die Blutsverwandtschaft und die aus dieser hervorgehenden primären gesellschaftlichen Gebilde, wie Nachbarschaft, Sippe und Stamm, die ethnischen Faktoren, die, obschon sie im Regelfall nicht auf biologischen Tatbeständen, sondern auf subjektiv begründetem Gemeinsamkeitsglauben beruhen, dennoch große Wirksamkeit entfalten und unter neuzeitlichen Verhältnissen in der Entstehung der Nationen kulminieren, die religiösen Mächte, deren gemeinschaftsbildende Kraft jene anderer Mächte von Fall zu Fall weit übersteigen, Klasse, Stand und Parteien als gemeinschaftsbildende Faktoren besonderer Art, der Markt als ein Grenzfall einer sich rein auf zweckrationale Beziehungen gründende Form der Vergemeinschaftung, dies ist das große Thema. Hinzu tritt die Politik, inhaltlich definiert als Ausübung bzw. Hinnahme von Macht und Herrschaft im Innenverhältnis und in den Außenbeziehungen von Gemeinschaftsgebilden, sowie schließlich die Überwölbung dieser Gemeinschaftsformen durch die Ausbildung von Rechtsordnungen, die grundsätzlich die Erzwingbarkeit der Rechtsprinzipien voraussetzen, aber vielfach auch ohne das Vorhandensein entsprechender Zwangsapparate analoge Verhaltensweisen bewirken. Allerdings ist dieses idealtypische Modell der Mannigfaltigkeit weltgeschichtlicher Entwicklungen in Raum und Zeit unvollendet geblieben. Einzelne Abschnitte, wie die „Marktgemeinschaft" und die „Politischen Gemeinschaften", liegen uns nur in fragmentarischer Form vor, während andere Segmente, insbesondere die „Religiösen Gemeinschaften", die „Rechtsordnung" und die „Herrschaft" am Ende über diesen Rahmen hinausgewachsen sind und eigenständige Konturen annahmen. Aber auch so noch ist dieses gewaltige Panorama von unterschiedlichen politischen, gesellschaftlichen, ethnischen und kulturellen Gemeinschaftsformen, das hier vor dem Hintergrund der ganzen uns bekannten Menschheitsgeschichte ausgebreitet wird, äußerst eindrucksvoll.

Max Webers Interesse galt weniger der Erklärung von langfristigen Entwicklungen, sondern vor allem den Prozessen der Ausdifferenzierung von unterschiedlichen gesellschaftlichen Ordnungen nicht nur in synchroner, sondern auch in diachroner Richtung. Er ging damit konsequent der naheliegenden Versuchung aus dem Wege, eine lineare Stufenfolge von „Gemeinschaften" der Frühzeit der Menschheitsgeschichte bis hin zur modernen Gesellschaft zu entwerfen. Die von ihm auf der Grundlage eines reichen historischen und ethnologischen Materials präsentierten idealtypischen Entwicklungsmodelle sagen nichts über die realen historischen Prozesse als solche aus, sondern nur über das in den einzelnen Gemeinschaftsformen jeweils angelegte Potential zu einer fortschreitenden Ausdifferenzierung bzw. Entfaltung in durchaus unterschiedlichen, bisweilen in direkt konträren Richtungen. Andererseits stellen sie eine präzise Begrifflichkeit für die exakte Erfassung historischer Entwicklungen oder Formationen und deren Interpretation unter dem Gesichtspunkt der Kulturbedeutsamkeit bereit. In der „Hausgemeinschaft" zum Beispiel sind sowohl die Entstehung des modernen kapitalistischen „Betriebs", mit seiner gleichsam explosiven wirtschaftlichen und gesellschaftlichen Dynamik, als auch des „Oikos" der Spätantike, also einer geschlossenen, zu Stagnation und womöglich zu Versteinerung führenden gesellschaftlichen Formation, angelegt. Dies ist die Leitidee dieser „geschlossenen soziologischen Theorie und Darstellung [...], welche alle großen Gemeinschaftsformen [...] von der Familie und Hausgemeinschaft zum ‚Betrieb', zur Sippe, zur ethnischen Gemeinschaft, zur Religion" sowie zum Staat und Herrschaft „zur Wirtschaft in Beziehung setzt" (Brief an Paul Siebeck vom 30. Dez. 1913, MWG II/8). Der voranstehende Band „Gemeinschaften" stellt die Einlösung der ersten Hälfte dieses eindrucksvollen Programms dar.

Seit 1913 veränderte sich allerdings die Stoßrichtung dieses Programms. In den Texten über Religion, Recht und Herrschaft trat nun der Gesichtspunkt der fortschreitenden Rationalisierung aller gesellschaftlichen Beziehungen, der bislang nur ein Aspekt unter anderen gewesen war, beherrschend in den Vordergrund. Jedoch hielt Max Weber auch späterhin noch daran fest, daß „Gemeinschaftshandeln", obschon es an subjektiven Sinnhaltungen der Individuen orientiert ist, gleichwohl unter den Bedingungen zweckrationaler Ordnungen stattfinden kann. Aber jetzt trat mehr und mehr das Theorem der Vergesellschaftung, also der rationalen bzw. der zweckrationalen Gestaltung aller Sozialbeziehungen in den Vordergrund, ohne allerdings jemals alleinherrschend zu werden. Die Kategorie der „Gemeinschaft", als Synonym für die gesellschaftliche Einheit einer Gruppe von Menschen unter jeweils unterschiedlichen Aspekten, verlor hingegen ihre bislang dominante Funktion. Die in diesem Bande vereinigten Texte wurden allerdings von diesen Veränderungen, die mit der im Kategorienaufsatz von 1913 vorgestellten Handlungstheorie und dem Begriff des „Einverständnishandelns" einsetzen, nur zu einem geringen Teil erfaßt. Das Verständnis der Texte wird erleichtert, wenn man sich der Veränderungen in der Terminologie des Werks Max Webers bewußt ist und die frühen Texte nicht mit der später entwickelten Begrifflichkeit zu lesen versucht. Dies gilt natürlich insbesondere für die „soziologischen Grundbegriffe" des späteren Teils von „Wirtschaft und Gesellschaft. Soziologie", den Max Weber seit 1919, teilweise unter Benutzung der älteren Manuskripte, ganz neu konzipierte (MWG I/23).

Wie wir bereits gesehen haben, fehlt den Texten, so wie sie uns überliefert sind, eine Einleitung in die Terminologie. Es ist allerdings anzunehmen, wie oben dargelegt worden ist, daß der erste Abschnitt des Textes *„Wirtschaftliche Beziehungen der Gemeinschaften im allgemeinen"* den Anfang eines derartigen Einleitungskapitels darstellen sollte. Dieses Kapitel könnte an die Stelle eines in seinem Kern älteren Textes, nämlich „Die Wirtschaft und die Ordnungen", getreten sein. Die hier eingangs gegebene Definition von „Wirtschaft" hält sich eng an die Begrifflichkeit der Grenznutzentheorie und geht davon aus, daß Wirtschaft nicht durch zweckrationales Handeln zwecks Gütererwerb an sich, sondern ausschließlich durch Wirtschaften unter Bedingungen relativer Knappheit von Gütern des jeweiligen Bedarfs konstituiert wird. Dabei wird ausdrücklich offengehalten, auf welche Inhalte sich dieser Bedarf jeweils richtet. Es kann sich durchaus um ganz unterschiedliche Formen des Bedarfs handeln, solche materieller wie ideeller, religiöser oder künstlerischer Art oder was auch immer. Man würde erwarten, daß sich hier andere Begriffsbestimmungen angeschlossen hätten, doch bricht der Text offenbar ab.

Der nachfolgende Teil des Textes „Wirtschaftliche Beziehungen der Gemeinschaften im allgemeinen" beschäftigt sich mit den unterschiedlichen Typen des Gemeinschaftshandelns, sofern und soweit es sich auf wirtschaftliche Aktivitäten erstreckt. Man darf auf Grund des Kontexts annehmen, daß am Anfang statt des Wortes „Gesellschaftshandeln" der Begriff „Gemeinschaftshandeln" gestanden hat; es steht dahin, ob, wann und wer hier einen nachträglichen Texteingriff vorgenommen hat. Weber unterscheidet verschiedene Formen des Gemeinschaftshandelns, aus denen dann auch unterschiedliche Gemeinschaftstypen resultieren, „Wirtschaftsgemeinschaften" beziehungsweise „wirtschaftliche Gemeinschaften", „wirtschaftende Gemeinschaften" sowie „wirtschaftsregulierende Gemeinschaften". In der Folge grenzt sich Weber von der sogenannten materialistischen Geschichtsauffassung ab: „Gemeinschaften" werden in sehr unterschiedlichem Grade von ökonomischen Faktoren bestimmt. In jedem Falle fehle, so heißt es, die „Eindeutigkeit der ökonomischen Determiniertheit des Gemeinschaftshandelns durch ökonomische Momente". Grundsätzlich haben die Strukturformen des Gemeinschaftshandelns vielmehr ihre Eigengesetzlichkeit; sie lassen sich nicht ausschließlich auf ökonomische Bedingungen zurückführen. Ungeachtet dieser Gegenposition zu Marx, die einem Plädoyer für eine grundsätzlich pluralistische Interpretation der gesellschaftlichen Wirklichkeit gleichkommt, betont Weber gleichwohl, daß wirtschaftliche Gruppeninteressen in aller Regel zur Monopolisierung von sozialen oder ökonomischen oder auch anderen Chancen tendieren, mit der Folge einer partiellen oder vollständigen „Schließung" der betreffenden „Gemeinschaft" bzw. der Monopolisierung bestimmter Aspekte des Gemeinschaftshandelns zugunsten einzelner Gruppen. Eine derartige „Vergesellschaftung" aber kann umgekehrt den Ansatz für die Bildung einer „übergreifenden Vergemeinschaftung" abgeben; es handelt sich also nicht um eine Einbahnstraße von „Vergemeinschaftung" hin zu „Vergesellschaftung", sondern um ein Wechselspiel beider, mit anderen Worten um einen offenen Prozeß der Schließung und Öffnung sozialer Beziehungen. An zahlreichen Beispielen wird anschaulich demonstriert, wie dieser Prozeß der Monopolisierung von Gemeinschaftshandeln durch bestimmte Interessen zu Gruppenbildungen und scharfen Gegensätzen sowohl im gesellschaftlichen wie im politischen Raum zu führen pflegt. In der anschließenden kasuistischen Auflistung der verschiedenen Typen der Aufbringung der finanziellen Mittel für verschiedene Formen des Gemeinschaftshandelns steht die Frage im Vordergrund, welche dieser Typen für die Entwicklung des Kapitalismus günstig oder auch nachteilig gewesen sind.

Der Text „*Hausgemeinschaften*" schließt an die „Wirtschaftlichen Beziehungen der Gemeinschaften im allgemeinen" unmittelbar an. Es ist zu vermuten, daß die einleitenden Bemerkungen, welche darauf verweisen, daß hier nur die „allgemeinen Strukturformen menschlicher Gemeinschaften" erörtert werden sollen, nicht aber deren Beziehung zu bestimmten Inhalten, zu einem späten Zeitpunkt hinzugefügt worden sind, zumal ausdrücklich auf die Texte zur „Herrschaft" verwiesen wird, die anfänglich noch gar nicht konzipiert, geschweige denn niedergeschrieben waren (vgl. oben, S. 16). Ansonsten greift der Text auf die Ausarbeitung „Hausverband, Sippe und Nachbarschaft" zurück, die Max Weber 1906 in anderen Zusammenhängen erstellt hat (vgl. oben, S. 134f.). Die „Hausgemeinschaft" erscheint „heute", wie sich Max Weber mit charakteristischem Bemühen um Distanz ausdrückt, als die urwüchsige Form einer „Gemeinschaft" überhaupt, die in frühen Phasen der Menschheitsgeschichte eine dominante Rolle gespielt hat und aus der heraus sich dann eine Vielzahl von „Gemeinschaften" bzw. von „Vergemeinschaftungen" entwickelt hat. Sie entstand aus einer sexuellen Dauerbeziehung, war aber zugleich immer schon Versorgungsgemeinschaft, und erst als solche erlangte sie relative Dauer und Stabilität. Im einzelnen werden die sehr unterschiedlichen Varianten der „Gemeinschaft" von Vater, Mutter und Kindern dargestellt. Sie variieren nicht nur in ihrer Binnenstruktur, sondern auch in ihrer Größe. Max Weber sieht in dem Streben nach Exklusivität der Verfügung über die Frau den Ursprung des Eigentums und damit die schrittweise Ablösung des ursprünglich gegebenen Hauskommunismus zugunsten einer Struktur, die eine dominante Stellung des Hausvaters ausbildet, welche dann sekundäre „Vergemeinschaftungen" allgemeinerer Art wie die Nachbarschaft und die Gemeinde, und andererseits auch die Sippe als eine vorgeblich durch die Blutsverwandtschaft begründete „Gemeinschaft" aus sich heraus entwickelt. Die Theorie des „Mutterrechts", als der angeblich in allen frühen Gesellschaften universal herrschenden Form der Geschlechterbeziehungen, wird in diesem Zusammenhang als unhaltbar zurückgewiesen. Andererseits wird dem Prozeß der fortschreitenden Abschwächung der unbeschränkten „Vatergewalt", die sich vorwiegend aus ökonomischen Gründen ergab, große Aufmerksamkeit gewidmet und die Ausdifferenzierung unterschiedlicher Formen des Verhältnisses von Mann und Frau und schließlich der modernen Ehe als Sekundärfolge dieses Prozesses gezeigt. Bedeutsamer ist, daß sich die „Hausgemeinschaft" zugleich zu einer anfänglich nur den Tagesbedarf deckenden, „wirtschaftenden Gemeinschaft" entwickelt, aus der in der Folge sehr unterschiedliche Typen wirtschaftlicher Organisation hervorgegangen sind. Die dadurch ausgelösten „Vergesellschaftungen" entfalten ihre eigene Dynamik und stellen indirekt Antriebskräfte für wirtschaftliche und gesellschaftliche Veränderungen dar, die auf lange Sicht neue Formen wirtschaftlicher Aktivität hervorgebracht haben. Insbesondere kommt es zu der nur dem Okzident eigenen förmlichen Trennung von „Haus" und „Betrieb", und damit zu einer wichtigen Voraussetzung für die Entwicklung des, im Vergleich mit der Antike qualitativ einzigartigen, modernen marktorientierten Kapitalismus. Die Analyse führt heran bis zu jenen Formen des Wirtschaftens, die, wie Weber sagt, „die *qualitative* Einzigartigkeit der Entwicklung zum *modernen* Kapitalismus mit am deutlichsten kennzeichnen" (vgl. oben, S. 36), nämlich kapitalintensive, auf dem Prinzip der „Rechenhaftigkeit" beruhende Unternehmungen aller Art. Doch bleibt es hier bei Andeutungen; die real-historische Entwicklung des modernen Kapitalismus sollte an anderer Stelle behandelt werden.

Anschließend wird noch eine, in ihrer historischen Wirkung eher retardierende, Variante der Entwicklung der „Hausgemeinschaft" vorgestellt, die Herausbildung des „Oikos", als einer Form gewerblichen Wirtschaftens, welche die „Hausgemeinschaft" in einen Großbetrieb umformte, normalerweise unter Einsatz von „unfreien" Arbeitskräften, die freilich gleichwohl dem Haus des jeweiligen „Herrn" angehörten, einer in der Antike weit verbreiteten, aber auch in der frühen Neuzeit und zuweilen noch im 19. Jahrhundert anzutreffenden Form des Wirtschaftens, die, wie Max Weber an anderer Stelle selbst gezeigt hat (vgl. MWG I/2, S. 317 u. MWG I/6), erhebliche soziale und politische Konsequenzen gehabt hat. Weber stützte sich hier auf die Arbeiten von Rodbertus, gab der Thematik aber aufgrund seiner eigenen souveränen Kenntnis der antiken Sozialverfassung eine besondere Wendung. Die Wirtschaftsform des „Oikos" war die Geburtsstätte der patrimonialen Herrschaft. Aber darüber hinaus war die in ihr angelegte Tendenz zur Stagnation und schließlich zur Erstarrung der gesellschaftlichen Ordnungen unter universalhistorischen Gesichtspunkten von besonderem Interesse; die Versteinerung der okzidentalen Gesellschaften in einer zweiten Spätantike war nach Webers Überzeugung eine mögliche zukünftige Entwicklung. Bereits hier werden, wie wir sehen, *in nuce* zentrale Elemente des weitgespannten Panoramas der Soziologie Max Webers angesprochen.

In dem Text „*Ethnische Gemeinschaften*" wandte sich Max Weber dann einer Thematik von erheblicher politischer Brisanz zu, der Frage nach der Rolle ethnisch beziehungsweise rassisch bedingten Gemeinschaftshandelns, sei es auf wirtschaftlichem, sei es auf politischem Gebiet. Max Weber war an der Frage der Rasse und ihrer gesellschaftlichen Auswirkungen lebhaft interessiert, zumal damals in Deutschland heftige Auseinandersetzungen über die Funktion der Rasse im gesellschaftlichen Raum geführt wurden. Unter anderem wurde gegen den Ausbau der Sozialgesetzgebung das sozialdarwinistische Argument ins Feld geführt, eine die Unterschichten unterstützende Sozialpolitik würde durch Ausschaltung der „natürlichen Auslese" langfristig zu einer Minderung der rassischen Qualität der Bevölkerung führen. Max Weber hielt dafür, daß die Rolle rassischer Faktoren insbesondere im Wirtschaftsleben eine intensive wissenschaftliche Untersuchung verdiene. Aber andererseits verurteilte er die damals geläufigen rassistischen Theorien in den Sozialwissenschaften sämtlich als unwissenschaftlich (vgl. MWG II/7, S. 171 ff.). Schon auf dem ersten Soziologentag hatte er die Ansicht vertreten, daß sich Rassenzugehörigkeit in erster Linie auf soziale Faktoren zumeist subjektiver Natur, nicht auf objektive Tatsachen gründe. In dem Text „Ethnische Gemeinschaften" zeigte er ebenfalls, daß Rassenzugehörigkeit in erster Linie auf subjektive Faktoren zurückzuführen ist. Geglaubte Andersartigkeit werde, wie er betonte, in aller Regel als rassische Verschiedenheit gedeutet. Dies gilt, wie Weber zeigt, in einem noch allgemeineren Sinne. Jedwede Form ethnischen Gemeinschaftsglaubens werde durch subjektive Einschätzungen konstituiert, selbst dann, wenn objektive Faktoren dabei mitspielen. Auf der Basis der Erinnerung an kollektives Gemeinschaftshandeln entwickele sich häufig ein übergreifendes „Gemeinsamkeitsbewußtsein", das unter modernen Verhältnissen vielfach seinen höchsten Ausdruck in den „pathetischen Empfindungen" gefunden habe, die wir mit dem Begriff der *„Nation"* verbinden (vgl. oben S. 50). Obschon Weber sich persönlich uneingeschränkt mit der Idee der deutschen Nation als eines subjektiv verpflichtenden Wertes identifizierte, hielt er gleichwohl dafür, daß das „Nationalgefühl" sich keineswegs in erster Linie auf objektive Faktoren wie eine gemeinsame Sprache und eine gemeinsame Kultur, und schon gar nicht auf eine objektiv gegebene ethnische Gemeinsamkeiten gründe, sondern auf sehr heterogene Faktoren überwiegend subjektiver Natur. Max Weber nahm damit eines vorweg, was heute die herrschende Auffassung der Forschung geworden ist, daß nämlich die „Nation" eine „imagined community" sei, die durch schmale Intellektuelleneliten geschaffen wurde und dann allmählich im Bewußtsein der breiten Schichten eines Volkes Fuß gefaßt habe. Spezifisch für Max Webers Deutung des Nationalgefühls war allerdings, daß er der Komponente des Machtprestiges besonderes Gewicht einräumte. Es scheint, daß Max Weber auf dem 2. Deutschen Soziologentag 1912 liebend gern ein Hauptreferat zu diesem Thema gehalten hätte, aber als seine vorsichtigen Sondierungen ohne Resonanz blieben, zog er sich wieder zurück (vgl. MWG II/7, S. 362 f. und S. 483 f.). Immerhin skizzierte er dem Vorstand der DGS, was seiner Ansicht nach der Inhalt dieses Vortrags hätte sein müssen. Dieser hätte seines „Erachtens *rein referierend* die verschiedenen Arten von *faktisch* vorkommenden ‚Nation'-Begriffen festzustellen: z. B. staatliche Gemeinschaft, Sprachgemeinschaft, Abstammungs- und ethnische Gemeinschaft, ‚Kultur'-Gemeinschaft (in ihren verschiedenen möglichen Bedeutungen, lediglich um so die Sprachverwirrung zu beseitigen, und *ohne* sich für *eine* dieser Bedeutungen als die ‚eigentliche' zu entscheiden). Casuistische Gliederung der faktisch vorkommenden Sachverhalte, welche *denkbarer* Weise eine

‚Nation' konstituieren, wäre die Aufgabe" (vgl. ebd.). Die engen sachlichen Berührungen mit den Ausführungen im Text „Ethnische Gemeinschaften" über Nation und Nationalgefühl liegen auf der Hand. Dieses antizipiert in gewissem Umfang die Darlegungen, die in dem in der Disposition von 1914 vorgesehenen Kapitel über „Nation" zu erwarten gewesen wären.

An diesen Abschnitt sollte ursprünglich derjenige über „Religiöse Gemeinschaften" unmittelbar anschließen. Dies liegt schon deshalb nahe, weil religiöse Einstellungen und Verhaltensweisen vielfach eine wesentliche Rolle bei der Konstitution ethnischen Gemeinsamkeitsglaubens und speziell eines spezifischen Nationalbewußtseins spielen. Doch wurde Max Weber bei der Untersuchung der Wirkung religiöser Einstellungen auf die Lebensführung und die Wirtschaftsordnung von vornherein weit über diesen begrenzten Gesichtspunkt hinausgetragen (vgl. MWG I/22-2, S. 140–142). Gleichwohl betonte er, daß es kein „Gemeinschaftshandeln" gäbe – und man darf wohl interpolieren, auch jenes der modernen Nationen nicht – „das nicht seinen Spezialgott hätte und auch, wenn die Vergesellschaftung dauernd verbürgt sein soll, seiner nicht bedürfte" (ebd., S. 140). Die Untersuchung der Auswirkungen religiöser Werthaltungen auf die Entstehung und Entwicklung der „Gemeinschaften" verlagerte sich zunehmend auf die Frage nach deren Bedeutung für die Lebensführung des einzelnen Individuums und die davon ausgehenden Wirkungen auf die geschichtliche Entwicklung, insbesondere auf die Entstehung des modernen, marktorientierten Kapitalismus.

Der unvollendete Abschnitt über die *„Marktgemeinschaft"* nimmt in der Sequenz von idealtypischen Gemeinschaftsformen eine strategische Sonderstellung ein. Er zeichnet sich vor allen anderen Typen der „Gemeinschaften" dadurch aus, daß hier, anders als bei allen anderen „Gemeinschaftsformen", keine partielle Rationalisierung des „Gemeinschaftshandelns" vorliegt, sondern die Marktteilnehmer ausschließlich von rationalen, und zwar zweckrationalen Motiven geleitet werden und nicht von ethischen Normen, religiösen Geboten oder persönlichen Einstellungen gleichviel welcher Art. Insofern stellt die „Marktgemeinschaft" den Grenzfall einer Gemeinschaftsbildung überhaupt dar. Sie ist, wie es heißt, der „Typus alles rationalen Gesellschaftshandelns" (vgl. oben, S. 54) schlechthin. Der freie Tausch von Gütern oder Arbeit zu den Bedingungen des Marktes kennt kein Ansehen der Person und ebenso keine Normen des gesellschaftlichen Verhaltens, die durch nichtökonomische Faktoren, seien diese kultureller, religiöser oder sozialer Art, konstituiert werden, wenn man von den Marktregulierungen absieht. Der Gegensatz zur Terminologie von Ferdinand Tönnies könnte in diesem Punkte nicht schärfer sein. Vermutlich hatte Marianne Weber deshalb Bedenken, den Titel „Marktgemeinschaft" zu verwenden und zog die neutralere Bezeichnung „Markt" vor (WuG^1, S. 364). Aber die charakteristische Zuspitzung des Begriffs „Marktgemeinschaft" als eines zweckrationalen Gebildes, das durch zweckrationale Beziehungen dauerhaft erhalten wird, war von Weber gewollt, in bewußter Entgegensetzung zu den anderen, im vorangehenden dargestellten „Gemeinschaften".

Die Marktgemeinschaft wird durch das allen Teilnehmern am Markt gemeinsame Interesse an der Möglichkeit des Tauschs von für wertvoll gehaltenen Gütern begründet. Ebenso wird ihr relative Dauer verliehen, weil die Tauschpartner in der Regel ein Interesse an der Fortsetzung der Handelsbeziehungen besitzen. Aus diesem Tatbestand ergibt sich auch der Glaube an die Legalität des Marktes und das Vertrauen in die Rechtmäßigkeit des Handelns des jeweiligen Partners. Hier findet sich im Ansatz bereits jener Idealtyp der kapitalistischen Verkehrswirtschaft (hier heißt es noch: „Erwerbswirtschaft", vgl. oben, S. 56), der tendenziell einen irreversiblen Prozeß der Rationalisierung aller Wirtschaftsbeziehungen gemäß den rein sachlichen Erfordernissen des Marktes in Gang setzt. Allerdings listet Weber hier zunächst alle jene Kräfte auf, seien diese religiöser, ethischer oder auch ständischer Natur, die in den unterschiedlichsten Gesellschaften der Vergangenheit dem Voranschreiten des freien Marktes im Wege standen. Gleichzeitig aber wird die Tendenz der Marktgemeinschaft dargestellt, bei fortschreitender Ausschaltung aller traditionellen Hindernisse der freien Marktentfaltung neue monopolistische Strukturen hervorzubringen, die auf eine Einschränkung des Marktes zugunsten einiger weniger Marktteilnehmer hinauslaufen und schließlich die Freiheit des Marktes wieder einschränken. Grundsätzlich also ist demnach die Entwicklungsdynamik der „Marktgemeinschaft" offen und kann sich in unterschiedlicher Richtung auswirken. Die „Marktgemeinschaft" ist von der Existenz politischer Herrschaft und von deren Möglichkeiten, die Einhaltung der Regeln des Marktes durch Sanktionen zu garantieren, unabhängig. Die durch das gemeinsame Interesse an geregelten Tauschbeziehungen begründete Rationalität der „Marktvergemeinschaftung" transzendiert im Prinzip die Grenzen der politischen Herrschaftsgebilde, ein Sachverhalt, der sich in dem gegenwärtig bestehenden globalen ökonomischen Weltsystem immer wieder neu bestätigt. Faktisch aber bestand immer schon und besteht auch weiterhin ein Schutzbedürfnis der Marktteilnehmer gegenüber nichtökonomischen Interessen und Gewalten, und dies gehört in aller Regel zu den Aufgaben der „Politischen Gemeinschaft".

Unter diesen Gesichtspunkten lag es für Max Weber nahe, sich unmittelbar anschließend eingehender mit den *„Politische[n] Gemeinschaften"* zu befassen, die in den bisherigen Ausführungen meist nur eine marginale Erwähnung gefunden hatten. Das eigentliche Thema bildet die Entstehung von Staaten als Endstadium eines Prozesses der „Vergemeinschaftung" einer Großgruppe von Menschen. Die Aufgabe der „Politischen Gemeinschaft" besteht ursprünglich nur in einer Schutzfunktion vor äußerer Bedrohung. Aus dieser Urform entwickelt sich der Staat, indem die „Politische Gemeinschaft" immer größere Bereiche des „Gemeinschaftshandelns" monopolisiert und schrittweise die Funktionen konkurrierender Herrschaftsverbände an sich zieht. Auffallend ist dabei, daß Max Weber das Kriterium der physischen Gewaltanwendung ganz in den Vordergrund rückt, und zwar nicht nur gegenüber potentiell bedrohlichen Gegnern nach außen, sondern auch nach innen. Das Recht des Staates, gegen die eigenen Bürger gewaltsame Mittel einzusetzen und von ihnen prinzipiell die Bereitschaft zu verlangen, gegebenenfalls Leib und Leben zu opfern, wird besonders betont. Die ungewöhnliche Schärfe, mit der dies geschieht, erklärt sich wohl daraus, daß Max Weber das Bauprinzip der „politischen Gemeinschaften" scharf gegenüber den anderen Gemeinschaften abzugrenzen bemüht war, nämlich das Recht zur Anwendung legitimer Zwangsgewalt seitens des oder der Herrschenden. Als zweites Kriterium, nach welchem sich der Staat grundlegend von zahlreichen anderen, mehr oder minder lose geknüpften Herrschaftsverbänden vielfältigster Art unterscheidet, sah Max Weber die Herrschaft über ein angebbares, eindeutig abgegrenztes Territorium an (vgl. oben, S. 58). Der Entwicklungsprozeß, der von den vielfältigen Formen politischer Einungen und Kriegerbünden früherer Gesellschaften bis hin zum modernen Anstaltsstaat geführt hat und seinen bedeutsamsten Ausdruck in der Monopolisierung legitimer Gewaltsamkeit gefunden hat, wird hier in idealtypischer Form skizziert. Der Tatsache, daß das Handeln der „Politischen Gemeinschaften" durch das für sie typische Mittel des Gewalthandelns, welches gegebenenfalls von den Gemeinschaftsangehörigen das Opfer des Lebens einfordert, wird in diesem Zusammenhang besonderes Gewicht zugewiesen. Denn dadurch werden Erinnerungsgemeinschaften begründet, welche die Bürger oft stärker als die Bande der Kultur-, Sprach- und Abstammungsgemeinschaft an den „Politischen Verband" binden. Durch den Gewaltgebrauch der „Politischen Gemeinschaft" beziehungsweise des Staates wird vielfach ein spezifisches Pathos der Macht erzeugt, das dem „Nationalitätsbewußtsein" erst die letzte entscheidende Note verleihe. Macht und Machtprestige werden demgemäß als wesentliche Komponenten des Selbstverständnisses „Politischer Gemeinschaften" und – in besonderem Maße – des modernen Staates beschrieben.

Andererseits entwickelt sich, und hier betrat Max Weber selbst Neuland, mit der Entstehung von politischen Verbänden, die das politische Gemeinschaftshandeln zunehmend monopolisieren, ein spezifischer Glaube an die Rechtmäßigkeit des Gemeinschaftshandelns, mit anderen Worten eine besondere Form des Legitimitätseinverständnisses, das seine Wurzel im Einverständnishandeln der Verbandsmitglieder besitzt. Damit setzte Max Weber einen ganz neuen Akzent. Einerseits wird dem „Politischen Verband", und dann speziell dem Staat, das uneingeschränkte Recht zur Ausübung physischen Zwangs sowohl im Verhältnis zu anderen Staaten wie auch gegenüber den eigenen Genossen zugestanden; andererseits bedarf dieser des Legitimitätseinverständnisses der Verbandsmitglieder. Die hier gemeinte Form der „Legitimität" von Herrschaft ist freilich noch durchweg auf die „Normativität des Faktischen" gegründet; sie fragt noch nicht nach unterschiedlichen Geltungsgründen von Herrschaft, sondern nur nach ihrer faktischen Geltung. Legitimität dieser Art wächst den „Politischen Verbänden" freilich in aller Regel relativ mühelos zu, weil insbesondere seitens der ökonomischen Interessenten ein überwältigendes Bedürfnis nach Aufrechterhaltung des Rechtsfriedens besteht. Aus den gleichen Gründen wird dem „Politischen Verband" zunehmend die Funktion des alleinigen Friedens- und Rechtswahrers zugesprochen, die im Aufbau einer legitimen Rechtsordnung, deren Geltung ausschließlich vom Staate zu gewährleisten ist, ihren krönenden Abschluß findet. Diese Thematik hat Max Weber dann in dem Textkonvolut über „Recht", das eigentlich an dieser Stelle hätte folgen sollen, in umfassender Form behandelt (vgl. MWG I/22-3). Hingegen hat er die Darstellung der jüngsten Entwicklung der „Politischen Gemeinschaften" bzw. des Staates hier nicht weitergeführt, sondern in der „Herrschaftssoziologie" die unterschiedlichen Typen der Legitimität der Herrschaft beschrieben und jeweils unterschiedlichen politischen Herrschaftsgebilden zugerechnet (vgl. MWG I/22-4).

Die oben erwähnte These von der bedeutsamen Funktion des Pathos der Macht, das „Politische Gemeinschaften" auszubilden pflegen, im Prozeß der Entstehung des „Nationalitätsbewußseins" und der „Nation" hat Max Weber zwar nicht mehr in einem eigenständigen Unterkapitel des Abschnittes „Der politische Verband" über „Nation", wie ihn die Disposition von 1914 vorgesehen hatte, ausführlicher darlegen können. Wohl aber finden sich entsprechende Erörterungen in einem Text über „*Machtprestige und Nationalgefühl*", der (wie andere Texte auch) wahrscheinlich gar nicht für die Veröffentlichung im „Grundriss“ vorgesehen war, aber zu dem Konvolut der für diesen bestimmten Manuskripte gehörte. Schon Marianne Weber hat sich seinerzeit entschieden, diesen Text im Verband von „Wirtschaft und Gesellschaft“ zu veröffentlichen, und inhaltlich gehört er fraglos in den Kontext des Teils über „Gemeinschaften“, handelt er doch in enger Anlehnung an die Ausführungen in den „Ethnischen Gemeinschaften“ sowie den „Politischen Gemeinschaften“ über das Verhältnis von Machtausübung und Nationalbewußtsein.

Der Text über „Machtprestige und Nationalgefühl“ ist unvollendet. Seine genaue Entstehung ist uns nicht bekannt, jedoch dürfte er vor dem Sommer 1911 verfaßt worden sein. Hier liegt der Schwerpunkt auf den Interaktionen „politischer Gemeinschaften“ untereinander, mit anderen Worten, ihren außenpolitischen Beziehungen. Dabei wird vor allem der Frage nachgegangen, warum politische Gemeinschaften in aller Regel eine expansive Machtpolitik nach außen entfalten. In diesem Zusammenhang werden die „Prestige“-Prätentionen der jeweils führenden Eliten einer politischen Gemeinschaft als wichtige Antriebsmomente ausgemacht; allerdings sind diese wiederum verknüpft mit dem gehobenen gesellschaftlichen und ökonomischen Status der betreffenden gesellschaftlichen Gruppen, welche hoffen können, von einer Machtsteigerung der eigenen politischen Gemeinschaft zumeist unmittelbar oder mittelbar zu profitieren. Die Aussicht auf wirtschaftliche Gewinnchancen im Falle einer erfolgreichen Expansionspolitik kommt als ein zusätzliches Moment hinzu. Eines von vielen Motiven imperialistischer Politik sei die Aussicht auf die Erschließung von Märkten in Übersee, ein anderes, welches historisch von weit größerer Bedeutung gewesen sei, bilde die Erschließung neuer Einnahmequellen in Gestalt von Grundrenten aus agrarischer Produktion bzw. als Tribute an die Metropolen in Form von Schuldzinsen und Steuerabgaben. Auch das Interesse der Banken an der Emittierung von Staatsanleihen zwecks finanzimperialistischer Operationen in außereuropäischen Ländern, beflügelt von der Aussicht, die betreffenden Papiere anschließend einem breiten Publikum von „Staatsrentnern“ mit meist beachtlicher Provision verkaufen zu können, wird hier genannt, und weiterhin das Bestreben bestimmter Wirtschaftskreise, monopolistische Gewinnchancen in kolonialen oder halbkolonialen Gebieten etwa mittels Eisenbahnbaus zu erlangen, sowie nicht zuletzt das Interesse der Rüstungsproduzenten an einer expansiven Politik, die normalerweise mit steigender Nachfrage an Kriegsmaterial und „Kriegsmaschinen“ einhergehe. Der „imperialistische Kapitalismus, zumal koloniale[r] Beutekapitalismus auf der Grundlage direkter Gewalt und Zwangsarbeit“ habe „zu allen Zeiten die weitaus größten Gewinnchancen geboten“ (vgl. oben, S. 71). Der moderne marktorientierte Kapitalismus sei nicht notwendigerweise imperialistisch, sondern prinzipiell auf friedlichen Güteraustausch ausgerichtet, ein Argument, das späterhin vor allem Joseph Schumpeter aufgegriffen hat. Allerdings könne der Kapitalismus unter bestimmten politischen Bedingungen – und diese sah Weber in seiner Gegenwart manifest gegeben – imperialistische Züge annehmen. Die zunehmende Verlagerung der Gewinnchancen der Wirtschaft zugunsten monopolistischer Aufträge seitens des Staates habe, so meinte er, jüngsthin zu einem universellen Wiederaufleben des „imperialistischen“ Kapitalismus und damit auch des „politischen Expansionsdrangs“ der europäischen Machtstaaten geführt.

Allerdings war Max Weber keineswegs ein uneingeschränkter Anhänger einer ökonomischen Imperialismustheorie. Im Gegenteil, er betonte, daß imperialistische Politik in aller Regel primär auf die sozialen und politischen Interessen der jeweiligen politischen Eliten zurückzuführen sei, deren gesellschaftliche Position regelmäßig durch eine erfolgreiche imperialistische Politik gestärkt werde. Dazu komme die emotionale Mobilisierbarkeit der breiten Massen für eine imperialistische Außenpolitik, die sich in aller Regel der Idee der „Nation" bediene. In diesem Zusammenhang legte Max Weber, wie schon zuvor in dem entsprechenden Abschnitt der „Ethnische[n] Gemeinschaften" (vgl. oben, S. 50–53) einmal mehr dar, daß „Nation" und „Nationalgefühl" äußerst vieldeutige Begriffe seien, hinter denen sich sehr verschiedene Arten von Gemeinsamkeitsempfindungen verbergen können. Andererseits wies er darauf hin, daß die Trägerschichten der Idee der Nation – vor allem die Intellektuellen – dabei in erster Linie hervorzutreten pflegen, weil sie sich in besonderem Maße zur Pflege und Förderung der Kulturgüter der jeweiligen politischen Gemeinschaft berufen fühlen und ihre gesellschaftliche Stellung von der Größe des Geltungsbereichs der eigenen nationalen Kultur abhänge. Leider ist diese eindringliche Analyse imperialistischer Expansionspolitik und ihrer nationalistischen Antriebskräfte, die Max Weber möglicherweise in den von ihm laut der Disposition von 1914 geplanten Abschnitt über „Die Nation" einzubringen gedachte, unvollendet geblieben. Jedoch darf sie auch in der fragmentarischen Form, in der sie uns überliefert ist, als eine auch heute noch unvermindert aktuelle Analyse des Imperialismus und des imperialistischen Nationalismus gelten.

Unvollendet geblieben ist auch der Text über *„‚Klassen', ‚Stände' und ‚Parteien'"*, der nach der Disposition von 1914 ebenfalls eine weitere Ausgestaltung erfahren sollte (vgl. MWG I/23). Es handelt sich offenbar um eine früh, zumindest in Teilen bereits vor 1910 entstandene Abhandlung, die noch den im Stoffverteilungsplan von 1910 vorgesehenen Abschnitt über „Wirtschaft und Recht" voraussetzte. Der Text über „‚Klassen', ‚Stände' und ‚Parteien'" rundet in gewissem Sinne die *tour d'horizon* der verschiedenen Formen von Gemeinschaften ab. Hier steht zur Frage, ob die Klassenlage oder die ständische Zugehörigkeit als solche gemeinschaftsbildend sein können. Dies wurde von Max Weber für die Klassenlage verneint. Beide, Klasse und Stand, setzen das Bestehen einer Gemeinschaft voraus, im ersten Falle darüber hinaus ein bestimmtes Maß an rationaler Vergesellschaftung, oder genauer, eine Marktgemeinschaft, weil sich sonst eine ungleiche Verteilung der Lebenschancen bestimmter Gruppen einer Gemeinschaft aufgrund der Verfügbarkeit von Gütern, Besitz oder Kapitalgewinn einerseits, der Verwertung von Arbeitsleistungen andererseits nicht einstellen könne. Jedoch führe die „Klassenlage" keinesfalls zwangsläufig zu einem entsprechenden Gemeinschaftshandeln der betroffenen Gruppen, sondern nur, sofern und soweit diese als solche in ihren Ursachen und Folgen rational erkannt und als ein abzuschaffender Zustand wahrgenommen werde. In der großen Mehrzahl der historisch bekannten Fälle sei vielmehr eine irrationale und daher folgenlose Protesthaltung festzustellen. In jedem Fall sei die Klasse keine „Gemeinschaft" und daher könne es auch so etwas wie ein objektives, von den subjektiven Einstellungen der Betroffenen unabhängiges Klassenbewußtsein nicht geben.

Im Gegensatz zu diesem vergleichsweise eng gefaßten Klassenbegriff, der nur im Bereich des Arbeitsmarktes, des Gütermarkts und des kapitalistischen Betriebs voll zum Tragen komme, sprach Max Weber den Ständen, die durch einen spezifischen Begriff der sozialen Ehre und eine spezifisch geartete Lebensführung konstituiert werden, damals noch durchaus den Status von „Gemeinschaften" zu, die zu einverständlichem Gemeinschaftshandeln von erheblicher Bedeutung befähigt seien. Stände gebe es, dieser Argumentation zufolge, keineswegs nur in vormodernen Gesellschaften. Ständische Differenzierungen, die sich an spezifischen Lebensformen orientieren, hingegen zumeist von rein kapitalistischen Statussymbolen nichts wissen wollen, bremsen das Fortschreiten der kapitalistischen Marktwirtschaft in erheblichem Maße ab, und ebenso schwächen sie die Bedeutung von Massenhandeln, welches aus spezifischen Klassenlagen resultiert.

Parteien hingegen – und mit diesen wenigen Bemerkungen bricht die Betrachtung, die ursprünglich eine umfassende Kasuistik des Parteiwesens in universalhistorischer Sicht bringen sollte, einigermaßen abrupt ab – seien in der Sphäre der „Macht" zu Hause; ihr Ziel sei die Erringung von Einfluß auf das Gemeinschaftshandeln. Bemerkenswert an diesem Ansatz ist, daß Max Weber Parteien, ebenso wie auch Klassen und Stände, prinzipiell als Gebilde betrachtete, deren Tätigkeit sich keineswegs nur im Rahmen *einer* politischen Gemeinschaft bzw. *eines* Staates bewege. Vielmehr können sie mit ihren Aktivitäten selbst nicht „an die Grenzen je einer einzelnen politischen Gemeinschaft gebunden" sein (vgl. oben, S. 88). Sie besitzen tendenziell überstaatlichen – wir würden heute sagen: transnationalen – Charakter. Ihr Streben nach Machtgewinn vollzieht sich nach Webers Auffassung gleichsam noch im vorstaatlichen Raum: Sie suchen für sich und ihre Klientel jeweils eine eigenständige Sphäre „sozialer Macht" aufzubauen, die potentiell über die Grenzen bestimmter politischer Verbände hinausreicht und nicht selten internationale Dimensionen annimmt. Max Weber hatte die Absicht, diese „Strukturformen sozialer Herrschaft" der Parteien, die sich gleichsam im Vorfeld des politischen Herrschaftssystems etablieren, noch eingehender zu analysieren. Denn an dieser Stelle heißt es: „Diesem zentralen Phänomen alles Sozialen wenden wir uns daher jetzt zu" (vgl. oben, S. 88).

Zwei Fragmente über „*Kriegerstände*", die uns erhalten sind, ohne daß ein unmittelbarer Zusammenhang mit den sonstigen Texten erkennbar ist, dürfen als Ausweis dafür dienen, daß Max Weber diese universalhistorisch angelegte Kasuistik des Themas „‚Klassen', ‚Stände' und ‚Parteien'" noch wesentlich breiter entfalten wollte. Die Ausführungen zu „Stände und Klassen" hat Max Weber 1919/20 für die Drucklegung überarbeitet und begrifflich verschärft sowie die Erörterung der Parteien aus diesem Zusammenhang herausgelöst; dieser Text ist allerdings ebenfalls unvollendet (MWG I/23).

Die hier mitgeteilten Texte bilden den ersten Teil einer umfassend angelegten soziologischen Darstellung, die Max Weber 1913 als „seine ‚Soziologie'" (Brief vom 6. Nov. 1913, MWG II/8) bezeichnet und dem Verleger Paul Siebeck für eine baldige Drucklegung avisiert hat – ins Auge gefaßt war als Termin der Drucklegung Ende Frühsommer 1915. Die Texte sind im wesentlichen bereits in den Jahren 1910 bis 1912 entstanden; doch dürften sie in der hektischen Arbeitsphase im Herbst 1913 und im Frühjahr 1914, als Weber darum bemüht war, die zahlreichen für den „Grundriss der Sozialökonomik" bestimmten Manuskripte zu einer „geschlossenen soziologischen Theorie und Darstellung" des Verhältnisses der Wirtschaft zu den verschiedenen sozialen Ordnungen zusammenzufügen, geringfügige

Überarbeitungen erfahren haben. Nach Ausbruch des Ersten Weltkrieges sind Änderungen an den Texten nicht mehr erfolgt. Wir haben es mit einem zwar in Teilen fragmentarischen, aber insgesamt relativ geschlossenen Textbestand zu tun, der vor universalhistorischem Hintergrund die verschiedenen Formen der „Gemeinschaften" und ihrer höchst unterschiedlichen Ausformungen in der Geschichte systematisch abhandelt.

IV. Zu dieser Edition und insbesondere zur Frage der Titelgestaltung der Manuskripte aus dem Nachlaß

Dem hier vorgelegten Band I/22-1 der Max Weber-Gesamtausgabe liegen, wie eingangs bereits dargelegt wurde, die in der von Marianne Weber und Melchior Palyi 1921–22 veröffentlichten 1. Auflage – genauer in der zweiten, dritten und vierten Lieferung – von „Wirtschaft und Gesellschaft" mitgeteilten Texte zugrunde, die den Intentionen Max Webers am nächsten stehen. Allerdings verfolgten Marianne Weber und Melchior Palyi damals eine Editionsstrategie, die keineswegs mit Max Webers eigenen Absichten zum Zeitpunkt seines plötzlichen Todes am 14. Juni 1920 übereingeht. Denn Weber hatte nie die Absicht, die zahlreichen für das „Handbuch der politischen Ökonomie" bzw. den „Grundriss der Sozialökonomik" bestimmten Manuskripte aus den Jahren 1910 bis 1914 in der vorliegenden Form zu veröffentlichen. Auch die Anordnung der Texte, die Marianne Weber und Melchior Palyi nach langen Erwägungen und Verhandlungen mit dem Verlag vornahmen, kann auf weiten Strecken nicht als autorisiert gelten. Marianne Weber hatte das Ziel, die noch von ihrem Mann selbst zum Druck gebrachten Texte – die sogenannten „Soziologischen Grundbegriffe" – und die Manuskripte aus dem Nachlaß als ein möglichst geschlossenes einheitliches Werk zu veröffentlichen. In den älteren Manuskripten sah Marianne Weber die empirische Dokumentierung der „systematischen soziologischen Begriffslehre", die sie als Ersten Teil den von ihr edierten Schriften aus dem Nachlaß voranstellte. Das Bemühen, die „große Soziologie" Max Webers auf diese Weise der Fachwelt und der breiteren Öffentlichkeit erstmals als Ganzes zugänglich zu machen, war unter den damaligen Umständen verdienstvoll, und, wie die Entwicklung gezeigt hat, überaus erfolgreich. Johannes Winckelmann ist dieser Editionslinie dann in der von ihm herausgegebenen 4. und 5. Auflage von „Wirtschaft und Gesellschaft" gefolgt, allerdings mit erheblichen Abweichungen hinsichtlich der Anordnung der Manuskripte und zahlreichen Eingriffen in die Texte selbst, gipfelnd in dem Versuch einer Rekonstruktion der sogenannten „Staatssoziologie", auf der Grundlage einer Synopse von angeblich von Werturteilen gereinigten Texten aus den „Gesammelten Politischen Schriften". Jedoch hat die Fachkritik, beginnend mit Friedrich Tenbrucks glänzender Studie „Abschied von ‚Wirtschaft und Gesellschaft'", den problematischen Charakter dieser Editionen deutlich gemacht.

Hier wird statt dessen ein anderer Weg eingeschlagen, nämlich die Texte „Gemeinschaften" und deren Anordnung gemäß den autoreigenen Intentionen zuverlässig zu rekonstruieren, in Übereinstimmung mit den Grundsätzen einer historisch-kritischen Edition. Dies ist angesichts der Tatsache, daß uns für diesen Teil von „Wirtschaft und Gesellschaft" keinerlei Manuskripte überliefert sind, keine leichte Aufgabe. Für diesen hier vorgelegten Teilband sind wir durchweg auf die Textüberlieferung angewiesen, so wie sie in der von Marianne Weber und Melchior Palyi herausgegebenen ersten Auflage von „Wirtschaft und Gesellschaft“ vorgelegt worden ist. Allerdings erlauben die wenigen erhaltenen Manuskripte anderer Teile von „Wirtschaft und Gesellschaft“ in begrenztem Umfang Rückschlüsse auch auf den ursprünglichen Zustand der hier zum Abdruck kommenden Texte. Es sind dies „Die Wirtschaft und die Ordnungen“ (MWG I/22-3), die Paragraphen 1–7 der sogenannten „Rechtssoziologie“ (ebd.), eine sechsseitige Passage aus dem Text „Staat und Hierokratie“ sowie ein fragmentarisches Blatt aus der „Religionssoziologie“ (MWG I/22-2, S. 278–280). Für die übrigen Teile von „Wirtschaft und Gesellschaft“ müssen die Manuskripte als definitiv verloren gelten. Darüber hinaus gibt die umfangreiche, allerdings nicht vollständig überlieferte Korrespondenz zwischen Marianne Weber, Melchior Palyi und dem Verlag J.C.B. Mohr (Paul Siebeck) wichtige Anhaltspunkte. Außerdem erlauben die Textverweise, deren Zuverlässigkeit Hiroshi Orihara nachgewiesen hat, Rückschlüsse auf die ursprünglich beabsichtigte Anordnung der einzelnen Texte.

Die späteren Editionen von „Wirtschaft und Gesellschaft“, insbesondere die inzwischen in mehreren Auflagen vorliegende Edition von „Wirtschaft und Gesellschaft“ durch Johannes Winckelmann, sind hingegen, was die Rekonstruktion der Texte als solche angeht, zu vernachlässigen, weil sie der autoreigenen Überlieferung ferner stehen. Allerdings hat sich schon Winckelmann intensiv darum bemüht, Druckfehler und Verschreibungen in den Texten aufzuspüren und entsprechende Emendationen vorzunehmen. Soweit diese sich bei kritischer Prüfung der Texte als angemessen erweisen, sind sie im Folgenden berücksichtigt worden. Jedoch hatte Winckelmann die Neigung, Emendationen, welche aus inhaltlichen Gründen nahelagen, auch dann vorzunehmen, wenn keinerlei Anhaltspunkte für ein Textverderbnis vorlagen. In der 5. Auflage hat Winckelmann gar auf deren Nachweis ganz verzichtet. Ein solches Verfahren ist mit den Grundsätzen einer historisch-kritischen Edition nicht zu vereinbaren. Vielmehr geht es hier darum, die ursprünglichen Texte mit größtmöglicher Zuverlässigkeit zu präsentieren, auch wenn diese Sachfehler oder Verderbnisse aufweisen, und Emendationen nur dann vorzunehmen, wenn diese unabweisbar sind, im übrigen aber alle Texteingriffe zu vermeiden.

Hingegen sind die späteren Editionen von „Wirtschaft und Gesellschaft“ von Johannes Winckelmann, die er selbst in seiner Schrift „Max Webers hinterlassenes Hauptwerk“ gegen die Fachkritik eloquent und materialreich verteidigt hat, für die Frage der Anordnung der Texte, aber auch für die Titelgestaltung und die Kommentierung von erheblicher Bedeutung. In dieser Hinsicht sind ihm die Herausgeber und Bearbeiter dieses Bandes zu Dank verpflichtet, auch wenn sie weithin andere Wege gegangen sind. In gewissem Umfang gilt dies auch für die dreibändige englische Ausgabe von Guenther Roth und Claus Wittich, die seinerzeit hinsichtlich der Anordnung der Texte bedeutsame Fortschritte brachte. Doch gilt auch für sie, daß die Präsentation von „Wirtschaft und Gesellschaft“ als eines einheitlichen, aus zwei Teilen bestehenden Werkes, dem von Max Weber noch selbst zum Druck gebrachten sogenannten „Ersten Teil“ und dem sogenannten „älteren Teil“, welcher die zahlreichen Texte aus dem Nachlaß enthält, der wissenschaftlichen Kritik nicht standgehalten hat.

Die Frage der Titelgestaltung erfordert eine etwas weiter ausholende Erörterung, unter Einbeziehung unserer Kenntnisse über den ursprünglichen Zustand aller Manuskripte aus dem Nachlaß. Melchior Palyi und Marianne Weber haben sich bei der Edition der Manuskripte aus dem Nachlaß für die Veröffentlichung von „Wirtschaft und Gesellschaft" hinsichtlich der Einführung von Abteilungs- oder Kapiteltiteln völlig frei gefühlt und sich im übrigen in der formalen Gestaltung an den noch von Max Weber selbst zum Druck gebrachten Teilen orientiert. Klare Vorgaben gab es hingegen nicht. Schon Friedrich Tenbruck hat darauf hingewiesen, daß den von Marianne Weber im Schreibtisch Max Webers vorgefundenen Manuskripten keinerlei Hinweise für eine Anordnung beigegeben waren. Dies kann auch nicht verwundern, da Weber damals gar nicht mehr beabsichtigte, diese Texte in der vorliegenden Form zum Druck zu bringen. Zwar haben, wie wir aufgrund von Präzedenzen vergleichbarer Art annehmen dürfen, die einzelnen Manuskripte, die Marianne Weber unmittelbar nach dem Tode ihres Mannes in seinem Schreibtisch fand und die vermutlich in gebrauchten braunen Versandtaschen aufbewahrt worden waren, stichwortartige Bezeichnungen getragen, die jedoch als Abteilungs- bzw. Kapitelüberschriften nicht tauglich waren und auch nicht als solche gedacht gewesen sein dürften, da Max Weber diese Manuskripte ja ohnehin nur als Material für eine noch zu erstellende Druckfassung betrachtet hatte. Marianne Weber listete diese Bezeichnungen in einem Brief an den Verleger in folgender Weise auf: „Religionssoziologie, Rechtssoziologie, dann Formen der Gesellschaft: (Ethnische Gemeinschaft. Sippen. Nation Staat u[nd] Hierokratie etc)" sowie „Charismatismus[,] Patrimonalismus[,] Feudalismus[,] Bürokratismus". Aufgrund der überlieferten Originalmanuskripte darf man davon ausgehen, daß nur das Kapitel über „Die Wirtschaft und die Ordnungen" mit einer zur Veröffentlichung geeigneten Kapitelüberschrift versehen war (Brief Max Webers an Paul Siebeck vom 19. Mai 1920, MWG II/10).

Hinsichtlich der Zwischentitel bzw. der Paragraphentitel in den Manuskripten dürfte die Lage nicht wesentlich anders gewesen sein. In den Texten betreffend die „Religiösen Gemeinschaften" fanden sich Zwischentitel, die ursprünglich wohl eine arabische Bezifferung aufwiesen. Nur die „Rechtssoziologie" hatte autor-eigene Zwischentitel und eine Gliederung in Paragraphen sowie kurze Inhaltsangaben der einzelnen Abschnitte. Max Weber hat für die Gliederung der einzelnen Abschnitte ursprünglich durchweg arabische oder römische Ziffern verwendet, Paragraphen sind offenbar, wenn überhaupt, dann erst anläßlich der Drucklegung eingeführt worden. Das zeitlich frühe Manuskript von „Die Wirtschaft und die Ordnungen" beispielsweise besitzt keine Paragraphengliederung, sondern eine Gliederung mit arabischen Ziffern. Auch die beiden unvollendeten Manuskripte „Die Marktgemeinschaft" sowie „‚Klassen', ‚Stände' und ‚Parteien'" weisen keine Paragraphengliederung auf. In „Die Stadt" fehlten ebenfalls Paragraphen; diese sind dort von Marianne Weber nachträglich inseriert worden. Überdies variieren die Zwischentitel in „Die Stadt" zwischen der Archivfassung und der Fassung in WuG, außerdem ergeben sich erhebliche inhaltliche Bedenken gegen die Authentizität des offenbar sinnlosen Zwischentitels „Die Plebejerstadt". In den Texten über „Religiöse Gemeinschaften" ist die ursprünglich numerische Bezifferung von insgesamt 12 Unterabschnitten im Zuge der Drucklegung von den Erstherausgebern unter Beibehaltung der Zwischentitel in eine Paragraphengliederung überführt worden. Die „Herrschaftssoziologie" scheint ursprünglich ebenfalls keine Untergliederung nach Paragraphen aufgewiesen zu haben. Nur die ersten drei Texte besitzen eine Untergliederung nach Paragraphen; dann bricht dieses Gliederungsschema ab. Ersichtlich haben die Ersther-ausgeber sich bemüht, die fehlende Paragraphengliederung nach dem Vorbild der „Rechtssoziologie“ und der 1. Lieferung nachträglich für alle Manuskripte durchzuführen. Dies haben sie aber dann nicht durchgehalten, was vermutlich ursächlich auf das vorzeitige Ausscheiden Melchior Palyis zurückzuführen ist, der die vierte Lieferung großenteils nicht mehr bearbeitet hat.

Gleichermaßen führten Marianne Weber und Melchior Palyi bei der Vorbereitung der Manuskripte aus dem Nachlaß für den Druck in die Texte neue oder bei Max Weber an anderer Stelle verbürgte Abteilungs- beziehungsweise Kapitelüberschriften ein. Auch die Zwischentitel wurden vielfach modifiziert, beziehungsweise, soweit solche in den Texten nicht vorhanden waren, neue Zwischentitel eingefügt, gelegentlich unter Unterbrechung des kontinuierlichen Textflusses. Die Einführung von Paragraphen, Zwischentiteln und Inhaltsübersichten diente dem Ziel, aus der ungeordneten Masse von Manuskripten und Texten unterschiedlicher Entstehungszeit und unterschiedlichen Bearbeitungszustands ein einheitliches Werk entstehen zu lassen.

Unter diesen Umständen wird man die Authentizität der Titulatur des älteren Teils von „Wirtschaft und Gesellschaft“ insgesamt als ungesichert ansehen müssen. Dieser Befund wird durch die Verlagskorrespondenz erhärtet. Aus der Korrespondenz Marianne Webers mit dem Verlag geht mit Zuverlässigkeit hervor, daß sie die sogenannten *Abteilungstitel* mit dem Verlag vereinbart hat, diese also mit Sicherheit nicht authentisch sind. Dies erstreckt sich auch auf den Abteilungstitel des ersten Teils „Die Wirtschaft und die gesellschaftlichen Ordnungen und Mächte“. Daß die *Kapitelüberschriften* großenteils nicht autor-eigen sind, ergibt sich aus dem Sachverhalt, daß Marianne Weber mit dem Gedanken spielen konnte, die Texte „Politische Gemeinschaften“, „Machtprestige und Nationgefühl“ und „‚Klassen‘, ‚Stände‘ und ‚Parteien‘“ in einem einzigen Kapitel zusammenzufassen. Wenn diese Konvolute originale Kapitelüberschriften gehabt hätten, wäre dies nicht möglich gewesen. Marianne Weber und Melchior Palyi haben vielmehr keine Bedenken getragen, nicht nur Kapitel mehrfach hin- und herzuschieben, sondern auch einzelne Textbestände innerhalb dieser Kapitel andernorts zu plazieren. Der Schluß ist unabweisbar, daß die Kapitelüberschriften der „Gemeinschaften“ ganz überwiegend von den Erstherausgebern in die Manuskripte eingefügt worden sind, vielfach in Anlehnung an den damals schon in Umbruchbögen vorliegenden sogenannten „Ersten Teil“ von „Wirtschaft und Gesellschaft“. Dies trifft analog auch für die Paragraphenüberschriften und Inhaltsangaben zu. Sie sind ebenfalls zumeist erst von den Erstherausgebern eingeführt worden. Auch rein stilistische Beobachtungen stützen diesen Befund. Nicht selten unterbrechen die von den Erstherausgebern eingeschobenen Zwischentitel den Gang der Darlegungen in einer syntaktisch störenden Weise. Eine sorgfältige Prüfung der Zwischentitel an den Texten selbst gemäß den Grundsätzen der inneren historischen Quellenkritik ergibt, daß die Paragraphentitel die überschriebenen Inhalte in zahlreichen Fällen nicht angemessen wiedergeben; ja mehr noch, daß sie vielfach den Sinn der jeweiligen Darlegungen Max Webers verfälschen. Die Texte des Teils „Gemeinschaften“ sind transparenter und verständlicher, wenn die vielfach sinnentstellenden, zuweilen den Sachzusammenhang unterbrechenden, Zwischenüberschriften, die den jeweiligen Paragraphen von den Erstherausgebern beigegeben worden sind, vernachlässigt werden. Es ist kein Zufall, daß alle späteren Herausgeber bzw. kritischen Interpreten von „Wirtschaft und Gesellschaft", von Winckelmann und Roth bis Orihara, den Wortlaut der Zwischenüberschriften nicht für authentisch angesehen und diese in unterschiedlichster Weise modifiziert haben.

Die Grundsätze einer historisch-kritischen Edition erlauben es nur in Ausnahmefällen, durch Einführung von Titeln oder Zwischentiteln ordnende Eingriffe in die Texte vorzunehmen. Dem wird in dem hier vorgelegten Bande der MWG Rechnung getragen und auf den Wiederabdruck der Paragraphengliederung sowie der dazugehörenden, nicht authentischen Zwischentitel der Erstausgabe verzichtet. Allerdings wird in die durch die Einführung von Zwischentiteln verursachten Zäsuren im Text nicht eingegriffen; diese werden jeweils durch eine Leerzeile gekennzeichnet. Sämtliche Überschriften bzw. Untertitel der Erstausgabe, soweit sie nicht definitiv als von Max Weber selbst herrührend gelten können, werden in eckige Klammern gesetzt und damit als Herausgeberrede gekennzeichnet. Nur in solchen Fällen, in denen dies unabweisbar ist, sind unter Anlegung eines strengen Maßstabs neue Titel eingeführt oder überlieferte Titel modifiziert worden, jeweils in enger Anlehnung an den Text beziehungsweise an Titel und Begriffe, die in den Texten an anderer Stelle nachgewiesen sind. Auch wenn es sich dabei um Begriffe oder Formulierungen handelt, die bei Weber an anderer Stelle verwendet sind, werden sie in eckige Klammern gesetzt und damit als Herausgeberrede gekennzeichnet. Darüber hinaus werden alle Eingriffe dieser Art in dem Abschnitt „Zur Entstehung und Überlieferung der Texte jeweils im einzelnen begründet, unter Mitteilung der von den Erstherausgebern eingeführten Titeln. Hier wie auch sonst ist die Edition durchgängig darum bemüht, die autoreigenen Texte in möglichster Präzision zu präsentieren und von allen Ergänzungen oder Eingriffen Dritter Hand zu befreien. Andererseits ist es dem Leser stets möglich, auf die älteren Ausgaben zurückzugreifen und die vorgenommenen Änderungen nachzuvollziehen.

Anhang

Zur Textkonstitution

Die vorliegende Ausgabe beruht auf dem entsprechenden Band I/22-1 der Max Weber-Gesamtausgabe (MWG); sie enthält die Texte über die „Gemeinschaften“, die 1921/22 von Marianne Weber und Melchior Palyi als integraler Bestandteil von „Wirtschaft und Gesellschaft“ veröffentlicht worden sind.

Es kann heute nicht mehr bestritten werden, daß diese Voredition strengen wissenschaftlichen Maßstäben nicht genügt. Die Bemühungen gingen deshalb dahin, die ursprünglichen Texte über die „Gemeinschaften“ und ihre Anordnung, so wie sie Max Weber selbst intendiert hat, mit größtmöglicher Akribie zu rekonstruieren, soweit dies bei der ursprünglichen Quellenlage überhaupt noch möglich ist. Denn Manuskripte sind für diesen Teilbestand aus dem Nachlaß nicht überliefert. Es ging demnach vor allem darum, einerseits durch eine sorgfältige Analyse der uns verfügbaren sekundären Quellen, namentlich der Korrespondenzen Max Webers und der Verlagskorrespondenz, andererseits durch eine genaue textkritische Prüfung der in den Voreditionen mitgeteilten Texte deren ursprünglichen Zustand, so wie sie Webers eigenen Intentionen entsprochen haben, zu ermitteln und diese gegebenenfalls von nichtautorisierten Zusätzen der Voreditoren zu befreien. Alle editorischen Schritte wurden in der MWG sorgfältig dokumentiert, so daß die Leser diese dort sämtlich nachvollziehen können. Von einer von inhaltlichen Gesichtspunkten geleiteten Editionsweise wurde bewußt Abstand genommen; vielmehr soll die wissenschaftliche Öffentlichkeit in die Lage versetzt werden, sich selbst ein möglichst objektives Bild der Überlieferungslage zu verschaffen. Für die ausführliche Sachkommentierung, die helfen soll, die Texte so weit wie möglich zu entschlüsseln, sei auf die MWG verwiesen.

Die Textkonstitution folgt durchweg den Grundsätzen der MWG. Entsprechend den allgemeinen Editionsregeln wurden Texteingriffe auf ein Minimum beschränkt, d. h. nur bei Textverderbnissen vorgenommen.

Die Emendationen an den Texten sind im textkritischen Apparat von MWG I/22-1 nachgewiesen. Darüber hinaus sind in folgenden Fällen stillschweigende Texteingriffe, ebenfalls gemäß den Verfahren der MWG, vorgenommen worden:

a) Bei Umlauten: Sie werden – soweit sie Folge der zu Webers Zeiten üblichen Drucktechniken sind – der heutigen Schreibweise angeglichen (Ä statt Ae). Die Schreibweise ss für ß wird zu ß vereinheitlicht.

b) Bei Abkürzungen: Sie werden, sofern sie schwer verständlich und heute nicht mehr üblich sind, in eckigen Klammem ausgeschrieben.

c) Bei offensichtlichen Druckfehlern: Banale Fehler sowie Personen- und Ortsnamen werden berichtigt.

d) Bei Interpunktionsfehlern: Sie werden korrigiert, sofern dies für das Verständnis des Textes erforderlich ist.

Zur Entstehung und Überlieferung der Texte

[Wirtschaftliche Beziehungen der Gemeinschaften im allgemeinen] *S. 1–15*

Der nachstehende Text ist, seinem Duktus nach zu urteilen, in unterschiedlichen Schreibphasen entstanden, auch wenn diese nicht präzise voneinander zu unterscheiden sind. Er beginnt mit einer Definition von „Wirtschaft", die sich in Abgrenzung zu anderen zeitgenössischen Begriffsbestimmungen von „Wirtschaft" an der Theorie des Grenznutzens orientiert; der Begriff der „Wirtschaft" setzt die Knappheit von nachgefragten Gütern voraus und dient der Deckung des jeweiligen Bedarfs an diesen. Dabei wird ausdrücklich betont, daß dieser Bedarf sich auf die unterschiedlichsten Zwecke erstrecken kann, „von der Nahrung bis zur religiösen Erbauung" (oben, S. 1). Diese Definition findet sich in analoger Weise schon im „Grundriß zu den Vorlesungen über Allgemeine („theoretische") Nationalökonomie". Am Ende des ersten Absatzes bricht diese Argumentation abrupt ab. Es findet sich dann der Satz „Das soziale Handeln kann nun zur Wirtschaft in verschiedenartige Beziehung treten" (oben, S. 2), der weder an die vorherigen noch an die folgenden Passagen inhaltlich anbindet und mit einiger Sicherheit als späterer Einschub zu gelten hat, der den Zweck verfolgte, das vorstehende Textfragment (höchstwahrscheinlich der Rest einer längeren Deduktion von Begriffsbestimmungen) mit den nachfolgenden Ausführungen zu verbinden. Dafür spricht die Verwendung des in dieser Phase terminologisch bei Max Weber noch nicht gebräuchlichen Begriffs „soziales Handeln".

Die nachfolgenden Darlegungen geben eine Übersicht über die verschiedenen Formen des Gemeinschaftshandelns in ihrer Beziehung zur Wirtschaft. Weber legt dabei besonderes Gewicht auf den Nachweis, daß alle Formen des Gemeinschaftshandelns, nicht nur solches wirtschaftlicher Art, eine wirtschaftliche Dimension besitzen. Im gleichen Zuge wird dargelegt, daß, entgegen den Annahmen der marxistischen Theorie, weder ein eindeutiges Abhängigkeitsverhältnis des Gemeinschaftshandelns von wirtschaftlichen Tatbeständen bestehe, noch umgekehrt Gemeinschaftshandeln bestimmte Wirtschaftsformen determiniere. Stattdessen wird die „Eigengesetzlichkeit der Strukturen des Gemeinschaftshandelns" betont, und um deren Untersuchung geht es dann auch im Folgenden. Im übrigen wird die Aufmerksamkeit des Lesers auf das bedeutsame Phänomen der „Schließung" des Gemeinschaftshandelns gelenkt, das zur Monopolisierung bestimmter Interessen führe und die Tendenz aufweise, übergreifende „Vergesellschaftungen mit rationalen Ordnungen" entstehen zu lassen. Schließlich werden die wirtschaftsregulierenden Auswirkungen behandelt, die unterschiedliche Formen der Bedarfsdeckung von Gemeinschaften haben können, und, wie es heißt, „nur noch in Kürze" die Arten der Bedarfsdeckung von Gemeinschaften in Form einer Kasuistik von „reinen Typen" abgehandelt. Dabei wird der Frage, welche dieser Typen für die Entwicklung des Kapitalismus am günstigsten gewesen sind, besondere Aufmerksamkeit gewidmet. Der Text gleitet dann über in eine Erörterung der Rolle des Kampfes konkurrierender politischer Gebilde, nicht zuletzt der Großmächte der Gegenwart, welcher immer wieder zu einer Privilegierung des Kapitalismus Anlaß gegeben habe und bricht mit einer Anspielung auf das damalige europäische Mächtesystem ab.

In Bezug auf die Einordnung innerhalb von „Wirtschaft und Gesellschaft" deutet vieles auf eine Funktion des Textes als Einleitungskapitel, zumindest aber auf eine vordere Position hin. Weber verweist darauf, daß „schon früher allgemein" festgestellt worden sei, „daß fast jeder auf rein freiwilligem Beitritt ruhende Zweckverband über den primären Erfolg hinaus, [...] Beziehungen zwischen den Beteiligten zu stiften pflegt, welche Grundlage eines [...] auf ganz heterogene Erfolge ausgerichteten Gemeinschaftshandelns werden können" (oben, S. 8). Da dieser Verweis innerhalb von „Wirtschaft und Gesellschaft" nicht ohne weiteres aufzulösen ist, spricht manches dafür, daß den „Wirtschaftliche[n] Beziehungen der Gemeinschaften im allgemeinen" ursprünglich ein anderer Text vorangestellt gewesen sein könnte. Orihara und ihm folgend Schluchter haben angenommen, daß es sich dabei um den Aufsatz „Über einige Kategorien der verstehenden Soziologie" gehandelt haben müsse. Allerdings sind in der uns überlieferten Fassung des Kategorienaufsatzes die besagten Verweise nicht zuverlässig identifizierbar. Die Frage, ob tatsächlich ein Vorläufer des Kategorienaufsatzes ursprünglich den Anfang des älteren Manuskriptes von „Wirtschaft und Gesellschaft" gebildet hat, muß hier offengelassen werden. Es ist dies eigentlich eher unwahrscheinlich. Vielmehr dürfte ein Kapitel über „Kategorien der wirtschaftlichen Ordnungen", von dem uns nur der erste Absatz des nachstehenden Textes als Fragment erhalten ist, den Anfang von „Wirtschaft und Gesellschaft" gebildet haben, während der Text über die „Wirtschaftlichen Beziehungen der Gemeinschaften im allgemeinen" als Überleitung zu den nachfolgenden Ausführungen über die verschiedenen Typen der Gemeinschaften, beginnend mit der Hausgemeinschaft, gedient haben dürfte. Für eine vordere Stellung spricht die Verweisstruktur des nachfolgenden Textes, insbesondere ein Vorausverweis, wonach bei „wirtschaftende[n] Gemeinschaften [...] normalerweise ein gewisses Maß von rationaler Vergesellschaftung" erforderlich sei, welches aber „den aus der Hausgemeinschaft emporwachsenden, später zu erörternden Gebilden" fehle (oben, S. 10). Eben diese Gebilde aber werden in dem nächsten Abschnitt eingehend abgehandelt. Wenn ferner davon die Rede ist, daß Strukturformen des Gemeinschaftshandelns ihre Eigengesetzlichkeit besitzen, „wie wir immer wieder sehen werden," oder darauf hingewiesen wird, daß Adäquanzbeziehungen zwischen Gemeinschaftshandeln und Wirtschaftsformen „immer wieder zu besprechen" sein werden (oben, S. 3), so sind solche Formulierungen nur in einem vorderen Kapitel sinnvoll. Innerhalb des sogenannten „älteren Teils" von „Wirtschaft und Gesellschaft" finden sich insgesamt acht Verweise, die sich nur in dem nachstehenden Text auflösen lassen. Sie beziehen sich auf Monopolisierungs- beziehungsweise Abschließungsmechanismen innerhalb unterschiedlicher Gemeinschaften und sind als Rückverweise formuliert, mit anderen Worten, sie setzen den Inhalt dieses Textes voraus. Die beiden aus dem Text herausführenden Verweise sind Vorverweise, die sich auf Ausführungen in den „Hausgemeinschaften" bzw. in der sogenannten „Herrschaftssoziologie" beziehen.

An eindeutigen Datierungshinweisen findet sich in dem Text ein Bezug auf den 1909 gegründeten „Verband Deutscher Diplom-Ingenieure". Der 28. Juni 1909 hat als Gründungsdatum des Verbandes daher als Datum post quem für die Entstehung dieses Textes zu gelten (s. oben, S. 4). Desweiteren enthält der Text einen Hinweis auf den Boykott sozialdemokratischer Versammlungslokale durch Reichswehrangehörige, der im Sommer 1913 aufgehoben wurde (oben, S. 7). Demnach müßte der Text vor diesem Zeitpunkt verfaßt worden sein. Verweise auf zeitgenössische Literatur, die zur genaueren Datierung dienen könnten, finden sich in dem Text nicht. Es gibt also nur wenige Anhaltspunkte für eine Datierung. Gleichwohl spricht vieles dafür, daß dieser Text 1910 bis 1911 niedergeschrieben sein könnte, zumal er und die nachfolgenden Kapitel eine eindeutige Sequenz aufweisen, allerdings mit der Möglichkeit, ja Wahrscheinlichkeit späterer Veränderungen und Ergänzungen. Der Text weist allerdings keine Spuren einer Einarbeitung der begrifflichen Innovationen des Kategorienaufsatzes in seiner im Logos zum Druck gebrachten Fassung auf, die um die Jahreswende 1912/13 datiert werden kann (Brief Max Webers an Heinrich Rickert vom 5. Sept. 1913, MWG II/8). Veränderungen der Art, wie sie zu diesem Zeitpunkt in dem Text „Die Wirtschaft und die Ordnungen" vorgenommen worden sind, sind jedenfalls nirgends erkennbar. Angesichts des Fehlens der Originalmanuskripte sind sichere Aussagen jedoch nicht möglich. Jedenfalls aber müßte der Text vor der Konzipierung der Einteilung vom Frühjahr 1914 entstanden sein, in der eine andere Anordnung ins Auge gefaßt war.

Ein Manuskript ist nicht überliefert. Dem Druck wird die von Marianne Weber und Melchior Palyi veröffentlichte Fassung zugrunde gelegt, die in dem Handbuch: Grundriß der Sozialökonomik, Abteilung III: Wirtschaft und Gesellschaft, 2. Lieferung. – Tübingen: J. C. B. Mohr (Paul Siebeck) 1921, S. 181–193, erschienen ist.

Die dort verwendete Kapitelüberschrift „Wirtschaft und Gesellschaft im allgemeinen" ist bei Weber nirgendwo belegt. Weder in der Korrespondenz noch im Stoffverteilungsplan von 1910 oder in der Disposition von 1914 findet sich ein ähnlicher Titel. Wie oben im einzelnen dargelegt ist, stammen die Titel der Kapitel und auch die Überschriften der Paragraphen mit an Sicherheit grenzender Wahrscheinlichkeit nicht von Weber, sondern sind später von den Erstherausgebern eingefügt worden. Im vorliegenden Fall handelt es sich mit Sicherheit um einen Eingriff der Erstherausgeber. In der Disposition von 1914 hatte Weber innerhalb des Kapitels I einen Abschnitt „Wirtschaftliche Beziehungen der Verbände im allgemeinen" vorgesehen. Dieser Abschnitt ist aber offensichtlich nicht zustande gekommen, und der Titel läßt sich keinem der uns überlieferten Abschnitte innerhalb von „Wirtschaft und Gesellschaft" zuordnen. Auch der nachstehende Text löst den Inhalt dieser Überschrift nicht ein, da er durchweg von Gemeinschaften und nicht von Verbänden handelt. In Anlehnung an die von Weber autorisierte Formulierung der Disposition von 1914 wird hier daher die Überschrift „Wirtschaftliche Beziehungen der Gemeinschaften im allgemeinen" gewählt. Dieser Titel wird als Herausgeberrede in eckige Klammern gesetzt und die offensichtlich von den Erstherausgebern gebildete Überschrift im textkritischen Apparat mitgeteilt.

Die Paragraphentitel dieses Textes können angesichts der weitreichenden Einwirkung der Erstherausgeber auf die Gestaltung der Titel innerhalb von „Wirtschaft und Gesellschaft" nicht als authentisch gelten. Sie sind mit an Sicherheit grenzender Wahrscheinlichkeit ebenfalls von den Erstherausgebern eingefügt worden. Der Text war in der ersten Auflage von „Wirtschaft und Gesellschaft" in fünf Paragraphen gegliedert. Der Titel „§ 1. Wesen der Wirtschaft. Wirtschafts-, wirtschaftende und wirtschaftsregulierende Gemeinschaft" hat eher den Charakter einer Inhaltsangabe als einer Überschrift. Darüber hinaus wäre anstelle von „Wesen der Wirtschaft" eher „Begriff der Wirtschaft" zu erwarten, eine Bezeichnung die Weber für eine frühere Definition von Wirtschaft in seinem „Grundriß zu den Vorlesungen über Allgemeine (‚theoretische') Nationalökonomie" verwendet hat. Irreführend ist der Titel „§ 4. Wirtschaftsformen". In diesem Abschnitt ist vielmehr nur von unterschiedlichen Arten der Aufbringung der Kosten des Gemeinschaftshandelns die Rede. Ebenso ist die von den Erstherausgebern gewählte Überschrift „§ 5. Formen der Wirtschaftsregulierung" viel zu allgemein gehalten. In dem Textteil ist ausschließlich von den Auswirkungen der Bedarfsdeckung des Gemeinschaftshandelns auf die Wirtschaft die Rede.

Es ist davon auszugehen, daß es in den nachgelassenen Manuskripten der Texte über die „Gemeinschaften" überhaupt keine Paragraphen- bzw. Zwischentitel gegeben hat. Dies ergibt sich auch aus der fragwürdigen Formulierung der Mehrzahl der in der Erstausgabe befindlichen Überschriften. Daher wird hier auf die Wiedergabe der Paragraphentitel verzichtet. Die Paragraphengliederung als solche wird durch Leerzeilen optisch kenntlich gemacht. Eine Zählung der Einzelabschnitte erfolgt nicht.

Die Emendationen stützen sich teilweise auf Änderungen, die auch Johannes Winckelmann (Hg.), Max Weber. Wirtschaft und Gesellschaft, 5. Aufl. – Tübingen: J. C. B. Mohr (Paul Siebeck) 1985, vorgenommen hat.

[Hausgemeinschaften]
S. 16–40

Der nachfolgende Text ist in sich abgeschlossen. Eine genaue Datierung des Textes ist nicht möglich. Allerdings spricht viel dafür, ihn einer frühen Bearbeitungsphase von „Wirtschaft und Gesellschaft" zuzuordnen. Bereits im Stoffverteilungsplan von 1910 hatte Weber ein Kapitel „Wirtschaft und soziale Gruppen" vorgesehen, das u. a. Abschnitte über Familien- und Gemeindeverbände enthalten sollte (s. Anhang in MWG II/6). Und in dem Abschnitt „Wirtschaftliche Beziehungen der Gemeinschaften im allgemeinen" wird auf „aus der Hausgemeinschaft emporwachsende, später zu erörternde Gebilde" verwiesen (vgl. oben, S. 10). Den nachstehenden Text über „Hausgemeinschaften" und die aus ihr hervorgehenden Gemeinschaftsformen, einschließlich des „Oikos", wird man als Einlösung dieses frühen Programms zu sehen haben. Für eine Datierung der Niederschrift noch auf das Jahr 1910 spricht im übrigen die inhaltliche Nähe der Ausführungen über wirtschaftliche Unternehmungen in Familienbesitz (vgl. oben, S. 19) zu analogen Passagen in dem Anfang Januar 1910 entstandenen Artikel „Antikritisches zum ‚Geist' des Kapitalismus" (MWG I/9).

Dafür, daß der Text „Hausgemeinschaften" nicht nur sehr früh konzipiert, sondern in seiner Substanz bereits auch niedergeschrieben worden ist, spricht die enge Anlehnung an das Buch Marianne Webers „Ehefrau und Mutter" bezüglich der Behandlung des Ehe- und Erbrechts. Die Beispiele, die in dem vorliegenden Text angeführt werden, finden sich fast durchweg bereits in dem Buch Marianne Webers, an dem Max Weber intensiv mitgearbeitet hat und von dem er noch im Frühjahr 1910, vermutlich für eine eigene intensive Benutzung, vom Verlag ein ungebundenes Exemplar erbat. Außerdem ist im Bestand der Vorlesungen über „Agrarpolitik" bzw. „Agrargeschichte" ein Stichwortmanuskript überliefert, das den Titel „Haus-⟨gemeinschaft⟩verband, Sippe u[nd] Nachbarschaft⟨sverband⟩ trägt (s. S. 91–112). Es ist mit einiger Sicherheit im Jahre 1906 entstanden. Der erste Teil dieses Stichwortmanuskripts dürfte Max Weber, wie die Übereinstimmung zahlreicher Sachaussagen zeigt, offenbar als Vorlage für den Text „Hausgemeinschaften" gedient haben. Insbesondere ist in dem nachstehenden Text die dortige Anordnung fast vollständig übernommen worden. In den Grundzügen war Max Weber demnach die Thematik bereits seit längerem präsent.

In einem Brief an Arthur Salz vom Februar 1912 werden die „Hausgemeinschaften" ausführlich erörtert, ihre Entwicklung als Folge der Auflösung des Hauskommunismus beschrieben und der Einfluß der außerhäuslichen Tätigkeit auf die Hausgemeinschaft angesprochen. Es heißt dort in inhaltlicher Übereinstimmung mit den Ausführungen in dem nachfolgenden Text, daß eine Hausgemeinschaft „nur dann [...] auch innerlich ihre Angehörigen" bindet, „wenn sie auf unbezweifelbare gemeinsame *Aufgaben* ausgerichtet ist," also eine „*,produktive'* Gemeinschaft" sei. Aber „nachdem [...] Werkstatt, Kontor, Bureau sich von der Familie *gelöst* haben [...] und nachdem unsre moderne Lebenstechnik der Hausgemeinschaft [...] ihre ‚produktiven' Aufgaben *entzogen* hat, kann sie grade *nicht* die Form für das *Normale*, sondern [...] nur die Form für das *Außer*-Weltliche, genauer: des *Außer-Alltäglichen*, darstellen" und ist heute etwas „*Heiliges* für die Einzelnen" (MWG II/7, S. 428–430). Die Formulierung des Briefes deutet darauf hin, daß Weber zu diesem Zeitpunkt bereits eine gefestigte Meinung über die Entwicklung der Hausgemeinschaft gewonnen hatte. Berücksichtigt man, daß er von Anfang 1911 bis Mitte 1912 so stark durch gerichtliche Prozesse in Anspruch genommen war, daß er kaum Zeit für wissenschaftliche Arbeit gefunden haben dürfte, so spricht viel dafür, daß der Text im wesentlichen bis Ende 1910 entstanden ist.

In der Disposition von 1914, die Webers damalige Intentionen wiedergeben dürfte, war eine von den uns überlieferten Texten abweichende Gliederung in Aussicht genommen. Das 2. Kapitel sollte „Hausgemeinschaften, Oikos, Betrieb" heißen und das folgende 3. Kapitel „Nachbarschaftsverband, Sippe, Gemeinde" (MWG I/22-6). Offensichtlich hatte Weber damals beabsichtigt, die Ausführungen über die „Nachbarschaftsgemeinschaft, Wirtschaftsgemeinschaft und Gemeinde", „Die Sippe" und die „Vatergewalt" aus dem Komplex der „Hausgemeinschaft" herauszunehmen und beide Abschnitte wesentlich zu erweitern. Vermutlich sollte die Herauslösung des modernen Betriebs aus der Hausgemeinschaft eingehender dargestellt werden, was im vorliegenden Text nur ansatzweise der Fall ist. Weiterhin war beabsichtigt, auf der Grundlage von Nachbarschaftsgemeinschaft und Sippe die Konstituierung politischer Gemeinschaften zu behandeln. Doch ist die entsprechende Umarbeitung unterblieben.

Die Annahme, daß der nachfolgende Text innerhalb der Abfolge von „Wirtschaft und Gesellschaft" eine vordere Stellung eingenommen hat, wie es durch die inhaltliche Analyse des Textes nahegelegt wird, wird durch die Verweisstruktur gestützt. Es gibt insgesamt sechs Verweise, die aus dem Text herausführen. Einer davon ist ein Rückverweis auf den Text „Wirtschaftliche Beziehungen der Gemeinschaften im allgemeinen". Die anderen Verweise, die dem Wortlaut nach Vorverweise darstellen, lassen sich in den Texten zu den „Religiösen Gemeinschaften" und zur „Herrschaft" auflösen. Umgekehrt finden sich innerhalb von „Wirtschaft und Gesellschaft" neun Verweise, die nur in dem nachfolgenden Text aufzulösen sind. In den „Religiösen Gemeinschaften" wird an zwei Stellen darauf verwiesen, daß schon dargelegt worden sei, daß die Hausgemeinschaft eine „Quelle" der Tischgemeinschaft sei bzw. daß die „brüderliche Nothilfe" aus dem Nachbarverband stamme (MWG I/22-2, S. 170, 371). Der Hinweis im „Recht" auf die Trennung der „Einzelvermögen" von dem „Gesamtvermögen" der Familie, „wie wir dies als Folge geschäftlicher Zersetzung der Brüderlichkeit früher kennenlernten", bezieht sich eindeutig auf den nachstehenden Text. Gleiches gilt für Webers Aussage: „wir sahen", daß das „Recht der offenen Handelsgesellschaften [...] direkt die rationale Fortbildung der hausgemeinschaftlichen Beziehung für Zwecke des kapitalistischen Betriebes" sei (MWG I/22-3). In der „Stadt" wird mit dem „schon bekannten ‚Männerhaus'" und den Ergasterien, von denen „schon früher die Rede gewesen" ist (MWG I/22-5, S. 180, 258), auf Themen verwiesen, die u. a. auch im nachfolgenden Kapitel behandelt werden. Wiederum eindeutig auf den nachstehenden Text beziehen sich die zwei Hinweise in der „Herrschaft", daß „wir [...] früher, bei der Besprechung der Hausgemeinschaft" deren „urwüchsigen Kommunismus" gesehen haben und „als Gegenpol [...] des aus der Erwerbswirtschaft des Hauses [...] sich aussondernden kapitalistischen ‚Betriebs' [...] den Oikos" kennenlernten (MWG I/22-4). Ein Vorverweis ist in dem Text „Wirtschaftliche Beziehungen der Gemeinschaften im allgemeinen" vorhanden (s. oben, S. 10). Insgesamt ergibt sich, daß der vorliegende Text mit fast allen anderen Teilen von „Wirtschaft und Gesellschaft" durch Verweise verbunden ist und daß ihm innerhalb der Manuskripte von Max Webers Beitrag zum „Grundriß der Sozialökonomik" eine zentrale Stellung zukam.

Ein Manuskript ist nicht überliefert. Im Bestand der Vorlesungen über „Agrarpolitik" bzw. „Agrargeschichte" ist allerdings ein Stichwortmanuskript vorhanden, das mit „Haus⟨gemeinschaft⟩verband, Sippe u[nd] Nachbarschaft⟨sverband⟩" überschrieben ist (s. oben, S. 91–112). Die ersten Seiten dieses Stichwortmanuskripts haben offenbar als Vorlage für die „Hausgemeinschaften" gedient. Weber hat sie bei der Niederschrift des Textes in ihrer dortigen Anordnung fast vollständig übernommen.

Der Edition wird die von Marianne Weber und Melchior Palyi veröffentlichte Fassung zugrunde gelegt, die in dem Handbuch: Grundriß der Sozialökonomik, Abteilung III: Wirtschaft und Gesellschaft, 2. Lieferung. – Tübingen: J. C. B. Mohr (Paul Siebeck) 1921, S. 194–215, erschienen ist.

Der in der Erstauflage mitgeteilte Titel dieses Textes „Typen der Vergemeinschaftung und Vergesellschaftung" ist von den Erstherausgebern eingeführt worden. Dies geht aus einem Brief des Verlags an Marianne Weber hervor, in dem der nachstehende Text noch als 4. Kapitel „Hausgemeinschaften und Nachbarverband" tituliert ist. Wahrscheinlich wurde der Titel im Zuge der Drucklegung in Anlehnung an die Überschrift zu Kapitel III „Die Typen der Herrschaft" in der ersten Lieferung von „Wirtschaft und Gesellschaft" noch verändert. Daß der Titel „Typen der Vergemeinschaftung und Vergesellschaftung" für den vorliegenden Text viel zu weit gefaßt war, hat schon Marianne Weber gesehen. Sie hat ihn unter Inkaufnahme einer Verdoppelung auch dem von ihr zusammengestellten „Zweiten Teil" von „Wirtschaft und Gesellschaft" vorangestellt. Nachweislich werden im vorliegenden Text „Vergesellschaftungen" jedoch nicht behandelt. Weber benutzt den Begriff zwar insgesamt an acht Stellen, jedoch nur als Hinweis auf die Entwicklung verschiedener Gemeinschaftsformen. Der Begriff „Vergemeinschaftung" als solcher wird nur ein einziges Mal verwendet (vgl. oben, S. 17). In Anlehnung an den Brief Max Webers an Paul Siebeck vom 30. Dezember 1913, in dem von Gemeinschaftsformen „von der Familie und Hausgemeinschaft zum Betrieb" die Rede ist (MWG II/8), wird dem nachfolgenden Text der Titel „Hausgemeinschaften" vorangestellt. Obwohl dieser Titel bei Weber belegt ist, wird er, weil seine Verwendung an dieser Stelle nicht als gesichert angesehen werden kann, als Herausgeberrede in eckige Klammern gesetzt.

Die Paragraphen- bzw. Zwischentitel dieses Textes können angesichts der weitreichenden Einwirkung der Ersthherausgeber auf die Gestaltung der Titel innerhalb von „Wirtschaft und Gesellschaft" nicht als authentisch gelten. Sie sind mit an Sicherheit grenzender Wahrscheinlichkeit ebenfalls von den Erstherausgebern eingeführt worden. Für den Text „Hausgemeinschaften" läßt sich durch einen Vergleich mit dem Stichwortmanuskript „Hausverband, Sippe und Nachbarschaft" ein zu WuG[1] alternatives Gliederungsschema erkennen. Dort sind die Passagen über die Entstehung der Hausgemeinschaft, der Nachbarschaft und der Sippe in vier Punkte untergliedert, an die sich als 5. Gliederungspunkt eine Darstellung des Stammes anschließt. Diese Abschnitte sind nur teilweise mit Überschriften versehen. Die Darstellungen des „Verhältnis[ses] zwischen: Haus, Dorf, Mark, Sippe, Stamm" sind nicht mehr in die Numerierung einbezogen und anders als in „Wirtschaft und Gesellschaft" von der „Entstehung" der Sippe getrennt. Schließlich ist die Herausbildung des „Betriebs" und des „Oikos" aus der

Hausgemeinschaft unter der Überschrift „Entwicklung der Hausgemeinschaft" zusammengefaßt (vgl. oben, S. 95–98).

Der hier mitgeteilte Text war in der ersten Auflage von „Wirtschaft und Gesellschaft" in insgesamt sieben Paragraphen gegliedert. Die dort aufgeführten Überschriften „§ 5. Beziehungen zur Wehr- und Wirtschaftsverfassung. Das ‚eheliche Güterrecht' und Erbrecht." sowie „§ 6. Die Auflösung der Hausgemeinschaft: Änderungen ihrer funktionellen Stellung und zunehmende ‚Rechenhaftigkeit'. Entstehung der modernen Handelsgesellschaften" haben den Charakter von Inhaltsangaben und sind darüber hinaus inhaltlich irreführend. In den in der ersten Auflage als § 5 bezeichneten Passagen wird die fortschreitende „Abschwächung" der anfänglich „schrankenlosen Vatergewalt" in der Hausgemeinschaft behandelt sowie deren Ursachen, die in der Militärverfassung und in ökonomischen Konstellationen zu suchen sind, des Näheren erörtert. Außerdem wird die mehrere Zwischenstufen durchlaufende Herausbildung der „legitimen" Ehe dargestellt. Das eheliche Güter- und Erbrecht findet dagegen nur marginale Erwähnung. Der Titel des § 6 der ersten Auflage dürfte auf das Bedürfnis der Erstherausgeber zurückgehen, diesen frühen Text im Hinblick auf die „Zweiteilungsthese" zu modernisieren. Von Handelsgesellschaften im engeren Sinn des Wortes ist dort jedoch überhaupt nicht die Rede, sondern nur von ganz unterschiedlichen wirtschaftlichen Unternehmungen, die aus Familienbetrieben hervorgehen. Darüber hinaus beschreibt der in der ersten Auflage mit „§ 7. Die Entwicklung zum ‚Oikos'" überschriebene Abschnitt eine alternative Entwicklungslinie der Auflösung der Hausgemeinschaft, die aber für Weber nicht zwangsläufig war, sondern gleichsam nur eine unter vielen darstellte. Der Begriff „Entwicklung", den die Erstherausgeber bei der Titelgestaltung verwendet haben, suggeriert indessen eine gewisse Zwangsläufigkeit.

Es ist, wie bereits dargelegt wurde, davon auszugehen, daß es in den nachgelassenen Manuskripten der Texte über die „Gemeinschaften" überhaupt keine Paragraphentitel gegeben hat. Dies ergibt sich auch aus der fragwürdigen Formulierung der Mehrzahl der in der Erstausgabe befindlichen Überschriften. Daher wird hier auf die Wiedergabe der Paragraphentitel verzichtet. Die Paragraphengliederung als solche wird durch Leerzeilen optisch kenntlich gemacht. Eine Zählung der Einzelabschnitte erfolgt nicht.

Die Emendationen stützen sich teilweise auf Änderungen, die bereits Johannes Winckelmann (Hg.), Max Weber. Wirtschaft und Gesellschaft, 5. Aufl. – Tübingen: J. C. B. Mohr (Paul Siebeck) 1985, vorgenommen hat.

[Ethnische Gemeinschaften]
S. 41–53

In dem Text über die verschiedenen Formen ethnischen Gemeinsamkeitsglaubens und die subjektiven Komponenten des Begriffs Nation finden sich keine konkreten Anhaltspunkte, die eine Datierung zulassen. Wie dem Stoffverteilungsplan von 1910 entnommen werden kann, hatte Max Weber dem Verleger in Aussicht gestellt, neben dem Hauptartikel „Wirtschaft und Gesellschaft" zusätzlich mehrere kleinere Beiträge zu übernehmen, von denen einer die Bezeichnung „Wirtschaft und Rasse" tragen sollte (s. MWG II/6, S. 766–774). Allerdings wollte er diese Abschnitte nur dann selbst liefern, wenn er dafür keine anderen geeigneten Mitarbeiter würde gewinnen können. Über das Kapitel „Wirtschaft und Rasse" verhandelte er 1910 mit Franz Eulenburg, wurde mit diesem aber nicht einig. Schließlich übernahm Robert Michels im Sommer 1911 die Bearbeitung dieses Abschnittes; sein Beitrag „Wirtschaft und Rasse" ist dann 1914 im „Grundriß der Sozialökonomik" erschienen (vgl. die Briefe an Michels, MWG II/7, S. 26 f. und 254 f.).

Doch gibt es einigen Anlaß zu vermuten, daß Weber vor der Übernahme des Beitrags über „Wirtschaft und Rasse" durch Michels selbst an dieser Thematik gearbeitet und gegebenenfalls Teile davon später in sein Manuskript über die „Ethnischen Gemeinschaften" übernommen hat. Es ist demgemäß davon auszugehen, daß bereits 1910 die Absicht bestanden hat, im Rahmen von „Wirtschaft und Gesellschaft" auch die ethnischen Gemeinschaften zu behandeln. In dem Text „Machtprestige und Nationalgefühl", der bereits 1910 oder in der ersten

Hälfte des Jahres 1911 entstanden sein dürfte, findet sich ein allerdings unspezifischer Rückverweis auf den Abschnitt über „ethnische Gemeinschaften". Dort wird darauf verwiesen, daß das ethnische Gemeinsamkeitsgefühl ebenso wie jenes der „Nation" aus verschiedenen Quellen, keineswegs nur aus jener der Abstammungsgemeinschaft heraus zu entstehen pflegt. Dieser Sachverhalt findet in dem Text über „Ethnische Gemeinschaften" im Zusammenhang mit der Entstehung des ethnischen Gemeinsamkeitsglaubens ausführliche Behandlung; die sachliche Übereinstimmung der Argumentation beider Texte ist bemerkenswert hoch (vgl. oben, S. 44 u. S. 74–76).

Im selben Zusammenhang findet sich im nachstehenden Text ein Rückverweis auf eine Passage über die Umdeutung einer rationalen Vergesellschaftung in persönliche Gemeinschaftsbeziehungen, der innerhalb von „Wirtschaft und Gesellschaft" nur bedingt einen tauglichen Bezugspunkt findet (vgl. oben, S. 45), sich jedoch auf den nicht überlieferten Abschnitt über „Kategorien der wirtschaftlichen Ordnungen", der, wie wir vermuten, ursprünglich den Anfang des älteren Manuskripts von „Wirtschaft und Gesellschaft" gebildet hat, bezogen haben dürfte. Doch läßt sich dies nicht mit Sicherheit nachweisen.

Über die Existenz objektiver Kriterien, welche die Zugehörigkeit von Menschen zu einer Rasse konstituieren, gab es auf dem Ersten Deutschen Soziologentag im Oktober 1910 eine Diskussion zwischen Max Weber und Alfred Ploetz, in deren Verlauf sich Weber ausdrücklich gegen die Annahme ausgesprochen hat, es bestünden „nebeneinander bestimmte Rassen in irgend einem rein empirisch durch Merkmale bestimmbaren Sinn" (s. Webers Diskussionsbeitrag in MWG I/12). Vielmehr hat er in diesem Zusammenhang die subjektiven Faktoren, welche für die Entstehung eines „ethnischen Gemeinsamkeitsglaubens" maßgeblich sind, angesprochen; diese bilden den Gegenstand des nachfolgenden Textes. Man darf demnach annehmen, daß die entsprechenden Passagen des hier mitgeteilten Textes in dieser Zeit entstanden sind.

Die Thematik der Konstituierung der „Nation" durch ethnische Faktoren, die in der zweiten Hälfte des nachstehenden Textes behandelt wird, zog im Zuge der Vorbereitung des Zweiten Deutschen Soziologentages, der vom 20. bis 22. Oktober 1912 in Berlin stattfand, erhebliches Interesse Max Webers auf sich. Über das von Ferdinand Tönnies vorgeschlagene Thema eines Hauptreferats über „Die Begriffe Volk und Nation im Zusammenhang mit Rasse, Sprache, Staat" entwickelte sich eine kontroverse Korrespondenz. Die Befürchtung Georg Simmels, die Diskussion könnte sich an einer Definition dieser Begriffe festfahren (vgl. MWG II/7, S. 362), hielt Max Weber am 18. November 1911 in einem Schreiben an Hermann Beck für nicht durchschlagend. Er betonte, er würde in der Debatte seinerseits nicht den „toten Weg ‚Definition'" beschreiten wollen, und „sehr leicht die Sache auf *sachliche* Probleme lenken helfen können". Im weiteren Verlauf der Vorbereitungen des zweiten Soziologentages lehnte Max Weber im März 1912 die Übernahme eines Vortrags über die verschiedenen Definitionsversuche des Nationsbegriffs mit der Begründung ab, daß sein Bruder Alfred Weber bereits einen Beitrag übernommen habe und nach seiner Ansicht Brüder nicht auf der gleichen Veranstaltung als Referenten auftreten sollten. Ansonsten wäre er bereit gewesen, die „staatliche Gemeinschaft, Sprachgemeinschaft, Abstammungs- und ethnische Gemeinschaft, ‚Kultur'-Gemeinschaft" in ihrer Beziehung zum Nationsbegriff zu behandeln, „*ohne* sich für *eine* dieser Bedeutungen als die ‚eigentliche' zu entscheiden". Er sei imstande, eine „rein sachliche, jede Polemik meidende Darlegung" der verschiedenen Definitionsansätze von „Nation" zu leisten, wie er sie in dem nachstehenden Text dann vorgelegt hat (vgl. den Brief an den Vorstand der DGS nach dem 21. März 1912, ebd., S. 483 f.).

Demgemäß ist davon auszugehen, daß sich Weber spätestens im Winter 1911/1912 zumindest konzeptionell auch mit dem Zusammenhang von Nation und ethnischen Gemeinschaften beschäftigt hatte und zu entsprechenden Erkenntnissen gekommen war. Die Passagen des Textes „Ethnische Gemeinschaften", in denen diese Gesichtspunkte untersucht werden, dürften in zeitlicher Nähe zu dem erwähnten Briefwechsel über die mögliche Behandlung des Themas auf dem zweiten Soziologentag niedergeschrieben worden sein, möglicherweise noch vor dem Soziologentag.

Die Anordnung des Textes im Rahmen der Manuskripte von „Wirtschaft und Gesellschaft" ist eindeutig zu bestimmen. Weber schrieb im Dezember 1913 an Paul Siebeck, daß er die Absicht habe, „alle großen Gemeinschaftsformen zur Wirtschaft in Beziehung" zu setzen, „von der Familie und Hausgemeinschaft zum Betrieb, zur Sippe, zur ethnischen Gemeinschaft, zur Religion" (MWG II/8). Diese Positionierung des Textes „Ethnische Gemeinschaften" entspricht der Anordnung eines Abschnitts „Ethnische Gemeinschaftsbeziehungen" in der Disposition von 1914 hinter den Abschnitten „Hausgemeinschaft, Oikos, Betrieb" bzw. „Nachbarschaftsverband, Sippe, Gemeinde" (MWG I/22-6). Die aus dem Text herausführenden Verweise – drei Rückverweise auf „Wirtschaftliche Beziehungen der Gemeinschaften im allgemeinen" und vier Vorverweise auf „,Klassen', ,Stände' und ,Parteien'" bzw. auf das „Recht" und die „Herrschaft" – stützen die Zuordnung der „Ethnischen Gemeinschaften" im Anschluß an die „Hausgemeinschaften".

Allerdings wirft die doppelte Behandlung des Gegenstandes „Nation" innerhalb der Manuskripte für Webers Beitrag zum „Grundriß der Sozialökonomik" Probleme der Zuordnung auf. Der Text „Machtprestige und Nationalgefühl" ist vermutlich früher entstanden, aber, wie aus dem Rückverweis auf die „ethnischen Gemeinschaften" geschlossen werden kann, innerhalb des Textkonvoluts nachgeordnet. Es ist zu vermuten, daß Weber im Zuge der Vorbereitung seines Beitrags „Wirtschaft und Gesellschaft" für den Druck die entsprechenden Ausführungen aus den „Ethnischen Gemeinschaften" mit den einschlägigen Passagen des Textes „Machtprestige und Nationalgefühl" zu einem eigenständigen Abschnitt „Die Nation" zusammengeführt hätte. In Kapitel 7 der Disposition von 1914 „Der politische Verband. Die Entwicklungsbedingungen des Rechts. Stände. Klassen. Parteien. Die Nation" (ebd.) war ein eigener Abschnitt dafür vorgesehen. Es ist jedoch nicht wahrscheinlich, daß das Thema der „Nation" innerhalb von „Wirtschaft und Gesellschaft" an zwei verschiedenen Stellen abgehandelt werden sollte. Daher ist davon auszugehen, daß der hier mitgeteilte Text eine frühe Fassung dieses geplanten Abschnittes darstellt und in dieser Form spätestens seit 1914 nicht mehr für die Aufnahme in den Grundrißbeitrag vorgesehen war.

Ein Manuskript ist nicht überliefert. Dem Druck wird die von Marianne Weber und Melchior Palyi veröffentlichte Fassung zugrunde gelegt, die in dem Handbuch: Grundriß der Sozialökonomik, Abteilung III: Wirtschaft und Gesellschaft, 2. Lieferung. – Tübingen: J. C. B. Mohr (Paul Siebeck) 1921, S. 216–226, erschienen ist.

Im Hinblick auf die wohl beabsichtigte, dann aber nicht mehr ausgeführte Überarbeitung der Passagen über die „Nation" kann der in der Disposition von 1914 genannte Titel „Ethnische Gemeinschaftsbeziehungen" sich nicht auf den hier mitgeteilten Text beziehen. Hier wird daher auf den von Weber zuvor in einem Brief an Paul Siebeck vom 30. Dezember 1913 verwendeten Titel „Ethnische Gemeinschaften" zurückgegriffen; er darf ebenfalls als eindeutig von Weber autorisiert gelten (MWG II/8).

Die Paragraphentitel dieses Textes können angesichts der weitreichenden Einwirkung der Erstherausgeber auf die Gestaltung der Titel innerhalb von „Wirtschaft und Gesellschaft" nicht als authentisch gelten. Sie sind mit an Sicherheit grenzender Wahrscheinlichkeit von den Erstherausgebern eingefügt worden. Der hier mitgeteilte Text war in der ersten Auflage von „Wirtschaft und Gesellschaft" in vier Paragraphen untergliedert. Die von den Erstherausgebern gewählten Titel sind durchweg irreführend. Der Titel „§1. Die ,Rasse'" suggeriert, daß Weber die biologische Konstituierung von Rassen behandelt, während das genaue Gegenteil der Fall ist. Weber führt in diesem Abschnitt den Nachweis, daß bei der Konstituierung von „Rassenzugehörigkeit," so der Webersche Begriff (vgl. oben, S. 41), subjektive Faktoren entscheidend sind und angenommene Andersartigkeit als rassische Verschiedenheit gedeutet wird. Nur bei der Bildung von Konnubialgemeinschaften wird eingeräumt, daß „*auch* rassenmäßige, also durch Abstammungsgemeinschaft bedingte Momente eine Rolle spielen" (vgl. oben, S. 41).

Bei der Gestaltung des Titels „§ 2. Entstehung der ,Rassen'merkmale" ist den Erstherausgebern ebenfalls ein Fehler unterlaufen, weil der Begriff „Rassen*merkmale*" beinhaltet, daß ein ethnischer Gemeinsamkeitsglaube regelmäßig durch objektive Faktoren konstituiert wird. Hingegen wird in dem Textabschnitt dargelegt, daß eine ethnische Gemeinschaft vielmehr durchweg subjektiv konstituiert wird, selbst dann, wenn objektive Faktoren dabei mitspielen, wie z. B. die Hautfarbe. Daß die Sprachgemeinschaft und der historisch bedingte Habitus der Lebensführung zu jenen Faktoren gezählt werden, die einen ethnischen Gemeinsamkeitsglauben bewirken, zeigt vielmehr, daß Weber die Existenz objektiver Rassenmerkmale gerade ablehnt.

Auch der Titel „§ 3. Verhältnis zur politischen Gemeinschaft" stammt mit Sicherheit von den Erstherausgebern. In diesem Textteil wird ausschließlich die Funktion des subjektiv bedingten ethnischen Gemeinsamkeitsglaubens für politische Gemeinschaften, Stammes- bzw. Staatsgebilde beschrieben, also die vermeintlich ethnischen Komponenten politischer Gemeinschaften.

Im mit „§ 4. ‚Nation' und ‚Volk'" betitelten Abschnitt wird der Begriff „Volk" eingangs erwähnt, als „Volk" im landläufig ethnischen Sinne. Ansonsten kommt er nur noch einmal im Zusammenhang mit der „Heldensage primitiver Völker" vor und ist keinesfalls Gegenstand der Erörterungen. Zwar ist die Thematik „Nation und Volk" im zeitgenössischen Kontext belegt, als eine von Ferdinand Tönnies im Vorfeld des 2. Soziologentages geprägte Formulierung, jedoch vermied Weber in dem einschlägigen Schriftwechsel den Begriff „Volk", eben weil dieser eine objektive Gemeinschaftszusammengehörigkeit suggeriert, welche er für verfehlt hielt (vgl. MWG II/7, S. 483 f.).

Es ist davon auszugehen, daß es in den nachgelassenen Manuskripten zu den Texten über die „Gemeinschaften" überhaupt keine Paragraphentitel gegeben hat. Dies ergibt sich auch aus der fragwürdigen Formulierung der Mehrzahl der in der Erstausgabe befindlichen Überschriften. Daher wird hier auf die Wiedergabe der Paragraphentitel verzichtet. Die Paragraphengliederung als solche wird durch Leerzeilen optisch kenntlich gemacht. Eine Zählung erfolgt nicht. Die Emendationen stützen sich teilweise auf Änderungen, die bereits Johannes Winckelmann (Hg.), Max Weber, Wirtschaft und Gesellschaft, 5. Aufl. – Tübingen: J. C. B. Mohr (Paul Siebeck) 1985, vorgenommen hat.

[Marktgemeinschaft]
S. 54–57

Der Markt wird bei Weber als „der Typus alles rationalen Gesellschaftshandelns" bezeichnet, weil hier nur der Wille und die Fähigkeit zum Tausch entscheidend sind, und dies ohne Ansehen der Person (vgl. oben, S. 54). Damit steht der Markt den anderen Gemeinschaftsgebilden, die Weber in dem älteren Teil von „Wirtschaft und Gesellschaft" behandelt hat, diametral gegenüber.

Ein eigenständiges Kapitel über den „Markt" wird zum ersten Mal in der Disposition von 1914 erwähnt; es trägt dort die Überschrift „Die Marktvergemeinschaftung" (MWG I/22–6). Weber hatte jedoch bereits zu einem frühen Zeitpunkt die Niederschrift eines Textes über die Marktgemeinschaft in Angriff genommen oder dieses zumindest konzipiert, denn sowohl in der „Rechtssoziologie" als auch in dem Abschnitt „‚Klassen', ‚Stände' und ‚Parteien'" finden sich entsprechende Rückverweise (vgl. MWG I/22-3 u. oben, S. 86). Innerhalb von Webers Grundrißbeitrag muß die „Marktgemeinschaft" also vor diesen beiden Abschnitten angeordnet gewesen sein. Aus der einleitenden Bemerkung, daß der Markt „allen bisher besprochenen Gemeinschaftsgebilden" gegenüber trete, geht ferner hervor, daß dem Text Ausführungen über Vergemeinschaftungen vorangestellt gewesen sein müssen, deren Gemeinschaftshandeln nur partiell rationaler Natur ist (vgl. oben, S. 54). Dies trifft sowohl für die Hausgemeinschaft und die sich aus dieser entwickelnden Gemeinschaftstypen als auch für die ethnischen Gemeinschaften zu, desgleichen sind die inneren Bindungen „Religiöser Gemeinschaften" überwiegend keinesfalls rational begründet. In der Disposition von 1914 sind diese Kapitel sämtlich vor dem Kapitel „Die Marktvergemeinschaftung" angeordnet, während im 1919/20 entstandenen, sogenannten ersten Teil von „Wirtschaft und Gesellschaft" die Ausführungen über den Markt eine neue, vorgezogene Position erhalten haben (vgl. MWG I/23).

Der Text ist offensichtlich unvollendet geblieben. Ein Manuskript ist nicht überliefert. Im folgenden wird der Text so abgedruckt, wie er in der von Marianne Weber und Melchior Palyi veröffentlichten Fassung in dem Handbuch: Grundriß der Sozialökonomik, Abteilung III: Wirtschaft und Gesellschaft, 3. Lieferung. – Tübingen: J. C. B. Mohr (Paul Siebeck) 1922, S. 364–367, unter dem Titel „Markt" erschienen ist.

Bezüglich der Anordnung des Textes wird hier der Disposition von 1914 gefolgt. Der Titel „Markt" in der ersten Auflage von „Wirtschaft und Gesellschaft" ist wahrscheinlich durch die Erstherausgeber in Anlehnung an den Paragraphen „Markt" im zweiten Kapitel der ersten Lieferung gewählt worden. Der Text liefert jedoch auch keine Darstellung einer „Marktvergemeinschaftung", wie sie in der Disposition 1914 vorgesehen war. Da er in seiner überlieferten Form offensichtlich nicht der Disposition von 1914 entspricht, wird in der Edition abweichend der Titel „Marktgemeinschaft" gewählt. Weber verwendet diesen Begriff selbst (vgl. z. B. oben, S. 54, 56, 61, 63). Der Titel wird hier als Herausgeberrede in eckige Klammern gesetzt.

Die Emendationen stützen sich teilweise auf Änderungen, die bereits Johannes Winckelmann (Hg.), Max Weber, Wirtschaft und Gesellschaft, 5. Aufl. – Tübingen: J. C. B. Mohr (Paul Siebeck) 1985, vorgenommen hat.

Politische Gemeinschaften
S. 58–64

Der Text ist offensichtlich unvollendet, da die Ausführungen relativ abrupt mit der Beschreibung des Verhältnisses eines politischen Verbandes zum Markt enden. Ohne Zusammenhang hiermit folgt ein Abschnitt über arabische Stammesstrukturen.

Eine genaue Datierung des Textes „Politische Gemeinschaften" ist nicht möglich. Er bildet jedoch den Ausgangspunkt für die Untersuchung der Beziehungen von Staaten untereinander, die Weber in dem um 1910 geschriebenen Text „Machtprestige und Nationalgefühl" behandelt hat. Der enge inhaltliche Zusammenhang dieser beiden Texte deutet auf eine zeitliche Nähe ihrer Entstehung hin. Sie dürften ursprünglich für den Abschnitt „Staat" des Kapitels „Wirtschaft und soziale Gruppen" bestimmt gewesen sein, der im Stoffverteilungsplan von 1910 erwähnt wird (vgl. MWG II/6, S. 766–774).

Allerdings weist der Text Spuren einer späteren Bearbeitung auf, die aber nicht konsequent durchgeführt worden ist. An einer Stelle des Textes (vgl. oben, S. 58) ist, wie sich aus der grammatikalischen Konstruktion der nachfolgenden Sätze erschließen läßt, nachträglich der Begriff der „politischen Gemeinschaft" durch den Begriff „politischer Verband" ersetzt worden. Beide Begriffe werden im Text ansonsten ohne erkennbare Unterscheidung verwendet. Außerdem wird als Zielpunkt der Entwicklung die Entstehung „einer kontinuierlichen anstaltsmäßigen Vergesellschaftung" angesprochen, d. h. eines „politischen Verbandes". Im übrigen taucht hier erstmals der Begriff des „Einverständnishandelns" auf, der im Kategorienaufsatz als ein neuer Typ des Gemeinschaftshandelns eingeführt wird, ja mehr noch, Einverständnishandeln wird mit dem Begriff der „Legitimität" einer politischen Ordnung in Verbindung gebracht (vgl. oben, S. 61). Dies darf als partielle Antizipation der Theorie der „drei reinen Typen legitimer Herrschaft" gelten. Schließlich weist Weber darauf hin, daß der „Prozeß der ‚Verstaatlichung' aller ‚Rechtsnormen'" an anderer Stelle erörtert worden sei (vgl. oben, S. 60), was die „Rechtssoziologie" voraussetzt, die, wie wir wissen, 1912/13 ihre uns überlieferte Form erhalten hat. Dies spricht dafür, daß Weber zu einem späteren Zeitpunkt, vielleicht 1912 oder 1913, einen Anlauf zu einer Überarbeitung des ohnehin nur fragmentarischen Textes unternommen hat, die aber dann nicht weit gediehen ist. Insgesamt steht der Text „Politische Gemeinschaften" der Herrschaftssoziologie näher als alle anderen Texte der „Gemeinschaften", aber Weber dürfte der Neuformulierung des Textes dann doch einen grundlegenden Neuansatz vorgezogen haben, wie er in den hauptsächlich 1912–1914 entstandenen Texten zur Herrschaftssoziologie vorliegt.

Wie die Disposition von 1914 im übrigen zeigt, ist es unübersehbar, daß Weber ohnehin eine Neugestaltung dieses Textes ins Auge gefaßt hatte, die aber nicht zur Ausführung gekommen ist. Dort wird der Unterabschnitt „Entwicklung des modernen Staates", dessen Titel dem vorliegenden Text „Politische Gemeinschaften" inhaltlich am nächsten kommt, dem neu vorgesehenen Kapitel 8 „Die Herrschaft" subsumiert, während der Abschnitt „Die Nation" dem 7. Kapitel über den „politischen Verband" zugeordnet ist (MWG I/22-6). Demnach hat Weber offenbar beabsichtigt, den engen Zusammenhang von „politischen Gemeinschaften" und der

„Nation" aufzulösen, sowie den Text umzuschreiben und den inhaltlichen Schwerpunkt von der „politischen Gemeinschaft" auf den „politischen Verband" zu verlagern, wie das dann in der Disposition von 1914 generell vorgesehen war.

Ungeachtet dieser innovativen Ansätze schließt sich der Text in seiner Argumentation gleichwohl ganz den anderen Texten über „Gemeinschaften" an. Die Darstellung der Entstehung von Staaten aus politischen Gemeinschaften setzt die vorhergehende Erörterung von Hausgemeinschaft, nachbarschaftlichen Verbänden, Sippe und Marktgemeinschaft, die ursprünglich zahlreiche der verschiedenen staatlichen Aufgaben wahrnahmen, voraus. Insofern muß der Text über die „Politischen Gemeinschaften" den Abschnitten „Hausgemeinschaften",„Ethnischen Gemeinschaften" und „Marktgemeinschaft" nachgeordnet gewesen sein; auf letztere bezieht sich im vorliegenden Text ein Rückverweis (vgl. oben, S. 63).

Unklar ist der Status der Ausführungen über arabische Stammesstrukturen in der vorislamischen Epoche am Ende des nachstehenden Textes; sie werden hier den Erstherausgebern folgend als Anhang zu diesem Text mitgeteilt, da wir weder ein Manuskript besitzen noch über Informationen bezüglich ihres ursprünglichen Status verfügen (vgl. oben, S. 64). Es handelt sich um ein eigenständiges Textfragment, das eventuell Teil einer längeren Abhandlung über den „Stamm" war, die Weber ursprünglich im Zusammenhang mit den „Hausgemeinschaften" vorgesehen hatte. Auf die Sonderstellung dieser Passage weist auch hin, daß von den Erstherausgebern eine andersartige Drucktype verwendet worden ist. Weber führt die Stammesstrukturen als Beispiel für eine politische Gemeinschaft an, deren Gemeinschaftshandeln hauptsächlich in der Abwehr einer äußeren Bedrohung besteht; die Ausführungen stehen insoweit in einem inhaltlichen Zusammenhang mit dem vorhergehenden Text. Andererseits sind sie formal in keiner Weise an die vorausgehenden Ausführungen angebunden.

Ein Manuskript ist nicht überliefert. Dem Druck wird die von Marianne Weber und Melchior Palyi veröffentlichte Fassung zugrunde gelegt, die in dem Handbuch: Grundriß der Sozialökonomik, Abteilung III: Wirtschaft und Gesellschaft, 4. Lieferung. – Tübingen: J. C. B. Mohr (Paul Siebeck) 1922, S. 613–618, erschienen ist.

Allem Anschein nach handelt es sich bei dem vorliegenden Text um ein Fragment. Darauf deutet neben dem plötzlichen Abbrechen der Darstellung eine Stelle im Text hin, wo von der Tendenz des „politischen Verbandes" die Rede ist, „alle überhaupt möglichen Inhalte eines Verbandshandelns für sich zu konfiszieren" (vgl. oben, S. 58). Aufgrund der grammatischen Konstruktion der nachfolgenden Sätze ergibt sich jedoch, daß an dieser Stelle ursprünglich das Wort „politische Gemeinschaft" gestanden haben muß. Die Änderung in „politischer Verband" dürfte im Zuge einer Überarbeitung des Textes vorgenommen worden sein. Obwohl die grammatische Angleichung der nachfolgenden Sätze den größeren Eingriff in den Text bedeutet, werden diese emendiert, da dies Webers Intention letzter Hand entspricht.

Der Titel „Politische Gemeinschaften" ist bei Weber nicht verbürgt, ist jedoch in Anlehnung an die Überschrift „Ethnische Gemeinschaften" naheliegend. In der Disposition von 1914 findet sich nur die Abschnittsüberschrift „Die Entwicklung des modernen Staates"; der vorliegende Text könnte inhaltlich diesem Titel zugeordnet werden, deckt aber nur einen geringen Teil dieser Thematik ab. Er stellt nur die Entwicklung bis zur Entstehung des modernen Staates dar, nicht aber die Entwicklung des modernen Staates selbst, da die Darlegungen in der frühen Neuzeit abbrechen. Angesichts des fragmentarischen Charakters dieses Textes ist es sachgerecht, den Titel „Politische Gemeinschaften" beizubehalten, zumal dieser Begriff innerhalb des Textes eine Schlüsselstellung einnimmt.

Die Paragraphentitel dieses Textes können angesichts der weitreichenden Einwirkung der Erstherausgeber auf die Gestaltung der Titel innerhalb von „Wirtschaft und Gesellschaft" nicht als authentisch gelten. Sie sind mit an Sicherheit grenzender Wahrscheinlichkeit von den Erstherausgebern eingefügt worden. In dem hier mitgeteilten Text, der in der ersten Auflage von „Wirtschaft und Gesellschaft" in zwei Paragraphen gegliedert war, stammt der Titel „§ 1. Wesen und ‚Rechtmäßigkeit' politischer Verbände" mit Sicherheit nicht von Weber, zumal statt „Wesen" die an anderer Stelle nachweisbare Formulierung „Begriff" politischer Verbände zu erwarten wäre.

Es ist davon auszugehen, daß es in den nachgelassenen Manuskripten über die „Gemeinschaften" überhaupt keine Paragraphentitel gegeben hat. Dies ergibt sich auch aus der fragwürdigen Formulierung der Mehrzahl der in der Erstausgabe befindlichen Überschriften. Daher wird hier auf die Wiedergabe der Paragraphentitel verzichtet. Die Gliederung als solche wird durch Leerzeilen optisch kenntlich gemacht. Eine Zählung erfolgt nicht.

Die Darstellung der arabischen Stammesstrukturen ist von den Erstherausgebern ohne Anbindung an die vorhergehenden Ausführungen an das Ende des vorliegenden Textes gestellt worden. Da die Position dieses Textfragments nicht eindeutig bestimmt werden kann, wird es in einem Anhang zu diesem Text mitgeteilt.

Die Emendationen stützen sich teilweise auf Änderungen, die bereits Johannes Winckelmann (Hg.), Max Weber, Wirtschaft und Gesellschaft, 5. Aufl. – Tübingen: J. C. B. Mohr (Paul Siebeck) 1985, vorgenommen hat.

[Machtprestige und Nationalgefühl]
S. 65–77

In dem vorliegenden Text finden sich drei konkrete Datierungshinweise. Weber schreibt, daß „den Chinesen [...] noch vor 15 Jahren gute Kenner des Ostens die Qualität der ‚Nation'" abgesprochen haben und daß „heute [...] das Urteil nicht nur der führenden chinesischen Politiker, sondern auch ganz derselben Beobachter anders lauten" würde (vgl. oben, S. 75f.), und bezieht sich damit auf eine Entwicklung, die nach dem chinesisch-japanischen Krieg 1894–1895 in China einsetzte. Wegen des von chinesischer Seite unerwartet verlorenen Krieges bildete sich eine Reformbewegung, die westliche Staatsvorstellungen mit chinesischen Traditionen zu verbinden suchte. Eine Voraussetzung dafür war die Abkehr von der Vorstellung eines chinesischen Universalstaates und die Anerkennung der internationalen Ordnung als eines Systems gleichberechtigter Nationalstaaten. Im Zuge dieser Veränderungen entstand innerhalb bestimmter chinesischer Kreise erstmals eine Art von Nationalgefühl, was vor dem Krieg nicht greifbar gewesen war. Europäische Beobachter nahmen daher an, daß China mit dem Anwachsen der Reformbewegung im Begriff gewesen sei, eine Nation zu werden.

Im Text ist weiterhin die Rede davon, daß die „‚Kreuzzeitung' [...] vor 60 Jahren [...] die Intervention des Kaisers von Rußland in innerdeutsche Fragen" gewünscht habe (vgl. oben, S. 76). Ein Artikel in der „Neuen Preußischen Zeitung" (Kreuzzeitung) vom 30. April 1850 weist im Zusammenhang einer Erörterung einer eventuellen Unterdrückung der Revolution von 1848/49 durch eine russische Intervention tatsächlich darauf hin, daß es „wahrhaft deutsch [sei] lieber vom Kaiser Nicolaus befreit, als von Hecker und Struve, von Waldeck und Held, von Voigt und Ruge geknechtet zu werden."

Für sich genommen könnten diese beiden Zahlenangaben durchaus gewisse Ungenauigkeiten beinhalten, was vor allem für die Angabe „60 Jahre" in bezug auf den Artikel in der „Kreuzzeitung" gilt. In ihrer Kombination ergeben sie jedoch einen zuverlässigen Anhaltspunkt für eine Datierung der Entstehung des Textes um das Jahr 1910. Außerdem geht Weber auf „die Geschichte des letzten Jahrzehnts, speziell der Beziehungen Deutschlands zu Frankreich" ein (vgl. oben, S. 66), ohne die 2. Marokkokrise vom Sommer 1911 zu erwähnen, was mit Sicherheit der Fall gewesen wäre, wenn der Text nach dem Juni 1911 niedergeschrieben worden wäre.

Die interne Verweisstruktur läßt den Schluß zu, daß der gesamte Text in einem Arbeitsgang verfaßt wurde. Zu Beginn findet sich ein Vorverweis auf den „Nationalstolz", der sich eindeutig am Ende des Textes bei der Behandlung der Prestigeinteressen auflösen läßt. In diesem Zusammenhang bezieht sich Weber auf die „schon erörterten" wirtschaftlichen Motive imperialistischer Politik, die tatsächlich weiter vorne behandelt werden (vgl. oben, S. 74). Eindeutige Verweise auf andere Abschnitte von „Wirtschaft und Gesellschaft" finden sich nicht, mit Ausnahme eines Verweises auf die „Ethnischen Gemeinschaften", der die Entstehung eines ethnischen Gemeinsamkeitsgefühls aus einer Sprach- und Abstammungsgemeinschaft heraus betrifft (vgl. oben, S. 75). In den dortigen Passagen über die „Nation" hat Weber die Entwicklung ethnischer Gemeinschaften hin zur Nation eingehend dargestellt. Es bestehen weitgehende inhaltliche Übereinstimmungen mit dem vorliegenden Text (vgl. oben, S. 50–53).

In der Disposition von 1914 hatte Weber im 7. Kapitel hinter den Abschnitten „Stände", „Klassen" und „Parteien" einen gesonderten Abschnitt „Die Nation" vorgesehen, doch ist diese Absicht nicht zur Ausführung gelangt. Sowohl die Ausführungen über die „Nation" in den „Ethnischen Gemeinschaften" als auch der hier mitgeteilte Text müssen als Vorfassungen für diesen offenbar geplanten eigenständigen Abschnitt „Die Nation" angesehen werden. Der nachfolgende Text ist demnach einer früheren Bearbeitungsphase von „Wirtschaft und Gesellschaft" zuzurechnen. Seine inhaltliche Nähe zu dem Abschnitt „Politische Gemeinschaften" hatte schon Marianne Weber zu der Überlegung veranlaßt, beide Texte in einem Abschnitt zusammenzufassen. Spätestens seit 1914 hätte der Text durch eine Neufassung ersetzt werden sollen.

Der nachstehende Text weist eindeutig fragmentarischen Charakter auf, da er mitten im Satz abbricht. Ein Manuskript ist nicht überliefert. Dem Druck wird die von Marianne Weber und Melchior Palyi veröffentlichte Fassung zugrunde gelegt, die in dem Handbuch: Grundriß der Sozialökonomik, Abteilung III: Wirtschaft und Gesellschaft, 4. Lieferung. – Tübingen: J. C. B. Mohr (Paul Siebeck) 1922, S. 619–630, erschienen ist.

Der dort verwendete Titel „Machtgebilde. ‚Nation'", für den sich bei Weber selbst keine Entsprechung findet, ist aller Wahrscheinlichkeit nach von den Erstherausgebern gewählt worden. In dem nachfolgenden Text wird jedoch vor allem das Verhältnis von „Machtprestige und Nationalgefühl" behandelt; daher sahen die Herausgeber Anlaß zu einer entsprechenden Modifikation des Titels. Die in der Disposition von 1914 aufgeführte Bezeichnung „Die Nation" wird hier nicht übernommen, da es sich bei dem vorliegenden Text allenfalls um eine frühe Vorfassung des dort ins Auge gefaßten Abschnittes über „Nation" handelt. Die Überschrift „Machtprestige und Nationalgefühl" wird als Herausgeberrede in eckige Klammern gesetzt und der Titel des Erstdrucks im textkritischen Apparat mitgeteilt.

Die Paragraphentitel des Textes können angesichts der weitreichenden Einwirkung der Erstherausgeber auf die Gestaltung der Titel innerhalb von „Wirtschaft und Gesellschaft" nicht als authentisch gelten. Sie sind mit an Sicherheit grenzender Wahrscheinlichkeit ebenfalls von den Erstherausgebern eingefügt worden. In der ersten Auflage von „Wirtschaft und Gesellschaft" war der hier mitgeteilte Text in drei Paragraphen gegliedert. Der Titel „§ 1. Machtprestige und ‚Großmächte'" bringt den Inhalt der entsprechenden Passagen nur unzureichend zum Ausdruck und engt die Allgemeinheit von Webers Darstellung unangemessen ein. Regelrecht irreführend ist der Titel „§ 2. Die wirtschaftlichen Grundlagen des ‚Imperialismus'". In diesem Text wird gerade nachgewiesen, daß imperialistische Expansion keineswegs ausschließlich ökonomisch motiviert war. Vielmehr wird in dem Abschnitt gezeigt, daß imperialistische Expansion in aller Regel durch eine Vielzahl von sozialen und sozialpsychologischen Faktoren ausgelöst wird. Die Beschränkung auf den ökonomischen Aspekt im Titel läuft den Intentionen des Textes zuwider. Der Titel „§ 3. Die ‚Nation'" ist für den entsprechenden Abschnitt viel zu allgemein. Hier wird das Nationalgefühl als eine besondere Form emotionaler Befindlichkeiten eingeführt, die als Motivation expansiver Machtpolitik aufzutreten pflegt. Dabei wird die Nationsidee als eine spezifische Variante des Macht-Prestiges politischer Gemeinschaften beschrieben, insbesondere in der Form eines vornehmlich von den Intellektuellen getragenen und von ihnen propagierten, national definierten, Kultur-Prestiges. Überdies unterbricht der Paragraphentitel den Gang der Darlegung in syntaktisch störender Weise. In dem letzten Satz vor der Unterbrechung durch einen neuen Paragraphen ist von einer „emotionalen Beeinflussung" der „Massen" die Rede. Der erste Satz nach dem eingeschobenen Paragraphentitel schließt hier unmittelbar an. Dort heißt es: „Das Pathos dieser emotionalen Beeinflussung aber ist dem Schwerpunkt nach nicht ökonomischen Ursprungs [...]" (vgl. oben, S. 74).

Es ist davon auszugehen, daß es in den nachgelassenen Manuskripten zu den Texten über die „Gemeinschaften" überhaupt keine Paragraphentitel gegeben hat. Daher wird hier auf die Wiedergabe der Paragraphentitel verzichtet. Die Paragraphengliederung als solche wird durch Leerzeilen optisch kenntlich gemacht. Eine Zählung erfolgt nicht.

Die Emendationen stützen sich teilweise auf Änderungen, die bereits Johannes Winckelmann (Hg.), Max Weber, Wirtschaft und Gesellschaft, 5. Aufl. – Tübingen: J. C. B. Mohr (Paul Siebeck) 1985, vorgenommen hat.

[„Klassen", „Stände" und „Parteien"] *S. 78–88*

In dem nachstehenden Text behandelt Weber die Machtverteilung innerhalb von staatlichen Gebilden anhand der Phänomene „‚Klassen', ‚Stände' und ‚Parteien'" (vgl. oben, S. 78). Dabei ist auffällig, daß die „Parteien" im Gegensatz zu „Klassen" und „Ständen" nur sehr summarisch dargestellt werden. Die Titelgestaltung des Textes ist unklar. Im Stoffverteilungsplan von 1910 und in der Disposition von 1914 spricht Weber von „Ständen und Klassen" bzw. von „Ständen. Klassen. Parteien," was aus historischer Sicht plausibel ist. Die inhaltliche Gestaltung des vorliegenden Textes entspricht jedoch nicht dieser Anordnung. Er beginnt mit dem Abschnitt über „Klassen", daran anschließend werden die „Stände" und die „Parteien" behandelt. Auch in der noch von Max Weber selbst überarbeiteten Fassung der ersten Lieferung ist diese Abfolge beibehalten worden, obwohl die Kapitelüberschrift dort ebenfalls „Stände und Klassen" lautet, während die Parteien aus der Darstellung herausgenommen worden sind (MWG I/23).

Der nachstehende Text ist offensichtlich unvollendet. Darauf deuten die summarische Abhandlung der Parteien sowie der Verweis auf die „Strukturformen der sozialen Herrschaft" hin (vgl. oben, S. 88). Allerdings ist nicht klar, was damit gemeint ist. Möglicherweise ist der nachfolgende Satz: „Diesem zentralen Phänomen alles Sozialen wenden wir uns daher jetzt zu" ein Einschub der Erstherausgeber, der zu dem in der Erstausgabe folgenden Kapitel über die „Legitimität" (MWG I/22-4) überleiten sollte. Der auf den Satz noch folgende Absatz könnte ein eigenhändiges Fragment sein, das nachträglich hier zugeordnet wurde.

Der Text bewegt sich in seiner Terminologie noch ganz auf der Höhe der Kapitel über die verschiedenen Typen von „Gemeinschaften"; die Konstituierung bzw. die Beeinflussung von „Massenhandeln" oder „Gemeinschaftshandeln" ist sein eigentliches Thema. Doch besitzen wir keinerlei Anhaltspunkte bezüglich einer genauen Datierung. Offenbar hatte Max Weber gemäß dem Stoffverteilungsplan von 1910 bereits in den frühesten Konzeptionen seines Beitrages zum „Grundriß" die Absicht, dem Kapitel „Wirtschaft und soziale Gruppen" auch Abschnitte über „Stände" und „Klassen" beizugeben. Diese sollten im Manuskript im Anschluß an die Abhandlungen über „Familien- und Gemeindeverbände", aber noch vor der Darstellung des „Staats" plaziert werden (vgl. MWG II/6, S. 766–774).

Nach der Disposition von 1914 hatte Weber die Absicht, die im 7. Kapitel „Der politische Verband" vorgesehenen Abschnitte über „Stände" und „Klassen" um eine eigenständige Darstellung der „Parteien" zu ergänzen (MWG I/22-6). Sie wären dann in ihrer Anordnung von den Ausführungen über die „Hausgemeinschaft" erheblich getrennt gewesen. Der Disposition zufolge sollten sie zwischen den „Entwicklungsbedingungen" des Rechts und der „Nation" plaziert werden.

Die Anordnung des nachstehenden Textes vor dem Abschnitt über „Machtprestige und Nationalgefühl" würde der Disposition von 1914 entsprechen und ließe sich auch inhaltlich rechtfertigen. Bei der dortigen Behandlung der Macht von Staaten und ihrem Prestige wird die Definition von „Macht" als der „Chance [...], den eigenen Willen in einem Gemeinschaftshandeln auch gegen den Widerstand anderer [...] durchzusetzen" vorausgesetzt. Sie findet sich jedoch in dem nachstehend mitgeteilten Text (vgl. oben, S. 78).

Andererseits sollte der enge inhaltliche Zusammenhang zwischen den Abschnitten „Politische Gemeinschaften" und „Machtprestige und Nationalgefühl" auch in der Anordnung der Texte Berücksichtigung finden, zumal der Text „Machtprestige und Nationalgefühl" allenfalls als vollständig zu überarbeitende Vorfassung des Abschnitts „Nation" aus der Disposition angesehen werden kann. Darüber hinaus findet die Darstellung der unterschiedlichen Formen von Gemeinschaften mit der Behandlung der „Nation" als der Vollendung der politischen Gemeinschaften ihren inhaltlichen Abschluß. Der hier mitgeteilte Text thematisiert die Machtverteilung innerhalb der Gemeinschaften, wodurch sich seine hier vorgenommene Anordnung im Anschluß an die Ausführungen über die Gemeinschaften rechtfertigt. Zugleich hat er als Überleitung zu der Darstellung der internen Herrschaftsstrukturen der Gemeinschaften zu gelten. Seine Plazierung vor der „Herrschaftssoziologie" wird durch einen Rückverweis in dem Kapitel „Herrschaft" der vierten Lieferung von „Wirtschaft und Gesellschaft" gestützt. Dort nimmt

Weber Bezug auf den Tatbestand, daß Besitz „rein als solcher [...] weitgehende soziale Macht" verleihe; ein Sachverhalt, der hier im Zusammenhang mit der ständischen Herrschaft eingehend behandelt wird (vgl. oben, S. 82f.).

Streng genommen setzt, wie Max Weber selbst darlegt, das Auftreten von „Klassen" ebenso wie von „Parteien" ein gewisses Maß an rationaler Vergesellschaftung voraus, das über die verschiedenen Formen der Vergemeinschaftung hinausgeht, weil sowohl „Klassen" als auch „Parteien" gleichzeitig verschiedenen Vergemeinschaftungen angehören können (vgl. oben, S. 87f.). Der vorliegende Text setzt insofern die Ausführungen über die verschiedenen „Vergemeinschaftungen", insbesondere auch der „Marktgemeinschaft", auf die mehrfach ausdrücklich Bezug genommen wird, inhaltlich voraus.

Die Erstherausgeber hatten diesem Kapitel zwei Textfragmente über „Kriegerstände" beigegeben. Diese berühren sich zwar inhaltlich mit den Ausführungen über „Stände", aber weisen keinerlei auch nur indirekte Anbindung an den fortlaufenden Text auf. Es dürfte sich um Materialien handeln, die nicht in unmittelbaren Zusammenhang mit dem vorliegenden Text entstanden sind. Sie werden daher oben, S. 89–90, als selbständige Texte mitgeteilt.

Der Text ist ein Fragment. Ein Manuskript ist uns nicht überliefert. Dem Druck wird die von Marianne Weber und Melchior Palyi veröffentlichte Fassung zugrunde gelegt, die in dem Handbuch: Grundriß der Sozialökonomik, Abteilung III: Wirtschaft und Gesellschaft, 4. Lieferung. – Tübingen: J. C. B. Mohr (Paul Siebeck) 1922, S. 631–640, erschienen ist.

Die von den Erstherausgebern gewählte Überschrift „Klasse, Stand, Parteien" geht mit Sicherheit nicht auf Weber zurück. Die im Stoffverteilungsplan von 1910 und in der Disposition von 1914 genannten Titel „Stände, Klassen" bzw. „Stände, Klassen, Parteien" decken sich nicht mit der inhaltlichen Anordnung des vorliegenden Textes und können daher nicht anstandslos übernommen werden, obschon sie als solche authentisch sind. Daß die 1. Lieferung von „Wirtschaft und Gesellschaft" ein Kapitel „Stände und Klassen" aufweist, dessen inhaltliche Abfolge nicht dem eingefügten Titel entspricht, kann für die Frage, welcher Titel dem nachfolgenden Text angemessen ist, nicht relevant sein. Im Text selbst ist explizit von „‚Klassen', ‚Stände[n]', und ‚Parteien'" die Rede. Diese Formulierung dürfte Max Webers Intentionen entsprechen und wird hier dem edierten Text als Titel vorangestellt. Obwohl die eingeführte Überschrift eine von Weber stammende Formulierung ist, wird sie als Herausgeberrede in eckige Klammern gesetzt, da sie als Titel nicht autorisiert ist.

Die in der 1. Auflage abgedruckte Inhalts- und Seitenübersicht zu diesem Text wird nicht wiedergegeben, da sie nach Aussage von Marianne Weber kein Manuskriptbestandteil gewesen sei, sondern von den Erstherausgebern beigefügt worden ist.

Die Emendationen stützen sich teilweise auf Änderungen, die bereits Johannes Winckelmann (Hg.), Max Weber, Wirtschaft und Gesellschaft, 5. Aufl. – Tübingen: J. C. B. Mohr (Paul Siebeck) 1985, vorgenommen hat.

Kriegerstände
S. 89–90

Die beiden nachstehenden Notizen stellen eine Sammlung historischen Materials zu Leitbegriffen der Herrschaftslehre dar und können als inhaltliche Vorklärung einer geplanten Ausarbeitung gelten. Der erste Teil behandelt die materiellen, ökonomischen und kulturellen Voraussetzungen der Zugehörigkeit zum Kriegerstand sowie die Beziehung der Krieger zu einem Monarchen, während im zweiten Teil die Vergemeinschaftungen von Kriegern und deren Verhältnis zum Feudalherrn im Mittelpunkt stehen. Die Dichotomie von „Herrschaft" und „Genossenschaft" bildet die inhaltliche Verbindung beider Teile.

Es finden sich keine konkreten Datierungshinweise innerhalb der beiden Notizen. Die Titel „Kriegerstände" deuten darauf hin, daß Weber hier den von Hans Delbrück 1907 eingeführten Begriff des Kriegerstandes aufgegriffen hat. Andererseits läßt die Verdoppelung des Titels innerhalb dieses kurzen Abschnittes vermuten, daß die beiden Teile in unterschiedlichen Arbeitsgängen entstanden sind und vielleicht ursprünglich überhaupt nicht zusammengehörten. Ihr Entstehungszusammenhang ist unbekannt.

Ob die beiden Notizen überhaupt für „Wirtschaft und Gesellschaft“ bestimmt gewesen waren, ist nicht mehr zu sagen. In jedem Fall ist davon auszugehen, daß sie von Weber nicht in der uns überlieferten Form veröffentlicht worden wären, da ihre äußere Form für ein Handbuch ungeeignet ist. Warum die Erstherausgeber sich für eine Veröffentlichung innerhalb von „Wirtschaft und Gesellschaft“ entschieden und die Notizen an das Ende des Textes „‚Klassen‘, ‚Stände‘ und ‚Parteien‘“ plaziert haben, ist nicht mehr zu ermitteln.

Ein Manuskript ist nicht überliefert. Dem Druck wird die von Marianne Weber und Melchior Palyi veröffentlichte Fassung der „Kriegerstände“ zugrunde gelegt, die in dem Handbuch: Grundriß der Sozialökonomik, Abteilung III: Wirtschaft und Gesellschaft, 4. Lieferung. – Tübingen: J. C. B. Mohr (Paul Siebeck) 1922, S. 640–641, erschienen ist. Die formale und inhaltliche Sonderstellung der beiden Notizen innerhalb von „Wirtschaft und Gesellschaft“ legt nahe, sie nicht im Anschluß an einen bestimmten Abschnitt, sondern als Fragment in der Nähe der anderen Texte, die zwischen 1910 und 1912 entstanden sind, zu edieren.

Die beiden Titel „Kriegerstände“ dürften von Weber autorisiert sein. Dafür spricht, daß die Erstherausgeber im Falle eines fehlenden Titels den kurzen Text wohl nicht durch die Inserierung eines zweiten Titels, der darüber hinaus noch mit dem ersten identisch ist, gleichsam auseinandergerissen hätten. Die Emendationen stützen sich teilweise auf die kritischen Hinweise von Otto Hintze zur zweiten Auflage von „Wirtschaft und Gesellschaft“, die 1925 erschienen ist, sowie auf Johannes Winckelmann (Hg.), Max Weber, Wirtschaft und Gesellschaft, 5. Aufl. – Tübingen: J. C. B. Mohr (Paul Siebeck) 1985, S. 181 f.

Hausverband, Sippe und Nachbarschaft
S. 91–111

Im Nachlaß Max Webers befindet sich in einem Konvolut, das ansonsten Vorlesungsmanuskripte der Jahre 1894 bis 1898 sowie zahlreiche Notizen enthält, die sich, soweit eine Datierung möglich ist, zeitlich bis zum Jahre 1911 erstrecken, auch ein Stichwortmanuskript mit dem Titel: „Hausverband, Sippe und Nachbarschaft“. Dieses läßt sich inhaltlich keinem der uns bekannten Vorlesungsmanuskripte zuordnen. Die äußere Beschaffenheit des Textzeugen spricht ebenfalls dagegen, daß es sich hier um einen Teil eines Vorlesungsmanuskripts handelt. Beide für das Stichwortmanuskript verwendeten Papiersorten unterscheiden sich von den Papiersorten der uns überlieferten Vorlesungsmanuskripte. Auch die Datierung des Stichwortmanuskriptes, auf die im folgenden noch näher eingegangen wird, auf oder vor dem Jahre 1906 schließt es aus, daß es sich hier um ein Vorlesungsmanuskript gehandelt hat, obschon es wahrscheinlich ist, daß sich Max Weber bei der Abfassung dieses Textes auf ältere Vorlesungsmanuskripte gestützt hat, insbesondere die Vorlesungen über „Theoretische und Praktische Nationalökonomie“.

Das Stichwortmanuskript besteht aus 15 nicht paginierten Blättern. Auf dem Deckblatt findet sich nur die Überschrift „Hausverband [mit gleichem Stift korrigiert aus Hausgemeinschaft], Sippe und Nachbarschaft“, die sich jedoch nur auf einen Teil des Manuskripts bezieht, sowie eine Notiz „Sexualbeziehungen, Prostitution“. Diese Notiz läßt den Schluß zu, daß Max Weber die Blätter für eine beabsichtigte Abhandlung „Prostitution und Familie“ verwenden wollte. Es wurde auf zwei unterschiedlichen Papiersorten und mit zwei verschiedenen Federn geschrieben. Einige Blätter sind darüber hinaus beidseitig beschrieben. Die Verwendung der verschiedenen Federn korreliert jedoch nicht vollständig mit der Verwendung der unterschiedlichen Papiersorten, was den Schluß zuläßt, daß es sich um verschiedene Textschichten handelt. Beide Textabschnitte weisen allerdings zahlreiche Einschübe und Streichungen auf, die jedoch ausweislich des Schriftbildes dem selben Arbeitsgang entstammen. Eine zeitlich spätere Überbeziehungsweise Umarbeitung kann ausgeschlossen werden, von nachträglich eingeschobenen Überschriften abgesehen.

Auch inhaltlich erweist sich das Stichwortmanuskript als inhomogen: Die beiden Textschichten bestehen jeweils aus verschiedenen Segmenten, um nicht zu sagen: Fragmenten, in denen jeweils unterschiedliche Sachverhalte behandelt werden. Das 1. Segment der ersten Textschicht (vgl. oben, S. 91–98) weist einen einheitlichen Duktus auf. Hier wird die „Hausgemeinschaft“

einschließlich der unterschiedlichen Formen von Sexualbeziehungen behandelt, auf welche diese sich gründet. Im Anschluß daran wird die „Hausgemeinschaft" in Beziehung zu anderen Gemeinschaften, zunächst zur „Nachbarschaftsgemeinschaft", dann zur Sippe, und schließlich zum „Stamm", als einem vorwiegend „militärischen Schutzverband", gesetzt und solchermaßen ein Entwicklungsstrang von der „Hausgemeinschaft" bis hin zum Stamm als des „Keims" einer politischen Vergemeinschaftung skizziert. Die Ausführungen (S. 91–94) waren zunächst in 8 Abschnitte (mit arabischer Bezifferung) untergliedert, doch wurde vermutlich noch im gleichen Arbeitsgang eine neue Gliederung in 5, ebenfalls mit arabischen Ziffern bezeichnete Abschnitte vorgenommen, und zwar mit demselben Stift, so daß eine spätere Überarbeitung ausgeschlossen werden kann. An die Behandlung des „Stamms" als einer Primärform einer politischen Gemeinschaft schließen sich Ausführungen über das „Verhältnis zwischen: Haus, Dorf, Sippe, Stamm" unmittelbar an. Es folgt dann die Darstellung der „Entwicklung der Hausgemeinschaft" in unterschiedliche Richtungen (S. 94–98), nämlich zum kapitalistischen „Erwerbsbetrieb" einerseits, zum „Oikos" andererseits. Dieses Segment stellt offenbar eine geschlossene Einheit dar.

Es folgt dann ein neues Segment, das keine direkten Bezüge zu den vorangegangenen Ausführungen aufweist, sich aber im Schriftbild und in der Verwendung des Schreibgerätes von diesem nicht nennenswert unterscheidet (S. 98–102). Diesem Segment ist offenbar nachträglich, in erkennbar unterschiedlichem Schriftduktus, die Überschrift „Entwicklung der Sexualbeziehungen u[nd] der Ehe" vorangestellt worden. Es behandelt zunächst die Zurückweisung der Thesen von Bebel und Engels über die Entstehung der legitimen Ehe und ebenso die älteren Theorien eines ursprünglichen Mutterrechts. Daran schließt sich eine sehr detaillierte Typologie der verschiedenen Formen von sexuellen Beziehungen in unterschiedlichen Kulturen an. Schließlich wird die These vorgetragen, daß sich die legitime Ehe im Zuge eines mehrere Entwicklungsstufen durchlaufenden Prozesses der Abschwächung der ursprünglich „reinen Vatergewalt" herausgebildet habe. Es folgt auf eine Übersicht über die eheliche Stellung der Frau in den verschiedensten Kulturkreisen (S. 102). Diesen Ausführungen ist nachträglich ebenfalls eine Überschrift, nämlich „Die Frau in der Ehe", vorangestellt worden.

Ein weiteres Segment (offenbar unter Benutzung des älteren Bogens) schließt sich zwar inhaltlich eng an die vorangegangenen Ausführungen an, ist aber durch ein unterschiedliches Schriftbild von den vorangegangenen Segmenten abgesetzt. Es könnte zu einem (vermutlich nur wenig) späteren Zeitpunkt niedergeschrieben worden sein und gehört zu der zweiten Textschicht (vgl. S. 103–105). Hier wird die ökonomische Funktion der Frau in verschiedenen Wirtschaftsordnungen behandelt, und damit einhergehend u. a. auch das Thema der „Erziehung". Diesem Abschnitt muß ausweislich eines von Max Weber selbst vorgenommenen Rückverweises „s[iehe] v[origes] Blatt" (S. 108) der Abschnitt „Soziale Lage der Kinder und Jugend" zugeordnet werden, welches aber wohl nur als Merkposten für eine noch geplante weitere Ausarbeitung des Stichwortmanuskripts dienen sollte. Daraus ergibt sich, daß das dazwischenliegende Blatt einen Einschub in die zweite Textschicht darstellt, der unter der Überschrift „Soziale Lage der Frau" eine eindrucksvolle, universalhistorisch angelegte, Typologie der Situation der Frau in den unterschiedlichsten Gesellschaften und Kulturen bringt, die in der „Einzigartigkeit des Okzidents" terminiert, vor allem hinsichtlich der „Außeralltäglichkeit" der erotischen Beziehungen (vgl. S. 105–108).

Auf den folgenden Blättern (hier S. 108–110) werden dann die Deduktionen des 1. Segmentes der ersten Textschicht fortgesetzt, obschon sich die Stichworte nicht direkt daran anschließen, sondern die dort behandelten Themen neu aufgreifen und einiges wiederholen. Dieses Segment weist den gleichen Schriftduktus auf wie vorangehende Blätter (S. 91–94), einschließlich zahlreicher Einschübe und Korrekturen, die noch im gleichen Arbeitsgang vorgenommen worden sein müssen. Es gehört demnach ebenfalls zur ersten Textschicht. Diese Blätter behandeln die Entwicklung der Sippe und ihre sich verändernde Binnenstruktur. Das Folgeblatt (S. 110–111) schließt inhaltlich daran an; hier wird die Entwicklung und schließlich die „Vernichtung" des Stammes im Laufe der späteren historischen Entwicklung behandelt.

Eine präzise Datierung des „Stichwortmanuskripts" oder genauer seiner einzelnen Segmente ist auf Anhaltspunkte in den Texten angewiesen, da diesbezügliche schriftliche Zeugen weitgehend fehlen. Eine Zuordnung zu den frühen Vorlesungen ist aus inhaltlichen Gründen unwahrscheinlich. Vergleicht man das Stichwortmanuskript mit den Passagen der Vorlesung „theoretische Nationalökonomie", in denen es um die Hausgemeinschaft und die Sippe geht, so ist festzustellen, daß die Ausführungen des Stichwortmanuskripts wesentlich systematischer sind und eine wesentlich präzisere Begrifflichkeit verwendet wird. Darüber hinaus dürfte das Stichwortmanuskript in Bezug auf die wissenschaftliche Auseinandersetzung Webers mit der Mutterrechtstheorie von Engels und Bebel eine Zwischenstufe zwischen den frühen Vorlesungen und „Wirtschaft und Gesellschaft" darstellen. In der Vorlesung zur „theoretischen Nationalökonomie" widmet Weber der Widerlegung dieser Theorie noch breiten Raum, während sie in dem Stichwortmanuskript vergleichsweise kurz abgehandelt wird (vgl. oben, S. 98). In dem Text „Hausgemeinschaften" findet sie hingegen als „wertlose Konstruktion" nur noch marginale Erwähnung (vgl. oben, S. 29).

Darüber hinaus findet sich im 1. Segment der ersten Textschicht ein Hinweis auf die „Jugendbewegung" (vgl. oben, S. 94). Die Jugendbewegung entwickelte sich seit Mitte der 1890er Jahre aus einer lokalen Wandergruppe, gewann aber erst nach 1901 mit der Gründung des „Wandervogels" und anderer Jugendorganisationen überregionale Bedeutung. Einen Höhepunkt erreichte die Jugendbewegung im Oktober 1913 mit dem „Ersten Freideutschen Jugendtag" auf dem Hohen Meißner. Wann der Begriff „Jugendbewegung" allgemein gebräuchlich wurde, ist nicht zu bestimmen, doch ist es wenig wahrscheinlich, daß er von Weber bereits in den Vorlesungen der 1890er Jahre verwendet worden ist, als ein Stichwort, dessen Kenntnis bei seiner Hörerschaft vorausgesetzt wird. Dies würde eine Datierung in das erste Jahrzehnt des 20. Jahrhunderts nahelegen.

Das 2. Segment der ersten Textschicht (oben, S. 98–102) dürfte als eine Ausarbeitung anzusehen sein, die Max Weber für das Buch seiner Frau „Ehefrau und Mutter in der Rechtsentwicklung" angefertigt hat. Die hier aufgeführten Stichworte finden in diesem Werk Marianne Webers eine teilweise sehr präzise Entsprechung. Marianne Weber führt die Auseinandersetzung mit den Theorien von Engels und Bebel zwar nicht in einem eigenen Abschnitt, wendet sich aber explizit gegen deren Thesen. Die Stichworte zu den „Entwicklungsgeschichtlich primitivsten Formen" der Ehe finden sich inklusive der Beispiele detailliert in ihrer Einführung über die „Primitive[n] Geschlechtsverbindungen und legitime Ehe". Marianne Weber beginnt ebenfalls mit der „Paarungsehe" und dem labilen Verhältnis zwischen Mutter und Kindern und schließt daran die Darstellung der Polygamie und der Polyandrie an, bevor sie die verschiedenen Erscheinungen der Prostitution abhandelt. Auch die Stichworte bezüglich des Beginns einer Regulierung der primitiven Verhältnisse finden sich in der Abfolge des Stichwortmanuskriptes in „Ehefrau und Mutter" wieder. Allerdings beschreibt Marianne Weber den Beginn der „Exogamie" wesentlich ausführlicher, als dies im Stichwortmanuskript der Fall ist. Die Ausführungen über die „Vatergewalt und Vaterfolge" haben ebenfalls Entsprechungen bei Marianne Weber.

Max Weber kündigte dem Verleger Paul Siebeck am 11. September 1906 die Übersendung der ersten beiden Kapitel des Werkes seiner Frau mit den Titeln „Ehe bei den Naturvölkern" und „Ehe im Altertum" für Oktober 1906 an und wies darauf hin, daß er diese und die folgenden Kapitel „eingehend auf Correktheit" habe „prüfen können", da er „erhebliche Teile der Materie selbst im Colleg" habe behandeln müssen. Im übrigen habe er zusätzliche Belege beigeschafft und das Ganze redaktionell überarbeitet (MWG II/5, S. 156–159). Es ist auch sonst bekannt, daß Max Weber an dem Buch seiner Frau „Ehefrau und Mutter in der Rechtsentwicklung" in einem freilich nicht genau bestimmbaren Umfang mitgearbeitet hat. Marianne Weber bezeugt in ihrem Vorwort selbst, daß sie von Max Weber zu dieser Arbeit angeregt und „durch seine wissenschaftlichen Arbeiten, Vorlesungen und den persönlichen Gedankenaustausch beeinflußt" worden sei. Darüber hinaus habe er ihr insbesondere bei der „Struktur des römischen Eherechts" geholfen. Auch „bei der endgültigen Redaktion" habe sie „seinen Rat erbeten und verdanke ihm so eine Anzahl von Einzelformulierungen direkt, nicht nur an den beiden Stellen, wo dies unter dem Text ausdrücklich vermerkt" sei. Im gleichen Atemzuge betonte sie jedoch nachdrücklich, daß sie ihre Untersuchung „selbständig" verfaßt habe. Offenbar hat Marianne Weber die Interventionen ihres Mannes nicht immer gern gesehen, wie sie späterhin in einem Schreiben an Eduard Baumgarten vom 4. Juli 1950 bekannt hat, und auf seine Eingriffe bisweilen mit Weinanfällen reagiert. Ungeachtet dessen ist die erste Textschicht des „Stichwortmanuskripts“ offensichtlich im unmittelbaren Zusammenhang mit der Niederschrift von Marianne Webers Werk entstanden. Dies legt eine Datierung auf den Sommer oder Frühherbst 1906 nahe.

Das folgende, der zweiten Textschicht zuzuordnende, Segment über „Die ökonomische Funktion der Frau. Entwicklung zur reinen Konsumptionswirtschaft“ und insbesondere der Einschub über die „*Soziale* Lage der Frau“, das speziell auf die damals mit Marianne Weber diskutierte Thematik bezogen war, sind mit an Sicherheit grenzender Wahrscheinlichkeit ebenfalls in unmittelbarem Zusammenhang mit Webers Beschäftigung mit der Thematik der Ehe in den unterschiedlichen Kulturen entstanden. Darüber hinaus ergibt sich aus der Passage: „jetzt: freie Schulgemeinden“ (vgl. oben, S. 105) ein Rückschluß auf die vermutliche Entstehungszeit dieses Textes. Denn der besagte Hinweis dürfte sich auf die von Gustav Wyneken am 1. September 1906 eröffnete Freie Schulgemeinde Wickersdorf beziehen. Demnach müßte dieses Segment vermutlich im September 1906, jedenfalls nicht früher, aber auch nicht wesentlich später, entstanden sein. Gestützt wird diese Datierung durch die Tatsache, daß Max Weber dem Verein für Socialpolitik im Januar 1905 „erst für später“ eine Abhandlung über „Prostitution und Familie“ angeboten hat, für die er offensichtlich dieses Manuskript verwenden wollte.

Zwei Passagen des „Stichwortmanuskripts“ (oben, S. 91–98 u. 108–110) haben offensichtlich dem Abschnitt „Hausgemeinschaften“ in „Wirtschaft und Gesellschaft“ als Vorlage gedient. Von einigen Einzelheiten abgesehen, insbesondere den Passagen über den „Stamm“, die in den späteren Texten Max Webers so gut wie nicht mehr vorkommen, nehmen sie wesentliche Teile der dort verwendeten Begrifflichkeit und der dort im einzelnen ausgeführten Deduktionen vorweg. Bis zur Behandlung des Oikos (Blatt 295) weist das Stichwortmanuskript eine weitgehende inhaltliche Übereinstimmung mit dem Text „Hausgemeinschaften“ auf. Die Stichworte unter den Gliederungspunkten 1 bis 4 finden sich sämtlich in derselben Reihenfolge und in demselben Argumentationszusammenhang in „Wirtschaft und Gesellschaft“ wieder (vgl. oben, „Hausgemeinschaften“, S. 16–41).

Die Stichworte des Abschnitts „Verhältnis zwischen: Haus, Dorf, Mark, Sippe, Stamm“ schließen sich in dem Text „Hausgemeinschaften“ nahtlos an die Darstellung der Sippe, wie sie im nachstehenden Stichwortmanuskript unter Punkt 4 vorgestellt wird, an (ebd., S. 25f.). Lediglich die dortigen Ausführungen über die „Wirkung auf Sexualgemeinschaft“ werden in den „Hausgemeinschaften“ an späterer Stelle, im Zusammenhang mit der Thematik der Abschwächung der absoluten Vatergewalt, behandelt (ebd., S. 28f.). In dem Abschnitt des Stichwortmanuskripts über die „Entwicklung der Hausgemeinschaft“ finden sich bei der Darstellung der Trennung von Haus und Betrieb bezüglich der Anordnung nur zwei minimale Abweichungen gegenüber dem Text in „Wirtschaft und Gesellschaft“. Während in dem Stichwortmanuskript zuerst die „emancipatio legis Saxonicae“ und die italienischen Hausgemeinschaften als Beispiele genannt werden und erst danach die römische „patria potestas“ und die chinesische Elternpietät, ist die Reihenfolge in dem Text „Hausgemeinschaften“ umgekehrt (ebd., S. 33–35). Die Stichworte zur „Buchhaltung“ und „Rechtstechnik“ (vgl. oben, S. 96) werden dort nicht behandelt.

Die Texte über die „Gemeinschaften“ sind im wesentlichen in den Jahren 1910–1912 niedergeschrieben worden, mit einzelnen späteren Ergänzungen. Dies stützt ebenfalls die hier erschlossene Datierung des „Stichwortmanuskripts“ auf einen Zeitraum um oder vor dem Herbst 1906, jedenfalls also vor 1910. Eine Datierung auf 1914 oder noch später ist nicht möglich, denn die Anordnung des „Stichwortmanuskripts“ entsprach nicht mehr dem damaligen Erkenntnisstand Max Webers. Er beabsichtigte in der Disposition vom Frühjahr 1914 eine Zweiteilung der Thematik in „Hausgemeinschaften, Oikos und Betrieb“ sowie „Nachbarschaftsverband, Sippe und Gemeinde“, eine Gliederung, die quer zu dem Aufbau des Stichwortmanuskripts gestanden hätte (MWG I/22-6). Vor allem wurde der „Stamm“, der noch in der Vorlesung zur theoretischen Nationalökonomie“ als „Keim des Staates“ betrachtet worden war, in Max Webers Grundrißbeitrag nur noch peripher angesprochen. Auch die theoretisch denkbare Möglichkeit, daß das „Stichwortmanuskript“ als Vorlage für Webers Wiener Vorlesung 1918 gedient haben könnte, ist auszuschließen. Allein schon die äußere Form des Textzeugen, der zahlreiche Einschübe und Sofortkorrekturen enthält, spricht dagegen, daß es sich um ein Exzerpt aus dem Text „Hausgemeinschaften“ für Vorlesungszwecke gehandelt haben könnte, wie sie ansonsten bei Weber vorkommen.

Im folgenden kommt das Stichwortmanuskript zum Abdruck, wie es im Geheimen Staatsarchiv Berlin, I. HA, Nl. Max Weber, Rep. 92, Nr. 31, Band 2, Bl. 289–303, überliefert ist. Dabei spiegelt die Transkription die handschriftliche Fassung optisch nicht genau wider, weil dies drucktechnisch nicht möglich gewesen wäre. Die von den Herausgebern verwendeten diakritischen Zeichen finden sich im Abkürzungs- und Siglenverzeichnis, unten, S. 186f.

Das Stichwortmanuskript wird in seiner Gesamtheit hier im Anhang des Bandes und nicht vor dem Text „Hausgemeinschaften" abgedruckt, da nur sein erster Teil bis zur Darstellung des „Oikos" als Vorlage für die „Hausgemeinschaften" gedient hat.

Personenverzeichnis

Dieses Verzeichnis berücksichtigt nur Personen, die im Text Webers selbst Erwähnung finden, mit Ausnahme allgemein bekannter Persönlichkeiten. Dynastien werden im Glossar aufgeführt.

Antalkidas (4. Jahrhundert v. Chr.). Spartanischer Politiker. 393 v. Chr. Verhandlungen mit dem persischen Großkönig über die Finanzierung der spartanischen Flottenrüstung; 388 Abschluß eines persisch-spartanischen Bündnisses und 386 Durchsetzung des Antalkidas-Friedens, in dem Kleinasien den Persern zugesprochen wurde, während alle anderen griechischen Städte selbständig blieben. Nach der spartanischen Niederlage gegen Theben (371 v. Chr.) wendete sich der persische Großkönig gegen Sparta, und Antalkidas, der in Ungnade fiel, beging Selbstmord.

Aristophanes (Mitte 5.–Anfang 4. Jahrhundert v. Chr.). Griechischer Dramatiker. In römischer Zeit waren insgesamt 44 Komödien bekannt, die er zwischen 427 und 388 v. Chr. zur Aufführung gebracht hatte; elf Komödien sind überliefert, von denen sich „Acharner" und „Frieden" mit dem Thema Krieg und Frieden beschäftigen. In seinem bekanntesten Werk „Lysistrate" wollen sich die griechischen Frauen ihren Männern solange versagen, bis diese Frieden schließen.

Augustus (eigentlich: Gaius Octavius, seit seiner Adoption durch Caesar: Octavianus) (23.9.63 v. Chr. – 19.8.14 n. Chr.). Römischer Kaiser. Nach der Ermordung Caesars schlossen Octavius, Antonius und Lepidus das 2. Triumvirat (Oktober 43 v. Chr.) und teilten das Reich nach Ausschaltung der republikanischen Opposition unter sich auf. Bis 31 v. Chr. (Schlacht bei Actium) setzte sich Octavius gegen die anderen Triumvirn durch. Unter Wahrung der republikanischen Traditionen sicherte sich Octavius seine Stellung als Alleinherrscher durch Ämterbündelung (Principat). 27 v. Chr. erhielt er vom Senat den Beinamen Augustus. In seinem Bemühen, die altrömische Lebensart zu bewahren, schritt Augustus wiederholt gegen den Sittenverfall ein und versuchte in mehreren Gesetzen die Ehe zu reformieren.

Calderón de la Barca, Pedro (17.1.1600–25.5.1681). Spanischer Dramatiker. Studium in Salamanca. Wirkte seit 1623 als Schriftsteller. Als Offizier nahm er an mehreren Feldzügen teil. 1651 Priesterweihe, 1663 Hofkaplan. Von ihm sind ca. 120 Dramen überliefert, die religiöse, philosophische und historische Themen behandeln.

Caracalla (186–217) (eigentlich: M. Aurelius Severus Antoninus). Römischer Kaiser (211–217). Bis 212 mit seinem Bruder Geta gemeinsame Herrschaftsausübung, die vom gegenseitigen Mißtrauen der beiden Kaiser geprägt war. Nach der Ermordung von Geta ließ Caracalla in einer Säuberungswelle tausende Anhänger seines Bruders hinrichten. 213 erfolgloser Feldzug nach Germanien, 215 Feldzug gegen Armenien und eine Strafexpedition gegen Ägypten, 216 Beginn des Partherfeldzugs, in dessen Verlauf Caracalla ermordet wurde.

Lucius Sergius **Catilina** (ca. 108–62 v. Chr.). Römischer Politiker. 67–66 v. Chr. Statthalter der Provinz Afrika. Wegen seiner kostspieligen Lebensführung wiederholt in finanziellen Schwierigkeiten. Ende 66 v. Chr. Teilnahme an der sog. 1. Catilinarischen Verschwörung, 64 und 63 v. Chr. trotz der Unterstützung Caesars und Crassus erfolglose Bewerbung um ein Konsulat. 63 v. Chr. Beteiligung an der Vorbereitung eines Staatsstreiches, wurde nach dessen Aufdeckung von Cicero zum Verlassen Roms gezwungen. Er fiel 62 v. Chr. im Kampf gegen Truppen des Senats.

Demosthenes, Athenischer Feldherr. Vater des Redners → Demosthenes. Besaß eine Waffenmanufaktur und sonstiges Vermögen, das er seinem Sohn vererbte; verheiratet mit Kleobule, die aus Skythien stammte.

Demosthenes (384–322 v. Chr.). Athenischer Politiker. Berühmtester Redner des Altertums, gewinnt im Alter von 23 Jahren sein durch Vormünder verwirtschaftetes Vermögen, das ursprünglich eine Waffen- und eine Möbelmanufaktur umfaßte, auf dem Prozeßweg teilweise zurück. Sein entschiedenes Eintreten für die panhellenische Idee und seine Reden gegen Phillip von Makedonien führten zu Gefängnishaft und schließlich zum Selbstmord.

Gierke, Otto (seit 1911) von (11.1.1841–10.10.1921). Jurist. 1860 Promotion in Berlin, 1867 Privatdozent ebd., 1871 a. o. Professor in Berlin, 1872 o. Professor in Breslau, 1884 in Heidelberg, 1887 in Berlin; führender Vertreter des deutschen Genossenschaftsrechts. Akademischer Lehrer von Max Weber.

Gladstone, William Ewart (29.12.1809–19.5.1898). Britischer Staatsmann. Ursprünglich dem konservativen Lager zugehörig, veränderte sich seine politische Haltung in den 1850er Jahren hin zum Liberalismus. 1865–1875 Führer der liberalen Partei. Gladstone war insgesamt vier Mal britischer Premier Minister (1868–1874, 1880–1885, Febr. 1886–Juli 1886 und 1892–1894). Seine erste Regierungszeit war von einer liberalen Gesetzgebung geprägt, die u. a. die Armeeführung für bürgerliche Schichten öffnen sollte und ein Elementarschulsystem einführte. Die späteren Kabinette waren durch eine liberale Irlandpolitik bestimmt; 1886 und 1893 scheiterten im Parlament zwei von Gladstone eingebrachte „Home Rule Acts" zur weitgehenden inneren Selbstverwaltung Irlands.

Gaius Sempronius **Gracchus** (153–121 v. Chr.). Römischer Staatsmann. 134–132 v. Chr. Kriegstribun, 126 v. Chr. Quästor, 125–124 v. Chr. Proquästor in Sardinien, 123–122 v. Chr. Volkstribun. Hochbegabter und wirkungsvoller Redner; als jüngerer Bruder des → Tiberius Gracchus suchte er die begonnenen innenpolitischen Reformen fortzuführen.

Tiberius Sempronius **Gracchus** (162–133 v. Chr.). Römischer Staatsmann. 137 v. Chr. Praetor, 133 v. Chr. Volkstribun; als Volkstribun führte er eine Agrarreform zugunsten der verarmenden Bauern durch; der zunehmende Gegensatz zum römischen Senat gipfelte in seiner Ermordung zusammen mit 200 bis 300 seiner Anhänger auf dem Capitol.

Herodot (geb. vor 480 v. Chr.). Geschichtsschreiber. Forschungsreisen nach Ägypten, Phoinikien und Mesopotamien. In seinem 9 Bücher umfassenden Werk stehen geographisch-ethnologische Gesichtspunkte im Vordergrund. Trotz mancher Mißverständnisse gilt das wahrscheinlich unvollendete Werk Herodots in seinen Berichten über fremde Völker als weitestgehend zuverlässig.

Homer (ca. 8. Jahrhundert v. Chr.). Griechischer Dichter. Gilt als Autor der „Ilias" und „Odyssee" und wurde zeitweise als fiktive Person angesehen. Beide Epen beruhen auf Überlieferungen, die bis ins 2. Jahrtausend v. Chr. zurückreichen, sind aber wahrscheinlich in der 2. Hälfte des 8. Jahrhunderts v. Chr. entstanden.

Inguiomar (lat.: Inguiomerus) (Ende 1. Jahrhundert v. Chr.–Anfang 1. Jahrhundert n. Chr.). Cheruskerfürst. Onkel von Arminius; zunächst Rom-freundlich eingestellt, ließ sich Inguiomar zum Krieg gegen Rom überreden. Bei den Kämpfen in den Jahren 14–16 n. Chr. scheint er gleichberechtigt mit Arminius die germanischen Truppen geführt zu haben. Jedenfalls führte sein Befehl, gegen den Willen des Arminius ein römisches Lager anzugreifen, 15 n. Chr. zu einer empfindlichen germanischen Niederlage. Als 17 n. Chr. die römischen Eroberungsversuche endgültig aufgegeben wurden, brachen innergermanische Streitigkeiten aus, in deren Verlauf sich Inguiomar mit seinem Gefolge wahrscheinlich aus persönlichen Gründen gegen Arminius stellte.

Kambyses. Persischer Großkönig (529–522 v. Chr.). Fügte Ägypten in das persische Reich ein; seine zunächst tolerante Religionspolitik wurde nach einem mißglückten Feldzug in Äthiopien und einem Aufstand in Ägypten durch eine rigide Unterdrückung abgelöst.

Karl VIII. (1470–7.4.1498). König von Frankreich (1483–1498). Stand bis 1482 unter der Regentschaft seiner Schwester. Es bestanden frühzeitig Pläne, das Papsttum gegen das Königreich Neapel zu unterstützen. 1488 wurde Karl von neapolitanischen Oppositionellen zu Hilfe gerufen und bereitete 1492–1493 seinen Italienfeldzug vor. Im Winter 1494/95 marschierte er nach Italien und eroberte Neapel, auf das er seit dem Tode König Ferdinands I. (gest. 1494) einen Rechtsanspruch erhob. Nach der Rückkehr nach Frankreich im November 1495 gingen die italienischen Eroberungen bald an Spanien verloren.

Kleisthenes (2. Hälfte 6. Jahrhundert v. Chr.). Athenischer Staatsmann. Kleisthenes führte Ende des 6. Jahrhunderts eine Verfassungsreform auf der Grundlage einer territorialen Neugliederung Attikas durch. Darüber hinaus wird ihm die Einführung des „Rates der 500" und des Ostrakismos zugeschrieben.

Louis Philippe (6.10.1773–26.8.1850). König der Franzosen (1830–1848). Bis zu seinem Übertritt zu den Österreichern (1793) General in der französischen Revolutionsarmee; lebte als Herzog von Orléans im Exil; 1817 Rückkehr nach Paris; enge Kontakte zu führenden Liberalen und in ständiger Opposition zum königlichen Hof; nach der Julirevolution erfolgte am 7.8.1830 seine Proklamation zum König der Franzosen; als „Bürgerkönig" führte er zunächst eine liberale Regierung; später verfolgte er jedoch eine zunehmend reaktionäre Politik, was in der Revolution von 1848 zu seinem Sturz führte.

Morgan, Lewis Henry (21.11.1818–17.12.1881). Amerikanischer Ethnologe. 1840 Graduierung an dem Union College in Schenectady; danach Studium der Rechtswissenschaften; 1861–86 republikanisches Mitglied des Repräsentantenhauses, 1868–69 Mitglied des Senates. Umfangreiche Arbeiten über amerikanische Indianerstämme, insbesondere über die Kultur und Stammesstruktur der Irokesen, von denen er 1847 adoptiert wurde.

Nikias (vor 469–413 v. Chr.). Athenischer Politiker und Feldherr. Nach militärischen Erfolgen setzte er im April 421 v. Chr. den nach ihm benannten Frieden mit Sparta durch; nach einer Niederlage im Oktober 413 v. Chr. in Syrakus hingerichtet. Nikias trat für eine besitzstandwahrende Politik Athens ein.

Oppenheimer, Franz (30.3.1864–30.9.1943). Mediziner, Nationalökonom und Soziologe. 1885 Promotion zum Dr. med. in Berlin; 1887–1896 als praktischer Arzt tätig ebd.; 1908 Promotion zum Dr. phil. in Kiel; 1909 Habilitation für das Fach Nationalökonomie in Berlin; 1919–1929 o. Professor für Soziologie in Frankfurt a.M.; 1938 Emigration über Palästina und Japan in die USA, wo er auch als Hochschullehrer tätig war. Beschäftigung mit der Theorie der politischen Ökonomie, der sozialen Frage und dem „Bodenmonopol"; praktische Versuche mit Genossenschaftssiedlungen.

Pocahontas („kleine Übermütige", eigentlich: Mataoka, seit 1614: Rebecca Rolfe) (ca. 1595–März 1617). Tochter des Indianerhäuptlings Powhatan. Sie gewann Bedeutung als sagenumwogene Vermittlerin zwischen Indianern und weißen Siedlern im heutigen Virginia; wurde 1613 entführt, um als Geisel die Sicherheit der weißen Siedler zu garantieren; nach ihrer Taufe heiratete sie 1614 den Tabakpflanzer John Rolfe, von dem sie als „Indianerprinzessin" am englischen Königshof vorgeführt wurde, wo sie 1617 an Windpocken starb. Ihr Sohn Thomas Rolfe siedelte sich mit seiner Familie in Virginia an; Pocahontas gilt dort als Ahnherrin der beiden einflußreichsten Familien Virginias, der Bollings und Randolphs.

Pythagoras (vor 532/31–497/496 v. Chr.). Griechischer Philosoph. Von Pythagoras selbst ist nichts überliefert, so daß nicht eindeutig zu bestimmen ist, welche Vorstellungen auf ihn oder auf seine Schüler, die Pythagoraer, zurückzuführen sind. Die Schule erbrachte bedeutende mathematische Erkenntnisse (Satz des Pythagoras). Die philosophische Lehre ging von der Notwendigkeit der „Reinheit" des Körpers aus und vertrat die Vorstellung einer Wiedergeburt.

Ranke, Leopold von (21.12.1795–23.5.1886). Historiker. 1814–18 Studium der Theologie und Philologie in Leipzig; zunächst Gymnasiallehrer; 1825 a.o. Professor in Berlin, 1827–1831 Studienreisen nach Wien und Italien, 1834–1871 o. Professor in Berlin. Nach Ranke soll mit Hilfe von Quellen beschrieben werden, „wie es eigentlich gewesen ist". Ranke gilt als Begründer der modernen Geschichtswissenschaft und führender Vertreter des Historismus.

Rodbertus(-Jagetzow), Johann Karl (12.8.1805–6.12.1875). Nationalökonom, preußischer Politiker. 1848 Mitglied der preußischen Nationalversammlung; dort Führer des linken Zentrums; 26.6. bis 4.7.1848 preußischer Kultusminister; lebte nach der Revolution vorwiegend auf seinem Gut Jagetzow in Vorpommern und beschäftigte sich mit wissenschaftlichen Studien. Er war einer der profiliertesten konservativen staatssozialistischen Theoretiker; in der Agrarpolitik Befürworter des Rentenprinzips und der Einrichtung von Rentengütern; seine Theorien beeinflußten die Staatswissenschaften nachhaltig.

Schurtz, Heinrich (11.12.1863–2.5.1903). Ethnologe und Soziologe. 1891 Habilitation bei Friedrich Ratzel in Leipzig; 1893 Assistent am Städtischen Museum für Natur-, Völker- und Handelskunde in Bremen; Forschungsreisen nach Spanien, Nordafrika und Kleinasien. Als einer der ersten deutschen Ethnologen wandte sich Schurtz auch Fragen der Soziologie zu. Seine Bücher über primitive Gesellschaften übten eine starke Wirkung aus und galten lange Zeit als grundlegend.

Segestes (Ende 1. Jahrhundert v. Chr. – Anfang 1. Jahrhundert n. Chr.). Cheruskerfürst, Schwiegervater des Arminius. Als Anhänger Roms erhielt Segestes von Augustus das römische Bürgerrecht; er warnte Varus vor der Verschwörung, die zu der römischen Niederlage im Teutoburger Wald führte. Zu den politischen Spannungen kamen noch persönliche Differenzen mit Arminius, als dieser ohne sein Einverständnis seine Tochter heiratete. Im Jahre 15 n. Chr. wurde Segestes im Zuge innergermanischer Auseinandersetzungen von Arminius belagert und von römischen Truppen befreit; er lebte danach mit seiner Familie in Rom und konnte dem Triumphzug des Germanicus 17 n. Chr. als Zuschauer beiwohnen.

Sering, Max (18.1.1857–12.11.1939). Nationalökonom. 1881 Promotion zum Dr. rer. pol. in Straßburg; 1881–1883 Referendariat, 1883 Habilitation in Bonn; 1885 a.o. Professor in Bonn, 1889–1906 o. Professor an der Landwirtschaftlichen Hochschule Berlin; gleichzeitig Priv. Doz. an der Universität Berlin, 1893 a.o. Professor und 1897–1925 o. Professor ebd. 1883 Studienreise im Auftrag der preußischen Regierung nach Amerika, 1912 Studienreise durch Rußland. In seinen Arbeiten über Agrar- und Siedlungswesen vertrat er in bezug auf wirtschafts- und sozialpolitische Fragen eine religiös-ethische Grundhaltung. Mit Max Weber befreundet.

Sombart, Werner (19.1.1863–8.5.1941). Nationalökonom. 1888 Promotion zum Dr. phil. bei Gustav Schmoller in Berlin, 1888 Syndikus der Handelskammer in Bremen; 1890–1906 etatmäßiger a.o. Professor in Breslau, 1906 Professor an der Handelshochschule Berlin, 1917–1931 o. Professor in Berlin; ab 1892 im Ausschuß des „Vereins für Sozialpolitik", 1909 Mitbegründer der „Deutschen Gesellschaft für Soziologie"; 1903–1920 Mitherausgeber des AfSSp. Arbeiten zur Wirtschaftsgeschichte, insbesondere zur Entstehung und Entwicklung des Kapitalismus auf systematisch-empirischer Grundlage, und über die sozialen Bewegungen des 19. Jahrhunderts. Seit den späten 1880er Jahren freundschaftliche Beziehungen zu Max Weber; in der Kriegs- und Nachkriegszeit zunehmende Distanz; Mitarbeiter am „Grundriß der Sozialökonomik".

Urban II. (eigentlich: Odo de Châtillon) (1042–29.7.1099). Papst. Mönch und Prior in Cluny; 1079/80 Kardinalbischof von Ostia; 12.3.1088 Papstwahl; Urban rief 1095 zum ersten Kreuzzug auf und verstärkte im innerkirchlichen Bereich den päpstlichen Zentralismus.

Verres (ca. 115–43 v. Chr.). Römischer Politiker. Obwohl Verres während seiner Beamtenlaufbahn wiederholt in Korruptionsaffären verwickelt war, wurde ihm 73 v. Chr. die Statthalterschaft von Sizilien übertragen. Die Ausbeutung dieser wichtigen Provinz durch Verres überstieg die übliche Praxis derart, daß er 70 v. Chr. von Cicero angeklagt wurde und noch vor seiner Verurteilung in das Exil nach Marseille auswanderte.

Wellhausen, Julius (17.5.1844–7.1.1918). Theologe und Orientalist. 1870 Habilitation in Göttingen, 1872 a.o. Professor der Theologie in Greifswald, 1882 a.o. Professor in Halle, 1885 o. Professor der orientalischen Sprachen in Marburg und 1892 in Göttingen. Durch seine kritischen Untersuchungen über das Alte Testament hat Wellhausen in seiner Zeit bahnbrechend gewirkt.

Wittich, Werner (5.8.1867–11.8.1937). Nationalökonom. 1891 Promotion zum Dr. rer. pol. in Straßburg bei Georg Friedrich Knapp; 1901–1918 etatmäßiger a.o. Professor ebd.; 1919 Annahme der französischen Staatsbürgerschaft; Arbeiten zur Wirtschaftsgeschichte und Kultur des Elsaß. Kollegiale Beziehung zu Max Weber; Mitarbeiter am „Grundriß der Sozialökonomik".

Glossar

Dieses Verzeichnis berücksichtigt Begriffe und Dynastien, die Max Weber in seinem Text erwähnt. Die Einträge erfolgen in der Schreibung Max Webers.

ager publicus. Römisches Staatsland.

Agnaten, agnatisch. Verwandtschaftsbeziehungen, die sich nur über die männliche Linie definieren. Im römischen Recht gehörten alle Personen dazu, die unter derselben → patria potestas standen, auch wenn sie keine Blutsverwandten waren.

Allmende. Liegenschaften, die sich im Eigentum von Gemeinden befinden und von deren Mitgliedern gemeinschaftlich genutzt werden. In Preußen wurden sie im Zuge der Agrarreformen zu Beginn des 19. Jahrhunderts aufgelöst, während sie in Teilen Süddeutschlands, vor allem in Baden, weiter bestehen blieben.

Anerbenrecht. Ländliches Sondererbrecht, das die Vererbung eines ungeteilten Nachlaßgutes an einen einzigen von mehreren Erben, den Anerben, regelt. Durch die Einzelnachfolge sollte die Erhaltung der Geschlossenheit der Höfe im Erbgang gesichert werden.

Animismus (lat.). Bezeichnet in der Religionswissenschaft den Glauben, daß die Dinge der Natur beseelt oder von Geistern belebt sind.

a potiori (lat.). Veraltet für „nach der Mehrzahl", „in der Hauptsache".

Avunculat, Avunkulat. Ableitung von dem lateinischen Wort avunculus (Bruder der Mutter), im Gegensatz zu patruus (Bruder des Vaters).

beneficium (lat.: „Wohltat"). Im römischen und im Gemeinen Recht vor allem Gunst oder Wohltat des Kaisers; im Frankenreich Bezeichnung der Lehen, für die keinerlei Dienste und nur geringfügiger oder kein Zins zu leisten war.

Boss. Bei Weber eine Bezeichnung für professionelle Parteiführer in den Vereinigten Staaten von Amerika; zumeist mit dem negativen Beiklang von Parteidiktator oder Führer einer korrupten Parteimaschinerie.

Brahmanen. Die indische Priesterkaste.

Burgunder. Germanischer Volksstamm, der im Zuge der Völkerwanderung aus dem Ostseeraum kommend den Rhein überquerte. Ende des 4. Jahrhunderts errichteten die Burgunder vermutlich am Mittelrhein (Worms) ein Reich, das jedoch 436 durch den römischen Feldherrn Aetius oder die Hunnen vernichtet wurde (Nibelungensage). Die Reste der Burgunder wurden an der oberen Rhone angesiedelt. Dort hielt sich bis zur fränkischen Eroberung 534 ein selbständiges Königreich, auf das später das merowingische Teilreich Burgundia und das hochmittelalterliche Königreich Burgund aufbauten.

caput mortuum. Veraltet für „wertlos". Mittelalterliche Alchimisten prägten den Begriff und bezeichneten damit unverwendbare Rückstände bei Destillationen.

census. Vermögensschätzung der römischen Bürger.

colone, coloni → Kolone

commercium. Das einem Nichtrömer verliehene Recht zum Abschluß privater Rechtsgeschäfte nach römischem Recht.

Condottieri. Bezeichnung für Söldnerführer im frühneuzeitlichen Italien, die auf eigene Kosten Truppen anwarben und mit diesen im Auftrag von Städten oder Fürsten gegen Bezahlung Krieg führten.

Curie. Die Bedeutung ist unklar. Der Legende nach hat Romulus die drei ältesten Tribus in je 10 Curien aufgeteilt. Bei Volksversammlungen scheinen die Bürger nach Curien geordnet gewesen zu sein. In historischer Zeit hatten die Curien keinerlei politische Bedeutung mehr, bestanden aber als Sakralgemeinschaften fort.

Demos. Im klassischen Griechenland ursprünglich ein Sippenverband, später die Gesamtgemeinde, die Volksversammlung, das Volk und schließlich der Staat.

Diadochen. Nach dem Tod Alexanders des Großen 323 v. Chr. zerfiel sein Reich in mehrere einander bekämpfende Staaten (Diadochenreiche), bis sich 301 v. Chr. fünf Nachfolgestaaten etabliert hatten. Bedeutend wurden das Ptolemäerreich in Ägypten, das Seleukidenreich in Vorderasien und das makedonische Königreich.

Endogamie. Heiratsordnung, bei der nur innerhalb einer bestimmten Gruppe geheiratet werden darf.

Ergasterien. Arbeitshäuser.

Ethnos, ἔθνη. Bezeichnung für eine Abstammungsgemeinschaft, die keinerlei politische Strukturen aufweist und nur gelegentlich gemeinschaftlich auftritt und handelt.

Exogamie. Heiratsordnung, bei der innerhalb einer bestimmten Gruppe nicht geheiratet werden darf.

Flurzwang. In der deutschen Agrargeschichte die durch → Gemengelage und Fruchtfolgesystem bedingte gemeinschaftliche Bewirtschaftung von Gemarkungen.

Fruktifizierung. Fruchtbildung, Nutzbarmachung.

Gemengelage. Die Zersplitterung des zu einem Besitz gehörigen Bodens innerhalb des Gemeindelandes infolge von Erbteilungen und der Organisation des Fruchtfolgesystems.

gens. 1) Geschlechts- und Sippenverband in Rom; 2) Stamm.

glebae adscriptio. Die gesetzliche Bindung des Bauern an seine Scholle.

Gynaikonitis. Frauengemach im altgriechischen Haus.

Heerbann. Bei Max Weber die für einen Kriegszug aufgebotene Mannschaft. Weitere Bedeutungen des Begriffs: 1) das königliches Recht zur Einberufung eines Heeres, 2) die Pflicht zur Heeresfolge und 3) die Buße bei Vernachlässigung dieser Pflicht.

Hoplit. Schwerbewaffneter Soldat im klassischen Griechenland.

Imperator. Im weitesten Sinn Bezeichnung für jeden Träger der obersten Befehlsgewalt. Im republikanischen Rom schränkte der Sprachgebrauch den Begriff auf den militärischen Befehlshaber ein und wurde als Ehrentitel nach einem siegreichen Feldzug verliehen. Während der Kaiserzeit entwickelte sich der Begriff zu einem festen Bestandteil der Kaisertitulatur.

Karolinger. Fränkisches Herrschergeschlecht. Benannt nach dem ihm angehörigen Hausmeier Karl Martell (um 688/89–22.10.741). Das Geschlecht erlangte mit Pippin III. dem Jüngeren (714/15–768) im Jahre 751 und mit Karl dem Großen (747–814) im Jahre 768 bzw. 800 die Königs- und Kaiserwürde. Nach der Teilung des Frankenreichs im Jahre 843 erlosch 911 die Dynastie im ostfränkischen, 1012 im westfränkischen Reich.

Kognaten, kognatisch. Bezeichnung für alle Blutsverwandten.

Kolone (lat.: colonus). Klein-, Parzellenpächter; später ein an das Grundstück gebundener Halbfreier.

Kommis (frz.: commis). Kaufmännischer Angestellter, Handlungsgehilfe eines Kaufmannes.

Konnubium (lat.: con(n)ubium). Die rechtlich vollgültige Ehe. Im römischen Recht die nach dem ius civile anerkannte Ehe. Sie war in der Frühzeit nur zwischen Bürgern desselben Standes möglich, seit 445 v. Chr. auch zwischen Patriziern und Plebejern.

Leiturgie. Bezeichnung für öffentliche Dienste oder Amtsleistungen, die einzelne Bürger mit ihren eigenen Mitteln für das Gemeinwesen bzw. die Bedarfsdeckung der Fürsten zu leisten hatten.

Liten. Halbfreie Gefolgsleute im fränkischen Reich. Sie waren nach salischem Recht durch das halbe → Wehrgeld eines Freien geschützt, meist rechts- und vermögensfähig, gleichzeitig aber dienst- und zinspflichtig.

Männerhaus. Bei Naturvölkern den Männern vorbehaltenes Gebäude. Es diente den Männern als Wohn- oder Versammlungsort und als gesellschaftlicher Mittelpunkt.

Merowinger. Fränkische Dynastie, durch König Chlodwig (482–511) begründet. Chlodwigs Söhne eroberten fast ganz Gallien. Nach 561 geriet die Dynastie durch innere Kriege in eine Krise. Nach der Herausbildung der drei Teilreiche Burgund, Neustrien und Austrasien entwickelte sich zu Beginn des 7. Jahrhunderts n. Chr. noch einmal ein einheitliches Königreich. Durch Gegensätze der Teilreiche geriet die Dynastie zunehmend in Abhängigkeit von Adelsgruppen, bis sie der Karolinger Pippin 751 endgültig aus der Herrschaft verdrängte.

mutuum (lat.: „auf Tausch gegeben"; „wechselseitig geborgt"). Bezeichnung für ein Darlehen, welches unter der Voraussetzung gewährt wurde, daß der Darlehensgeber bei Bedarf eine entsprechende Leihgabe von seinem Schuldner erbitten kann.

Oikos (griech.: „das Haus"). Weber benutzt den Begriff in Anlehnung an Rodbertus im Sinne eines wirtschaftlich autarken Großhaushalts in der Antike, der nicht wegen des Gewinns, sondern für die Bedarfsdeckung seines Besitzers wirtschaftet.

Pandekten. Teil der Justinianischen Rechtssammlung aus dem 6. Jahrhundert n. Chr. Sie erlangten mit der Rezeption des Römischen Rechts auch in den deutschen Territorien allgemeine Geltung.

Paria (Tamil: paṟai, „Trommel"). Ursprünglich Bezeichnung für eine niedrige Trommlerkaste in Südindien, die außerhalb der vier Hindukasten stand. Von Weber allgemein für ökonomisch, sozial und rechtlich unterprivilegierte Bevölkerungsgruppen verwendet, die ein von den übrigen Gemeinschaftsmitgliedern gemiedenes Gewerbe ausüben.

patria potestas. Im römischen Recht die vom Familienoberhaupt ausgeübte, ursprünglich unbeschränkte väterliche Gewalt über alle Mitglieder seines Haushaltes.

peculium. Vom Herrn dem Sklaven zu dessen Bewirtschaftung überlassenes, jedoch im Eigentum des Herrn verbleibendes Sondervermögen.

Phyle. Unterabteilung der griechischen Gemeinwesen mit wahrscheinlich gentilem Ursprung. In historischer Zeit wurde allerdings eine gemeinsame Abstammung verneint. Bedeutsam waren die Phylen in der Verfassungswirklichkeit als größte Heeresabteilung, für die Besetzung verschiedener staatlicher Gremien und als Vorinstanzen bei der Beamtenauswahl.

Polyandrie (griech.: „Vielmännerei"). Bezeichnet einen Familienverband, in dem mehrere Ehemänner mit einer Frau zusammenleben.

Pompierhelm. Französischer Feuerwehrhelm.

Präbenden. Bezeichnung für das Recht geistlicher Würdenträger, aus dem Kirchenvermögen feste und regelmäßige Einnahmen zu erhalten, entweder in Form von Erträgen aus landwirtschaftlicher Nutzfläche oder von Steuerabgaben aus bestimmten Gebieten. Weber benutzt den Begriff in der Regel allerdings sehr viel weitgehender im Sinne von allgemeinen Pfründen.

Prästation. Veraltet für Leistung, Gewährleistung.

precarium (lat.). Bezeichnung für einen Besitz, der jemandem auf eine Bitte hin übertragen worden ist. Dadurch änderten sich die Eigentumsverhältnisse nicht; die Übereignung konnte der Eigentümer jederzeit widerrufen.

regalieren (frz.: réguler). Beschenken, bewirten, bedienen.

Sequester. Gerichtlich bestellter Verwalter eines strittigen Vermögens bzw. einer Firma.

Schwertfeger. Mittelalterliche Bezeichnung für einen Waffenhersteller. Er fügte die geschmiedeten Einzelteile zusammen, polierte und schärfte sie.

Schwirrholz. Ein bei vielen Naturvölkern den Männern bzw. Mitgliedern von Geheimbünden vorbehaltener Kultgegenstand. An einem Seil geschwungen erzeugt das Schwirrholz Töne, die den unterschiedlichsten Deutungen unterliegen, wie z. B. Ankündigung eines Geheimbundrituals, Geisterstimmen oder Wetterbeeinflussung.

Talmud. Neben der Bibel die wichtigste schriftliche Quelle des Judentums. Der Talmud wurde im 6. Jahrhundert n. Chr. abgeschlossen und untergliedert sich in die Mischna, eine Rechtssammlung, und die Gemara, die Diskussion und Kommentierung der Mischna. Nach den Entstehungsorten werden eine palästinensische und eine babylonische Gemara unterschieden, wobei die letztere den dreifachen Umfang hat.τῶ̧β

τῷ βουλομένῳ (Tl. griech.: to boulomeno). Partizip von βούλομαι; jedem der will, dem erst Besten, jedem Beliebigen.

trustis (mlat.: „Treue", „Schutz"). Die Gefolgschaft der fränkischen Könige in der Merowingerzeit. Ihre Mitglieder (Antrustionen) waren frei, nach salischem Recht durch das dreifache → Wehrgeld eines gewöhnlichen Freien geschützt und dem König durch Treueid verbunden.

Wehrgeld, Wergeld, Wergelt. In den germanischen Leges Bezeichnung für eine festgelegte Bußzahlung, die der Totschläger den Verwandten des Getöteten zu zahlen hatte. Wenn der Betrag, dessen Höhe vom Geburtsstand des Getöteten abhing, nicht entrichtet werden konnte, kam es ersatzweise zu Körperstrafen.

Verzeichnis der von Max Weber zitierten Literatur

Max Weber hat im Text nur in Ausnahmefällen bibliographische Angaben gemacht und im übrigen auf benutzte Werke meist lediglich durch Nennung des Verfassernamens hingewiesen. Die folgenden Schriften lassen sich eindeutig oder mit höchster Wahrscheinlichkeit identifizieren.

Bebel, August, Die Frau und der Sozialismus. Die Frau in der Vergangenheit, Gegenwart und Zukunft, 16. unveränderte Aufl. – Stuttgart: J. H. W. Dietz 1892.

Engels, Friedrich, Der Ursprung der Familie, des Privateigenthums und des Staats. Im Anschluss an Lewis H. Morgan's Forschungen. – Zürich: Schweizerische Genossenschaftsbuchdruckerei 1884.

Gierke, Otto, Das deutsche Genossenschaftsrecht, 1. Band: Rechtsgeschichte der deutschen Genossenschaft. – Berlin: Weidmannsche Buchhandlung 1868.

Morgan, Lewis Henry, Die Urgesellschaft. Untersuchungen über den Fortschritt der Menschheit aus der Wildheit durch die Barbarei zur Zivilisation. – Stuttgart: J. H. W. Dietz 1891.

Nietzsche, Friedrich, Zur Genealogie der Moral. Eine Streitschrift. – Leipzig: C. G. Naumann 1887.

Oppenheimer, Franz, Grossgrundeigentum und soziale Frage. Versuch einer neuen Grundlegung der Gesellschaftswissenschaften. – Berlin: Vita Deutsches Verlagshaus o. J.

–, Der Staat. (Die Gesellschaft, hg. von Martin Buber, 14. und 15. Band). – Frankfurt a. M.: Rütten & Loening 1907.

Ranke, Leopold v., Geschichten der romanischen und germanischen Völker von 1494 bis 1535, Band 1. – Leipzig und Berlin: Gustav Reimer 1824.

Rodbertus, Karl, Untersuchungen auf dem Gebiete der Nationalökonomie des klassischen Altertums, Teil II: Zur Geschichte der römischen Tributsteuern seit Augustus (Jahrbücher für Nationalökonomie und Statistik, hg. von Bruno Hildebrand, Band 4). – Jena: Friedrich Mauke 1865, S. 341-427.

Schurtz, Heinrich, Altersklassen und Männerbünde. Eine Darstellung der Grundformen der Gesellschaft. – Berlin: Gustav Reimer 1902.

Sering, Max, Die Vererbung des ländlichen Grundbesitzes im Königreich Preussen, Band 2, 1. Teil: Oberlandesgerichtsbezirk Hamm, Provinz Hannover. – Berlin: Paul Parey 1900.

Sombart, Werner, Der moderne Kapitalismus. Historisch-systematische Darstellung des gesamteuropäischen Wirtschaftslebens von seinen Anfängen bis zur Gegenwart, Band 2: Das europäische Wirtschaftsleben im Zeitalter des Frühkapitalismus, vornehmlich im 16., 17. und 18. Jahrhundert, 1. Halbband, 1. Aufl. – Leipzig: Duncker & Humblot 1902.

Wellhausen, Julius, Ein Gemeinwesen ohne Obrigkeit. – Göttingen: Dieterich'sche Universitätsbuchhandlung (W. Fr. Kaestner) 1900.

–, Das arabische Reich und sein Sturz. – Berlin: Georg Reimer 1902.

Wittich, Werner, Deutsche und Französische Kultur im Elsass. – Straßburg: Schlesier & Schweikhardt 1900.

Siglen, Zeichen, Abkürzungen

< > Streichung Max Webers
[ ] Hinzufügung des Editors
|: :| Einschub Max Webers
| Seitenwechsel
† gestorben
§ Paragraph
& und
% Prozent
→ siehe

Abschn. Abschnitt
Abt. Abteilung
AfSSp Archiv für Sozialwissenschaft und Sozialpolitik
a. M. am Main
a.o. außerordentlicher
Aufl. Auflage
Aug. August

bearb. bearbeitet
bzw. beziehungsweise

ca. cirka

dass. dasselbe
ders. derselbe
Dez. Dezember
dgl. dergleichen
DGS Deutsche Gesellschaft für Soziologie
d. h. das heißt
Dr. med. Doctor medicinae
Dr. phil. Doctor philosophiae
Dr. rer. pol. Doctor rerum politicarum
dt. deutsch

ebd. ebenda
ev. eventuell

f. feminin
f., ff. folgende
Febr. Februar
frz. französisch

GARS Gesammelte Aufsätze zur Religionssoziologie
GdS Grundriß der Sozialökonomik
geb. geboren
gest. gestorben
griech. griechisch
GStA Geheimes Staatsarchiv
GuG Geschichte und Gesellschaft. Zeitschrift für historische Sozialwissenschaft

HdStW[1], [2], [3] Handwörterbuch der Staatswissenschaften, hg. von Johannes Conrad [u.a.] [1. Aufl.], 6 Bände, 2 Supplementbände.– Jena: Gustav Fischer 1890 –1897; 2. Aufl., 7 Bände, 1898–1901; 3. Aufl., 8 Bände, 1909 –1911.
Herausgeb., Hg., hg. Herausgeber, herausgegeben

i. Br. im Breisgau
ital. italienisch

Jan. Januar
Jh. Jahrhundert

Kap. Kapitel
KZfSS Kölner Zeitschrift für Soziologie und Sozialpsychologie

lat. lateinisch

m. maskulin
Mio Millionen
mlat. mittellateinisch

n. Chr. nach Christus
Nl. Nachlaß
Nov. November
Nr. Nummer

o. ordentlicher
o. J. ohne Jahr
Okt. Oktober

p. pagina
(Priv.) Doz. (Privat-) Dozent

S. Seite
Sept. September
Skt. Sanskrit

sog. sogenannte
Sp. Spalte
SPD Sozialdemokratische Partei Deutschlands
St. Sankt

t Tonne
Tl. Transliteration

u. und
u. a., u. A. und andere, unter Anderem
u. Ä. und Ähnliches
usw. und so weiter
u. U. unter Umständen

V. Verso
v. von
VA Verlagsarchiv
v. Chr. vor Christus
vgl. vergleiche
Vol., Vols. Volume(s), Volumen, Band
vollst. neubearb. Aufl. vollständig neubearbeitete Auflage

Weber, Marianne, Ehefrau und Mutter Weber, Marianne, Ehefrau und Mutter in der Rechtsentwicklung. Eine Einführung. – Tübingen: J. C. B. Mohr (Paul Siebeck) 1907.
Weber, Marianne, Lebensbild Weber, Marianne, Max Weber. Ein Lebensbild. – Tübingen: J. C. B. Mohr (Paul Siebeck) 1926 (Nachdruck = 3. Aufl. – Tübingen 1984)
Weber, Agrarverhältnisse³ Weber, Max, Agrarverhältnisse im Altertum, in: HdStW³, Band 1. – Jena: Gustav Fischer 1909, S. 52–188 (MWG I/6).
Weber, Handelsgesellschaften Weber, Max, Zur Geschichte der Handelsgesellschaften im Mittelalter. Nach südeuropäischen Quellen. – Stuttgart: Ferdinand Enke 1889 (MWG I/1).
Weber, Kategorienaufsatz Weber, Max, Über einige Kategorien der verstehenden Soziologie, in: Logos. Internationale Zeitschrift für Philosophie der Kultur, Band 4, Heft 3, 1913, S. 253–294 (MWG I/12).
Weber, VorlesungsGrundriß Weber, Max, Grundriß zu den Vorlesungen über Allgemeine („theoretische") Nationalökonomie. (1898). Nachdruck. – Tübingen: J. C. B. Mohr (Paul Siebeck) 1990 (MWG III).
WuG Wirtschaft und Gesellschaft
WuG¹ Weber, Max, Wirtschaft und Gesellschaft (Grundriß der Sozialökonomik, Abteilung III). – Tübingen: J. C. B. Mohr (Paul Siebeck) 1922 (MWG I/22 und I/23).

z. B. zum Beispiel

Personenregister

Familienverbände, Dynastien, mythische, rein legendäre und literarische Figuren sowie Götter stehen im Sachregister.

Antalkidas 66
Aristophanes 71
Augustus 107

Bebel, August 98

Calderón de la Barca, Pedro 86
Caracalla 111
Catilina (Lucius Sergius Catilina) 81

Demosthenes (Sohn) 38f.
Demosthenes (Vater) 38f.

Engels, Friedrich 98

Gierke, Otto von 25
Gladstone, William Ewart 103
Gracchen 70

Herodot 43
Homer 37, 62

Inguiomar (germanischer Adliger) 49

Jesus Christus 105, 110

Kambyses (persischer Großkönig) 39
Karl VIII. (französischer König) 107
Kleisthenes 47

Louis Philippe (König der Franzosen) 51

Morgan, Lewis Henry 27

Napoleon I. 30
Nietzsche, Friedrich 84
Nikias 39

Oppenheimer, Franz 57, 69

Pocahontas 83
Pythagoras 105

Ranke, Leopold von 15
Rodbertus, Karl 37

Schurtz, Heinrich 28, 61
Segestes (germanischer Adliger) 49
Sering, Max 34
Shakespeare, William 86
Sombart, Werner 55

Urban II. (Papst) 65

Verres 70

Wellhausen, Julius 64
Wittich, Werner 51

Sachregister

Das Register erfaßt Begriffe sowie Sach- und geographische Angaben, Familienverbände, Dynastien, mythische, rein legendäre und literarische Figuren sowie Gottheiten.

Abgaben 6, 10–12, 13, 15, 26, 38, 72
→ auch: Geld-; Gelegenheits-; Jagd-; Natural-; Speise-; Zins-; Zwangsabgaben
Abgabeorganisation 72
Abgabesystem 14
Absatz 10, 44, 67, 97
→ auch: Güter-; Marktabsatz
Absatzchance 56
Absatzgebiet 67
Absatzinteresse 68
Absatzmonopol 56 f.
Abschichtung 19
Abschließung
–, endogene 83
–, monopolistische 25, 42, 44
–, ständische 85
Absonderung 41, 51
Abstammung 3, 17, 24, 29, 49 f., 75, 99
Abstammungsgemeinsamkeit 41, 44
Abstammungsgemeinschaft 41, 46, 50, 59, 75, 91
Abstammungsglaube 24, 48
Abstammungsverwandtschaft 48, 50
Abstoßung 37, 41 f., 47, 50, 84
→ auch: Rassenabstoßung
Abwanderung13, 44
Acker 4 f., 22, 33, 93
Ackerarbeit 62
Ackerbau 18, 31 f., 92
–, arbeitsintensiver 23, 92
Ackerbauer 92
Ackerbaugemeinschaft 79
Ackerbauvölker 34
Ackerbestellung, Regulierung der 64
Ackerfruchtgewinnung 17
Adalskalken 89
Adäquanzbeziehung 3
Adel, Adeliger, adelig 33, 38
→ auch: Amtsadel; Aristokratie; Grund-; Römeradel
Adoption 18
Afrika 47
→ auch: Westafrika
ager publicus 70
Agnat, agnatisch 28 f.
Agrarkongreß, internationaler 88
Agrarwirtschaft → Landwirtschaft
Ägypten, Ägypter 10, 12, 14, 29–31, 37, 68, 103, 110
→ auch: Pharao, Pharaonenzeit
Ahnen 45, 101
Ahnenkult 101 f., 109
Ahnenpietät 18
Aktie 8
Aktiengesellschaft 36 f.
Aktiengründung 56
Aktionär 8, 82
Alexandria 39
Allmendackerrecht 4
Allmendnutzung 4
Alltag 19, 46, 51
→ auch: Außeralltäglichkeit
Alltagsbedarf 92
Alltagsbedürfnis 1
Alltagsdasein 17
Alltagsgüter 18
Alltagskommunismus 92
Alltagsordnung 62
Alpengebiet 19
Altenteil 94
Altersklassen 94, 100
Altersstufe 62
Altertum → Antike
Älteste → Sippenälteste
Ältestengericht 110
Amerika, Amerikaner 14, 42, 49, 52, 68, 70, 74–76, 78, 82 f., 85, 105, 111
– Bundesstaaten 14, 49
– Schwarze 52
– Südstaaten 14, 46, 52, 70, 75
– Weiße 46, 52, 75
→ auch: Deutschamerikaner; New York; Parteien, amerikanische; Richmond;

Sekten, amerikanische; Sklaverei, amerikanische; Südamerika; Virginia
Amt, amtlich 4, 9, 34, 36, 68, 85, 110
–, bürokratisches 35
→ auch: Erbamt
Amtsadel 67
Amtsapparat 29
Amtsbedürfnis 12
Amtsbürokraten 65
Amtsgeschäft 89
Amtshandlung 35
Amtsinhaber 36
Amtsjäger 68
Amtskauf 36
Amtspfründe 9
Amtspfründeninhaber 4
Amtssportelgewinn 68
Amtsstelle 65
Amtsstellung 3, 5
Amtsvermögen 35
Anarchie 59
Anerbenrecht 34
Angestellter 6f., 19, 35
Animismus 99
Anlage → Vermögensanlage
Anlagechance 13
Anleihe → Staats-; Zwangsanleihe
Ansehen der Person 55, 86
Ansiedlung 9, 14, 22
Anstellung 4, 85
Anstellungschance 83
Antalkidasfriede 66
Antike, Altertum, antike Welt 5, 7, 12, 15, 29, 35f., 39, 57, 70, 80–82, 86, 88, 102f., 106f., 111
–, germanische 28
–, hellenische 66
–, römische 30
→ auch: Kapitalismus, antiker; Parteien, antike; Spätantike; Staatenbildung, antike
Antrustiones, Antrustionen 89
Anwartschaftsrecht 93
Anziehung 41–43, 50
→ auch: Abstoßung
apophora 39, 97
a potiori 20
Apparat 37, 70, 87
→ auch: Amts-; Herrschafts-; Verbands-; Zwangsapparat
Appropriation, appropriiert 5, 11, 22, 26, 56f., 64, 90
Appropriationsprozeß 56
Araber 64, 70
Arbeit 9, 31, 62, 78f., 85, 92, 95, 97f., 100, 103
–, entehrende 85
–, freie 46
–, friedliche 22
–, gemeinsame 22, 34f.
–, gewerbliche 28, 31
–, individuelle 31
–, textilgewerbliche 31
→ auch: Acker-; Bitt-; Erwerbs-; Frauen-; Fron-; Hand-; Haus-; Männer-; Werkzeug-; Zwangsarbeit
Arbeiter, Arbeiterschaft 10, 73, 80–82, 97, 104
–, sozialistische 88
–, unfreie 38
Arbeiterbedarf 38
Arbeitgeberverband 7
Arbeitsanspannung 19
Arbeitsbedarf 19
Arbeitsfähiger 18
Arbeitsgelegenheit 13f., 46, 73, 100
Arbeitsgewinn 3
Arbeitsherr 80
Arbeitskraft 38f., 94, 97
Arbeitskräfte 19, 29, 38f.
–, freie 39
–, haushörige 37
–, unfreie 38f.
→ auch: Plantagenarbeitskräfte
Arbeitskumulation 23, 32, 92f., 95
Arbeitsleistung 34, 56f., 79f.
Arbeitsmarkt 13, 73, 78, 81
Arbeitsmarkttausch 13
Arbeitsorganisation 98
Arbeitsprodukt 5
Arbeitsspezialisierung 37
Arbeitsstätte 28, 33, 39, 95
Arbeitsteilung der Geschlechter 43, 46, 98
Aristokratie, aristokratisch 24, 108
–, englische 30
–, spartanische 66
Aristokratismus 102
Armenviertel 20
Asien, asiatisch 28, 31
Askese, asketisch 107, 110
→ auch: Helden-; Kriegeraskese; Lebensführung, asketische
Asketengemeinschaft 6
Assoziationen 36
→ auch: Gläubigerassoziationen
Assyrien 94
Athen, Attika, attisch 12f., 68, 70
→ auch: Bürger; Bürgerrecht
Attischer Seebund 70
Aufzuchtsgemeinschaft 16f.
Ausbildung 13
Aushilfe 20

Auslese 8, 43, 61, 85
Außenhandel 70
Außenhandelskapitalist 70
Außeralltäglichkeit 108
Ausstattungsehe 95
Australien, australisch 26, 99
Auswanderung 44
Auswanderungsgebiet 73
Autarkie 37, 97
Autorität 18, 28, 64, 92, 105, 108
→ auch: Gelegenheits-; Hausautorität
Autoritätsträger 18
Autoritätsunterworfener 18
Avancementschance 65
Avunculat, Avunkulat 26, 95, 100

Babylon, babylonisch 37, 39, 97, 103, 106, 110
Bajadere (Bailadeira) 106
Baltikum, Balten 51, 75
Bank, Bankinstitut 9, 71
Bankier 82
Bankpolitik 15
Barbar 48
Bauer, Bauernschaft 12, 20, 38, 69 f., 86
→ auch: Acker-; Kleinbauer
Bauerngut 32, 86
Baugeländebesitzer 14
Bayern 89
Bazar 36
Beamter, Beamtentum 6, 10, 35, 37, 51, 65, 68, 110 f.
→ auch: Erb-; Hof-; Patrimonialbeamter
Beamtenschicht 76
Bedarf 2, 13, 15, 22, 37, 72, 97
→ auch: Alltags-; Arbeiter-; Arbeits-; Eigen-; Geld-; Gelegenheits-Mehr-; Gemeinschafts-; Güter-; Kapital-; Luxus-; Notbedarf
Bedarfsdeckung 1 f., 11–14, 16, 37, 59, 73, 97
–, abgabenmäßige 13
– des Herrn 37 f.
–, erwerbswirtschaftliche 11 f.
–, feudale 11 f.
– Formen der 11 f.
–, geldwirtschaftliche 15
–, gemeinwirtschaftliche 12, 71
–, gesellschaftliche 12
–, leiturgische 12, 14
–, marktmäßige 10, 13
–, mäzenatische 11
–, Monopole schaffende 12
–, naturale 38
–, naturalwirtschaftliche 14
–, oikenmäßige 10
–, patrimoniale 11
–, privatwirtschaftliche 71 f.
–, privilegierende 11 f.
–, standesleiturgische 12
Bedarfsdeckungsform 72
Bedarfsdeckungsprinzip 97
Bedarfsfall 58
Bedarfsgegenstand 10
Beduinen, Beduinentum 64, 92
Bedürfnisstand 44, 59
Befriedung 63, 69, 99
→ auch: Pazifizierung
Belastung 10, 13 f., 33
–, leiturgische 14
–, privilegierende 11 f.
Belgien, Belgier 10, 52, 65
beneficium 89
Berechenbarkeit 33
Bergwerksbesitz(er) 39, 79
Beruf 6, 32, 35, 61, 87, 89, 109
→ auch: Krieger-; Stammesberuf
Berufsstand 87, 89
Berufsstellung 6
Berufstradition 84
Besitz, Besitzender, Besitzer 7, 10 f., 13–15, 17–19, 21, 23, 26, 28, 30 f., 33 f., 39, 41, 63–65, 68, 72–74, 78 f., 82, 86, 90, 95, 97 f., 100, 103
–, appropriierter 56
–, arbeitsintensiv bewirtschafteter 33
–, beweglicher 13–15, 28, 33
–, ererbter 30
– Macht des 57, 81
–, patrimonialer 11
–, privilegierter 11, 13, 31
–, speergewonnener 22
– Zusammenhaltung des 32 f., 35, 92
→ auch: Baugelände-; Bergwerks-; Bildungspatent-; Boden-; Frauen-; Geld-; Grund-; Güter-; Hörigen-; Kapital-; Kolonial-; Konsol-; Lagerhaus-; Land-; Leibeigenen-; Luxus-; Männer-; Menschen-; Mietshaus-; Privat-; Rittergutsbesitz(er); Schichten, besitzende; Sippen-; Sklaven-; Speer-; Vermögens-; Vieh-; Werkstätten-; Wohngebäudebesitz(er)
Besitzanwartsgemeinschaft 24
Besitzlose 14, 74, 79, 81 f.
→ auch: Nicht-Besitzende
Besitzlosigkeit 79
Besitzverhältnisse 101 f.
→ auch: Bodenbesitzverhältnisse
Besitzverteilung 14, 80
bet aboth 109
Betrieb 11, 19, 32, 35, 38–40, 82, 96 f.
–, erwerbswirtschaftlicher 37

–, freier 11
–, gemeinwirtschaftlicher 59
–, kapitalistischer 35, 37, 81
–, karitativer 9
–, maskuliner 104
–, monopolistischer 11
–, öffentlicher 71
–, planmäßiger 7
–, privater 71
–, rationaler 7, 55
– Trennung vom Haus 36, 95
–, zentralisierter 38
→ auch: Eigen-; Erwerbs-; Exportgewerbe-; Familien-; Gemeinde-; Geschäfts-; Groß-; Produktions-; Schul-; Staatsbetrieb
Betriebsdirektor 82
Betriebskosten 9, 19
Betriebsmittel 10, 39, 71
Beute → Kriegsbeute
Beutekapitalismus 71
Beutezug 61, 63
Bevölkerung 6, 52, 69
→ auch: Überbevölkerung
Bewegung → Jugend-; Klassenbewegung
Beziehungen → Adäquanz-; Dauer-; Familien-; Gemeinschafts-; Kindes-; Pietäts-; Sexual-; Sippen-; Tausch-; Verkehrs-; Wirtschaftsbeziehungen
Bilanz 19, 96 f.
Bildhauer 85
Bildung 42, 89, 105 f.
→ auch: Ausbildung
Bildungsgemeinschaft 111
Bildungslose 111
Bildungspatentbesitzer 4
Binaehe 27, 95
Binnengebiet 14
Binnenlandexpansion 68
Binnenverkehr → Güterbinnenverkehr
Bittarbeit, Bittarbeiter 20 f., 92
Bittleihe 20 f., 92
→ auch: precarium
Blutrache 25, 63 f., 93, 109 f.
Blutrachegemeinschaft 27
Blutrachehaftung 24
Blutrachepflicht 24 f., 59, 61
Blutsband 23, 42
Blutsbrüderschaft 24, 93
Blutschande 24, 27
Blutsfremde 23
Blutsfremdheit 47
Blutsfremdheitsglaube 50
Blutsgemeinsamkeit 44
Blutsgemeinschaft 27, 48 f., 75
Blutsgemeinschaftsglaube 48, 50
Blutsgenosse 93
Blutsverwandte 24, 100
Blutsverwandtschaft 46 f., 49, 55, 83
Blutsverwandtschaftsglaube 47 f., 50, 83
Blutsverwandtschaftsverband 58
Boden 4 f., 28, 32, 37, 56, 69 f., 93, 97, 100, 103, 109
→ auch: Land
Bodenanbau 27
Bodenbesitz(er) 28, 30, 34, 38, 56, 95
Bodenbesitzverhältnisse 27
Bodenerbrecht 30
Bodenertrag 28, 95
Bodeninteresse 70
Bodenknappheit 34
Bodenmonopol 70
Bodenrecht 90, 101
Bodenrente 102
Bodenspekulanten 68
Bodenüberfluß 34
Börse 12, 54 f.
Boss, amerikanischer 78
Bourgeoisie 82
Boykott → Militärboykott
Brahmane 87
Branntweinsteuer, deutsche12 f.
Braut → Ehefrau
Brautkauf 102
Brautpreis 25
Brennereien, gewerbliche 13
Brot 1
Brotpreis 81
Brotversorgung 81
Brückenzölle 63
Bruder 21, 23 f., 26, 55
→ auch: Mannes-; Sippenbruder
Brüderlichkeit 19–22, 92
Brüderlichkeitspflichten 55
Buchhaltung 96
Buchhandel 32
Buddhismus, buddhistisch 84, 110
Budget 97
Bund, Bünde → Attischer Seebund; Krieger-; Landfriedens-; Männer-; Städtebund
Bureau → Büro
Burg 36
Bürger, Bürgertum, bürgerlich 33, 63, 71, 74, 76
–, erwerbstätige 76
–, gleichberechtigte 41 f.
–, vermögende 14
→ auch: Bourgeoisie; Klein-; Mit-; Staats-; Stadt-; Stammes-; Vollbürger(tum); sowie: Gesellschaft, bürgerliche
Bürgerrecht
–, attisches 6
Burgunder 48

Büro, bürokratisch 13, 35, 108
Bürokratisierung 35
Buschmänner 1
Bußfälligkeit 89
Byzanz, byzantinisch 89

Calvinismus 88
Camorra, kamorraartig 59, 90
caput mortuum 5
Catania 14
Cavalier → Kavalier
„caveat emptor" 56
census 14
Chalkis 70
Chance 4 f., 10, 14, 26, 50, 59, 65, 71, 78 f., 85
–, monopolistische 4
–, offene 4
–, ökonomische 3 f., 5, 11 f., 73
– Schließung der 4 f., 11 f.
–, soziale 4 f., 11 f.
→ auch: Absatz-; Anlage-; Anstellungs-; Avancement-; Ehe-; Erwerbs-; Fortpflanzungs-; Gewinn-; Lebens-; Monopol-; Profit-; Tausch-; Tauschgewinn-; Überlebens-; Verdienst-; Vorzugschance
Charisma, charismatisch 61, 64, 67, 89 f., 108
→ auch: Erbcharisma
Chef 82
China, Chinesen , 34, 36, 64, 75, 96 f., 102, 107, 109
Choregen 12
Christen, Christentum, christlich 9, 30 f., 98, 106
Code Napoleon 30
Colone → Kolone
Commenda 36
commercium 70
Condottieri 13
Consiliarius 89
Consumhaushalt → Konsumhaushalt
Cortegiano 107
Coverture 30, 102
Credit... → Kredit ...
Curia, Curie 25, 45

Dame 105 f.
Dämonen 6
danari borsinghi 33
Darlehen 20 f., 92
→ auch: mutuum
Darleiher 79
Dauerbeziehung 41 f., 98
Dauergebilde 61 f.
Dauergemeinschaft 17
–, politische 49
–, sexuelle 16 f., 23, 42
Dauergewalt 64
Dauerverband 62, 92 f.
Dauerverbindungen 29, 98
Degen 89
Dekurionen 12
Delphi 48
Demokraten, Demokratie 6, 13, 82, 88
Demos 13, 70, 72
Denkökonomie 1
Deutschamerikaner 44,76
Deutsch-Elsässer 50
Deutsches Reich, Deutsches Kaiserreich 51 f.
Deutschland, Deutsche, deutsch 6, 9, 12 f., 34, 39, 51–53, 66, 72 f., 75–77, 89, 97, 105
– Osten 21, 38, 67, 97
– Westen 67, 97
→ auch: Branntweinsteuer, deutsche; Preußen; Recht, deutsches
Deutschösterreicher 76
Deutschschweizer 75
Deva Dasa 106
Diadochen 31
Dialektgemeinschaft 48
Dialektunterschiede 46
Diaspora 84
Dienstehe 27
Dienstleistungen 11, 58
Dienstleute 89
Digaehe 27, 95
Dilettieren 104
Dinggemeinde 90
Distanz 20, 33, 85
Distanzgefühl, adeliges 33
„dolce stil nuovo" 107
Donaumonarchie → Österreich
Dorf 4, 20 f., 22, 25, 27 f., 62, 92, 94
Dorfangehörige 25
Dorfgemarkung 28
Dorfgemeinschaft 12, 56, 100
Dorfgenosse 101
Dorfhäuptling 64
Dorfnachbar 21
Dorfsiedlung 33
Dorfverband 4
Duk-Duk 28, 62

Ehe, ehelich 9, 17, 25, 29–31, 98 f., 102, 105
–, freie 30, 95, 103, 108
–, legitime 31, 91, 94, 98, 101 f.
–, wilde 107
→ auch: Ausstattungs-; Bina-; Dienst-; Diga-; Ein-; Erbtochter-; Geschwisterehe; Güterrecht, eheliches; Konkubinat; Konnubium; Levirats-; Mitgiftehe; Monogamie; Paarungsehe; Polyandrie;

Polygamie; Raub-; Verwandten-; Voll-; Wittumsehe
Ehebruch 102
Ehechancen 42
Ehefrau, Braut 30, 106 f.
Ehegüterrecht 30
→ auch: Güterrecht, eheliches
Ehelichkeit 17
Ehepakt 101
Ehepatriarchalismus 30
Eherecht 30
–, englisches 30, 103
Eheverbote 41
Ehrbegriff, ständischer 46, 86
Ehre 6, 65 f., 82, 84, 87, 94, 102
–, ethnische 45 f.
– Glaube an die 84
–, soziale 12, 42, 46, 68, 78, 84, 87
–, ständische 45, 82 f., 85 f., 89
→ auch: Frauen-; Geschlechts-; Massen-; Standes-; Tournierehre
Ehrenkodex 59
Ehrenvorzug 82, 85
Ehrgefühl 43, 46
Eid → Falscheid
Eideshelfer, Eideshilfe 25, 93, 110
Eifersuchtskampf 23, 99
Eigenbedarf 104
Eigenbetrieb 39
Eigenproduktion 37
Eigentum 4 f., 98 f.
→ auch: Privateigentum
Eigenwirtschaft, eigenwirtschaftlich 10, 20, 38, 55
Einehe 102
Einkünfte 7, 36, 68
Einungen → Ritter-; Schwureinung; Verbrüderung
Einverständnis 80
→ auch: Legitimitätseinverständnis
Einverständnisgemeinschaft 64
Einverständnishandeln 61, 64
Einzelhöfe 20, 33
Eisenbahn 20, 67, 69
Eisenbahnbau 72
Eisenbahnpapier 13
Elsässer 50 f., 75
Eltern 17 f., 23, 32, 34, 91
Elternfamilie 92
Elternhaus 34, 108
Elternpietät 96, 102
emancipatio 18
emancipatio legis Saxonicae 34, 95
Emanzipation 30, 103
→ auch: Sklavenemanzipation
Emittierung 71
Endogamie 42,45, 62
England, Engländer, englisch 13, 30, 52, 67 f., 10, 73–76, 102 f., 105
→ auch: Aristokratie, englische; Eherecht, englisches
engraphos gamos (Vollehe) 30
Enkel 18, 23
Entgelt 11, 21
Entmündigungsformel 86
Entschuldung 9
Entwicklung 12, 14 f., 17 f., 21 f., 24, 29–32, 35–37, 39, 43, 49, 61–63, 67, 69, 76, 80, 90
–, historische 32
–, kapitalistische 13, 15, 36
–, militärische 17
–, ökonomische 61
–, städtische 38
–, ständische 83
→ auch: Kultur-; Markt-; Parallelentwicklung; sowie: Gesellschaft; Hausgemeinschaft
Entwicklungsformen 16
Entwicklungsgang 22
Entwicklungsmoment 30, 36
Entwicklungsprodukt 60
Entwicklungsstadium 34, 64
Entwicklungsstufen 35, 62
Entwicklungstendenz 38
Epheben 104
Erbamt 5
Erbanwartschaft 110
Erbbeamte 68
Erbcharisma, erbcharismatisch 90,109
Erben 26, 101
Erbfall 32
Erbfolge, 26, 28, 33
Erbfolgegemeinschaft 27
Erbgang 27 f.
Erbgewerbe 104
Erbhandwerkermonopole 5
Erbrecht 18, 26, 31, 92, 98
–, individuelles 31
→ auch: Anerbenrecht; Boden-; Sonder-; Töchtererbrecht; Vererbung
Erbteilung 34
Erbtochterehe 109
Erbtochterrecht 42
Eretria 70
Ergasterien 38 f., 97
Erinnerungsgemeinschaft 46, 59
Erlösungsreligionen 110
Erntehilfe 21, 92
Eroberungsgebiet 61
Erotik 107
Ertrag 19, 31 f., 34, 95

Ertragsgemeinschaft 22
Ertragsvermögen 97
Erwerb 2, 5, 19, 28, 36, 54, 65, 70, 73, 78 f., 85, 87, 95, 99, 103
–, individualisierter 32
–, kapitalistischer 7, 35, 37 f.
–, ökonomischer 36, 86
→ auch: Familie; Frau, Erwerb der; Geld-; Nahrungs-; Privaterwerb
Erwerbsarbeit 35, 74, 86
Erwerbsarten 11
Erwerbsbetrieb, 9, 11, 96
Erwerbschance 13, 26
Erwerbsgelegenheit 73
Erwerbsgeschäft 33
Erwerbsgüter 5
Erwerbsinteressen 78
Erwerbskapital 39
Erwerbskapitalbildung 12
Erwerbsmittel 79
Erwerbsquelle 106
Erwerbsspielraum 3
Erwerbsstreben 73
Erwerbstätigkeit 85
Erwerbswirtschaft, erwerbswirtschaftlich 11 f., 37 f., 56, 80
Erwerbswirtschaftsgemeinschaft 2
Erwerbszweig 85
Erziehung 89, 100, 104, 108 f.
→ auch: Kindheits-; Klostererziehung
Ethik, ethisch 55
→ auch: Markt-; Standes-; Volks-; Wirtschaftsethik
Ethnie, ethnisch 41, 44–47, 49 f., 75, 83 f.
→ auch: Gemeinschaften, ethnische
„ethnische Grenze“ 47
Ethnographie 27, 43
Ethnologie, ethnologisch 27
Ethnos 49, 111
Europa, europäisch 15, 19, 36
– Osten 38
→ auch: Nord-; Westeuropa
Eviktionsgarantie 54
Exogamie, exogam, 23 f., 99
→ auch: Haus-; Sippenexogamie
Expansion, expansiv 7, 13, 47, 57, 65 f., 68, 70, 72
–, gewaltsame 70
–, imperialistische 72
–, kapitalistische 13, 67
–, ökonomische 71, 73
–, persische 68
–, politische 66, 86 f.
–, römische 68
→ auch: Binnenland-; Machtexpansion
Expansionsdrang 72
Expansionsinteressen 67
Expansionspolitik 70
Expansionstendenzen 71
Export → Güterexport
Exportgebiet 97
Exportgewerbebetrieb 71

Fabrik 14, 38 f., 56, 71, 104
→ auch: Zuckerfabrik
Fabrikant 82
Falscheid 25
Familien 2, 16, 19, 30, 32 f., 36, 49, 82, 85, 90 f., 94, 101
–, angesehene 83
–, einheiratende 31
– Erwerb der 30
– Vermögen der 36
–, unfreie 38
→ auch: Eltern-; Frauenfamilie
Familienbetrieb 35
Familienbeziehung 29
Familienform 17
Familiengebundenheit 36
Familienglieder, Familienmitglieder 19, 36
Familienhaupt 34
Familienhaushalt 28, 62
Familienstruktur 18
Fehde 24, 63
Ferner Osten 56
Fernhandel 36
Fernverkehrsmarkt 54
Feudalismus, feudal 11, 30, 51, 65, 71, 89, 102, 107, 111
→ auch: Bedarfsdeckung; Schichten, feudale; Struktur, feudale
Feuerländer 99
Firma 18, 35 f., 95 f.
Fischereigebiet 93
Fischereigenossenschaft 3
Fischereiinteressenten 4
Fisci, königliche 38
Flächenstaaten 68
Florenz, Florentiner 33, 35, 96
Flur, lelantische 70
Fluranteilsrechte 69
Flurgemeinschaft 4
Flurzwang 21
Flußuferstaaten 68
Flußzölle 63
Formen 3, 5, 14, 38, 61, 74
→ auch: Bedarfsdeckung, Formen der; Entwicklungs-; Handeln, Formen des; Lebens-; Organisations-; Rechts-; Struktur-; Wirtschaftsformen

Forstwirtschaft 39
Fortpflanzungschance 43
Fortwanderung 45
Franken 89
Frankenreich 38
Frankreich, Franzosen, französisch 51, 66, 73, 75f., 105
–, kanadische 52
→ auch: König; Nation; Recht, französisches
Frau, Frauen, Weib 17f., 26–31, 61f., 69, 90, 94f., 98–100, 102f., 105–107, 109
– als Arbeitskraft 29, 94
– als Dilletantin 31
– als Genußgut 94
– als Kinderversorgerin 95
– als Luxusbesitz, Luxusgut 30, 94
–, arbeitende 103
–, besitzende 103
– Domestikation der 102
– Erwerb einer 18, 23
– Freiheit der 103
–, geraubte 29
– Gewalt über 95
– Gleichwertung der 100, 107
– ökonomische Funktion der 103
–, privilegierte 31
– sexuelle Rechte an 23
– Stellung der 100, 105
– Versklavung der 101
→ auch: Dame; Ehe-; Haupt-; Luxusfrau; Mutter; Mutterrecht; Tochter; Witwe
Frauenarbeit 28, 31, 98, 100f., 104
Frauenbesitz 31
Frauendienst, ritterlicher 106
Frauenehre 104
Frauenfamilie 31
Frauengemach → Gynaikonitis
Frauengruppe 9
Frauengut 30
Frauenherrschaft → Gynaikokratie
Fraueninteresse 98
Frauenkauf 29, 31, 95
Frauenkult 107
Frauenorganisation 18
Frauenraub 29, 42
Frauensippe 98
Frauentausch 29
Frauentauschkartelle 23
Freie 46, 89
→ auch: Gemein-; Unfreie
Freier 27, 85, 99
Freiheit 23, 61, 103
→ auch: Handels-; Markt-; Scheidungs-; Steuer-; Vertragsfreiheit
Freiheitssphäre 33
Freizügigkeit 90
Frieden 61, 64, 71
– Bedrohung des 66
→ auch: Antalkidas-; Haus-; Königs-; Land-; Marktfrieden
Friedenshäuptlinge 64
Friedensschutz 57
Friedenszeiten 49
Frohn... → Fron...
Frömmigkeit, volkstümliche 62
Fronarbeit, Fronarbeiter 97
Fronwirtschaft 21, 38
Fruktifizierung 15
Führer 61, 64, 108
Funktionär 9
→ auch: Stammesfunktionäre
fuori della compagnia 33
Fürsorge, amtliche 110
Fürst 11, 37, 57, 88, 99
→ auch: Kriegsfürst
Fürstenkrönung 90

Gebet 1
Gebiet 22, 24, 38, 47, 49, 58f., 65–72
–, beherrschtes 11, 62
–, okkupiertes 70
–, politisches 44
→ auch: Absatz-; Alpen-; Auswanderungs-; Binnen-; Export-; Eroberungs-; Fischerei-; Herrschafts-; Kolonial-; Kultur-; Land-; Macht-; See-; Wirtschaftsgebiet
Gebietsgemeinschaft 62
Gebietsgenosse 61
Gebietsherrschaft 58, 88
Gebietsinsasse 11
Gebietsschutz 93
Gebietsverband 22, 28, 60
Gebilde 22f., 61, 66
–, ephemeres 87
–, gesellschaftliches 10f.
–, irrationales 34
–, perennierendes 87
–, politisches 13–15, 29, 49, 52, 65f., 69, 74
–, soziales 3, 16, 24, 32
→ auch: Dauer-; Gemeinschafts-; Gewalt-; Großmacht-; Macht-; Sondergebilde
Gebrauchsgemeinschaft 18
Gebrauchsgüter 20, 28, 31
Gebühren 11, 57
Gefolgschaft 89
Geheimklub 61, 90
Geister 62
→ auch: Priester
Geld 11, 13, 38, 79, 82
→ auch: Taschen-; Wergeld

Geldabgaben 11, 38
Geldbedarf 15
Geldbesitzer 70
Geldeinnahmen 38
Gelderwerb, kapitalistischer 37
Geldgeber 11, 36
Geldmacht 78
Geldsteuer 13
Geldvermögen 103
Geldwirtschaft 13, 15, 33, 38, 54, 56, 63, 95
– Entwicklung der 63
→ auch: Bedarfsdeckung
Gelegenheitsabgaben 10
Gelegenheitsautorität 64
Gelegenheitsgemeinschaft 61
Gelegenheitsgesellschaft 36
Gelegenheitshandeln 36, 60
–, intermittierendes 7, 26
–, irrationales 7
–, politisches 49
Gelegenheits-Mehr-Bedarf 92
Gelegenheitsvergesellschaftung 61
Gemarkung 28
Gemeinde 12, 22, 110
–, religiöse 111
→ auch: Ding-; Gerichts-; Landes-; Schulgemeinde
Gemeindebetrieb 12
→ auch: Italien
Gemeindefrömmigkeit 105
Gemeingefühl 49
Gemeinsamkeit 17, 20, 44, 46 f., 49, 51 f., 75, 77
–, anthropologische 41
–, ethnische 44 f.
–, nationale 50
→ auch: Abstammungs-; Bluts-; Sondergemeinsamkeit
Gemeinsamkeitsbewußtsein 43
Gemeinsamkeitsempfindung 51, 77
Gemeinsamkeitsgefühl 45
–, ethnisches 75, 84
–, nationales 52
Gemeinsamkeitsglaube
–, ethnischer 44 f., 47, 84
–, nationaler 50 f.
Gemeinschaften
–, anstaltsmäßige 59
–, ausschließende 83
–, außerökonomische 9
–, außerwirtschaftliche 9
–, auswärtige 45
–, bäuerliche 69
–, dezentralisierte 24
–, ephemere 20, 92
–, ethnische 41–50, 84
–, genossenschaftliche 9
–, geschlossene 4 f., 8, 22
–, gesonderte 58
–, ideelle 33
– imperialistischen Ursprungs 73
– kapitalistischen Charakters 71
–, kasernenartige 28
–, kasinoartige 28
–, klassenmäßige 87
–, klosterartige 33
–, kommunale 9
–, kulturbedeutsame 3
– Machtstellung der 14
–, monopolistische 56
–, nationale 51
–, offene 5
–, ökonomische 17, 29, 42
–, politische 3 f., 7, 10, 17, 21 f., 25 f., 29, 42 f., 45, 47–52, 57–63, 65–67, 70–75, 77, 84, 86, 88
– Propagierung einer 7 f.
–, regulierende 21, 56
–, religiöse 3, 9, 17, 43, 47 f., 50, 59
–, staatssozialistische 72
–, ständische 42, 59, 84, 87 f.
– Strukturformen der 16
–, urwüchsige 24
–, wirtschaftende 2 f., 10
–, wirtschaftliche 2
–, wirtschaftsregulierende 3, 21
→ auch: Abstammungs-; Ackerbau-; Asketen-; Aufzuchts-; Besitzanwarts-; Bildungs-; Blutrache-; Bluts-; Dauer-; Dialekt-; Dorf-; Einverständnis-; Erbfolge-; Erinnerungs-; Ertrags-; Erwerbswirtschafts-; Flur-; Gebiets-; Gebrauchs-; Gelegenheits-; Güter-; Haus-; Haushalts-; Interessen-; Interessenten-; Jagd-; Konfessions-; Konnubial-; Krieger-; Kriegs-; Kult-; Kultur-; Lager-; Männer-; Mark-; Markt-; Monopol-; Mutter-; Nachbarschafts-; Partei-; Rechts-; Schicksals-; Schuldner-; Schutz-; Sexual-; Siedlungs-; Sippen-; Sitten-; Sonder-; Speise-; Sport-; Sprach-; Stamm-; Verbrauchs-; Verkehrs-; Versorgungs-; Verständnis-; Verwal-tungs-; Waffen-; Wehr-; Werkstatt-; Wirtschafts-; Zwangsgemeinschaft; sowie: Vergemeinschaftung
Gemeinschafter 10, 31
Gemeinschaftsbedarf 12
Gemeinschaftsbeteiligte 11
Gemeinschaftsbewusstsein 43, 45, 48
Gemeinschaftsbeziehungen 16
–, persönliche 45, 55

Gemeinschaftsbildung, gemeinschaftsbildend 5, 17, 43–45, 47
Gemeinschaftsgebilde 54
Gemeinschaftsgefühl 52
–, ethnisches 46 f.
–, ständisches 52
Gemeinschaftsgenossen 5, 55, 72
Gemeinschaftshandeln 2–8, 10 f., 16–18, 20, 22, 24 f., 33, 35, 41 f., 48–50, 54, 58 f., 61, 74, 76–78, 80 f., 87
–, einverständliches 83
–, ethnisch bedingtes 49 f.
–, geschlossenes 22
–, gewaltsames 60
–, intermittierendes 21
–, nachbarschaftliches 21
–, offenes 21
–, parteimäßiges 87
–, politisches 11, 21 f., 26, 48 f., 59–61, 84, 88
– Rationalisierung des 22, 54
–, reales 45
Gemeinschaftsinteresse 59
Gemeinschaftslast 13
Gemeinschaftsleben 10, 44 f.
Gemeinschaftspflichten 59
Gemeinschaftswirtschaft 15
Gemeinfreie 69, 90
Gemeinwesen 48, 58, 70
–, politisches 48, 52, 65 f.
–, römisches 66
Gemeinwirtschaft, gemeinwirtschaftlich 10, 12, 25, 37, 61, 71 f.
Gemeinwirtschaftsverband 72
Gemengelage 33
Genealogie 28
Genossen 5 f., 24, 42, 61, 64, 89
–, politische 17
→ auch: Bluts-; Dorf-; Gebiets-; Gemeinschafts-; Kriegs-; Kult-; Mark-; Milch-; Nationalitäts-; Rechts-; Sippe-; Sprach-; Stammes-; Standes-; Un-; Verbands-; Volksgenosse
Genossenanteile 5
Genossenschaften, genossenschaftlich 9, 21, 93
–, politische 25
→ auch: Mark-; Fischerei-; sowie: Gemeinschaften; Organisation, genossenschaftliche
Genossenschaftsgründung 9
gens 25
Genua 15, 36
Gerade (eheliches Vermögen) 31
Gericht → Ältestengericht
Gerichtsgemeinde 90
Gerichtsstandschaft 102
Geschäftsbetrieb 19, 35 f.
Geschäftsführung 19
Geschäftsorganisation 35
Geschäftsvermögen 35
Geschichte → Entwicklung, historische; Wirtschaftsgeschichte
Geschichtsauffassung, materialistische 3
Geschlechter 34
Geschlechterstaat 45, 109
Geschlechtsehre 94
Geschlechtskrankheiten → Syphillis
Geschlechtsprestige 103
Geschlechtsverband 35
Geschlechtsverhältnisse 22
Geschlechtsverkehr 23 f., 62
→ auch: Sexualverkehr
Geschlechtsvormund(schaft) 102 f.
Geschwister 16, 18, 23
Geschwisterehe 23
Gesellschaft, gesellschaftlich 8, 10 f., 12, 16–18, 47, 83
–, bürgerliche 107
–, moderne 108
→ auch: Aktien-; Gelegenheits-; Handels-; Kommandit-; Krieger-; Steuerpächter-; sowie: Bedarfsdeckung; Gebilde; Institutionen; Vergesellschaftung
Gesellschaftshandeln 2, 10
–, rationales 45, 54
Gesellschaftszwecke 11
Gesetz → Grenznutzgesetz; Lex ...
Getreideüberschüsse 67
Gewalt 4, 18, 26 f., 31, 58, 65, 71 f., 79, 87 f., 100
–, magische 64
–, militärische 32
–, patrimoniale 12
–, politische 7, 9, 12, 31 f., 37, 56, 59 f., 63, 72
–, physische 26, 58 f., 63
–, religiöse 63
–, staatsbildende 15
– über Leben und Tod 102
→ auch: Budget-; Dauer-; Haus-; Herren-; Mannes-; Mutter-; Mutterhaus-; Sexual-; Staats-; Vater-; Vaterhaus-; Verfügungs-; Waffen-; Zucht-; Zwangsgewalt
Gewaltdrohung 66
Gewaltgebilde 65
Gewaltmittel 64, 66
Gewaltsamkeit, gewaltsam 57–61, 66, 69 f., 74
–, legitime 60 f., 63 f.
– Monopolisierung der 60
–, private 63
Gewerbe, gewerblich 9, 13, 38 f., 71, 104, 106, 109

–, zünftige 86
→ auch: Arbeit, gewerbliche; Erbgewerbe; Exportgewerbebetrieb; Produktion, gewerbliche
Gewerbeorganisationen 72
Gewerbeproduktion 67
Gewerbetreibende 108
Gewerkschaft 7, 9
Gewinn, Gewinnste 2, 7, 11, 13, 19, 33, 36, 71, 82
–, kapitalistischer 36
–, okkupatorischer 3
→ auch: Amtssportel-; Arbeits-; Grundrenten-; Handels-; Kapital-; Macht-; Tauschgewinn(ste); sowie: Profit
Gewinnchancen 7, 56, 70–72
–, kapitalistische 72
–, privatkapitalistische 12
→ auch: Profit-; Tauschgewinnchance
Gewinnquelle 15
Ghibellinen 88
Gildehandel 86
Glaube
– an die Ehre 84
– an die Macht 66
– an die Rechtmäßigkeit 60
–, nationaler 50, 76 f.
–, religiöser 46
–, subjektiver 44, 62
→ auch: Abstammungs-; Blutfremdheits-; Blutgemeinschafts-; Blutverwandtschafts-; Gemeinsamkeits-; Legitimitäts-; Stammverwandtschaftsglaube; Treu und Glauben; Verwandtschaftsglaube
Gläubiger 18, 30, 33, 79, 81
→ auch: Staatsgläubiger
Gläubigerassoziation 36
Gläubigerstaat 73
Gläubigervolk 73
glebae adscriptio 70
Gliederung
–, militärische 34
–, monopolistische 11
–, politische 27
–, soziale 82
–, ständische 83, 85–87
→ auch: Heeres-; Sippengliederung
Gott, Götter, Gottheiten 6, 48, 57, 62, 83 f., 101
Grenznutzgesetz 78 f.
Griechenland, Griechen, griechisch 39, 53, 97
→ auch: Hellas; Orakel; Phylen; Polis; Staatstaaten, griechische
Großbetrieb 38
Großfamilie 23, 92
Großhaushalt 37, 97
Großmacht 66
Großmachtgebilde 66 f., 73
Großstaaten 68
Grund → Boden
Grundadel 34
Grundbesitz(er) 13, 30, 70, 79, 88, 90, 108
→ auch: Nicht-Grundbesitzer
Grundherr, grundherrlich 28 f., 37–39, 69
Grundherrschaft, grundherrschaftlich 10, 29, 37
→ auch: Rentengrundherrschaft
Grundholden 97
Grundrente 69 f.
Grundrentengewinn 68
Grundrenteninteresse 70
Gruppen 11 f., 14, 43, 47, 56, 63, 69, 76–78
–, ethnische 44
–, machthabende 10, 74
–, monopolisierte 11
– Organ einer 7
–, politische 9
–, religiöse 9
–, ständisch abgegrenzte 85
–, ständisch disqualifizierte 42
–, ständisch privilegierte 85 f.
→ auch: Frauen-; Menschen-; Muttergruppen
Gruppenmonopol 4
Guelfen 88
Guru 105
Gut 32, 86
→ auch: Bauern-; Frauen-; Priester-; Ritter-; Sonder-; Traditionsgut
Güter 2, 11, 13, 18, 38, 51, 57, 67 f., 72, 78 f., 82, 85 f., 95
–, extensiv genutzte 22
–, ideelle 6
– Knappheit der 2, 93
–, ökonomische 6, 10, 78
–, soziale 6
–, wirtschaftliche 11, 22, 59
→ auch: Alltags-; Erwerbs-; Gebrauchs-; Kultur-; Massenkultur-; Natur-; Nutz-; Sach-; Tausch-; Unterhalts-; Verbrauchsgüter
Güterabsatz 56
Güteraustausch 56, 72
Güterbedarf 19
Güterbesitz 23, 56, 64, 78, 81
Güterbesitzinteressen 78
Güterbinnenverkehr 68
Gütererwerb 87
Güterexport 68
Gütergemeinschaft 30, 103
Güterimport 72

Güterkonsum 86
Gütermarkt 78, 81 f.
Güterrecht, eheliches 30, 103
→ auch: Ehegüterrecht
Gütertrennung 103
Güterverbindung 103
Güterverkehr 5, 30, 38, 67–69
Güterverteilung 87
Gütervorrat 19
Gutswirtschaft 97
Gymnasiallehrer, deutsche 6
Gymnasion 104
Gynaikonitis 102

Habitus 41, 44–47, 52
Hack-Kultur 95
Halbpolygamie 31, 99, 107
Halssteuer 39, 97
Handarbeit 104
Handel 38, 55 f., 70, 80, 97, 104, 106
→ auch: Außen-; Buch-; Fern-; Gilde-; Welthandel
Handeln 1, 4, 7, 24, 41, 50, 54, 58 f., 87
- Formen des 55, 80
-, gewaltsames 61
-, hausgemeinschaftliches 35
-, politisches 41, 49, 62
-, soziales 2
-, vergesellschaftetes 8, 11
-, wirtschaftliches 1
-, zweckrationales 1
→ auch: Einverständnis-; Gelegenheits-; Gemeinschafts-; Gesellschafts-; Klassen-; Massen-; Verbandshandeln
Handelsfreiheit 72
Handelsgeschäft 33
→ auch: Welthandelsgeschäft
Handelsgesellschaft
-, offene 18
Handelsgewinnste 68, 70
Handelslager 71
Handelsmonopol 13
Handelsorganisationen 72
Handelsplätze 35
Handelspolitik 15
Handelsrecht 36
Handelsregister 36
Handelsstädte 70, 81
Händler 108
Handlungshaus 35
Handwerker 4, 6, 10, 14, 22, 39, 71, 82, 84
Handwerksproduktion 82
Hantgemal 109
Harem 102
Hauptfrau 30, 101
Häuptling 57, 64, 82
-, weiblicher 18
→ auch: Dorf-; Friedens-; Kaffernhäuptling(e)
Haus 17, 23, 25, 27, 29 f., 32 f., 64, 89, 94, 99, 104, 106, 109
- agnatische Struktur des 28
-, kommunistisches 23
- patriarchale Struktur des 28
- Trennung vom Betrieb 36, 95
-, vornehmes 34
→ auch: Eltern-; Handlungs-; Königs-; Männer-; Miets-; Mutter-; Vaterhaus
Hausangehörige 25
Hausarbeit 104
Hausautorität 19, 22, 24 f., 102
- Schwächung der 34
Hausbaubeihilfe 21
Hausdiener 35
Hauseinheit 23, 33
Hausexogamie 23, 93, 99
Hausfriede 23
Hausgebundenheit 38
Hausgemeinschaft, hausgemeinschaftlich 10, 17–37, 58, 60–62, 91–93, 95 f., 100, 108
- Besitz der 30
- Entwicklung der 26, 29, 31
-, Florentiner 35
-, italienische 95
-, kapitalistische 33, 35
-, norditalienische 35
- Struktur der 26, 29
- Zersetzung der 27, 31
Hausgemeinschafter 25
Hausgenosse 17
Hausgewalt 17, 23 f., 26 f., 34, 42, 96, 103
- Abschwächung der 22, 24, 32, 37
-, kommunistische 22
- Ungebrochenheit der 35
→ auch: Mutter-; Vaterhausgewalt
Haushalt, Haushalten 10, 16, 22, 30, 32–36, 38, 97, 105
→ auch: Familien-; Groß-; Konsum-; Privat-; Sonder-; Vaterhaushalt
Haushaltsformen 31
Haushaltsführung 18
Haushaltsgemeinschaft 96
Haushaltskonsum 19
Hausherr 26 f., 29, 31, 34
Hausherrschaft 26
Haushörige 35, 37
Hausindustrie, hausindustriell 82
Hauskommunismus, hauskommunistisch 18 f., 22, 32 f., 90
Hausmarke → Hantgemal

Hausmutter 28
Hausordnung 21
Hauspriester 34, 37
Hausproduktion 103
Haussestimmung 73
Hausteilhaber 22
Haustochter 26, 29
Hausvater, hausväterlich 34, 42, 109
Hausverband 19, 27, 43, 91
Hausvermögen 25
Hauswirtschaft 22
Heer 62, 69, 110
→ auch: Land-; Massen-; Proletarier-; Ritter-; Soldheer
Heerbann 69
Heeresabteilung 25
Heeresgliederung 27
Heeresverwaltung 10
→ auch: Militärverwaltung
Heergewäte 31, 95
Heiland 84
Heilige Allianz 88
Heiliges Land → Israel
Heimat 44, 69, 109
Heldenaskesenerprobung 90
Hellas, Hellenen, hellenisch 31, 45, 47 f., 66, 70, 88, 101, 106, 108, 110
→ auch: Griechenland; Phylen, hellenische; Recht, althellenisches; Stadt, hellenische
Hellenismus, hellenistisch 12, 39, 110
Herr 21, 24, 37–40, 89, 97
→ auch: Arbeits-; Grund-; Hausherr
Herrengewalt 89
Herrenrecht 25
Herrenschicht 42, 65, 67
Herrenwirtschaft 38
Herrschaft, herrschaftlich 16, 21, 31, 35, 40, 58, 66, 88, 97, 102
–, patrimoniale 40
–, soziale 88
→ auch: Gebiets-; Grundherrschaft; Haus-; Honoratioren-; Mannes-; Mutter-; Patrimonial-; Rentengrundherrschaft; Schichten, herrschende
Herrschaftsapparat 29
Herrschaftsbereich 61
Herrschaftsformen 40, 88
Herrschaftsgebiet 68
Herrschaftsstruktur 14 f., 52, 61, 88
Herrschaftsverhältnisse, patrimoniale 21
Hetaire 106
Hierodule 106
Hierokratie, hierokratisch 110
Hilfskasse 9
Hinduismus 111
Hintersasse 63
Hochschule 104
→ auch: Universität
Hochzeitsritus 29
Hofbeamter 89
Holland, Holländer 52, 65, 70
homogalaktes 16, 91
honesty is the best policy 55
honorati 89
Honoratioren 21, 67, 89
Honoratiorenherrschaft 67, 74
Honoratiorenschicht 67, 74
Hörige 79, 90, 97
→ auch: Haushörige
Hörigenbesitz 85
Hôtel du Peuple 5
Hundertschaft 28
Hungersnot 21
„Hurerei" 106
Hypothek 33

Idealsystem 103
identity (Rechtsbegriff) 102
Ideologen der Romantik 6
illegitim 29, 95
Imperator 67
Imperialismus, imperialistisch 7, 67 f., 72, 74
→ auch: Expansion; Interessen; Kapitalismus; Politik, imperialistische
Import → Güterimport
Incest → Inzest
Indianer, indianisch 27, 42, 99
Indien, indisch 28, 42, 87, 102, 105–107, 109, 111
Indonesien 62, 70
Industrie 67, 73, 104
→ auch: Haus-; Schwer-; Starostenindustrie
Industriekapitalismus 15
Inkyo 94
Inlandsprodukte 73
Institutionen 23, 31
–, gesellschaftliche 17
–, politische 62
Intellektuelle 77
Intellektuellen-Schichten 76
Interessen 6–8, 14, 20 f., 25 f., 30, 54–56, 60, 63, 71 f., 81, 85 f.
–, bedarfskapitalistische 14
–, fiskalische 32
–, ideelle 74
–, imperialistische 71, 74
–, kapitalistische 7, 67 f., 70–72, 103
–, materielle 74
–, militärische 32, 63
–, monopolistische 4

–, ökonomische 3, 5–7, 10, 26, 58, 60, 65, 67, 71, 80
–, pazifistische 73
–, politische 26, 71
–, religiöse 6, 63
–, ständische 87
→ auch: Absatz-; Boden-; Erwerbs-; Expansions-; Frauen-; Gemeinschafts-; Grundrenten-; Güterbesitz-; Klassen-; Kredit-; Kultur-; Lebens-; Macht-; Prestige-; Rentabilitäts-; Sexual-; Tausch-; Übersee-; Verkehrs-; Verwaltungs-; Zweckinteressen
Interessengegensätze 12, 14, 21, 76
Interessengemeinschaft 63
Interessenkonstellation 55, 73
Interessensolidarität 88
Interessenten 4, 7, 54, 57, 63, 66, 68, 73 f., 81
–, kapitalistische 56, 68, 70, 72
–, ständische 86
→ auch: Fischerei-; Markt-; Privat-; Tausch-; Zahlungsinteressenten
Interessentengemeinschaft 4
Interessenvertretung 6 f.
Internat 104 f.
Inzest 99
Iren 50, 74 f.
Irrationalität, irrational 7, 34
Islam, islamisch 6, 39, 102, 106 f., 110 f.
→ auch: Stadt, islamische
Israel, Israeliten 110
– 12 Stämme 45, 48
Italien, Italiener, italienisch 18, 35, 66, 76
→ auch: Catania; Florenz; Genua; Hausgemeinschaft, italienische; Rom; Sizilien; Stadt, italienische; Süditalien
Italiker 70
ius primae noctis 99

Jagd 98 f.
Jagdabgabe 90
Jagdgemeinschaft 99
Jagdgenosse 99
Jagdgründe 22
Jagdrevier 93
Jagdverband 94
Jahrmarkt 54
Japan 77, 102, 107, 109
Juden, Judentum, jüdisch 75, 84, 106 f., 110
→ auch: Pharisäer; Talmud
Jugend 108
Jugendbewegung 94
Jugendverband 9
Jünglingsweihe 90, 94
Jungmannschaft(speriode) 90, 94
Justiz 60, 110

Kaffernhäuptlinge 31
Kaiser, russischer 76
→ auch: Rom, Kaiserzeit
kalo-kagathia 84
Kampf → Eifersuchts-; Klassen-; Konkurrenz-; Lohn-; Preis-; Sprachen-; Ständekampf
Kamorra → Camorra
Kanada 52, 75
Kanaille 86
Kannibalismus 90
Kapital 13, 15, 19, 33, 35 f., 72 f., 79, 96 f.
→ auch: Erwerbs-; Unternehmerkapital
Kapitalbedarf 19
Kapitalbesitz 96
Kapitalgewinn, Kapitalgewinnste 73, 79
Kapitalismus, Kapitalist, kapitalistisch 12, 14, 18, 33, 35 f., 56, 69–72, 95, 97, 104
–, antiker 12, 15
– Entstehung des 13
– Entwicklung des 15
–, imperialistischer 70–72
–, moderner 15, 36
→ auch: Außenhandelskapitalist; Beute-; Industriekapitalismus; Kolonialkapitalist; sowie: Betrieb; Entwicklung; Erwerb; Expansion; Hausgemeinschaft; Interessen; Interessenten; Macht; Monopole; Ordnung; Unternehmer; Wirtschaft; Wirtschaftsepoche, kapitalistische
Kapitalkraft 15
Kapitalmacht 15, 56
Kapitalüberschuß 19
Kapitalverwertung 37, 97
Kapitalzins 19
Kapitularien 38
Karenzzeit 6
Karolinger 68, 89
Karlsbader Beschlüsse 88
Karthago, Karthager, karthagisch 38, 68, 70
Kasbeh 36
Kaserne 104
Kasernensklaven 38
Kaste 83 f., 87, 106, 111
→ auch: Militärkaste
Kastengenosse 102
Kastenritual 102
Kategorie 16, 22, 25
Kaufehe → Digaehe
Kaufkraft 99
Kaufmann, Kaufleute 39, 106
Kaufmannsmarkt 54
Kaufmittel 91

Kaufsklaven 38, 97
Kavalier 106 f.
Kavallerie 56
Kebsen, Kebsfrau 99
Kedeschen (Kedeshah) 106
Kegelklub 8
Kelten, keltisch 89
Ketabo (Ketubba) 103
Keuschheit 107
Kind, Kinder 16–18, 23 f., 26–29, 32, 34, 62, 90–92, 95, 98–101, 105, 108
– Erbrecht der 31
–, illegitime 29, 95
–, legitime 29, 31, 95, 98
–, uneheliche 100
– Verkauf der 99
– Versklavung der 101
→ auch: Konkubinen-; Sklavinnenkinder
Kinderverhütung 108
Kindesbeziehung 29
Kindheitserziehung 105
Kirche 63
Klassen 17, 30, 73, 78–82, 87
→ auch: Rentner-; Unternehmerklasse
Klassenbegriff 79
Klassenbewegung 76
Klassenbildung 79, 86
Klassengegensätze 52, 76, 82
Klassenhandeln 80 f.
Klasseninteresse 80 f.
Klassenkampf 79, 81
Klassenlage 14, 73, 78–82, 85, 87
Klassenleiturgie 12
Klassensystem 95
Kleidung 31, 46
Kleinbauer 33
Kleinbürger, kleinbürgerlich 73 f.
Kleinstaat 73
Kleros 5, 94
Kloster 33, 62, 105
Klostererziehung 104
Klub, Klubwesen 83, 87, 105
→ auch: Geheim-; Kegelklub
Knabenliebe 106
Knickerbocker 83
Kobong 99
Kodex → Ehrenkodex
Kognaten, kognatisch 26
Kohlegruben 39
Kollektivgarantie 65
Kolmar 51
Kolone 12, 89 f.
Kolonialbesitz 65
Kolonialgebiet 44, 73
Kolonialkapitalist 70
Kolonialmonopol 13
Kolonialunternehmung 37
Kolonie 44 f., 66, 70
Kolonisation 44, 48
Kommandit 36
Kommanditgesellschaft 36
Kommenda → Commenda
Kommis 18 f., 33, 82
Kommunen 14
Kommunionwirtschaft 19
Kommunismus, kommunistisch 18 f., 22, 31 f. 62, 92
→ auch: Alltags-; Hauskommunismus; Marxismus; Militär-; Stammeskommunismus
Kompagnon 33, 35
Konfession 3, 52, 75
Konfessionsgemeinschaft 53
Konfuzianismus 34
König, Königtum, königlich 63, 66, 89
–, fränkischer 37
–, französischer 63
→ auch: Perserkönige
Königsfriede 66
Königshaus 23
Königswirtschaft 37
Konkubinat 106 f.
Konkubinenkinder 31
Konkurrenz, 4, 6, 57
→ auch: Marktkonkurrenz
Konkurrenzkampf 79, 81
Konkursrecht 36
Konnexionen 8
Konnubialgemeinschaft 41, 43
Konnubium 41 f., 44, 83, 85
Konsolbesitzer 71
Konsum 32
→ auch: Güter-; Haushaltskonsum
Konsumhaushalt 96
Konsumtionswirtschaft 103
Konsumtivkredit 81
Konsumverein 9
Kontinentalreich 68
Konto 95 f.
Kontor 35
Kontrakte 35
Konvention 77, 85 f.
Konventionalisierung 47
Konzessionen 72
Konzil → Lateran-Konzil
Körperschaft, parlamentarische 87
Kosten-Nutzen-Rechnung 96
Krankenkassen 9
Kredit 9, 19, 109
→ auch: Konsumtivkredit

Kreditgewährung 15, 36
Kreditinteresse 103
Kreditmarkt 79
Kreuzzeitung → Neue Preußische Zeitung
Kreuzzüge 65, 68
Krieg, Kriege 61, 65, 70 f., 73, 77, 94, 99, 106
–, lelantischer 70
–, punische 66, 71
–, verlorener 65, 71, 74
→ auch: Revolutionskrieg
Krieger, Kriegerschaft 37, 61–63, 84, 99, 104
Kriegeraskese 94
Kriegerberuf 62
Kriegerbund 62 f.
Kriegergemeinschaft 29
Kriegergenosse 90
Kriegergesellschaft 62
Kriegerkult 90
Kriegerlos 94
Kriegerorgie 90
Kriegerpräbende 5
Kriegerschicht 6
Kriegerstand 89 f.
Kriegervereine 8
Kriegervergemeinschaftung 58
Kriegervergesellschaftung 62 f.
Kriegführung 62
Kriegsbeute 62
Kriegsdienst 2
Kriegsfürst 67
Kriegsgemeinschaft 99
Kriegsgenosse 99
Kriegsgerätschaften 62
Kriegsmaschinen 71, 73
Kriegsmaterial(produktion) 71, 73
Kriegsmittel 90
Kroaten 50, 74 f.
Kulte, kultisch 83, 106, 109 f.
→ auch: Ahnen-; Frauen-; Krieger-; Sippen-; Stammes-; Toten-; Volkskult
Kultgemeinschaft 25, 42, 45 f., 48
Kultgenosse 17
Kultur 23, 26, 51, 74
–, materielle 37
–, okzidentale 97
–, ritterliche 106
→ auch: Hack-; Salon-; Sammel-; Sinnenkultur
Kulturbedingungen 80
Kulturentwicklung 32 f., 77
Kulturgebiet 31
Kulturgemeinschaft 48, 51 f., 59, 77, 111
Kulturgüter 32, 51 f., 77
→ auch: Massenkulturgüter
Kulturinhalte 16
Kulturinteresse 60
Kulturmangel 51
Kulturmission 77
Kulturprestige 77
Kultursprache 51
Kulturträger 77
Kulturvolk 23, 27
Kultverband 91, 109
Kunden, Kundschaft 3, 5, 86
Kundenkreis 55
Kundenwettbewerb 4
Kundschaftsappropriation 57
Kundschaftsverhältnisse 55
Kunst, Künstler 16, 77, 85
Küstenreich 68

Laden 32
Lagergemeinschaft 92
Lagerhausbesitz 79
Land 28, 89 f.
→ auch: Boden
Landbesitz 22
Länder 87
Landesgemeinde 63
Landfriede 57, 63
Landfriedensbünde 63
Landgebiete 29, 59
Landheer 71
Landnahme 28, 69
Landnot 69
Landsturm 61
Landverkehr 68
Landversorgung 70
Landwehr(zeit) 62, 90, 94
Landwirtschaft, landwirtschaftlich 80, 104
Landzuteilung 27
Lateran-Konzil 107
Lebensbedingungen, moderne 20
Lebenschancen 78, 80
Lebensformen 32 f., 64
Lebensführung 47, 83–87, 90
–, asketische 5
–, ökonomische 46
–, ritterliche 5, 89
–, ständische 85 f.
Lebensinteresse 33
Lebensschicksal 82, 108
Legalität, legal 36, 55
→ auch: Marktlegalität
Legislative 60
Legitimität, legitim 8, 29, 31, 60–64
→ auch: Ehe; Gewaltsamkeit; Herrschaft; Kinder; Rechtsordnung, legitime
Legitimitätseinverständnis 60
Legitimitätsglaube 62

Lehen 90, 110
Lehensmannen, Lehnsleute 65, 68, 70
Lehre, Lehrling 18, 104 f.
Leibeigenenbesitz 85
Leibeigenschaft 39
Leistungen 7, 11, 21, 59, 95
Leistungsentgelt 11
Leiturgie, leiturgisch 12, 14, 37, 69
→ auch: Klassen-; Standesleiturgie
Leiturgiestaat 14
Leviratsehe 42, 109
Lex Salica 89
Lohnkampf 82
Lohnpreisbildung 82
Liebeshöfe 107
Liechtenstein 52
Liten 89 f.
Literatur 16, 77
Lokalmarkt 54
Lombarden 69
Luxemburg, Luxemburger 52, 76
Luxusbedarf 31
Luxusbesitz 30
Luxusfrau 105

Macht, Mächte 7, 43, 52, 57 f., 60, 65–67, 71 f., 74, 78 f., 81, 86 f., 103
–, kapitalistische 7
–, ökonomische 57, 71, 78, 86
–, politische 56, 65, 73
–, religiöse 58
–, soziale 42, 73, 87
→ auch: Geld-; Groß-; Kapitalmacht
Machtbereich 57
Machtdynamik 66
Machtexpansion 6, 66
Machtgebiet 7
Machtgebilde 15, 65 f., 74
Machtgebildeorganisation 53
Machthaber 74
Machtinteresse 63
Machtmittel 11, 23, 63
Machtprätension 53
Machtprestige 66, 74, 77
Machtsphäre 11, 87
Machtstellung 11, 14, 24, 35, 67, 73 f.
Machtumstellung 74
Machtverteilung 78, 83, 85
Magd 101
Magier 104 f., 108
Maler 85
mandaku 39, 97
Mann, Männer 16–18, 26–31, 35, 62–64, 90 f., 94, 98–103, 105, 107
→ auch: Buschmänner; Hausherr; Kaufmann; Lehensmannen; Vater
Männerarbeit, Mannesarbeit 28, 31, 94, 98
Männerbesitz 28
Männerbund 61 f.
Männergemeinschaft 99
Männerhaus 17, 23, 28 f., 61 f., 90, 94 f., 100, 104
Männerhausverband 90
Männerorganisation 18
Mannesbruder → Leviratsehe
Mannesgewalt 102
Mannesherrschaft 102
Mannessippe 94
Manus 102
Maone 36
Mariendienst 107
Mark 91, 94
→ auch: Gemarkung
Markgemeinschaft 22, 28
Markgenosse 17, 27, 101
Markgenossenschaft 3, 25, 27 f.
Markt 10 f., 38, 54–57, 63, 67, 78–82, 85 f., 97
–, freier 13, 55 f.
–, lokaler 38, 56
→ auch: Arbeits-; Fernverkehrs-; Güter-; Jahr-; Kaufmanns-; Kredit-; Lokal-; Nachbarschaftsmarkt; sowie: Bedarfsdeckung, marktmäßige
Marktabsatz 11
Marktbedingung 39, 79, 97
Marktbeteiligte 57
Marktbildung 54
Marktentwicklung 86
Marktethik 55 f.
Marktfreiheit 57
Marktfriede 57
Marktgemeinschaft 54, 56, 61, 63
Marktinteressenten 54, 57, 63
Marktkonkurrenz 86
Marktlage 79, 82
Marktlegalität 57
Marktmechanismus 57
Marktnutzungsrecht 56
Marktpreisbildung 57
Marktprinzip 21, 81
Markttausch 13
Marktvergemeinschaftung 55
Marktvorgänge 54 f., 57
Marktware 104
Markverband 95
Märtyrerpflicht 59
Marxismus, marxistisch → Geschichtsauffassung, materialistische
Maskenumzüge 62

Massenbesteuerung 14
Massenehre 46
Massenhandeln 80f.
Massenheer, bürokratisches 69
Massenkulturgüter 45, 75
Massenschicht 71
Materialismus, historischer → Geschichtsauffassung, materialistische
Matriarchat 98
Mäzen 11
Meisterstücke 6
Menschenbesitz(er) 38, 70, 79
Menschengruppen 7, 74, 76f.
Menschenrechte 107
Merkantilismus, merkantilistisch 12, 14f., 73
Merowinger, merowingisch 89
merx peculiaris 39
Messe (Handel) 54
Mietshaus, Mietskaserne 20
Mietshausbesitzer 21
Milchgenosse 16
Militär, militärisch 6, 17, 28, 30, 32, 37, 61, 89
→ auch: Heer; Landsturm; Landwehr; Nichtwaffengeübte; Rüstungen; Selbstausrüstung; Soldat; Wehrpflicht; sowie: Entwicklung; Gewalt; Gliederung; Interesse; Ordnungen; Verband; Zwecke, militärische
Militäranwärter 4
Militärbahnen 69
Militärboykott 7
Militärdienstpflicht 10
Militärdienstzeit 18
Militärfunktion 110
Militarismus 30, 102
Militärkaste 28
Militärkommunismus 94
Militärkosten 73
Militärorganisation 18, 28, 100
Militärstraßen 69
Militärverband 28, 91
Militärverfassung 100
Militärverwaltung 2, 61
→ auch: Heeresverwaltung
Milites 89
Milizfähigkeit 90
Ministeriale, Ministeriales 4–6, 12, 89
Minne 107
Mir 4
Mitbürger, deutschsprachliche 51
Mitgift 31, 101f.
Mitgiftehe 30
Mittelalter 13, 15, 29f., 35f., 38f., 56f., 63, 80, 88, 102, 106f., 110
→ auch: Recht; Stadt, mittelalterliche
Mittelmeer 35, 38
modern → Betrieb; Ehe; Gesellschaft; Kapitalismus; Lebensbedingungen; Staat, moderner
Monarch, Monarchie 68, 79
Mönchsvergesellschaftung 62
→ auch: Kloster
Mongolen 68
Monogamie 31, 101, 106
Monopole, monopolistisch 4–7, 10–12, 21, 29, 37, 56f., 60, 72, 82, 85, 90
–, kapitalistische 57
–, ökonomische 11, 25
–, rechtliche 85
–, soziale 11, 25
–, ständische 56f.
–, verkehrsfähige 79
→ auch: Absatz-; Boden-; Erbhandwerker-; Gruppen-; Handels-; Kolonialmonopol; sowie: Abschließung; Betrieb; Chance; Gemeinschaften; Gliederung; Interessen; Privilegien; Verband; Vergemeinschaftung; Vergesellschaftung, monopolistische
Monopolchance 5
Monopolgarantie 11
Monopolgemeinschaft 12, 56
Monopolisierung, monopolisiert 4–6, 8, 11–13, 25, 42, 70, 72, 79f., 85f., 101
→ auch: Gewaltsamkeit, Monopolisierung der; Gruppen, monopolisierte
Monopolismus 12
Monopolistenpolitik 57
Monopollage 55
Monopolprivilegien 13
Mühlen 39
Mulatten 41
Musik 85, 106
Musikinstrument 85
Mutter 16–18, 26, 29, 91, 99
– Rechtlosigkeit der 30, 95, 103
Mutterfolge 23, 26–29, 91, 95, 99
Muttergemeinschaft 46
Muttergewalt 100
Muttergruppe 16f., 28, 62, 91
Mutterhaus 27f.
Mutterhausgewalt 27
Mutterherrschaft 98
→ auch: Matriarchat
Mutterrecht 26f., 29, 98, 100
Muttersippe 27f., 100
mutuum 21, 92

Nachbar, Nachbarschaft 20–22, 25, 34, 41f., 44, 47, 49, 64, 66, 91f.
→ auch: Siedlungs-Nachbarschaft

Nachbar(schafts)gemeinschaft 20–22, 55, 65
Nachbarschaftshilfe 92
Nachbarschaftsmarkt 56
→ auch: Markt, lokaler
Nachbar(schafts)verband 18, 20, 24 f., 43, 56, 58, 61, 82, 91 f.
Nachfahre, Nachkomme 24, 74, 102
Nachfragesteigerung 73
Nächstversippte 16, 99
Nahrung 1
Nahrungserwerb 23
Nahrungsgewinnung 22
Nahrungsmittel 8 f.
Nahrungssuche 17, 99
Nation, national 50–52, 74–77
–, französische 51, 75
– Idee der 75–77
–, polnische 75
→ auch: Gemeinsamkeit; Gemeinsamkeitsgefühl; -glaube; Gemeinschaften; Gesellschaft; Glaube, nationaler
Nationalgefühl 50–52, 76
Nationalismus, Nationalisten 75
Nationalität 50
Nationalitätsbewußtsein 59
Nationalitätsgenosse 50
Nationalitätsunterschied 50
Nationalrusse 51
Nationalstaat 50
Nationalstolz 65
Naturalabgaben 10 f.
Naturaldienst 10
Naturalien 11, 38
Naturalleistungen 11
Naturrecht 103
Naturalwirtschaft, naturalwirtschaftlich 10, 14, 29, 69
Naturgüter 5
Naturvölker 6, 27
Nebenprodukte 39
Neger 41 f.
„Negergeruch" 47
Neue Preußische Zeitung (Kreuzzeitung) 76 f.
New York 49
Nichtbesitzende 78
Nicht-Grundbesitzer 108
Nichtwaffengeübte 61
Nordeuropa 110
Normannen 70
Norwegen 65 f.
Notbedarf 15
Nothilfe 20–22, 92, 109
Noviziat 6, 62, 90
Nutzgüter 97
Nutznießung 103
Nutzungsrechte → Marktnutzungsrechte

Oberschlesien 75
obrok 39, 97
Occident → Okzident
Offizier 24, 68
Offiziersbürokraten 65
Oikos 10, 35, 37–40, 96 f., 104
Olymp 62
Ökonomie, ökonomisch 1, 32, 64, 74, 96
→ auch: Denk-; Macht-; Sozialökonomik; sowie: Chancen; Entwicklung; Erwerb; Expansion; Gemeinschaften; Güter; Interessen; Interessenten; Lebensführung; Macht; Monopole; Ordnung; Organisation; Struktur; Verband; Zwecke, ökonomische
Ökonomiehandwerker 10
Okzident, okzidental 35, 39, 56, 70, 96 f., 106 f., 109 f.
→ auch: Kultur; Stadt, okzidentale
Oligarchen, Oligarchie 88
Ontrastes 106
Opfer 101
→ auch: Totenopfer
Orakel, delphisches 48
Orakelspender 64
Ordnung, Ordnungen 3 f., 10, 17, 21, 26, 35, 54, 58, 60
–, anstaltsmäßige 60
–, gesatzte 17
–, kasuistische 60
–, militärische 27
–, öffentliche 60
–, ökonomische 86
–, oktroyierte 54,57
–, politische 60
–, rationale 4, 60 f., 87
–, regulierende 21
–, soziale 83, 85, 87
–, ständische 65, 85 f.
–, wirtschaftsregulierende 12
→ auch: Alltags-; Haus-; Rechts-; Waldnutzungs-; Wirtschaftsordnung
Organisation 7, 9
–, genossenschaftliche 4
–, ökonomische 9
→ auch: Abgabe-; Frauen-; Geschäfts-; Gewerbe-; Handels-; Machtgebilde-; Männer-; Militärorganisation
Organisationsformen 71
Orgiastik 106
Orgien 99
Orient 28, 31, 37, 39, 56, 68, 102, 105, 107

→ auch: Ferner Osten; Recht, altorientalisches
Ortsgrenze 55
Ortsverband 110
Ostende 9
Österreich 30, 69, 74–76, 103

Paarungsehe 98
Paganus, pagani 111
Pandekten 39
Parallelentwicklung 35
Paria, Pariavolk 42, 84
Parlament, parlamentarisch 9, 87
Parteien 60, 73, 78, 87 f.
–, amerikanische 7
–, antike 88
–, calvinistische 88
–, italienische 88
–, politische 9
–, religiöse 9
–, russische 9
–, ständische 87
– Subventionierung der 11
Parteianhänger 87
Parteibildung 82
Parteigemeinschaft 11
Parvenu 86
Pathos 53, 59, 74, 77
patria potestas 34, 96
Patriarchalismus 101
→ auch: Ehepatriarchalismus; Gesellschaft; Struktur, patriarchale
Patriarchat 105
Patrimonialbeamte 18
Patrimonialbürokratie 110
Patrimonialherrschaft 111
Patriziat 70
Patrizier 37
Pazifismus, pazifistisch 71–73
Pazifizierung 103
→ auch: Befriedung
peculium 39
Pennalismus 6
Pennsylvanien (US-Bundesstaat) 58
Pension, Pensionär 104 f.
Perserkönige 37, 66
Persien, Perser, persisch 68, 70
Pfandbrief 33
Pflichtenkonflikte 26
Pfründe 6, 9, 65, 68, 87, 110
→ auch: Amtspfründe
Pharao, Pharaonenzeit 14, 38
Pharisäer 103
Philosophie 105
Phratrien 110
Phratrienverband 108
Phylen 45, 49, 111
–, dorische 48
–, hellenische 45, 49
Pietät 18, 34, 92
→ auch: Elternpietät
Pietätsbeziehung 18, 25
Pietätspflicht 24, 55
Pietätsprinzip 34
Pilgerväter 83
Plantagen 38, 97
Plantagenarbeitskräfte 70
plebs 108
Plutokratie 24
Polen, polnisch 51, 67, 75 f.
– in Deutschland 9, 34
–, oberschlesische 51, 75
–, proletarische 51
Polis 45, 49, 110
Politik, politisch 9, 15, 27, 49, 72, 74
– der „offenen Tür" 72
–, englische 66 f.
–, imperialistische 73
–, römische 67, 71
→ auch: Ansiedlungs-; Bank-; Expansions-; Handels-; Monopolisten-; Sprach-; Wirtschafts-; Zwangspolitik; sowie: Expansion; Gebiet; Gebilde; Gemeinschaften; Gemeinschaftshandeln; Gemeinwesen; Genossen(schaften); Gewalt; Handeln; Herrschaft; Institutionen; Interessen; Macht; Ordnung; Partei; Schicksal; Verband; Vergesellschaftung, politische
Politiker, chinesische 75 f.
Polizei 60
–, schwarze 62
→ auch: Sittenpolizei
Polyandrie, polyandrisch 22
Polygamie 31, 105
→ auch: Halb-; Vollpolygamie
Pompierhelm 51
poor white trash 46
Präbende 4
Prästation 32
precarium 21, 92
Preis 56, 98
→ auch: Braut-; Brotpreis
Preisbestimmung 21
Preisbildung 56
→ auch: Lohn-; Markt-; Produktpreisbildung
Preiskampf 79, 81 f.
Preissteigerung 82
Prestige 65 f., 73, 78, 108
–, politisches 74
–, soziales 9

→ auch: Geschlechter-; Kultur-; Machtprestige
Prestige-Empfinden 74
Prestigegefühl 65 f.
Prestigeinteressen 77
Prestige-Prätensionen 65 f.
Preußen, preußisch 75
– östliches 75
Preußenkasse 10
Preußische Seehandlungs-Gesellschaft 11
Priester 84, 99
→ auch: Hauspriester
Priesterfunktion 110
Priestergut 86
Privatbesitz 35
Privateigentum 98
Privaterwerb 36
Privathaushalt 35
Privatinteressenten 9
Privatvermögen 35
Privatwirtschaftsleben 35
Privilegien, Privilegierung 11 f., 14 f., 56, 70, 89
–, merkantilistische 14
–, monopolistische 4
–, negative 90
–, positive 11, 90
–, rechtliche 83
–, ständische 11, 82, 90
→ auch: Monopol-; Steuerprivilegien; sowie: Bedarfsdeckung; Belastung, privilegierende; Besitz; Frauen, privilegierte; Gruppen, ständisch-privilegierte; Schichten; Stand; Unternehmung, privilegierte
Produkte → Arbeits-; Inlands-; Nebenprodukte
Produktion 32, 104, 106
–, gewerbliche 37
→ auch: Eigen-; Gewerbe-; Handwerks-; Haus-; Kriegsmaterialproduktion
Produktionsbetrieb 9 f.
Produktionsmittel 38, 56 81
Produktionswerkzeuge 79
Produktpreisbildung 82
Produktionsspezialisierung 111
Professoren, deutsche 6
Profit 96
→ auch: Gewinn
Profitchance 70
Proletariat 76, 80, 82
Proletarierheer 14
Protektorat 72
Promiskuität 23, 62, 98 f.
Prophetie 105 f.
Prostitution, Prostituierte 62, 91, 98–100, 105–107
–, heilige 106
Provence 107
Prozeß 25
pueri aulici 89
pueri regis 89

Quäker, Quäkertum 6, 58
Qualifikation, ständische 89
Qualifikationserfordernisse 6

Rasse, rassenmäßig, rassisch 3, 41–44, 47, 75
Rassenabstoßung 41
Rassenantipathie 46
Rassenmischung 42 f.
Rassentypen 44
Rassenunterschied 47
Rassenverschiedenheit 41
Rassenverwandtschaft 42
Rationalisierung 26, 54
Rationalismus 106
Rationalität, rational 55, 57, 61
→ auch: Irrationalität; zweckrational; sowie: Betrieb; Gesellschaftshandeln; Ordnung; Vergesellschaftung, rationale
Raubehe 29, 93
Raubstaat 58
Rechenhaftigkeit 19
Recht, Rechte, rechtlich 21, 25, 36, 85, 90, 99, 105, 109
–, altbabylonisches 37
–, althellenisches 30
–, altorientalisches 30
–, athenisches 70
– der Mutter 100
– des Siegers 69
–, deutsches 34
–, französisches 30
–, nordisches 29
–, römisches 31
–, sexuelles 23
→ auch: Allmendacker-; Anwartschafts-; Boden-; Ehegüter-; Ehe-; Erb-; Fluranteils-; Güter-; Handels-; Herren-; Konkurs-; Marktnutzungs-; Menschen-; Mutter-; Natur-; Schuld-; Tribut-; Vater-; Verfügungs-; Waffenrecht
Rechtlosigkeit 30, 95
Rechtmäßigkeit 60
Rechtsbildung 29
Rechtsetzung 60
Rechtsformen 18, 31, 36
Rechtsgang 63, 89
Rechtsgarantie 69

Rechtsgemeinschaft 4
Rechtsgenossen 4
Rechtsinstitut 102
Rechtsnorm 60
Rechtsordnung 60, 78, 81, 87
–, legitime 63
Rechtspersönlichkeit 30
Rechtssatz 30
Rechtsschutz 60
Rechtsschutzanstalt 63
Rechtssicherheit 69
Rechtsstaat 58
Rechtstechnik 96, 103
Rechtszustand 29
Reform, kleisthenische 45
Regalierung 6, 21
Regulierung → Ackerbestellung, Regulierung der; Wirtschaftsregulierung
Reichsdeutsche 75
Reichsgründungsvölker 28 f.
Reichsidee 67
Reislaufen 63
Reiterschicht 68
Reitpferd 31
Religion, religiös 18, 22, 31, 46 f., 62, 102, 105 f., 110
–, jüdisch beeinflußte 107
–, prophetische 98
→ auch: Erlösungs-; sowie: Gemeinde; Gewalt; Glaube; Interessen; Macht; Parteien; Sekte; Stiftungen; Verband, religiöser
Religiosität 84
Rennbahn 90
Rentabilität 1, 96
Rentabilitätsinteresse 13
Rente 30, 38 f., 97
→ auch: Boden-; Grundrente
Rentenergasterien 97
Rentenfond 38, 97
Rentengrundherrschaft 97
Rentenquelle 15, 39
Rentner 82
→ auch: Staatsrentner
Rentnerklasse 79
Revier → Jagd-; Weiderevier
Revolutionskrieg 75
Revolutionsreliquien 51
Richmond (Stadt in USA) 49
Richter 63, 110
Ritter, Ritterschaft, ritterlich 4, 68, 104, 107
Rittereinung 6
Rittergut 85 f.
Rittergutsbesitz 11
Ritterheer 69
Ritterlichkeit 107
Ritterstand 85
Ritual → Kastenritual
Rodung 2, 28, 95
Rodungsvergesellschaftung 2
Rohstoffe 37, 39, 68
Rom, Römer, Römisches Reich 12, 14, 30 f., 38, 45, 66–70, 86, 89, 95, 101–103, 105, 108, 110
– Kaiserzeit 34, 37, 68, 110
→ auch: Bürger; Politik; Recht, römisches
Romantik 6
Römeradel 30
Rüstungen 70
→ auch: Selbstausrüstung
Rußland, Russen, russisch 4, 12, 23, 30, 38 f., 51, 67 f., 76, 97, 103, 108
– Aufhebung der Leibeigenschaft *39*
– Revolutionszeit 9
→ auch: Parteien, russische

Sachgüter 37, 58, 92
sacra (pro familia) 102
Salonkultur 106 f.
Sammelkultur 95
Satellites 89
Satisfaktionsfähigkeit 83
Scheich 64, 109
Scheidungsfreiheit 100
Schichten 11, 65
–, aristokratische 24
–, besitzende 13, 29, 73
–, feudale 30, 56, 65, 76
–, führende 76
–, fürstliche 31
–, herrschende 73
–, kapitalistische 14
–, kleinbürgerliche 73
–, negativ privilegierte 84
–, plutokratische 24
–, privilegierte 29, 85
–, proletarische 73, 76
–, soziale 31, 76
–, ständische 82
→ auch: Beamten-; Herren-; Honoratioren-; Intellektuellen-; Krieger-; Massen-; Reiterschicht
Schicksal
–, gemeinsames 41
–, politisches 46, 58
Schicksalsgemeinschaft 53, 75
Schiedsrichter 64, 109
Schiedsspruch 25, 93
Schlesien 39
Schmuck 31
Schollenfestigkeit 12
Schulbetrieb 104 f.

Schulden 18, 35 f.
Schuldknecht -knechtschaft 70, 81
Schuldner 79, 81
Schuldnergemeinschaft 73
Schuldrecht 79
Schuldzinsen 73
Schule 32
→ auch: Hochschule
Schulerziehung 22
Schulgemeinde, freie 105
Schulmeister 108
Schutz 26, 58, 60, 89
Schutzgemeinschaft 24
Schutzverband 93
Schweden 65
Schweigepflicht (in Geheimbünden) 62
Schweiz, Schweizer, schweizerisch 19, 50, 52 f., 63, 65 f., 73, 75, 82
→ auch: Deutschschweizer
Schwerindustrie 71
Schwert 31, 110
Schwertfeger 71
Schwirrholz 62
Schwur → Treueschwur
Schwureinung 110
Seefahrer 57
Seegebiet 59
Seehandelsstädte 68, 81
Seelenmesse 1
Sekten
–, amerikanische 9
–, indische 42
–, künstlerische 33
–, religiöse 33
–, sozial-ethische 33
Selbstausrüstung, -equipierung 14, 30, 69, 71, 90, 94, 108
Sequester 36
Serben, Serbien 50, 74–76
„sexagenarios de ponte" 94
Sexualbeziehungen 17, 22 f., 26, 41, 91, 98
Sexualgebiet 24
Sexualgemeinschaft 17, 91, 94
Sexualgewalten 22
Sexualinteressen 7
Sexualpolizei 99
Sexualsphäre 24, 93
Sexualverband 27
Sexualverkehr 23 f., 41, 50, 93, 95
→ auch: Geschlechtsverkehr
Sicherheitsbedürfnis 64
Sicherheitsgarantie 32
Sicherheitskontrolle 90
Sicherheitspolizei 24, 93
Siedlung, Siedelnde 20, 25, 64, 92
→ auch: An-; Dorf-; Sippensiedlung
Siedlungsgemeinschaft 93
Siedlungs-Nachbarschaft 20, 92
Singtanz 6
Sinnenkultur 51
Sippe 17 f., 23–28, 30, 32, 34, 36, 44, 49, 58 f., 61, 64, 91, 93 f., 98–103, 108–110
– agnatische Struktur 28
– Entwicklung der 108
– Grad der Rationalisierung der 26
– patriarchale Struktur der 28
→ auch: Frauen-; Mannes-; Mutter-; Vatersippe
Sippenälteste 25, 64, 93
Sippenangehörige 25
→ auch: Nächstversippte
Sippenbesitz 28
Sippenbeziehungen 26
Sippenbruder 93
Sippenendogamie 42
Sippenexogamie 23, 27
Sippengemeinschaft 23, 25, 36, 44
Sippengenosse 17, 24, 102
Sippengliederung 27
Sippenhaupt 25
Sippenkult 110
Sippenmahl 109
Sippensiedlung 94
Sippenstruktur 23
Sippentempel 109
Sippenverband 24 f., 46
Sippenvertrag 101
Sitte, sittlich 21, 43 f., 46–52, 57
Sittengemeinschaft 50, 53
Sittenpolizei 24
Sittlichkeit 98, 107
Sizilien 35, 38, 96
Skandinavien 105
Sklaven 38 f., 69–79, 89 f., 97, 99, 106
→ auch: Kasernen-; Kauf-; Versklavung
Sklavenangebot 38
Sklavenaufstand 82
Sklavenbesitz 79
Sklavenemanzipation 41
Sklavenvolk 42
Sklavenzufuhr 37
Sklaverei, amerikanische 41, 46
Sklavinnenkinder 42, 101
Skythen 47
Slawe, slawisch 6
Society 83
Sohn, Söhne 27 f., 101
Soldat 106
→ auch: Krieger; Militär
Soldheer 15, 69
Söldner 10
Söldnerführer → Condottieri

Solidarhaft, Solidarhaftung 12, 18, 35 f., 92, 96
Solidarität 23 f., 63, 74, 88, 92
Solidaritätsempfinden 74, 77 f.
Solidaritätspflicht 49
Solidaritätsprinzip 18
Sonderbewußtsein, ethnisches 41
Sondererbrecht 95
Sondergebilde 58
Sondergemeinsamkeit 75
Sondergemeinschaft, ethnische 75
Sondergut 91
Sonderhaushalt 19
Sondervergesellschaftung 35
Sondervermögen 36, 96
Sozialdemokratie, sozialdemokratisch 7
Sozialismus, sozialistisch 14, 82, 88
Sozialökonomik 54
Soziologie, soziologisch 3, 16, 45, 50, 52, 54, 59, 77, 87
Spanien, Spanier 70, 76, 102
Sparta, spartanisch 28, 66
Spartiaten 18, 62
Spätantike 103
Speerbesitz 95
Speiseabgabe 90
Speisegemeinschaft 92
Spekulant 78
→ auch: Bodenspekulant
Spezialisierung → Produktionsspezialisierung
Sphäre 79, 87
→ auch: Freiheits-; Macht-; Sexual-; Wert-; Wirtschaftssphäre
Spinnen 98, 103
Sporteln → Amtssporteln
Sportgemeinschaft 59
Sprache, sprachlich 3, 6, 45, 47, 50, 61
→ auch: Kultursprache
Spracheinheitlichkeit 50
Sprachenkämpfe 50, 75
Sprachgemeinschaft 6, 25, 45 f., 48, 50–53, 59, 67, 74 f.
Sprachgenosse 75
Sprachgrenze 47, 69
Sprachunterschiede 50 f.
Staat, staatlich 50, 60, 63, 87, 111
–, absoluter 103
–, bürokratischer 30
–, moderner 15, 110
–, rationaler 61
→ auch: Flächen-; Flußufer-; Geschlechter-; Gläubiger-; Groß-; Klein-; Leiturgie-; National-; Raub-; Rechts-; Stadt-; Stammes-; Übersee-; Wohlfahrtsstaat; sowie: Verstaatlichung
Staatenbildung, antike 68
Staatenwelt, europäische 15
Staatsanleihe 72
Staatsaufträge 72 f.
Staatsbetrieb 12
Staatsbürgertum 111
Staatsgewalt 34
Staatsgläubiger 15, 70 f.
Staatsidee 74, 77
Staatsinstanz 73
Staatslieferanten 70
Staatsrentner 71
Staatssozialismus 72
Staatsverband 76
Staatsverwaltung 69
Staatsvolk 74
Stadt, städtisch 20, 30, 38, 63, 70, 79–81, 106
– Entwicklung der 38
–, hellenische 86
–, islamische 36
–, italienische 103
–, kapitalistische 18
–, mittelalterliche 33, 110
–, nord- und mittelitalienische 18
–, okzidentale 110
– plebejischen Charakters 110
– Schweizer 82
→ auch: Seehandelsstädte
Stadtbürgertum 31
Städtebund 69
Städtepartikularismus 66
Stadtsässigkeit des Römeradels 30
Stadtstaaten, griechische → Polis
Stamm 48 f., 69, 93 f., 100, 111
Stammesberuf 111
Stammesbewußtsein 49
Stammesbürgertum 111
Stammesfunktionäre 111
Stammesgefühl 48
Stammesgenosse 49
Stammeskommunismus 111
Stammeskult 49
Stammesstaat 45
Stammfremdheit 44
Stammgemeinschaft 99
Stammgrenze 55
Stammverwandtschaft 44
Stammverwandtschaftsglaube 44
Stand, Stände, ständisch 46 f., 51, 56, 73, 78 f., 81–89, 92, 98
–, privilegierte 11, 84
→ auch: Berufs-; Krieger-; Ritterstand; sowie: Ehrbegriff; Ehre; Entwicklung; Gemeinschaften; Gliederung; Gruppen; Interessen; Monopole; Ordnung; Privilegien, ständische
Ständebildung 12, 84 f.

Ständekämpfe 70, 81
Standesehre 85
→ auch: Ehrbegriff, ständischer
Standesethik 34
Standesgenossen 17, 86
Standeskonvention 86
Standesleiturgie 12
Starosten-Industrie 39, 97
Steinmetz 85
Steuerfreiheit 90
Steuerklasse 82
Steuerkraft 14 f., 32, 63
Steuern 10, 12, 70
→ auch: Branntwein-; Hals-; Geldsteuer; Massenbesteuerung; Vermögenssteuer
Steuerpacht, Steuerpächter 68, 70
Steuerpächtergesellschaft 12, 36
Steuerprivilegien 11
Stiftungen, religiöse 11
Strafe 63
Straßenzölle 63
Struktur 35, 54, 80, 84, 88
– agnatische 28
–, feudale 69
–, ökonomische 13, 26, 34, 52, 69
–, patriarchale 28, 31
–, soziale 52, 75
–, soziologische 87
–, vermögensrechtliche 29
–, wirtschaftliche 69
→ auch: Familien-; Herrschafts-; Sippen-; Vermögensstruktur
Strukturformen 3, 16, 55, 69, 88
Strukturgegensätze, soziale 52
Strukturprinzip 24
Studententum 6
Subordination 47
Südamerika 47, 70
Süditalien 35
Südsee 101
Sühnehandlung 63
Suk 36
Superstition, magische 62
Syphillis 107
Syssitien 28

Tabu, Tabuierung 25, 56, 99, 106
Talmud 31
Taschengeld 33, 35
Tausch 21, 37, 54–57, 78 f.
–, freier 55, 57
–, indirekter 33, 56
–, rationaler 57
–, stummer 55
→ auch: Arbeitsmarkt-; Frauen-; Markttausch
Tauschakt 8, 54
Tauschbedingungen 72
Tauschbeziehungen 55, 57
Tauschchance 54, 57
Tauschgewinn 55
Tauschgewinnchance 79
Tauschgüter 54 f.
Tauschinteresse 57
Tauschinteressenten 54
Tauschobjekt 94
Tauschpartner 54 f.
Tausendschaft 28
Technik, zweckrationale 1
Techniker 104
Teilhaber 33, 35
Tempel 57, 106
→ auch: Sippentempel
Theater 32
Thron 74
Tochter, Töchter 26 f., 30, 85, 101 f., 109
→ auch: Haustochter
Töchtererbrecht 103
→ auch: Erbtochterrecht
Totem 99–101, 108
Totemismus 24, 108
Totenkult 103, 109
Totenopfer 101
Totschlag 24
Tournier-Ehre 107
Tradition, traditional, traditionell 42, 43 f., 50, 89, 92, 94, 108
–, heilige 17
–, magische 90
→ auch: Berufstradition
Traditionsgut 44
Tramway 20, 92
Transportwege 67
Treu und Glauben 55
Treue 24, 93
Treueschwur 89
Treuevertrag 89
Tribun → Volkstribun
Tribut 13, 72, 90
Tributberechtigte 73
Tributleistung 70
Tributpflicht 72
Tributrechte 33
Trierarchen 12
Trustis 89
Tschechen 53
Türken 70
Typus, Typen 6 f., 11, 37, 54, 64, 70
–, anthropologischer 42 f., 48, 75, 85
–, reine 10, 19, 28
→ auch: Rassentypus

Überbevölkerung 65, 69
Überlebenschance 43
Überseeinteressen 70
Überseestaaten 68
Umweltvölker 75
unehelich 17
Unfreie 39, 46
Ungarn 53
Ungenosse 57
Universität 4, 9
→ auch: Hochschule; Professoren
Unterhaltsgüter 5
Unternehmer 12 f., 39, 79, 81, 85
Unternehmerkapital 39
Unternehmerklasse 79
Unternehmung
–, kapitalistische 13, 18
–, privilegierte 37
→ auch: Kolonialunternehmung
Untertan 63, 72
Untertanstädte 70
Unterwerfung 66
→ auch: Autoritätsunterworfener
Urzustand, individualistischer 18

Vasallen 12, 18, 24, 89
–, freie 89
–, königliche 63
Vasallen-Begriff 107
Vassen (vasso, vassus) 89
Vater 16 f., 24, 26–30, 34, 91, 95, 100, 102
→ auch: Hausvater
Vaterfolge 26 f., 29, 91, 95, 99
Vatergewalt 29, 100 f.
– Abschwächung der 29, 34, 95
–, schrankenlose 29 f.
→ auch: patria potestas
Vaterhaus 27
Vaterhausgewalt 27 f., 42
Vaterhaushalt 100
Vaterrecht, vaterrechtlich 28 f.
→ auch: Mutterrecht
Vatersippe 27
Ver sacrum 27 f.
Verarbeitungsstadien 39
Verband 8, 17, 26, 28 f., 42, 45, 58, 66, 93, 95, 102, 109
–, anstaltsmäßiger 32
–, geschlossener 93
–, horizontaler 111
–, kommunistischer 62
–, militärischer 94
–, monopolistischer 63
–, ökonomischer 17
–, persönlicher 45, 55
–, politischer 18, 22, 25, 28, 49–51, 57 f., 60–64, 76, 88, 91, 110
–, religiöser 8, 57
–, staatssozialistischer 72
–, studentischer 8
–, vertikaler 111
– Zweck des 8
→ auch: Arbeitgeber-; Blutsverwandtschafts-; Dauer-; Dorf-; Gebiets-; Gemeinwirtschafts-; Geschlechts-; Haus-; Jagd-; Jugend-; Kult-; Männerhaus-; Mark-; Militär-; Nachbarschafts-; Orts-; Phratrien-; Schutz-; Sexual-; Sippen-; Staats-; Zweckverband
Verband Deutscher Diplom-Ingenieure 4
Verbandsapparat 61
Verbandsgenosse 17, 91
Verbandshandeln 58–61, 63
Verbot, magisches 92
Verbrauchsgemeinschaft 18
Verbrauchsgüter 20
Verbrüderung 45, 55, 61 f., 92 f.
Verdienstchance 71
Verein 8, 10, 32
→ auch: Konsum-; Krieger-; Zoll-; Zweckverein
Vereinigte Staaten → Amerika
Vererbung 24
Verfassung 74
–, republikanische
→ auch: Militärverfassung
Verfügungsgewalt 5, 22
Verfügungsrecht 103
Vergemeinschaftung 1, 17, 43, 44–46, 54 f., 81
–, monopolistische 5
–, übergreifende 8
→ auch: Krieger-; Markt-; Waffenvergemeinschaftung
Vergesellschaftung 2, 4–8, 10, 21, 24 f., 35, 49, 54, 57, 60 f., 80, 84, 87 f.
–, anstaltsmäßige 60
–, geschlossene 21
–, monopolistische 56
–, pennalistische 6
–, politische 21, 63, 84
–, rationale 10, 33, 45, 54, 60, 80
→ auch: Gelegenheits-; Krieger-; Mönchs-; Rodungs-; Sondervergesellschaftung; sowie: Handeln, vergesellschaftetes
Verkehr 68 f., 82–84, 86
→ auch: Fern-; Güterbinnen-; Güter-; Landverkehr
Verkehrsbeziehungen 43
Verkehrsgemeinschaft 43, 45
Verkehrsinteresse 110

Verkehrslinien 67
Verkehrsmittel 68 f.
Verkehrstechnik 20
Verkehrszweck 69
Verleger 82
Vermögen 13 f., 29, 31, 33 f., 36, 79 f., 100, 102 f.
→ auch: Amts-; Ertrags-; Geld-; Geschäfts-; Haus-; Privat-; Sondervermögen
Vermögensanlage 33, 98
Vermögensbesitz 12
Vermögensbestand 39
Vermögensbildung 13
Vermögensdifferenzierung 26
Vermögensnutzung 37, 97
Vermögensschicksal 102
Vermögenssteuer 15
Vermögensstruktur der Ehe 30
Vermögenszurechnung, agnatische 28 f.
Verrinische Reden 70
Versklavung 70, 101
Versorgung 100
Versorgungsgemeinschaft 16, 91
Versorgungsmittel 9
Verstaatlichung 60
Verständnisgemeinschaft 43
Vertrag → Kontrakt; Sippen-; Treuevertrag
Vertragsfreiheit 96, 103
Verwaltung 13, 14 f., 30, 48, 61, 68 f., 103
→ auch: Heeres-; Militär-; Staats-; Zentralverwaltung
Verwaltungsgemeinschaft 30
Verwaltungsinteresse 39
Verwandte 19, 23, 36
–, unverehelichte 23
–, väterliche 26
→ auch: Blutsverwandte
Verwandtenehe 23
Verwandtschaft 26, 41, 45
→ auch: Abstammungs-; Bluts-; Rassen-; Stammverwandtschaft
Verwandtschaftsglaube, ethnischer 46
→ auch: Bluts-; Stammverwandtschaftsglaube
Verwandtschaftsgrad 24
Verwandtschaftszurechnung, agnatische 28 f.
Vieh, Vieharten 69, 90
Viehbesitz(er) 34, 70, 79
Viehleihe 79
Viehwartung 98
Viehzüchter 79, 81
vir militares 89
Virginia, Virginier 49
– first families of 83
Volk, Völker 48 f., 76
–, auserwähltes 47, 84
–, primitive 51, 61
–, seßhaftes 61
→ auch: Ackerbau-; Gläubiger-; Kultur-; Natur-; Paria-; Reichsgründungs-; Sklaven-; Staats-; Umweltvölker; sowie: Bevölkerung
Völkerschaft 48
Völkerwanderung 69
Volksbewußtsein 48
Volksethik 21
Volksgenosse 49, 61
Volkskulte 62
Volksversammlung 72
Vollbürger 72
Vollehe 30
Vollpolygamie 99
Vormund 25 f.
Vorsorge, rationale 61
Vorzugschance 85

Waffe 28, 31, 61, 71, 89 f.
Waffenberechtigung 61
Waffenführung 90
Waffengemeinschaft 28
Waffengewalt 58
Waffenlager 71
Waffenlose 28
Waffenqualifikation 62
Waffenrecht 89
Waffentragende 61, 85
Waffentüchtige 61
Waffenvergemeinschaftung 61
Wahlstimme 87
Wald 22, 93
Waldnutzungsordnung 21
Wanderung 47, 49
→ auch: Ab-; Aus-; Fort-; Völkerwanderung
Wappen 101, 108
Wappenzeichen 99
Ware → Marktware
Warenkontrolle 90
Weben 98, 103
Wehrgeld, Wergelt 24, 89, 109
Wehrgemeinschaft 101
Wehrhafte 18, 108
Wehrpflicht 10, 14
Wehrverband 95, 101
Weib → Frau
Weide, Weiderevier 4, 22, 93 f.
Weihe → Jünglingsweihe
Weißrußland, Weißrussen 75
Welthandelsgeschäft 19
Welthandelshäuser 19
Wergeld → Wehrgeld
Werkstatt 35–37, 39

Werkstattgemeinschaft 96
Werkstättenbesitz 79
Werkzeuge 31
Werkzeugarbeit 90
Wertpapier → Aktie
Wertsphäre, ethische 108
Westafrika 61
Westeuropa 38
Wettbewerb 3
→ auch: Kundenwettbewerb
Wirtschaft, wirtschaftlich 1–3, 9, 21, 38, 69, 96
– Definitionen von 1
–, frühkapitalistische 56
–, kapitalistische 35, 56
–, undifferenzierte 60
– Verluste 19
→ auch: Eigen-; Erwerbs-; Forst-; Fron-; Geld-; Gemeinschafts-; Gemein-; Guts-; Haus-; Herren-; Kommunion-; Königs-; Konsumtions-; Land-; National-; Natural-; Privatwirtschaft; sowie: Entwicklung; Güter; Organisation; Struktur, wirtschaftliche
Wirtschaften 89 f.
Wirtschaftsbeziehungen, offene und geschlossene 3–5
Wirtschaftsepoche, kapitalistische 73
Wirtschaftsethik, -ethisch 20
Wirtschaftsformen 3, 35
Wirtschaftsgebiet 67
Wirtschaftsgemeinschaft 2 f., 8, 18, 21, 58
Wirtschaftsgeschichte 27
Wirtschaftsordnung 13 f., 47, 64, 73, 78, 80, 87
Wirtschaftspolitik 15
Wirtschaftsregulierung 3
Wirtschaftssphäre 59
Wissenschaft 16
Wittumsehe 30
Witwe 30, 109
Witwenverbrennung 102
Wohlfahrtsstaat 58
Wohngebäudebesitz 79
Wohnstätte 19, 36
Würdegefühl 20, 43, 46

Zahlungsinteressenten 54
Zahlungsmittel 54, 57
Zauberer 64
Zechen 97
Zentralverwaltung 68
Zeus Herkeios 109
Zins → Kapital-; Schuldzins
Zionisten 75
Zivilisation, zivilisatorisch 13
Zölle, 11, 15
→ auch: Brücken-; Fluß-; Straßenzölle
Zollgrenzen 67
Zollverein 67
Zuchtgewalt 26
Zuckerfabrik 39
Zuhälter 94, 99
Zunft, zünftig 5, 11, 86, 104, 106
→ auch: Zwangszünfte
Zwang, physischer 59 f.
Zwangsabgaben 73
Zwangsanleihe 15
Zwangsapparat 56, 61, 63
Zwangsarbeit 71
Zwangsbeteiligte 59
Zwangsgemeinschaft 12 f., 25
Zwangsgewalt 60, 70
Zwangsmittel 60
Zwangspolitik 73
Zwangsschiedsspruch 63
Zwangszünfte 12
Zwecke 8
–, militärische 25
–, ökonomische 109
→ auch: Gesellschafts-; Verkehrszwecke
Zweckinteressen, rationale 55
zweckrational 1
Zweckverband 8, 26
Zweckverein 61

Übersicht über die Bände der Max Weber-Gesamtausgabe (MWG)

I/1 Zur Geschichte der Handelsgesellschaften im Mittelalter. Schriften 1889–1894; erschienen 2008
I/2 Die römische Agrargeschichte in ihrer Bedeutung für das Staats- und Privatrecht. 1891; erschienen 1986 (MWS 1988)
I/3 Die Lage der Landarbeiter im ostelbischen Deutschland. 1892; erschienen 1984
I/4 Landarbeiterfrage, Nationalstaat und Volkswirtschaftspolitik. Schriften und Reden 1892–1899; erschienen 1993
I/5 Börsenwesen. Schriften und Reden 1893–1898; erschienen 1999/2000
I/6 Zur Sozial- und Wirtschaftsgeschichte des Altertums. Schriften und Reden 1893–1908; erschienen 2006
I/7 Zur Logik und Methodologie der Kultur- und Sozialwissenschaften. Schriften 1900–1907
I/8 Wirtschaft, Staat und Sozialpolitik. Schriften und Reden 1900–1912; erschienen 1998 (MWS 1999)
I/9 Asketischer Protestantismus und Kapitalismus. Schriften und Reden 1904–1911
I/10 Zur Russischen Revolution von 1905. Schriften und Reden 1905–1912; erschienen 1989 (MWS 1996)
I/11 Zur Psychophysik der industriellen Arbeit. Schriften und Reden 1908–1912; erschienen 1995 (MWS 1998)
I/12 Verstehende Soziologie und Werturteilsfreiheit. Schriften und Reden 1908–1920
I/13 Hochschulwesen und Wissenschaftspolitik. Schriften und Reden 1908–1920
I/14 Zur Musiksoziologie. Nachlaß 1921; erschienen 2004
I/15 Zur Politik im Weltkrieg. Schriften und Reden 1914–1918; erschienen 1984 (MWS 1988)
I/16 Zur Neuordnung Deutschlands. Schriften und Reden 1918–1920; erschienen 1988 (MWS 1991)
I/17 Wissenschaft als Beruf 1917/1919 – Politik als Beruf 1919; erschienen 1992 (MWS 1994)
I/18 Die protestantische Ethik und der Geist des Kapitalismus/Die protestantischen Sekten und der Geist des Kapitalismus. Schriften 1904–1920
I/19 Die Wirtschaftsethik der Weltreligionen. Konfuzianismus und Taoismus. Schriften 1915–1920; erschienen 1989 (MWS 1991)
I/20 Die Wirtschaftsethik der Weltreligionen. Hinduismus und Buddhismus. 1916–1920; erschienen 1996 (MWS 1998)
I/21 Die Wirtschaftsethik der Weltreligionen. Das antike Judentum. Schriften und Reden 1911–1920; erschienen 2005 (MWS 2008)
I/22 Wirtschaft und Gesellschaft. Die Wirtschaft und die gesellschaftlichen Ordnungen und Mächte. Nachlaß.
–1 Gemeinschaften; erschienen 2001 (MWS 2009)
–2 Religiöse Gemeinschaften; erschienen 2001 (MWS 2005)
–3 Recht
–4 Herrschaft; erschienen 2005 (MWS 2009)
–5 Die Stadt; erschienen 1999 (MWS 2000)
–6 Register
I/23 Wirtschaft und Gesellschaft. Soziologie. Unvollendet 1919–1920
I/24 Wirtschaft und Gesellschaft. Entstehungsgeschichte und Dokumente

II/1 Jugendbriefe bis 1886
II/2 Briefe 1887–1894

II/3 Briefe 1895–1902
II/4 Briefe 1903–1905
II/5 Briefe 1906–1908; erschienen 1990
II/6 Briefe 1909–1910; erschienen 1994
II/7 Briefe 1911–1912; erschienen 1998
II/8 Briefe 1913–1914; erschienen 2003
II/9 Briefe 1915–1917; erschienen 2008
II/10 Briefe 1918–1920

III/1 Allgemeine („theoretische") Nationalökonomie. Vorlesungen 1894–1898; erschienen 2009
III/2 Praktische Nationalökonomie. Vorlesungen 1895–1899
III/3 Finanzwissenschaft. Vorlesungen 1894–1897
III/4 Arbeiterfrage und Arbeiterbewegung. Vorlesungen 1895–1898
III/5 Agrarrecht, Agrargeschichte, Agrarpolitik. Vorlesungen 1894–1899; erschienen 2008
III/6 Abriß der universalen Sozial- und Wirtschaftsgeschichte. Mit- und Nachschriften 1919–1920
III/7 Allgemeine Staatslehre und Politik (Staatssoziologie). Mit- und Nachschriften 1920